활쏘기의
지름길

전 통 사 법 의 원 리 와 비 밀

활쏘기의
지름길

정진명 지음

학민사
Hakmin Publishers

명무 이 자 윤

정 접장이 전통 사법에 관한 책을 낸다기에 그 전에 나온 『활쏘기의 나침반』(학민사)과 『활쏘기 왜 하는가』(고두미)를 다시 훑어보았다. 앞의 두 책에는 이미 전통 사법의 원리와 비밀이 거의 드러났다. 하지만 앞의 책에서 다루고자 한 내용이 사법만이 아닌 데다가, 워낙 깊은 내용을 방대한 지식으로 설명했기에 활터에서 과녁 맞추기에 골몰한 사람들이 선뜻 이해하기는 쉽지 않다는 느낌이다. 사법에 대한 가르침은 갓난아기를 다루는 것과 같아서 아주 자세하고 친절해야 한다. 그러지 않으면 사소한 문구 하나 때문에도 한 세월 헤매는 것이 이쪽 세상의 일이다. 아마도 이 때문에 정 접장이 다시 전통 사법 강의를 정리한 것이 아닌가 짐작된다.

활터에서 '전통'이 관심꺼리가 된 것은 2001년의 온깍지궁사회 출범과 맞물렸다. 이 단체로 인해서 전통 보존에 대한 고민이 사람들의 관심을 끌었고, 사법 논의 또한 그 차원에서 비롯되었다. 인터넷이 새로운 환경의 토대로 작용했지만, 사법 논의는 그 오랜 체험에서 나와야 하

는 것이기에 그것이 제대로 된 논의로 성숙하는 데는 많은 시간이 걸리는 것이어서, 인터넷의 설익은 체험론은 논쟁이라고 하기엔 부끄러운 수준이었음도 사실이다.

　전통은 수많은 오류를 겪는 동안 나쁜 점을 골라내고 좋은 점만 추려서 간직한다. 그 동안 온깍지궁사회가 전통에 집착한 것도 그런 점이다. 전통을 무시하면 활터 안의 답을 버리고 바깥으로 찾아 헤맨다. 이 모임의 미덕은 활터 안의 답을 한 번 더 정답이라고 확정을 지은 사실이고, 정 접장의 주장은 이런 맥락을 잘 반영했다. 전통 사법에 대한 논의가 이 정도에 이르렀다면 이제 활터 바깥에서 답을 구하는 것은 어리석은 일이다.

　이 책의 지은이는『조선의 궁술』이후 처음 사법을 정식 학위논문으로 정리하여 활쏘기를 본격 학문으로 올려놓았다. 그것이 <온깍지 사법>이다. 뼈대는 이때 완성되었지만, 그 내면에 서린 전통 사법의 원리는 10년도 훨씬 더 지난 이제야 모습을 드러내었다. 실로 깊고도 넓고

높다. 사법 이론의 완성이 한량의 꿈이라면, 정 접장의 활 인생이 이것
으로 대단원을 이룬 것이 아닌가 하는 생각이 든다.

한 사람의 깨달음은 혼자만의 만족에 그치지 않고, 모든 사람에게
축복이 된다. 이 책으로 인해 강호 무사들의 활 공부에도 큰 진전이 있
으리라고 믿는다.

2018년 늦가을, 진해에서.

      활은 완성이 없는 것 같다. 완성할 수 없는 세계를 완성을 향해 열어놓은 것이 바로 전통 사법이다. 나는 그 동안 될수록 사법에 대해 말하지 않으려고 애썼다. 그러는 사이 세상은 더욱 전통 사법으로부터 멀어져갔다. 이른바 반깍지 사법은 편법이지 정법이 아니다. 전통 사법은 『조선의 궁술』이다.

      『조선의 궁술』은 활에 관한 경전이다. 나는 평생 이 책 속의 짧은 사법 부분을 공부하는 학생의 마음으로 살아왔다. 결국 이번에 책 한 권으로 풀어쓴 내용도 『조선의 궁술』을 내 나름으로 이해한 것들이다. 이 이해가 틀린 부분이 있다면 그것은 나의 허물로 돌리려 한다.

      나의 25년 활 공부는 온깍지궁사회와 함께 했다. 여기에 풀어쓴 내용의 많은 부분이 온깍지궁사회 사계원들과 함께 공부하는 과정에서 얻은 성과임을 특별히 밝힌다. 아울러 비판과 격려를 아끼지 않는 사계원들에게 이 참에 고맙다는 인사를 드린다.

      돈 되지 않을 책을 망설임 없이 내준 학민사 양기원 대표께 고맙다는 말씀을 드린다.

2018년 가을 청주 용박골에서

사말 **정 진 명**

CONTENTS

C O N T E N T S

'전통'이 '전통'이 된 까닭은
오랜 세월 검증을 거쳤기 때문입니다.
그 검증은 몸으로 하는 것이지 꾀로 하는 것이 아닙니다.
전통을 꾀로 해석하면
몸이 천천히 가르침을 줍니다.

PART 1

활터에서 전통을 생각하다

 01

몸이 아픈 사람들

　주변에 몸 아픈 한량들이 많습니다. 팔꿈치나 어깨 같은 곳이 그렇고, 심지어는 무릎이나 골반이 아픕니다. 그런데 이게 활병이라는 것을 모릅니다. 팔꿈치나 어깨가 아프면 혹시 활과 연관이 있지 않을까 의심을 해볼 수 있겠지만, 무릎이나 골반 아픈 것이 활과 상관이 있을 거라고는 생각하지 못합니다. 이 둘을 연결 짓기가 힘들기 때문에 애써 활이 아니라 다른 이유로 아플 것이라고 여기고 약국에 가서 진통제나 소염제 사먹으며 오늘도 꿋꿋하게 설자리로 나섭니다. 참 눈물겹습니다.

　남들 흉보자는 게 아닙니다. 저도 처음 활 배울 때 그랬습니다. 활터에서 맞닥뜨리는 엄연한 현실을 말하는 것입니다. 다행히 집궁 4년 만에 제가 궁체를 온깍지로 바꾼 뒤에는 그런 증상이 없어졌습니다. 이렇게 된 뒤에야 '아하, 그 증상이 전통사법을 버려서 그런 것이로구나!' 하는 사실을 깨달았습니다. 그러고서 주변을 둘러보니 정말 다들 신음소리 내면서 활을 쏩니다. 심지어 강궁 쓰는 사람 옆에서 쏘다 보면 화살이 한 발 나갈 때마다 쾅! 쾅! 하는 충격이 땅바닥을 타고 저한테까지 전해옵니다. 옆에 선 저도 느껴지는 해일 같은 충격을 방파제처럼 받아내는 당사자의 몸은 어떻겠습니까?

활을 열심히 쏘는 사람일수록 몸이 더 빨리 그리고 더 착실히 망가집니다. 전국대회를 휩쓸고 다니던 시수꾼이 어느 날 갑자기 활터에서 증발합니다. 궁금해서 근황을 물어보면 몸이 아파서 잠시 쉰다는 소식이 돌아옵니다. 한 1년쯤 쉬다가 다시 나타나서 활을 잡아봅니다. 며칠 후에 또 사라집니다. 통증 해결이 안 되어 다시 떠난 것입니다. 같은 사법으로 쏘면 똑같은 일이 되풀이되기 때문에 이 상황을 피해갈 수 없습니다. 사정이 이런데도 이것이 자신의 사법 때문일지 모른다는 의심은 추호도 하지 못합니다.

활터를 떠난 사람만 아픈 것이 아닙니다. 활터에 남은 사람들도 10년이 넘으면 모두 남몰래 앓습니다. 활터에 와서 활을 쏘면 몸이 괴로우니 이제는 덜 쏩니다. 활이 아니라 딴 짓을 하며 보내는 시간이 늘죠. 멀쩡한 각궁을 손보는 것은 양반이고, 텔레비전을 보며 세상 돌아가는 얘기를 하거나, 심지어 끼리끼리 화투를 치며 시간 때우는 경우도 적지 않습니다. 그런 대화를 가만히 들어보면 제 자랑 아니면 남 헐뜯기죠. 열심히 쏘는 신사들 뒤에서 하루 종일 쏜대야 서너 순뿐이고 입만 놀리는 것입니다. 어쩌다 사법 얘기라도 나오면 박사급 지식을 자랑합니다. 활을 몸으로 쏘지 않고 입으로 쏩니다. 한 바탕 잘난 체하고 나면, 후배들이 뒤에서 '구사'라고 입을 삐죽거립니다. 여기서 말하는 구사는 오래되었다는 뜻의 구사(舊射)가 아니라 입 구 자 구사(口射)입니다. 입만 살아서 활을 주둥이로 쏘는 사람이라는 뜻이죠. 하하하.

오늘날 사람들은 얼른 5단 따서 명궁의 반열에 오르는 것이 목표입니다. 그렇게 되기 위하여 수단과 방법을 가리지 않습니다. 5단 자격은 오로지 시수로 따집니다. 9순 45시 중에서 31시만 맞추면 됩니다. 그 사람의 궁체가 전통과 어떤 연관이 있는지, 아무런 확인도 하지 않습니다. 그러자니 자연스럽게 과녁 잘 맞추는 '가장 빠른 방법'을 추구하게 됩니다. 단 제도가 본격화한 것이 1970년대 초반이니 벌써 40년이 흘러 한 세대가 훌쩍 지나갔습니다. 그 동안 전통을 묻지 않는 단 제도 때문에 사법은 자연스레 '전통'으로부터 멀어졌습니다.

과녁 잘 맞추는 것이 우리 활의 전통이라면 오늘날 명궁들의 궁체가 정답일 것입니다. 그러나 우리의 전통사법은 과녁 잘 맞추는 것에 그치지 않습니다. 오히려 그것보다 더 중요한 것이 있습니다. 몸을 안 다치는 것이죠. 옛날에 무과 시험을 치르는 사람들은 몸을 다치는 한이 있더라도 결과를 위해 모험을 했을 수도 있습니다. 그러나 문반이나 선비들은 그런 목적이 없기 때문에 자신들의 심신수양 수단으로 활쏘기를 이용했습니다. 『조선의 궁술』 중 '역대의 선사'라는 부분을 읽다보면 선비 중에서 무인보다 활을 더 잘 쏘았다고 하는 경우가 종종 나옵니다.

여기서 중요한 의문 하나가 풀립니다. 몸 안 다치는 사법이 시수를 희생시켜서 얻어진 것은 아닐까 하는 의문입니다. 옛 사람들이 몸 안 다치려고 맞추는 것을 소홀히 하여 만든 것이 우리가 얘기하는 '전통' 사법이 아닐까 하는 의구심 말입니다. 이에 대한 답이 바로 위의 일화입니다. 전통 사법은 몸을 위해 시수를 희생시킨 것이 아닙니다. 우리 조상들이 몸을 안 다치면서 동시에 시수도 잘 나는 사법을 만들었다는 결론이 무인보다 더 나은 문반들의 존재로 분명해집니다.

문제는 이런 궁체를 익히려면 시간이 좀 걸린다는 점입니다. 제가 온깍지활쏘기학교를 운영하면서[1] 교육생들을 살펴보니 아무리 빨라도

---

1   온깍지활쏘기학교. 2012년 2월 개교. 『전통 활쏘기』 5쪽.

최소한 10년입니다. 그렇지만 이런 지난한 과정을 거쳐 제대로 배우면 결코 시수가 떨어지지 않습니다. 그것은 그간 온깍지 궁체로 명궁의 반열에 오른 분들이 꽤 많다는 것으로도 입증이 된 사실입니다. 조영석(광주 무등정), 신해준(대구 팔공정), 윤득수(창원 강무정), 이석희(부산 사직정), 이자윤(경남 진해정), 류근원(청주 우암정). 이분들만이 아니라 그 전에도 초절정의 엄청난 시수를 내던 명무들은 모두 온깍지 궁체였습니다. 금산의 박병일, 여수의 이방헌, 장단의 장석후, 대전의 박문규 … . 예를 들자면 끝이 없습니다.[2] 이 분들의 입문 과정을 얘기 들어보아도 활 공부가 만만치 않다는 것을 알 수 있습니다. 요즘처럼 과녁만 보고 몸이 어찌되든 생각하지 않은 채 맞추기에만 골몰한 결과로 만들어진 엉터리 사법과는 다릅니다.

온깍지에 대한 큰 오해 중의 하나가, 깍짓손입니다. 깍짓손만 크게 뻗으면 온깍지라고 착각하는 것입니다. 허긴 '온깍지'라는 이름이 그래서 붙은 것이기는 합니다.[3] 그러나 옛 사람들이 온깍지로 손을 뻗었다는 것은, 손동작만을 '온깍지'로 했다는 것과 다릅니다. 그 분들은 깍짓손을 온깍지로 뻗었으면서 동시에 전통 사법을 배운 것이었습니다. 전통사법이 사라진 오늘날, 깍짓손을 옛날처럼 내뻗는다고 해서 과연 온깍지라고 할 수 있을까 하는 의문이 듭니다. 온깍지 사법의 완성은 손뻗는 모양이 아니라 전통 사법의 원리 체득에 있습니다. 따라서 깍짓손 크게 뻗는 것을 온깍지라고 부르는 것이 틀린 바는 아니겠으나, 온깍지

---

2   박병일은 일제강점기의 유명한 금산 명무였다. 그의 아들이 금산 흥관정의 박경규 박문규이고, 윤준혁, 서효행 같은 분들이 그에게 배웠다.(박경규 대담) 이방헌은 여수 사람으로 황학정의 사계에도 참여했다.(성낙인 대담) 장석후는 황학정의 사범으로 집궁 80년의 전무후무한 기록을 세운 한량이다.(김경원 대담)

3   정진명 엮음, 『한국 활의 천년 꿈, 온깍지 궁사회』, 고두미, 2015. 90~91쪽.

라고 해서 모두가 전통 사법이 될 수는 없습니다. 온깍지의 진수는 그런 겉모습에 있지 않습니다. 내면의 원리에 있습니다.

온깍지궁사회가 출범할 때 온깍지에 대한 규정을 놓고 고민을 많이 했고 실제로 논쟁도 많았습니다. 앞서 말한 그런 내면 원리를 온깍지라고 해야 하는데, 그것을 배워서 내면화하고 확인하는 데는 시간이 걸립니다. 그래서 그런 방향성을 취한 동작의 최소공배수를 우리는 깍짓손의 모양에서 찾은 것입니다. 깍짓손을 크게 뻗으면 일단 온깍지의 범주로 두고 그 내면 원리는 차차 배우면서 익혀가자, 라고 결론을 내리고 입회 조건을 그렇게 제한한 것입니다. 이 최소제한이 오늘날 깍짓손 크게 뻗는 모든 동작에 대해 '온깍지'라는 적용을 불러온 것입니다. 틀린 것은 아니지만, 정확히 맞지도 않는 말이 되었습니다.

그렇지만 온깍지궁사회와 온깍지활쏘기학교에서 활 쏘는 사람들은 이 차이를 분명히 압니다. 첫눈에 보고서 '아, 저 사람은 진짜 온깍지구나! 아, 저 사람은 가짜구나!'하고 판별할 줄 압니다. 이것을 알아보는 눈은, 앞에서 말한 전통 사법에 대한 의미를 분명히 이해하고, 그를 바탕으로 자신의 몸을 단련했을 때 나타나는 몇 가지 증상을 겪고서 저절로 열리는 것입니다. 아무리 말로 그럴듯하게 포장해도 내용물을 확인해보면 쉽게 드러나는 것들이 있습니다. 이렇게 물으면 저런 답이 나와야 합니다. 그것은 깍짓손이 아니라, 깍짓손의 모양이 함의하는 내면의 원리가 몸에서 제대로 작동하느냐 그렇지 못하느냐 하는 것에 있습니다. 그 증상을 아는 사람과 모르는 사람은 똑같은 용어를 완전히 다른 뜻으로 쓰게 됩니다. 똑같이 온깍지라고 말하면서도 완전히 다른 온깍지를 머릿속에 떠올리게 됩니다. 적도에 사는 사람이 북극에 사는 원주민을 만나서 바나나에 대해 얘기 나누는 것과 똑같습니다. 대화는 되겠지만 서로 다른 얘기를 하는 것이죠.

온깍지 사법은 활을 보내고 난 뒤에 활에 남은 충격을 몸이 덜 받아들이도록 만들어진 사법입니다. 몸이 충격의 중심부로부터 빗겨나도록 짜였습니다. 당연히 처음엔 불편합니다. 그렇지만 일단 그런 궁체를 만들면 몸으로 들어오는 충격이 현저히 줄어듭니다. 이렇게 자잘한 충격을 마저 없애는 것이 각궁입니다. 반깍지로 쏘는 분들도 각궁으로 쏘면 충격이 한결 덜합니다. 만약에 반깍지 한량이 몸을 다치지 않고 계속 활을 쏜다면, 그것은 사법 덕이 아니라 각궁 덕입니다. 각궁 덕을 사법 덕으로 오인하면, 알래스카 원주민이 자신의 스키 실력을 환경이 아니라, 제 잘 난 탓이라고 여기는 것과 같습니다. 감사할 줄 모르게 되죠.

문제는 이런 오인 끝에 끝까지 자신을 속이게 된다는 것입니다. 근근이 각궁 덕에 아픔을 겨우 면한 자신을 두고, 제 사법이 훌륭해서 그렇다고 우기는 것입니다. 이런 착각은 정말 질깁니다. 몸이 분명히 아픈 데도 사법 때문이라는 것을 인정하지 않는 것입니다. 어깨 아파서 병원 가서 진단 받고 약국에 가서 약을 사다 먹으면서도, 그것이 자신의 사법이 잘못 돼서 그렇다는 것을 인정하고 싶지 않은 것입니다. 인정하지 않으려는 심리 속에는 자신이 잘못되었음을 어렴풋이 깨달은 경우가 많습니다. 그 어렴풋함이 또렷함으로 바뀌기 전까지는 절대로 '인정'하지 않으려는 심리가 사람에게는 있습니다. 여기서 한 발 더 나아가 뻔뻔해지면 이렇게 됩니다.

"반깍지가 잘못되었음이 충분히 입증된 뒤에 온깍지로 바꾸어도 늦지 않다!"

겉으로 말은 안 하지만 이렇게 생각하는 사람들의 상당수는 구사(口射)가 된 경우가 많습니다. 활 쏘면 몸이 아프니 입으로 쏘는 즐거움을 느끼며 위안 삼는 거죠. 사람에게 가장 힘든 것이, 자신의 과오를 인정하는 일입니다. 사소한 과오만 인정하면 간단히 끝날 일이, 그렇게 하지 못해서 수많은 분란을 일으키는 원인으로 작용합니다. 결국 자신에게 솔직하고 진리 앞에 정직하지 않은 사람은 자신을 끝없이 속이면서 요리조리 답을 피해갑니다. 남들 눈에는 빤히 보이는 자신의 단점을 굳이 안 보려고 몸부림치면서 어디엔가 있을지 모를 답을 찾아 헤맵니다. 이런 사람에게 이게 바로 답이다, 라고 선언하고 나타날 답이 있을까요? 이게 답이니 배워봐라, 하고 말해줄 사람이 있을까요?

사실 이런 사람은 가르쳐주어도 받아들이지 못합니다. 답이 코앞에 있는데도 그것이 답일 리 없다고 확신합니다. 이것은 저의 추정이 아니라, 온깍지궁사회 활동을 하면서 수없이 겪은 일입니다. 온깍지궁사회 활동을 할 무렵에 우리가 추진하던 큰 사업 중의 하나가 해방 전 집궁한 구사들을 초청하여 옛 활쏘기에 대해 듣는 것이었습니다. 거기에다가 '세미나'라는 이름을 붙이기는 했습니다만, 세미나라기보다는 사랑방 좌담 분위기에 더 가까웠습니다. 궁금한 것을 묻는 우리에게 옛날에는 이렇게 했다고 들려주는 식이죠. 소박한 말로 표현하는 그 구사들의 말에는 분명히 정답이 있습니다. 그런데 그것을 듣는 사람들의 선입견 때문에 구사의 말이 제대로 들리지 않습니다. 구사들의 말을 자신의 현재 동작과 현재 깨달음에 맞추어 받아들이기 때문입니다. 이런 일이 정말 많았고, 실제로 그 후에도 그런 선입견이 온깍지궁사회에 대해서도 마찬가지로 작용하고 일어났습니다.

온깍지궁사회는, '전통'에 대해 독점하지 않았습니다. 우리는 우리가 뭘 독점하려고 한 것이 아니라, 옛 사람과 요즘 사람의 말이 다르니 왜 그렇게 된 건가? 하는 의문을 풀려고 활동한 것입니다. 그때 우리가 한 모든 일은 인터넷을 통해서 실시간에 가깝게 공개했습니다. 그것은 공개 활동이 끝난 지금도 마찬가지입니다. 우리는 우리의 패를 감춘 적이 없습니다. 모든 패를 까보였습니다. 이미 '이것이 정답이다.'라고 다 알려주었습니다. 그런데도 공식 활동을 끝낸 사계 온깍지궁사회에 대해 공개 질의를 하는 황당한 사태까지 벌어지곤 합니다. 이런 저지레의 배경에는 그런 사태를 바라보는 사람들의 선입견이 강하게 작용함을 느낍니다. 온깍지궁사회가 발표한 자료에는 모든 답이 다 있고, 온깍지궁사회가 더 가진 패도 없습니다. 그렇게 답이 온 천하에 드러났는데도 그 답을 보지 못하는 것은, 온깍지궁사회 탓이 아니라, 자신의 어리석은 선입견 탓이 분명합니다. 그걸 모르는 것에 대해서까지 우리가 책임질 수는 없는 노릇입니다. 그래서 더욱 안타깝습니다.

답을 피해 다니는 사람들은 답을 고전에서 구하지 않고 자신의 몸에서 구합니다. 제 몸에서 이런 현상이 일어나는데, 그게 옛 글에 있다고 믿고, 그것을 찾아서 자신의 현재 동작에 맞게 해석하는 것이죠. 그리고 그 해석이 옳다고 믿고, 몇 백 년 전의 글쓴이가 자신의 동작을 보고 설명했다고 여깁니다. 저 또한 그런 적이 있습니다. 집궁 6개월쯤에 『조선의 궁술』을 읽었는데, 모두 다 이해되었습니다. 1년 뒤에 다시 읽었는데, 전에는 보지 못하던 내용이 불쑥불쑥 튀어나와서 제가 깜짝깜짝 놀랐습니다. 이 신기한 현상 때문에 저는 1년에 1번씩 꼭 『조선의 궁술』을 다시 읽습니다. 20년 넘게 그렇게 했습니다. 이제는 『조선의 궁술』이 잠잠해졌습니다. 그래서 제가 옛 글을 제 멋대로 해석하는 사람들의 마음을 알게 된 것입니다. 자신의 해석이 그 글의 진의라고 생각하는 것은, 학문의 기본조차도 이해하지 못하는 태도이고 젖먹이 같이 순진한 발상입니다. 그런 부실한 기초위에 세운 이론은 모래위에 지은

활 쏘 기 의 지 름 길

집과 다를 바가 없습니다.

무예나 믿음은, 책을 통해서 전달되지 않습니다. 오로지 사람을 통해서 전달됩니다. 그래서 불교에서는 전등이라는 말을 씁니다. 등불을 전한다는 뜻입니다. 등불 자체는 조건과 다름없이 빛나는 것이지만, 그것을 들고 전해주는 것은 사람이 할 일이라는 것이죠. 활을 배우다 보면 이 말의 적실성을 절감합니다. 『조선의 궁술』을 읽고서 옛 사람처럼 쏠 수 있을 것 같지만, 그렇게 되지 않습니다. 자신이 지금까지 쏘아온 '짓'이 있기 때문에 그 '짓'의 연장선에서 문장을 이해하고 풀어냅니다. 그래서 제대로 못 배우는 것입니다. 『조선의 궁술』과 자신의 잡된 동작이 섞인 것은 『조선의 궁술』이 될 수 없습니다. 다른 그 무엇이 섞인 『조선의 궁술』은 전통사법이 아니라 잡탕 사법일 뿐입니다.

'전통'이 '전통'이 된 까닭은 오랜 세월 검증을 거쳤기 때문입니다. 그 검증은 몸으로 하는 것이지 꾀로 하는 것이 아닙니다. 전통을 꾀로 해석하면 몸이 천천히 가르침을 줍니다. 아프죠. 오늘날 활터에서 어느 날 갑자기 사라지는 시수꾼들이나 구사(口射)들을 보면, 왜 진리가 이토록 어려운 일인가를 알게 됩니다. 진리는 그 자체가 어려워서 못 전해지는 것이 아니라, 선입견 때문이라는 평범한 진리를 활쏘기에서 또 한 번 깨닫는 것은, 정말 슬픈 일입니다. 덕(悳)이란 한자말은 直과 心으로 이루어졌는데, 활에서 입 아프게 말하는 관덕의 덕도 바로 그것이니[4], 곧은(直) 마음(心)이 아니면 몸이 괴롭다는 진리를 다시 한 번 확인합니다. 몸이 무슨 죄입니까? 활로 시름시름 아픈 몸은 주인 잘못 만난 죄밖에 없습니다.

---

4   정진명 옮김, '관덕정서', 『국궁논문집』 제6집, 온깍지궁사회, 2007.

주변에 몸 아프다는 사람이 많습니다. 저도 어디 아픈 데가 생기면 이게 활에서 온 거 아닌가? 하고 저를 한번 돌아봅니다. '발이부중 반구저기'가 아니라 '몸 아프면 반구저기'입니다.

02

개밥그릇과
소나무 잣나무 구별법

한 30여 년 전 일입니다. 댐 건설로 수몰지구가 생기고 고풍스러운 인테리어 장식이 유행을 타던 시절에, 골동품 장사들이 시골을 뒤지고 다닌 적 있습니다. 그때 어떤 골동품상이 허름한 시골집을 지나가다가 개밥그릇 하나를 집주인에게 팔라고 했습니다. 아무것도 아닌 개밥그릇을 큰 돈 주고 산다기에 웬 미친놈인가 하고는 모른 척 팔았습니다. 그런데 그게 나중에 경매에서 몇 억에 팔렸습니다. 고려청자였던 것입니다. 그러자 개밥그릇으로 쓰거나 장독대에서 몇 십 년째 눈비 맞던 고려청자 비스무리한 것들이 모두 대청마루나 안방으로 올라갔습니다. 그게 과연 고려청자였을까요?

우리는 우리 곁에 있는 것이 얼마나 소중한 것인지 모르고 사는 경우가 많습니다. 그걸 볼 눈썰미가 없기 때문입니다. 오히려 낯선 문화권의 사람들에 의해 새롭게 조명되는 수가 많습니다. 김치도 그렇고, 훈민정음도 그렇고, 구들도 그렇고, 그런 사례들은 얼마든지 찾아볼 수 있습니다. 제 것 귀한 줄 모르는 것은 열등감이 강한 나라일수록 심합니다.

며칠 전에 일본 궁도를 오래 한 분을 만났습니다. 그 분이 우리 활을 배우려고 하기에 만난 것이고, 일본 궁도를 오래 하셨기에 우리가 하는 설명을 빨리 알아들었습니다.[5] 아무리 얘기하고 글로 설명해도, 글은 읽지 않고 제 주변머리로 남의 얘기를 깎아듣는 사람들만 만나던 저로서는, 저의 말을 있는 그대로 받아들일 줄 아는 그 분의 태도가 오히려 신기했습니다. 그러다 보니 함부로 얘기해서는 안 될 중요한 얘기까지 하고 말았습니다. 받아들이는 사람이 진실하면 말 하는 사람은 저절로 입이 열립니다.

그 분에게 제가 위에서 말한 개밥그릇 얘기를 해주었습니다. 고려청자를 개밥그릇으로 쓰다가 골동품상의 얘기 한 마디에 안방으로 모셔 들이는 일 말입니다. 일본 궁도는 경매 사이트에 올라온 청자와 같습니다. 이미 세계화가 진행되었고, 전 세계 모든 사람들이 배울 수 있을 만큼 일정한 형식과 격식 나아가 절차며 내용까지 완전히 갖추었습니다. 거기에 비한다면 한국의 활은 아직도 개들이 핥아대는 밥그릇 신세입니다.

우리 활의 가치를 몰라보는 것은 전 세계 사람들 중에서 우리나라 사람들, 특히 활을 쏘는 당사자들뿐입니다. 일본 궁도를 수련한 사람에게 우리 활의 원리를 1시간만 설명해주면 개밥찌꺼기 속에 파묻힌 그 빛나는 비취빛 고려청자를 대번에 알아봅니다. 반면 우리나라 사람들에게 설명해주면 도대체 들으려고 하지를 않습니다. 대상을 보는 지표가 현재의 수준과 겉모습에 있기 때문입니다. 물에 불려서 조금만 닦

---

5   赤池絹代(아카이케 키누요) 여무사로, 학창시절에 일본궁도를 수련하여 2단을 땄다고 한다. 일본 영사관에 근무하던 쿠리타도 마찬가지 경우였다. 그는 일본 궁도 유단자로, 부산 사직정에서 이석희 행수에게 우리 활을 배웠다.

활 쏘 기 의   지 름 길

아내면 세상 그 어디에도 없는 황홀한 빛이 숨어있음을 알아보지 못합니다.

우리 활은 고려청자보다 더 빛나는 보석입니다. 게다가 순도 100% 우리 것입니다. 다른 문화재의 경우 모두 외제를 수입한 것입니다. 경주 석굴암이 그렇고 팔만대장경이 그렇습니다. 다 외국에서 들어와서 우리의 것으로 정착한 것입니다. 그러나 활은 태생부터 우리 것입니다. 고구려 고분벽화가 그것을 말하고 주몽신화가 그것을 말합니다. 석기 시대부터 점차 우리 겨레와 더불어 발전해온 것입니다. 그런 것이 또 기능으로 보나 내면의 원리로 보나 세계 최고입니다. 우리의 전통 중에서 어떤 것이 이런 게 있을까요? 자랑스러운 우리 문화재 중에서도 좀처럼 이런 것이 없습니다.

그렇지만 우리 문화와 우리 사회에서 우리 활의 꼴은 정확히 개밥그릇 신세입니다. 한 발 더 나아가 정작 활을 쏘는 당사자들은, 자신의 색안경을 끼고 보는 까닭에 전통 활의 실상을 제대로 보지 못합니다. 전통을 버린 눈으로 전통을 보고는 가짜라고 하고, 자신의 왜곡된 전통을 진짜라고 착각합니다. 활량이 아닌 일반인들은 활에 눈길을 주지 않습니다. 왜냐하면 국제종목에 없는 스포츠이기 때문에 국위선양을 할 기회 자체가 없고, 그에 따른 보상이 전혀 없기 때문입니다. 매년 들려오는 소리가, 전국체전 종목에서 제외시키겠다는 협박성 뜬소문들입니다. 남의 나라 사람들만이 우리 활의 엄청난 세계에 대해 감탄합니다. 고려청자를 개밥그릇으로 쓰는 현실을 바라보며 우리 민족이 언제나 제 정신을 차릴까 탄식을 하며 세월을 보내는 중입니다.

고려청자를 개밥그릇으로 쓰는 우리 사회의 현실은 어쩔 수 없는 것이라고 해도, 개밥그릇 신세를 못 면하는 국궁계의 내부 현실은 더욱 암담한데, 바로 전통의 문제에서 우리 활의 개밥그릇 신세를 여실히 볼 수 있습니다. 전통은 내가 그렇게 생각한다고 해서 될 일이 아닙니다. 오랜 세월 만들어진 것이기 때문에 사물이 아니더라도, 엄연히 뼈대가 있고, 살이 있고, 형체가 있습니다. 그러므로 마치 동상이나 조각을 보듯이, 우리는 활에서 전통의 뼈대를 확인할 수 있습니다. 그렇게 확인되는 것을 전통이라고 하지, 주먹구구로 제 생각 속에서 만들어낸 허구를 전통이라고 주장한들, 그게 전통이 아님은 그것을 주장하는 사람 빼고는 온 세상 사람들이 다 압니다.

소나무와 잣나무를 구별하는 방법이 있습니다. 소나무는 잎사귀가 2개이고, 잣나무는 3~5개입니다. 서로 닮았지만, 잎사귀를 하나 뽑아서 헤아려보면 대번에 소나무인지 잣나무인지 구별할 수 있습니다. 그런데 이런 구별법을 무시하고 모양이 소나무 잎사귀를 닮았다고 해서 잣나무 잎사귀를 들고, '이거 봐라, 이게 소나무가 아니면 뭐가 소나무란 말이냐?'면서 소나무론을 펼치면 되겠습니까? 그렇게 해서 말싸움은 될 것입니다. 옳으니 그르니 떠들면서 싸움박질을 하겠지요. 그리고 그런 싸움박질에다가 '전통 논쟁'이라는 그럴 듯한 이름을 붙여서 논문으로 작성할 수도 있겠지요. 그러면 그걸 구경하는 사람들은 '와, 무언가 엄청난 일이 벌어지고 있구나!' 하는 착각도 할 것입니다. 그런 터무니없는 주장을 인터넷에 도배해 놓으면 외국에서도 무식한 동호인들이 '마스터!' 어쩌구 하며 엄지를 척 하고 세워줄 것입니다. 이제는 말 많은 자신이 우리의 전통을 세상에 널리 알리는 줄로 착각하죠. 전통을 실컷 왜곡해놓고서 그걸 자랑스럽게 여깁니다.

그러나 그런 논쟁은 아무리 그럴 듯해도 허무한 일입니다. 우리가 소나무냐 잣나무냐를 두고 싸워봤자 소나무냐 잣나무냐를 우리가 결정할 수 있는 것이 아니기 때문입니다. 잎사귀를 뽑아다가 식물학자에게 보여주면 10초도 걸리지 않고 결정 날 일입니다. 그걸 두고 식물학자를 무시하고 자기들끼리 떠들면 그게 과연 논쟁이라고 할 수 있을까요? 그런 건 말장난이지 논쟁이 아닙니다.

그러면 우리 활에서 소나무냐 잣나무냐 하는 것은 무엇일까요? 그건 전통입니다. 전통의 문제가 바로 이와 같습니다. 말하는 사람이 전통이냐 아니냐를 결정할 게 아니라는 얘기입니다. 전통은 이미 오랜 세월에 걸쳐 형성된 것이기 때문에 실체가 있습니다. 그 실체를 무시하고 내가 주장한다고 해서 결정될 사안이 아닙니다. 나는 이렇게 생각하는데, 이게 전통이 맞느냐고, 전통을 아는 사람들에게 물어야 합니다. 그리고 대답을 들어야 합니다. 그들이 그렇다고 말하면 그런 것이고, 그렇지 않다고 말하면 그렇지 않은 것입니다. 그렇게 물어보면 간단할 것을, 나는 이렇게 생각하는데 아무래도 이것이 전통일 것 같다고 하면서 벌써 확정된 전통을 깡그리 무시한다면 그게 미친놈이지 뭐겠어요?

전통은 타협의 대상이나 협상의 흥정물이 아닙니다. 더더욱 논쟁의 대상이 아닙니다. 이미 실체가 있는 것이니 거기에 견주어서 맞느냐 안 맞느냐를 판단해야 할 일입니다. 그 적용과 판단의 과정에서 일어나는 기준을 놓고서 적합 부적합 여부를 결정할 때 논쟁이 발생할 수는 있어도 전통이 자기 머릿속에서 나온다는 식의 주장은 거론할 가치가 없는 일입니다.

그렇다면 국궁계에서 전통의 기준은 누구에게 물어야 할까요?

이 질문을 처음으로 한 단체가 온깍지궁사회입니다. 세기가 바뀌던 2000년의 일입니다. 누구에게 했을까요? 해방 전후에 집궁한 분들에게 했습니다. 대상이 23명이었습니다.[6] 이분들에게 전화로 혹은 직접 찾아뵙고 여쭈었습니다.[7] 그래서 2007년 무렵에 일정한 결론에 이르렀습니다. 우리의 전통 활쏘기 기준은 『조선의 궁술』이다![8]

이러쿵저러쿵 하도 말이 많길래 제가 전통을 확인할 수 있는 설문지를 하나 만들어드렸습니다. <'조선의 궁술'을 공부하는 분들께 드리는 몇 가지 질문>[9]이라는 글이었는데, 이걸 두고 또 말들이 많더군요. 2000년 이후 『조선의 궁술』을 입에 담는 사람들은 사기꾼이라고 제가 좀 독한 말을 했는데, 스스로 사기꾼임을 선언하고 다니는 사람들이 많아서 요새는 좀 웃픕니다. 사기꾼이 사기꾼임을 감추는 유일한 방법은, 계속해서 사기 치는 것입니다. 제가 그 사기꾼으로부터 벗어나는 방법까지 알려드렸는데, 사기를 치는 사람이나 그런 사기꾼의 말을 계속해서 듣는 사람이나, 참 거기서 거기라는 생각이 절로 듭니다. 3천 년 전 노자가 한 고민을 3천년 후의 제가 하고 있으니, 3천년 후에 또 누군가가 저와 똑같은 고민을 하게 될 것 같습니다. 그렇다고 제가 노자와 같은 항렬이란 얘기는 아닙니다. 그냥 말이 그렇다는 거죠. 하하하.

그러니 전통이 궁금한 분은, 스스로 전통의 기준을 만들어서 강변하지 말고, 전통을 아는 분들에게 물으시기 바랍니다. 최소한 그 정도의 성실성은 보여주어야 사람들이 믿습니다. 그러면 자신의 전통을 확인해줄 사람들이 있어야겠죠? 한 번 주위를 둘러보시죠. 그런 분들이 계신가? 없을 겁니다. 다 죽었죠. 안타깝게도 국궁계에서 '이게 전통이

6   정진명, '국궁의 전통 사법에 대한 고찰', 청주대학교교육대학원 석사논문, 2003.

7   정진명, 『이야기 활 풍속사』, 학민사, 2001.

8   『한국 활의 천년 꿈, 온깍지궁사회』 3쪽.

9   온깍지궁사회 엮음, 『국궁논문집9』, 고두미, 2016. 188~195쪽.

다!' 라고 말씀해주실 분들은 벌써 다 입산하셨습니다. 전통의 꼬리뼈에서 활을 쏘시던 분들은 2000년도에 우리가 만난 것이 끝이었습니다. 그 당시 해방 전후에 집궁했던 분들은 대부분 나이가 70이 넘었고, 지금은 벌써 20년이 또 흘렀습니다. 아직 살아있다면 아흔 중반쯤이실 겁니다. 그러니 온깍지궁사회에서 정리한 '전통'이 아니꼽거든 얼른 그분들을 만나보시기 바랍니다. 대부분 다 돌아가셨지만 마치 기적처럼 여러분을 기다리며 아직도 100세 넘게 살아계실 분들이 있을지 모릅니다. 온깍지궁사회의 결론이 아니꼬워서 아직도 못 돌아가시는 분이 어딘가에 살아계실지 모르니 얼른 찾아보시기 바랍니다. 그렇게라도 해야 자신의 논거에 사람들이 코딱지만한 믿음이라도 줄 것입니다. 부디 온깍지궁사회를 해치울 수 있는 마지막 기회를 놓치지 마시기 바랍니다.

혹시 그런 어른을 찾지 못하여 고민 중이신 분은 저에게 연락 주시기 바랍니다. 아직도 살아계신 분이 몇 분 계시니 제가 연락처를 알려드리지요. 의정부 대전 부산 정도에 그런 분이 아직 살아계십니다. 참, 저한테는 손전화 없으니, 메일로 연락주시기 바랍니다. 그러면 제 주장을 뒤집어엎을 방법을 몰래 알려드리겠습니다. 하하하. 참고로, 개밥그릇 사건 이후 골동품상들이 하도 뒤지고 다녀서, 개밥그릇으로 쓰이는 고려청자는 없다고 봐야 합니다.

소나무냐 잣나무냐를 두고 싸우지 마세요. 식물학자에게 물으면 됩니다.

03

접장과 사범

활터는 오랜 역사와 풍속이 살아 숨 쉬는 현장입니다. 그렇기 때문에 활터에서 벌어지는 일들에 대해서 어떤 결정을 할 때에는 신중에 신중을 기해야 합니다. 지금 내가 생각하는 것으로 활터의 질서를 재배치하는 순간, 단순히 눈앞에서 꼴 보기 싫은 것이 사라지는 것이 아니라, 자칫하면 몇 백 년 이어온 훌륭한 풍속이 나의 편벽된 판단과 어리석은 행동으로 뭉텅 잘려버리는 수가 생기기 때문입니다.

이런 현상은 활터에 권력을 쥔 사람들이 나타나면서 굉장히 빠른 속도로 진행되는 중입니다. 활터에서 권력을 쥔 사람들이란 어떤 사람들일까요? 표면으로 드러난 특별한 지표가 있는 사람들입니다. 과녁 맞추기 경향이 짙어진 1980년대를 지나 1990년대로 접어들면 한 가지 뚜렷한 증상이 더 추가됩니다. 승단입니다. 즉 누구나 승단을 하여 명궁되는 일이 활터의 가장 중요한 지표로 떠오릅니다. 5단을 따고 명궁이 되면 활쏘기에서 이룰 수 있는 모든 것을 다 이룬 것이 됩니다. 따라서 활터에서 모든 기준이 이 명궁으로부터 나옵니다. 이에 대한 이의를 달 사람이 없을 것입니다. 명궁들은 존경을 받아 마땅합니다.

그렇지만 우리는 여기서 한 가지 더 물어야 합니다. 명궁들이 활을 잘 쏘는 것은 분명합니다. 그러면 명궁들은 활터의 전통문화에 대해서도 잘 아는 것일까요? 과연 그들의 지식이 활터의 사풍을 판단하는 기준이 될 수 있을까요? 이 질문에 대해 '그렇다!' 라고 대답할 수 있다면 활터의 현재는 물론 미래까지도 장밋빛일 것입니다. 우리 활은 수백 년 이어온 전통을 앞으로도 똑같은 모습으로 이어갈 수 있을 것입니다. 그것은 모두 명궁 덕택입니다. 활터의 전통을 제대로 이해하고 그렇게 흘러온 역사를 알아서 앞으로 우리 활의 미래에 필요한 풍속을 정비하여 새로운 시대에 맞는 사풍의 기준을 세우는 조정자 노릇을 할 것이기 때문입니다.

그러나 오늘날 우리는 명궁에 대해 그런 기대를 하기 힘듭니다. 명궁들의 사람 됨됨이가 나빠서 그런 것이 아닙니다. 명궁이라는 제도를 운영하는 방법이 그런 내용을 기대할 수 없게 짜였기 때문입니다. 요즘의 명궁은 승단대회에서 일정한 맞추기 실력을 입증하면 됩니다. 활터에서 큰 말썽을 일으키지 않는 사람이면 임원의 추천을 거쳐서 대부분 명궁에 임명 됩니다. 그들이 우리 활의 전통에 대해 어떤 지식과 정보를 갖고 있는지 테스트하지 않습니다. 즉 명궁은 활'만' 잘 쏘는 사람입니다.

이 명궁들의 존재는 실제로 활터 현장에서 사풍을 왜곡하는 심각한 사태를 곳곳에서 유발합니다. 무식한 명궁들의 잘못된 신념이 활터 현장의 사풍을 일그러뜨리는 일이 다반사로 일어납니다. 제가 아는 활터에서 최근에 실제로 일어난 일입니다. 해가 바뀌면 임원 개편이 일어나고, 한 활터에서 임원이 바뀌었습니다. 사범도 덩달아 바뀌었는데, 명궁이었습니다. 이 사범이 완장을 차자마자 온깍지로 쏘는 사원을 일일이 불러서는 온깍지 사법은 잘 맞지 않으니 자신이 가르쳐주는 대로 바꾸라고 하더랍니다. 그래서 그럴 생각이 없다고 대답하니까 불쾌한 기색을 드러내면서 차차 상담을 통해서 해결하자고 하고는 만날 때마다 한마디씩 한다고 합니다.

이런 일은 2000년 무렵부터 전국의 활터에서 빈번히 일어나는 일상사가 되었습니다. 전에 제가 잠시 속했던 활터에서도 사범이 바뀌자 마치 완장 찬 듯이 행세를 하면서 사범인 자신의 말을 사원들이 잘 들어주지 않는다고 공개석상에서 불만을 터뜨리는 경우도 보았습니다. 정말 무식이 극에 이르면 이럴 수 있을까 싶은 일들이 활터에서 잊을 만하면 벌어집니다. 사범이 제 분수를 모르고 날뛰는 것입니다. 사범이 된 자는 나설 때와 나서서는 안 될 때를 구별하는 것부터 배워야 하고, 활터에서는 그런 사람을 사범에 임명해야 합니다.[10]

물론 이런 현상은 활터 환경이 바뀌었기 때문입니다. 각궁을 쓰던 시절에는 이런 일이 없습니다. 각궁을 만져주는 사람이 있었고, 그 각궁을 가지고 사법을 가르쳐주는 사람이 있었는데, 아무리 각궁 얹어주는 사람이 있더라도 각궁을 스스로 얹어 쏠 정도는 배우는 것이 한량의 기본 자세였습니다. 각궁을 얹을 줄 모르는 사람에게는 '화초한량'이라는 우스갯소리가 돌아왔습니다. 온실의 꽃처럼 모양만 아름답다는 뜻입니다. 그래서 누구나 각궁을 얹을 정도는 배워야 했습니다. 그런데 각궁을 배우는 데는 아무리 빨라도 겨울을 두어 번은 넘겨야 합니다. 즉 기초만 3~4년이 걸린다는 말입니다. 그 사이에 선배 한량들로부터 사법을 배웁니다. 이렇게 되면 3~4년 정도가 되어야 겨우 신사를 면하게 됩니다. 그

10　'활터에 떠도는 착각과 무지', 온깍지궁사회 카페 활 전문자료실.

사이에 활터에서 배우는 것은 단순히 사법만이 아닙니다. 자정의 전통도 배우고 사람들 사이에서 벌어지는 여러 가지 예절과 사풍을 저절로 몸에 익히게 됩니다. 이렇게 해서 5년쯤 되면 신사를 완전히 면하고 당당한 활터 구성원으로 서게 됩니다. 이것이 옛 활터의 법속이었습니다.

몰기하면 접장 칭호를 준다는 것은 바로 이런 과정에서 나온 것입니다. 물론 자정에서 활을 얹어주는 사람이 있기 때문에 빠른 사람은 몇 달만에 할 수도 있지만, 엄밀히 말해 접장이라는 칭호는 활터의 풍속과 사법을 어느 정도 배워서 홀로 활쏘기를 할 수 있는 사람을 뜻하는 말이기 때문에 몇 달이 아니라 1년 또는 몇 년이라는 기간이 적합한 개념입니다. 그래서 몰기를 하고 접장 칭호를 받으면 활을 가르쳐주는 사람도 더 이상 그의 행실과 사법에 관여하지 않았습니다. 같은 접장이 되었기 때문에 상하 관계가 사라진 것입니다. 첫 몰기 하고 접장이 되는 순간 상하관계에서 선후배 관계로 바뀝니다.

활터에서 활터 관리하고 한량들 각궁 얹어주는 사람을 '사범'이라고 불렀고,[11] 활터에서 사법을 가르쳐주는 사람을 '접장'이라고 불렀습니다. 접장은 활터의 평등한 호칭입니다. 몇 년 전부터 접장이 '천한 보부상들이 쓰던 용어'라며 활터에서는 쓰면 안 된다는 궤변을 퍼뜨리던 사람들이 있어 한 때 논란이 되기도 하였습니다만, 『국궁논문집 9』에서 접장이라는 용어를 정식 논문으로 다루어 제자리로 돌려놓은 어이없는 일도 일어났습니다.[12] 한두 사람의 악의가 사풍에 어떤 왜곡을 일으킬

---

11   사범은 코치를 번역한 말로, 근대 스포츠가 들어오면서 쓰이기 시작한 말이다. 다른 분야와 달리 활터에는 교장이나 선생이라는 직책이 있었기 때문에 이 말이 각궁 관리인에게 가서 붙은 것이다.

12   류근원, '활터의 평등한 호칭, 접장', 『국궁논문집9』, 고두미, 2016. 37~49쪽.

수 있는지 절감한 사례였습니다. 그 전에는 없던, 인터넷 시대의 새로운 풍경입니다. 접장은 활터에서 남을 대접해줄 때 쓰는 호칭입니다.[13] 그 짝말은 사말로, 자신을 낮출 때 쓰는 말입니다.

그러면 사풍 전반을 관리 감독하는 사람은 누구였을까요? 당연히 사두 부사두였습니다. 그 중에서도 특히 부사두급에 해당하는 교장이 그런 위치였습니다. 신사가 들어오면 교장은 활터 전반에 대한 교육을 하고, 접장 중에서 활터에 자주 나오는 사람을 점지해서 사법을 가르치도록 했습니다. 활터 전반의 사풍은 교장이 조율한 것입니다. 그래서 지역에 따라서는 교장(敎長)을 선생이라고도 불렀습니다. 그렇다고 하여 교장이 사법에 시시콜콜 관여하지 않았습니다. 누구나 같은 사법, 즉 온깍지 사법으로 가르치고 배웠기 때문에 접장이면 누구나 가르칠 수 있죠.

앞서 말한 사범이 접장을 불러서 그렇게 쏘면 안 맞는다느니 하는 식의 간섭은 정말 어이없는, 옛날 같으면 활터에서 볼기 맞고 쫓겨날 만한 일이었습니다. 사범 주제에 접장에게 이렇게 쏴라 저렇게 쏴라 말을 한다는 것이, 오늘날 사풍이 무너졌음을 보여주는 명백한 증거입니다. 궁도 몇 단인 명궁이 그러고 있으니, '궁도'라서 그럴 수 있겠다는 생각이 듭니다. 그렇지만 그건 '궁도'를 하는 분들께나 할 짓이지 '국궁'을 하는 한량들에게는 그래서는 절대로 안 될 일입니다.

궁도 고단이자 명궁이신 분이 그렇게 하시는 데는 딱히 그 분만을 욕할 수도 없는 배경이 있습니다. 1970년대부터 개량궁이 등장했습니다. 개량궁 얹는 것은 10분이면 배웁니다. 3~4년 걸리던 교육과정이

---

13   정진명, 『한국의 활쏘기』, 개정증보판, 학민사, 2013. 186쪽.

10분으로 압축된 것입니다. 장비가 이렇게 바뀌면 과녁 맞추는 요령을 배우는 일은 6개월이 채 안 걸립니다. 6개월이 지나면 우리 활은 더 이상 배울 게 없습니다. 이것이 요즘 활터의 교육과정입니다.

이렇게 초고속으로 접장이 된 사람이 활에 대해서 무식하기는 마찬가지입니다. 딱히 활터에서 사풍 교육을 하는 것도 아니고, 자정에서 내려오는 이야기들을 귀동냥으로 들으면서 세월만 흘러갑니다. 10년이 지나면 어느덧 많은 후배를 거느린 구사가 되는 것이죠. 여기다 시수까지 나면 5년쯤 만에 5단이 됩니다. 그리고 활터에서 크게 밉보이지 않으면 명궁 추천을 받고 명궁이 됩니다. 그때부터 그의 머리 위에는 하늘밖에 없습니다. 자신이 곧 법입니다. 제가 말을 하면 사원들이 그대로 따라야 합니다. 이렇게 해서 활'만' 잘 쏘는 '궁도' 명궁이 탄생합니다.

문제는 이런 무식한 명궁들이 활터 곳곳에서 폭력에 가까운 사풍 난동을 부리고 있다는 것입니다. 앞서 말한 궁도 고단인 명궁께서 이미 접장이 되어 잘 쏘는 사람을 불러서 이렇게 해야 잘 맞는다느니, 그렇게 쏘면 잘 안 맞는다느니 하는 참견은 몇 단 명궁의 분수에 걸맞은 지식을 갖추지 못한 결과에서 오는 참극입니다. 자신의 무식을 남에게 강요하면서 남들까지 무식하게 만드는 자를 사범으로 임명한 활터 임원들의 수준도 참 안타까울 따름입니다.

사범은 사범의 일을 해야 합니다. 사범은 신사를 가르치는 사람입니다. 신사를 가르치는 일에 그쳐야지 이미 접장이 된 사람들에게 이래라 저래라 하는 것은 정말 주제넘은 짓입니다. 그런 사람들이 완장을 차면 정말 하루아침에 사풍이 무너지고 활터는 난장판이 됩니다.

활터가 먼저다

저는 활터에서는 될수록 한복을 입고 활을 쏘려고 합니다. 전통 한복을 다 갖추기 어려우면 생활한복이라도 입으려고 합니다. 그러면 저절로 두루마기를 입게 됩니다. 옛날에는 궁대를 두루마기 속에 찼습니다.

즉 바지저고리를 입고 궁대를 찬 다음, 그 위에 두루마기를 걸쳤습니다. 그러면 화살은 어떻게 차야 할까요? 당연히 궁대가 두루마기 속에 있기 때문에 화살깃은 두루마기의 솔기로 나옵니다. 촉이 두루마기의 속으로 들어가기 때문에 촉에 묻은 흙이 옷에 묻지 않도록 궁대 끝에 마구리를 달아서 거기에다가

촉을 집어넣은 것입니다. 옛날 촉은 지금의 둥근 촉과 달리 네모여서 깔끔히 닦이지도 않습니다. 궁대 끝의 마구리는 깍지나 보궁 넣어두라는 주머니가 아니라 옷에 흙 묻지 말라고 촉을 넣는 곳입니다. 그러면 날이 더울 때 두루마기를 벗으면 어떻게 차야 할까요? 그대로 찹니다.

이렇게 하면 지금 화살 차는 방향과는 정반대가 됩니다. 지금은 깃이 앞으로 오도록 차는데, 두루마기를 입으면 깃이 옆으로 나오거나 오히려 뒤로 가게 됩니다. 한복의 매무새 때문에 생긴 풍속입니다. 깃이 앞으로 오도록 차는 것은 두루마기를 입지 않는 사람들이 많아지면서 생긴 일이고 1960년대 접어들어 일반화된 것입니다. 그리고 이것은 편의상 그렇게 한 것입니다.[14]

'편의상'이라고 말했습니다. 이 편의상을 '법률상'이라고 착각하는 사람들이 많습니다. 특히 활터에서 남 가르쳐주고 싶어서 안달이 난 사람들이 그렇습니다. 명궁쯤 되고 사범이라는 완장이라도 차면 '편의상'을 '법률상'으로 착각하여 국민교육헌장에 버금가는 사명감으로 자신과 다른 사람들을 뜯어고치려고 합니다.

살깃이 앞으로 오도록 한 것은 협회에서 대회 진행의 편리를 위해 선택한 차선의 방법입니다. 만약에 두루마기를 입고 화살을 차면 어떻게 할까요? 화살 깃이 앞으로 오도록 찰 수 없으니 그러면 활터에서는 두루마기를 입지 말라고 기준을 정해두어야 할까요? 만약에 그런 규정을 둔다면 그게 활터라고 할 수 있을까요? 화살 차는 방향이 솔기 사이로 나오게 하는 것을 못마땅하게 여기는 사람들은 이런 문제점을 전혀 의식하지 못하는 것입니다. 그런데 그런 사람들이 활터에서 사범 노릇

---

14   정진명, 『활쏘기의 어제와 오늘』, 고두미, 2017. 346쪽.

하면서 완장 차고 설쳐댑니다. 자신이 애꾸눈인지도 모르고 너는 왜 눈이 두 개냐고 호통 치는 것과 같습니다. 너는 눈이 두 개짜리 병신이니 성한 사람 되어야 한다고 한 쪽 눈 뽑으라고 한다면, 그것을 받아들여야 할까요? 내 눈깔 하나를 뽑으면서까지 활을 쏴야 할까요? 이런 한심한 질문을 스스로에게 해야 하는 시대를 우리는 살고 있습니다. 활터에서 활 쏘는 일 자체가 모욕인 이 시대를 우리가 어떻게 견디어야 할지 참 난감합니다.

이런 무식한 명궁들의 착각이 또 한 가지 있습니다. 명궁은 협회의 명궁이지 활터의 명궁이 아니라는 사실입니다. 명궁은 협회에서 주는 것입니다. 그렇지만 활터는 협회의 것이 아닙니다. 활터에는 협회에 가입한 사람도 있지만, 그런 데 가입하지 않고 혼자서 활 쏘는 사람도 많습니다. 그런데 협회에서 준 명궁을 완장처럼 내세우며 협회의 지도이념을 활터에 퍼뜨리면 그게 협회 회원이 아닌 다른 사람들에게 무언의 폭력이 된다는 것은 자명한 사실입니다. 명궁 행세는 자정에서 하지 말고 협회에 가서 할 일입니다. 자정에서는 1/n에 해당하는 한 사원에 불과하다는 사실을 잊으면 안 됩니다. 그걸 잊고 설쳐대는 것 자체가 명궁의 자격에 미달되는 것임을 빨리 깨달아야 합니다.

자신이 속한 활터의 풍속을 무시하고 협회의 규칙을 강요하는 버릇은 너무나 오래 되고 익숙해져 이제는 판별하기도 힘들어졌습니다. 앞서 말씀 드린 화살 차는 방향도 협회의 대회 진행을 원활하게 하기 위한 방편이었는데 어느 덧 옛날부터 그래 온 양 변질되어버렸고, 또 좌우 발시 교대도 협회의 대회 진행을 원활하게 하기 위한 방편이었는데 이제는 자정에서도 으레 그렇게 해야 하는 것으로 압니다. 이 모두가 협회에서 얻은 감투를 쓰고 활터에 와서 자행한 폭력의 결과입니다.

세상을 뒤집어보면 재미는 있을지 몰라도 딴 사람들이 불편합니다. 활터가 먼저이지 협회가 먼저가 아닙니다. 협회는 활터 사람들 중에서 뜻있는 사람들이 모여서 만든 상위단체입니다. 활터에 대고 감 놔라 배 놔라 할 수 있는 주제가 못 됩니다. 본말이 뒤집힌 현실을 아무렇지도 않게 보고 그게 당연하다는 듯이 행동하는 것이 자격 미달의 증거입니다.

류근원 명무가 『국궁논문집 9』에서 접장이 왜 푸대접 받는 일이 발생하였는가 하는 문제점을 지적한 적이 있습니다. 애초에 존칭어이던 접장이 천덕꾸러기 신세로 전락한 것은, '명궁' 때문이라고 했습니다. 즉 명궁이라는 호칭이 등장함으로써 '접장'이라는 호칭이 낮은 느낌을 주면서 접장이라고 불리는 것을 '명궁'들이 싫어하게 되었다는 것입니다.[15] 일부 무식한 명궁과 그 추종자들이 자신을 접장이라고 부르지 말라고 하는 것을 보면 이것은 분명한 듯합니다. 존칭으로 불러줘도 그것이 존칭임을 모르고 비칭으로 받아들여, 오히려 '명궁'이라는 모욕에 가까운 말을 듣는 것을 좋아하는 일은 해프닝에 가깝습니다.

그런데 요새는 명궁도 흔해져서 어딜 가나 명궁입니다. 그러다보니 이제는 명궁으로 불리는 것에도 만족하지 못한 모양입니다. 그러면 뭐라고 불러야 할까요? 이런 한심한 고민의 끝에서 나온 것이 '신궁'입니다. 이제는 저희끼리 신궁으로 부르고, 그렇게 불리는 사람도 있다네요. 50시 중 49시까지 모조리 맞추고, 다 맞추는 것은 예의가 아니라며, 일부러 마지막 한 발을 뺀 정조대왕도 자신을 명궁이라고 부르지 않았습니다. 부끄러움이 뭣인지도 모르는 사람들과 동시대를 산다는 것은, 참

---

15   『국궁논문집 9』 47~48쪽.

괴로운 일입니다.

몇 백 년 이어온 사풍 속에는 명궁이 없습니다. 접장만이 있죠. 그런 이유가 다 있습니다. 그 이유가 소멸될 때 비로소 다른 용어가 나올 수 있는 것입니다 .그렇지만 활터에서는 아직 그 용어의 존재이유가 소멸되지 않았습니다.

05

서당 개

'서당 개 3년이면 풍월을 읊는다.'는 말이 있습니다. 맞는 말입니다. 모든 기술 분야에서는 옆에서 구경하는 것이 반은 배우는 것입니다. 어떤 스포츠든 실력 좋은 사람 옆에서 그 사람과 생활하면 그 사람의 어느 수준까지 따라갑니다. 활도 마찬가지여서 곁에서 어떤 사람들이 함께 하느냐에 따라서 나의 수준이 높아지기도 하고 낮아지기도 합니다. 옆에서 활을 쏘면 곁눈질로 그것을 배우며 저절로 궁체가 잡혀가기 마련입니다. 명무의 궁체를 보는 것만으로도 이미지 트레이닝이 저절로 되는 것이니, 서당 개 3년이면 활을 쏠 수도 있는 거죠.

그렇지만 서당 개 신세는 거기가 끝입니다. 서당 개가 3년이면 풍월을 읊을 수는 있겠지만 3생을 윤회해도 배울 수 없는 게 있습니다. 사람이 되려면 마음 그릇이 어느 정도 있어야 합니다. 개의 마음 그릇으로 사람인 훈장님의 마음을 닮을 수 없습니다.

활이 꼭 이와 같습니다. 곁에서 곁눈질을 하면 겉모습은 비슷하게 흉내 낼 수 있겠지요. 그렇지만 거기까지가 다입니다. 왕왕 전통이라는 것은, 한두 세대에 이루어진 것이 아니고 몇 세대에 걸쳐 이루어진 것이기에, 그 속살을 보여주고 이치를 말로 짚어주기 전에는 아무리 봐도 보이지 않는 영역이 있습니다. 천재가 나타나도 고려청자의 비색은 되살릴 수 없는 것과 마찬가지입니다. 그런 천재들의 솜씨에 여러 대를 걸쳐온 내면의 원리까지 덧보태져야만 청자의 비색은 살아날 수 있는 것입니다.

그렇지만 세상은 이미 고려청자의 비색을 부러워하지도 않고 그것을 쓸 만한 사람들도 사라져버렸습니다. 사용자와 기술자가 사라진 이 시대에 청자의 비색을 누가 살릴 수 있단 말입니까? 그럴 수 없다는 암담함이 우리의 활터에도 가득합니다. 불과 한 세기 전에는 누구나 다 알던 『조선의 궁술』의 비의가 이제는 몇 명을 빼고는 아무도 모르는 무공비급이 되었습니다. 빤히 보여주어도 알아보지 못하는 시대가 되었습니다.[16]

풍월을 아무리 잘 읊어도 서당 개는 개일 뿐 사람이 될 수 없습니다. 반깍지로 아무리 10몰기를 하고 20몰기를 해도 전통사법이 아닌 건 변하지 않습니다. 『조선의 궁술』에는 눈으로 전할 수 없는 세계가 있습니다. 사람에서 사람으로 건너가서, 몸으로 부딪히지 않으면 알 수 없는 세계가 있습니다. 그 세계를 부인하는 것은 쉽고 간편하기까지 합니다. 그렇지만 자신의 궁체가 고려청자의 비색이 아닌 것을 모르지는 않을 것입니다. 잘 알면서도 인정할 수 없는 것일 뿐이죠. 고려청자가 아닌 것을 갖다 놓고 고려청자라고 한들 그게 고려청자가 되지는 않는다는 사실을 누구보다도 자신이 더 잘 압니다. 그러면서도 굳이 고려청자가 없다고 주장해야 하는 운명이 그들 앞에 놓였습니다.

---

16   『활쏘기의 어제와 오늘』 서문

활에는 수많은 단계가 있습니다. 손끝으로 쏘는 단계, 죽머리로 쏘는 단계, 가슴으로 쏘는 단계, 몸통으로 쏘는 단계, 허리로 쏘는 단계, 허벅지로 쏘는 단계, 발바닥으로 쏘는 단계, 엄지발가락으로 쏘는 단계 … . 여러분은 지금 어느 단계의 활쏘기를 하는 중입니까? 반깍지 사법으로는 아무리 잘 쏘아도 가슴으로 쏘는 단계에서 더 깊어질 수 없습니다. 혹시 반깍지 천재가 나타난다면 몸통으로 쏘는 단계까지는 이를 것입니다. 그러나 그런 천재도 허리, 허벅지, 발바닥, 엄지발가락의 단계가 어떤 것인지는 전혀 짐작할 수 없습니다. 그리고 마침내 이 모든 단계를 넘어서는 차원이 있습니다. 그 차원이 무엇인지 여러분이 말해보시기 바랍니다. 가서 맛보지 않으면 좀처럼 말로 나타낼 수 없는 단계가 있습니다. 그러니 여러분은 그 단계를 말로 설명할 수 없을 것입니다. 베트남에 스키부대로 갔다 왔다고 말해야 하는 신세가 되기 때문입니다. 저에게도 그런 경계를 드러낼 언어는 없습니다. 그래서 만약에 여러분이 그런 세계에 대해 말한다면, 그것은 거짓말일 것이고, 또 그것이 왜 거짓인지 알아볼 수는 있습니다. 진리는 말로 표현할 수 없지만, 드러낼 수 없는 것은 아닙니다. 드러나는 말을 통해서 그 말이 거짓인지 진실인지를 알 수 있습니다.

알려고 하는 사람에게, 혹은 그 전에 알던 것을 모두 내려놓은 사람에게 『조선의 궁술』이 길이 될 수는 있습니다. 그러나 완성은 어렵습니다. 『조선의 궁술』을 말하던 사람이 아니고는 알 수 없는 내용이 『조선의 궁술』 행간에 있기 때문입니다. 고려청자의 비췻색은 바로 그곳에서 나옵니다. 이것이 전통의 위대한 힘입니다. 서당 개의 풍월은 아무리 듣기 좋아도 개소리일 뿐입니다.

 06

전통과 문화

우리가 학교 다닐 때 교과서에서 배운 글이 있습니다. 역사학자 이기백의 <민족문화의 전통과 계승>이라는 글입니다. 그 글에서는 전통과 인습을 구별하고, 창의성에 기여하는 요소를 전통이라고 규정하고 있습니다. 백번 맞는 말입니다.

그렇지만, 자신의 행동을 정당화하기 위하여 이 글을 이용하고 싶은 사람들이 활터에는 아주 많습니다. 결과를 놓고 보면 연암 박지원의 글과 겸재 정선의 진경산수화 같은, 오늘날 우리에게 중요한 유산으로 남은 것들이 당시에는 불에 태워버릴 처지에 놓인 위험한 것들이었다는 말입니다. 이런 것을 예로 들면서 자신의 사법을 정당화하기 위하여『조선의 궁술』속 사법을 옛 것이라고 몰아 부치는 것입니다. 이런 논리가 맞는다면,『조선의 궁술』이 전통이 아니라, 인습이어야 합니다.『조선의 궁술』속 온갖지 사법이 전통이 아닌 인습임이 분명히 입증되어야 합니다. 그래야 자신들의 사법이 살아남을 수 있습니다. 과연『조선의 궁술』속 사법이 오늘날 우리에게는 안 맞는 인습일까요? 그래서 버려야 할 대상이 분명해진 것일까요?

최근(2018) 인터넷에서 새로운 사법을 들고 나온 사람들이 살아남기 위해서는 마땅히 그래야 합니다. 그러나 과연 그렇게 될까요? 저는 어림 반 푼어치도 없는 일이라고 봅니다. 『조선의 궁술』속 사법이 어떤 세계이며 어떤 수준인지도 모르는 사람들이, 자신들이 모르는 그 세계에 대해서 경험도 없이 옛것이라고 규정해놓고 자신의 주먹구구 사법을 정당화하기 위한 논리로 사용하면, 머지않아 자신도 똑같은 방식으로 공격당할 것임을 모르는 어리석은 짓입니다.

이기백의 글에서도 그랬듯이 전통 문화란 몸에 밴 어떤 것입니다. 그렇기 때문에 논리로 이렇다고 분명하게 밝혀지지 않는 경우가 많습니다. 게다가 몸으로 하는 활쏘기는 더더욱 그렇습니다. 그렇기 때문에 전통 활 담론에서는 왜 활을 쐈으며, 어떤 이유로 그렇게 쐈는가 하는 점이 먼저 해명되어야 합니다. 이 점이 충분히 밝혀지지 않은 상태에서 자신의 주장을 펴면 자신이 선 자리를 부인하는 순간 그 자리에서 출발한 모든 논의는 하루아침에 무너집니다.

예컨대 최근에 나타난 반깍지 사법 중에서 명궁 사법을 정당화하기 위한 디딤돌은 시수입니다. 『조선의 궁술』속 사법은 시수에 불리하기 때문에 시수에 유리한 명궁사법이 정당하다는 논리 같은 것 말입니다. 요즘 온깍지 사법에 대해서 명궁들이 자신의 사법을 버티는 유일한 논리는 반깍지 사법이 시수에 더 좋다는 것입니다. 그 반대로 생각하면 온깍지 사법은 자신들보다 시수가 더 떨어진다는 뜻이죠. 그러면서 한 발 더 나아가면 시수로 입증해보라는 태도를 보입니다. 많은 사람들이 이런 궤변에 빠져있으면서도 그것이 궤변인지조차도 모릅니다.

『조선의 궁술』에 기록된 사법은 완전사법에 가깝습니다. 잘 맞추는 것은 물론이고, 몸에 좋은 사법입니다. 쏘면 쏠수록 몸이 좋아집니다.

시수는 정조대왕의 기록이 증명하고[17], 하인리히 독일 황태자가 방문했을 때, 장안의 다섯 궁사들이 4중 5중을 땅땅 맞히었다는 신문 기록이 증명합니다.[18] 온깍지 사법의 시수를 증명하는 기록은 산더미처럼 많습니다. 그러면 반대로 묻습니다. 오늘날 명궁들 중에서 몸 안 아픈 사람이 있습니까? 대답이 쉽지 않을 것입니다. 시수만 좋고 몸에 안 좋은 사법은 『조선의 궁술』에 견주면 발가락의 때만도 못한 사법입니다. 그런 사법을 만들어놓고서 마치 옛 전통이나 인습을 극복했다는 듯이 착각하는 것이야말로 자신과 주변사람을 망가뜨리고 잘 전해오는 전통마저 인습으로 몰아가는 짓입니다.

　『조선의 궁술』은 결코 인습이 되지 않습니다. 고려청자보다 더 영롱한 빛을 발하는 인류 최고의 사법입니다. 그것을 모르는 것은 『조선의 궁술』을 버리고 자신의 사법이 최고라고 착각하는 사람들뿐입니다. 문제는 그런 사람들이 활터에 널렸다는 것이죠. 그런 사람들이 이기백의 문화 창조론을 자신의 것에 갖다 붙여 그에 대한 대척점으로 전통사법을 위치시키려 합니다. 이 어리석음을 올바로 보지 못하면 우리의 전통은 창조는커녕 몇 십 년 몇 백 년 뒷걸음질 칠 것이고, 우려대로 벌써 30년째 뒷걸음질쳐왔습니다. 앞으로 얼마나 더 뒷걸음질 칠지는 아무도 모릅니다. 그것은 활터 사람들의 선택에 달렸기 때문입니다. 『조선의 궁술』을 무시하거나 주먹구구로 해석하는 한, 그 나락의 끝은 맨 밑바닥일 것입니다. 갑자기 5천 년 전의 출발점으로 돌아가는 것이죠.

　『조선의 궁술』이 절망스러운 것은, 낡은 옛것이기 때문이 아닙니다. 그렇게 낡은 옛것인데도 그 이상을 뛰어넘을 수 있는 사법이 앞으

17　육군사관학교, 『한국의 활과 화살』, 도록, 육군박물관, 1994.
18　조선일보 1938.1.3. 신년 대담 성문영 기사

로도 인류에게는 나오지 않을 것이라는 점 때문입니다. 활로는 그 이상 도달할 수 있는 세계가 없습니다. 마치 한 번 잃고는 영원히 빚을 수 없는 고려청자의 비색처럼.

머잖아 우리는 활터에서 또 다른 고려청자를 잃을 것입니다. 곧 사라질 그 비취색을 살찌가 허공에 그리는 반구비에서 가끔 봅니다.

우리 사법을 설명하려면
우리말보다 더 좋은 수단이 없습니다.
우리 사법은 반드시 우리말로 개념화하고 용어화해야 합니다.
그럴 때 또한 모범답안으로 떠오르는 것이
『조선의 궁술』입니다.

PART 2

사법 서술의 여러 문제

 01

사법 서술의 뜻

어떤 대상이 문자화 되고 기록된다는 것은 대체로 두 가지 의미를 지닙니다. 첫째는 역사자료로 확정된다는 것, 둘째는 기록대상의 존재 형태로 의미가 축소된다는 것입니다. 어떤 현상을 기록할 때 그것을 기록하는 주체의 세계관과 편견이 작용하여 원래의 모습 중에서 일부만이 문자화됩니다. 이 과정에서 전례가 없는 것들이 기록될 때 여러 문제를 일으킵니다. 이때 가장 큰 문제가 언어입니다. 과연 어떤 언어로 접근하느냐에 따라서 대상의 존재 형태나 의미가 아주 많이 달라집니다.

특히 우리나라의 활처럼 기록의 전례가 드문 경우에는 이런 현상이 더욱 중요하고 심각합니다. 기록은 곧 대상에 접근하는 방법이고, 그 방법을 선택한 자의 세계관이 반영되기 때문입니다. 언어는 인간의 가치관과 세계관이 아주 심하게 반영되는 수단입니다. 그러므로 어떤 언어를 선택하느냐 하는 것이 기록 대상의 초기 모습을 결정지어버리고 맙니다. 그런 점에서 활을 기술하는 사람이 어떤 언어를 통해 대상에 접근하느냐 하는 것은 대상의 원본 보존에 결정타와도 같은 영향을 끼칩니다.

이런 점에서 우리 활에 관한 최근 기록들이 택한 언어를 꼼꼼히 살피고 자세히 따져볼 필요가 있습니다. 만약에 우리 활에 관한 것을 영어나 한자로 접근한다든가 하면 반드시 번역상의 오해가 일어납니다. 이 오해는 대상을 왜곡시키는 상황에 이르고 결국 남의 눈과 남의 생각으로 우리 활을 조명하는 결과를 불러들입니다.『조선의 궁술』이 사법과 사풍 부분에서는 요즘 우리가 읽기에도 불편한 당시 서울 사람들의 토박이 언어로 기록되었다는 것은 그런 점에서 중요합니다. 다른 부분은 이중화라는 한글학자가 쓴 글인데 반해 사법과 사풍 부분은 서울 토박이인 성문영 공이 자신의 사투리(당시에는 표준어)로 기록했습니다. 문체도 다르고 내용이나 서술 방식이 다른 본문과 완전히 다릅니다.

우리의 활쏘기는 지난 5천 년 간 특별한 기록이 없다가 1929년에야 처음으로『조선의 궁술』로 정리되었고, 1990년대 접어들면서 갑작스레 문자화되기 시작하였습니다. 두 가지 방향에서 그런 결과가 진행되었습니다. 출판물과 인터넷이 그것입니다. 출판물로는『한국의 활과 화살』(1994),『우리 활 이야기』(1996)를 비롯하여『충북국궁사』(1997),『평양 감영의 활쏘기 비법』(1999),『한국의 활쏘기』(1999),『이야기 활 풍속사』(2000)가 연달아 나오면서 출판물의 첫걸음을 떼었고, 그 뒤로 제법 많은 책들이 더 나왔습니다.

인터넷의 경우는, 1997년 이건호 접장의 사이버 국궁장이 효시가 되어 2000년으로 접어들면 국궁계의 담론을 주도하는 중요한 매체로 자리 잡았습니다. 이런 기록들을 접해보면 우리 활이 어떤 방식으로 언어화되고 그 과정에서 어떤 방식으로 규정되는가 하는 것을 아주 잘 볼 수 있습니다.

02

활쏘기 접근법

여러 가지 기록에서 우리의 전통 활쏘기에 접근하는 태도는 크게 세 가지 정도로 나눌 수 있습니다.

1 _ 전통을 단순화하려는 시도

먼저 전통을 단순화하려는 시도가 있습니다. 이것은 활 전통에 익숙지 않은 신사들이 활터의 낯선 용어에 불편을 느껴 간단하게 이해할 수 있는 말들로 재정리하는 심리에서 나오는 태도입니다. 『조선의 궁술』에 보면 뒤에 활쏘기와 관련된 용어가 정리되었고, 또 활터 현장에 가보면 활터마다 사람마다 쓰는 용어가 끊임없이 나타납니다. 그러다 보니 표현하는 내용이 언어를 무한하게 만들어내서 처음 활에 접한 사람에게는 어렵기만 하고 도대체 무슨 내용인지 구별하기도 힘듭니다. 이런 현상이 활쏘기를 옛날 모습으로 묶어두는 큰 원인으로 보이고, 그런 원인을 제거하자는 생각으로 용어를 단순화하려는 시도를 하게 됩니다.

그러나 이런 시도는 곧 한계에 부닥칩니다. 활쏘기의 수련이 깊어지면 그 깊이에 따라 고민이 또한 많아집니다. 고민이 많아진다는 것은 그에 따르는 문제점을 발견한다는 것이고, 그 문제점을 상의해야 하는 상황이 오며, 그 상황은 반드시 언어를 통해 나타납니다. 결국 우리가 아무리 용어를 단순화해도 그것은 신사를 위한 안내일 뿐, 좀 더 깊은 세계로 들어가면 더 많은 말들이 나타날 수밖에 없는 일입니다.

이것은 컴퓨터를 보아도 그렇습니다. 컴퓨터 용어가 너무 많아서 컴퓨터 사용이나 이해에 방해가 되는 경우, 그 용어들을 단순화하면 문제가 해결될까요? 그렇지 않다는 것은 젊은 분들이 더 잘 알 겁니다. 컴퓨터 언어는 그것이 존재하는 양상에 따라 끝없이 나타나게 됩니다. 그걸 막을 방법이 없습니다. 만약에 언어를 제한하면 컴퓨터의 발전은 그 즉시 멈춥니다.

활도 마찬가지입니다. 언어가 많아지는 것이 문제가 아니라, 굳이 안 써도 될 어려운 언어를 끌어다가 설명하려는 현학성이 더 큰 문제를 일으킵니다. 언어의 단순화는 체험 영역의 축소입니다. 자칫하면 전통의 영역도 좁아듭니다.

활과 관련된 용어를 새롭게 만들어 쓰려는 시도도 마찬가지입니다. 이미 있던 것이 복잡하다고 하여 자신에게 맞는 말을 새로 만들어 쓰자는 것은, 자신을 중심에 놓고 보면 그럴듯하지만, 사람마다 다 제 말을 만들어 쓰자는 논리도 허락하는 것이니, 스스로 모순을 품게 됩니다. 언어는 사회의 공유물이지 사유물이 아닙니다.

2 _ 전통을 복잡화하려는 시도

1990년대 중반을 넘어서면서 국궁계에는 적잖은 책이 출판되었습니다. 2000년대로 접어들면 정말 많은 책들이 출판되었고, 동시에 인터넷이 활성화되면서 사이버 상에는 우리가 도저히 다 볼 수 없을 만큼 많은 글들이 쏟아져 나왔습니다.

이런 경향 중에 무시할 수 없는 한 경향이 중국 병법서와 중국 사법서 류입니다. 그 시발점은 1999년에 사법비전연구회에서 낸『평양 감영의 활쏘기 비법』입니다. 이를 필두로 2010년대에는 중국의 거의 모든 사법서가 다 소개되었다고 할 정도로 우리가 접할 수 있는 옛날 사법서는 많아졌습니다. 따라서 그 전에 나온 자료를 토대로 아직 문자화하지 않은 국궁에 대해서도 무언가 정리를 하려는 시도가 여기저기서 많이 나오는 중입니다.

이런 시도들의 공통점은,『조선의 궁술』에 만족하지 못하고 거기서 무언가 한 발 더 나아가려고 한다는 점입니다. 그 도약이나 도전이 명과 실을 공유해야 하는데, 이 부분에서 쉽지 않습니다. 즉 중국과 일본의 사법서들은 그들 나름의 고민을 거쳐서 만들어진 체계입니다. 그런 체계를 조금 바꾸어서 우리 활의 세계를 정리하려고 할 때 맞닥뜨리는 문제가 있습니다. 형식화할 때 그 형식화가 가져올 수 있는 내용의 변형 내지 위축이라는, 정말 무시무시한 문제가 발생합니다.

이것은 내용과 형식이 달라서 생기는 탈입니다. 즉 우리 활쏘기의 수준은 중국이나 일본의 활과 견줄 때 몇 단계나 높은 곳에 있습니다. 그들의 눈길과 생각으로 우리 활을 바라보면 우리 활의 일부만을 보게 됩니다. 한 마디로 장님 코끼리 더듬는 식의 모양이 됩니다. 중국이나 일본의 사법체계는 우리 활의 그런 고매한 깊이를 담아낼 만큼 정확하고 세밀하지 못했습니다. 수준 낮은 활의 시각으로 수준이 한 단계 높은 활을 조명하면 반드시 빼먹는 게 생기고 미처 생각지 못한 문제점이 나타납니다. 낮은 수준의 활 체계로 우리 활을 조명하면 우리 활은 딱 그만큼의 수준밖에 드러나지 않습니다.

그런데도 중국의 병법서와 사법서에나 나올 법한 한자말로 용어를 만들고 차례를 만들어서 우리 사법을 설명하자면, 말만 복잡하고 내용이 어려워져서 논의의 본질을 잃고 맙니다. 심고니, 구니, 쌍분이니, 방사니 하면서 한자말로 개념을 설정하면 그 한자말의 정확한 뜻도 전달되지 않을 뿐더러 전하고자 하는 내용도 무엇인지 알 수 없게 되어 읽는 사람이나 그걸 쓰는 사람이나 개념상 갈팡질팡할 수밖에 없습니다.

따라서 우리 활을 설명하려고 할 때 제일 먼저 생각해야 할 것은 반드시 우리말로 해야 한다는 것입니다. 그런 점에서 김집이 쓴 『국궁교본』(황학정, 2005)은 모범이 될 만한 책입니다. 그러나 이 책의 한계도 분명한 것이, 일본궁도의 사법팔절을 빌려다가 설명함으로써 공과 과를 동시에 갖게 될 운명을, 저술의 처음부터 지녔던 셈입니다. 최근의 시도 중에서 눈길을 끄는 것은 최동욱의 작업인데, 이 경우에는 관념화 경향이 지나쳐서 용어도 어렵고 개념도 낯설다는 것이 문제입니다. 쉽게 얘기할 수 있는 것을 어렵게 얘기한 경우여서 우리 활의 본질을 드러낼 수 있는 개념 체계인지는 잘 모르겠습니다.

어느 경우든 기존의 이론서나 다른 민족의 활 개설서에 들어있는 개념과 용어로는 우리 활의 본질을 제대로 드러낼 수 없다는 것이 분명합니다. 그리고 그런 책들을 꼼꼼히 검토해보면 전체의 체계를 만들려

활 쏘 기 의 지 름 길

는 포부나 시도는 이해가 가나 그것이 실제로 문자화되었을 때 읽을 독자들의 머릿속에 그 체계가 제대로 전달될지 어떨지는 의문이라는 점입니다. 이것은 개념이나 용어를 복잡화했을 때 흔히 나타나는 일들입니다. 따라서 개념을 복잡화하려는 모든 시도는 단순한 활쏘기 동작을 설명하는 데 성공하기가 어렵다는 결론입니다.

따라서 서술 체계를 복잡화하려는 시도는 그렇게 하는 분명한 의도를 드러내고 그것이 실질에 정확히 대응할 때에 비로소 가능한 것임을 먼저 판단해야 합니다. 게다가 활쏘기는 머리로 하는 것이 아니라 몸으로 하는 것입니다. 몸은 몸의 길이 있어서 그 길이 어떤 방법에 적당한가를 알아야 하고, 거기에 걸맞은 언어가 어떤 언어인가를 고민해야 합니다. 또 그런 체계로 전달하고자 하는 활쏘기의 원리가 제대로 체험되었고 자득이 되었는가를 입증하는 단계가 꼭 필요합니다. 즉 말하는 이의 경험과 실력이 사법을 논할 만큼 무르익어야 한다는 말입니다. 바로 이점이 사법이론의 관념화나 복잡화보다 훨씬 더 중요한 일입니다.

지금까지 나온 이런저런 논의나 주장을 보면 과연 전통 사법을 체득할 만한 수준에 있는 분들이었나 하는 점엔 심각한 의문이 듭니다. 특히 최근에는 인터넷에서 논의가 많은데, 참여자들의 궁력이 10년도 안 된 경우가 대부분이고, 심지어는 1년도 채 안 된 사람이 마치 모든 것을 다 터득한 듯이 주장하는 경우도 많습니다. 활을 좀 쏜 사람들이 보기에는 염치가 없어도 너무 없는 사람들이라는 생각이 절로 듭니다.

우리 활은 스케이트나 배드민턴과 달라서, 아무리 빨라도 제대로 된 경지에 다다르는 데는 15년 이상 걸립니다. 그것도 스승을 제대로 만났을 때 그렇습니다. 그러니 최소한 20년 정도까지는 입 꾹 닫고 기다려야 합니다. 그러지 않고 떠벌이는 이론은 모두 사기극임을 아는 것이 가장 시급한 일입니다.

따라서 지나친 복잡화도 우리 활의 실상을 제대로 드러내는 데 어려움이 많습니다.

3 _ 전통을 있는 그대로 보려는 시도

그러면 어느 수준이 가장 적절한 것일까요? 그에 대한 대답도 고민할 필요가 없다고 봅니다. 벌써 90여 년 전에 그에 대한 답이 딱 나왔습니다.『조선의 궁술』이 그것입니다.

앞서 말한 단순화나 복잡화 양 방향은『조선의 궁술』체계에 대한 불만에서 출발한 것이고,『조선의 궁술』에 만족하지 못하는 것은 불과 얼마 안 되는 사법 설명 때문입니다. 그렇지만 그것은 실질이 서로 떨어졌기 때문에 드는 생각일 뿐입니다. 즉『조선의 궁술』대로 쏘지 않는 사람들 때문에 생긴 현상이라는 말입니다.『조선의 궁술』대로 쏘면 그 몇 장으로도 모든 것을 다 설명할 수 있습니다. 우리 활의 심오한 세계를 얼마든지 드러낼 수 있습니다.

다만, 그 글을 쓰던 당시의 지식과 말씨가 우리와 달라서 생긴 문제점들이 있을 뿐입니다. 그 속에서 말하고자 하는 사법 세계를 이해하고 나면, 굳이 어려운 한자말이나 일본 사법 체계에 의존하지 않고도 얼마든지 우리가 쓰는 말로 설명할 수 있습니다. 그 글을 쓰던 사람들에게는 없던 새로운 오늘날의 개념으로 접근하여 얼마든지 그때의 세계를 조명할 수 있습니다. 이때 내용은 오늘날 우리가 아는 것이라고 하더라도 그것을 표현하는 언어는 우리말이어야 합니다. 그래야 개념과 실질이 정확히 일치하는 글을 쓸 수 있습니다.

물론 그 당시 사람들이 알 수 없던 과학 지식과 상식으로 무장한 우리는 그들보다 우리 시대에 더 걸맞은 설명을 할 수 있을 것입니다. 그렇다고 해서 그렇게 설명된 세계가 『조선의 궁술』을 쓰던 세대보다 더 깊어질 수 있다고 생각하는 것은 착각입니다. 몸으로 하는 것은 오히려 지식이 많아질수록 못 따라가는 경향이 큽니다. 오늘날의 젊은이들이 옛날 노인들보다 힘을 훨씬 더 못 쓴다는 사실을 보면 이는 분명해집니다. 몸으로 이룬 세계는 오히려 우리 세대가 앞 세대를 따라가지 못합니다. 따라서 『조선의 궁술』을 쓰던 세대의 노인들이 이룬 성취를 우리는 얕보면 안 됩니다. 우리가 그들에게 없던 지식을 갖고 있다고 해서 그들보다 더 나은 것이 아니라는 말입니다.

반대로 우리가 말로만 아는 지식이 장애가 되어 그들이 말한 심오한 세계를 이해하지 못할 수 있습니다. 이런 우려는 요즘 인터넷에서 논의되는 수준을 보면 뼈저리게 알 수 있는 것이기도 합니다. 아무것도 모르는 신사들이 도통한 듯이 떠드는 것을 보면 그들의 논쟁 수준이 얼마나 천박한 것인지 드러납니다. 오히려 박학다식이 참된 앎을 방해하는 경우입니다. 이미 우리는 이런 위험에 충분히 노출되어, 이런 글을 쓴다는 것이 무슨 의미가 있겠는가 하는 자괴감과 회의감을 일으키기도 합니다.

따라서 『조선의 궁술』은 우리말로 쉽게 설명할 수 있는 바탕을 마련해놓았고, 우리는 그를 토대로 얼마든지 쉽게 설명할 수 있습니다. 그렇지만 쉽게 설명된 그 사법체계의 배후에 서린 어떤 원리나 이치를 밝혀내는 것은 또 다른 과제가 될 것입니다. 어쩌면 이 부분에서 『조선의 궁술』에서는 쓰지 않은 어려운 말들이 동원될 수도 있습니다. 어차피 과학의 개념을 도입하여 계량화 수치화를 해야 하기 때문입니다. 그게 필요하다면 말이지요.

그렇다고는 해도 일반인이 보는 내용에는 굳이 그런 어려운 용어를 이용할 필요가 없습니다. 개념과 원리를 설명하는 것과 활쏘기 동작을 설명하는 것은 어차피 다를 수밖에 없기 때문입니다. 따라서 우리말로 쉽게 설명해야 한다는 원칙은 우리 활에 관한 어떤 서술체계에서도 양보할 수 없는 조건입니다. 새로운 사법 서술은 이런 전제조건 위에서 나와야 합니다.

현재까지 이런 고민을 결과로 드러낸 것은 온깍지궁사회뿐입니다. 온깍지궁사회에 몸담은 저는 온깍지궁사회 공개 활동을 통해서 얻은 지식과 비공개 활동을 통해서 얻은 논의 결과를 바탕으로 온깍지 사법을 정리하여 발표하기에 이르렀습니다. 벌써 20여 년 전의 일입니다. 온깍지 사법은, 공간지각 형으로 서술된『조선의 궁술』사법체계를, 신사들이 배우기 쉬운 시간지각 형으로 바꾸어 설명한 것이고, 약간의 원리를 덧붙인 정도에 불과합니다. 그렇지만 내용 면에서는 똑같다는 주장입니다. 전통 사법은 언어의 표현 차이일 뿐 내용이 달라질 수 없다는 믿음 때문입니다. 그렇지만 이에 대한 반론이나 비판은 찾아볼 수 없는 실정입니다. 건전한 비판을 기대했던 저로서는 실망스럽기 그지없는 상황이 벌써 20년 가까이 이어지는 형편입니다.

온깍지 사법은 전통 사법에 무언가를 덧붙이려는 것이 아닙니다. 『조선의 궁술』속 사법을 새로운 체계로 설명한 것입니다. 그러기 위해서는 앞서 말했듯이 우리말로 설명해야 한다는 조건을 지켜야 했고, 그래서 어쩌면 더욱 쉬워 보일 수도 있습니다. 그러나 쉬운 내용을 굳이 어려운 용어로 만들어 쓰는 것은, 그 어떤 사람들을 위해서도 좋은 일이 아닙니다. 우리의 전통 문화는 우리말로 설명되는 것이 가장 마땅합니다.

03

사법 서술의 성격

사법에 대해 글로 설명할 때 몇 가지 주의할 것이 있습니다. 학문 연구에서는 꼭 필요한 것인데, 그 중 몇 가지만 알아보겠습니다.

1 _ 사법 서술의 주안점

사법서는 실용서의 범주에 들어갑니다. 몸짓을 설명한 것이어서 결코 철학서나 이념서가 될 수 없습니다. 말과 그것이 가리키는 대상이 한 치 오차 없이 딱 맞아 떨어져야 합니다. 그런 점 때문에 어떤 철학을 전제로 하여 접근하면서 그 철학 용어를 사법 설명에 적용하는 것은 정말 위험한 일입니다. 기존의 사법체계나 남의 나라 사법 용어도 마찬가지입니다.

사법비전공하가 『평양 감영의 활쏘기 비법』이라는 책으로 소개된 지 벌써 20년이 넘었습니다. 그 안에는 우리 조상들도 함께 고민한 중국 사법서의 여러 가지 개념이 들어있습니다. 그렇지만 그 속에서 나온 개념들이 오늘날 우리 활을 이해하는 데 어떤 도움을 주는지는 잘 알 수 없습니다. 전수 병이나 후수 병에서 설명되는 것들이 과연 우리 활에서 어떤 동작을 말하는 것이며, 그것이 과연 중국 사법서에서 말하는 그 개념과 똑같은가 하는 것도 확인해야 할 과제로 남았습니다. 결국 이것의 정체를 밝히려면 중국의 사법을 몸으로 터득해야 하는데, 그게 가능할지도 의문이고 그렇게 된다고 해도 그 동작이 우리의 사법과 같을지 어떨지도 알 수 없습니다. 남의 개념을 빌어다 쓰면 반드시 이런 고민이 덩달아 따라옵니다.

심지어 현재 활터에서 꽤 오래 쓰인 구절들도 중국 사법서에서 온 경우 많은 문제점을 일으킵니다. 예컨대 집궁제원칙에 포함된 전추태산 후악호미 같은 구절이 그렇습니다. 이것은 기효신서의 궁시제 부분에 나오는 구절인데 원문은 <前手如推泰山 後手如握虎尾>입니다. 여기서 <手如>를 빼고 나머지를 인용한 것입니다. 그런데 후악호미 대신 발여호미로 알려진 경우도 많다는 사실을 보면 후악호미는 우리 사법에 맞지 않는다고 생각한 분들이 옛날부터 있었음을 우리는 짐작할 수 있습니다. 실제로 우리 활에서는 뒷손을 호랑이 꼬리 잡듯이 꽉 잡으면 안 됩니다. 가볍게 뿌려야 합니다. 그래서 중국에서 온 구절인데도 발여호미라고 바꿔서 쓰곤 한 것입니다.

이에 따르면 줌손도 마찬가지입니다. 줌손을 태산처럼 밀라는 말은 과녁거리가 가까운 중국 사법의 경우에 해당하는 것입니다. 그러나 과녁 거리가 먼 우리 사법에서 줌손은 높습니다. 그래서 태산처럼 밀면 안 됩니다. 민다기보다는 버틴다는 쪽이 더 정확합니다. 따라서 전추태산이란 말은 옳지 않습니다. 그래서 저는 기왕에 발여호미라고 했으면 그와 짝을 이루는 앞구절도 바꾸자고 제안한 적이 있습니다. 즉 전추태산 대신 추여남산(推如南山)이라고 해서 문장의 대응도 이루고 의미의 방향성까지도 알려주자는 것이죠. 추여남산 발여호미. 어쩐지 딱 어울리지 않습니까? 저만 그렇게 생각하나요? 하하하,

우리 사법을 설명하려면 우리말보다 더 좋은 수단이 없습니다. 우리 사법은 반드시 우리말로 개념화하고 용어화해야 합니다. 그럴 때 또한 모범답안으로 떠오르는 것이 『조선의 궁술』입니다. 그렇지만 『조선의 궁술』은 이미 무공비급화 되어서 그것을 제대로 알아볼 안목이 있는 사람도 찾기 어렵습니다. 아마도 그래서 자꾸 다른 나라의 개념을 끌어다가 우리 사법을 설명하려고 하는 것이 아닌가 하는 의구심이 일어나곤 합니다. 남의 나라 이론이라도 끌어다가 자신의 사법을 설명하고 싶은 욕망을 충분히 이해할 수 있습니다.

그렇지만 그런 욕망은 『조선의 궁술』을 버렸기 때문에 생기는 반대급부에 지나지 않는다는 사실을 깨닫는다면, 자신의 활 재주를 탓할 일이지, 『조선의 궁술』의 한계를 지적할 일이 아닙니다. 『조선의 궁술』은 한계점이 아니라, 우리 활의 출발점이자 동시에 도착점이며, 모든 논의의 디딤돌입니다. 그러고도 남는 어마어마한 세계입니다. 거기서부터 출발하면 어느 곳이든 도착할 수 있고, 어떤 것이든 만들어낼 수 있습니다.

따라서 사법 서술의 고민은 새로운 언어를 찾는 데 있는 것이 아니라, 이미 있는 우리말로 이미 있는 『조선의 궁술』에서 출발해야 한다는 것에서 비롯해야 합니다. 남의 말과 남의 사법서로 들여다보는 우리 활은 절대로 자신의 비밀을 열지 않습니다. 이것이 25년째 사법 서술을 고민해온 저의 결론입니다. 여러분의 또 다른 결론을 기다립니다.

2 _ 사법 서술의 깊이 문제

어느 분야든 마찬가지입니다만, 활에서 더욱 심각하게 느껴지는 문제가 있습니다. 즉 논의 하는 사람의 수준이 논의 대상에 미치는 영향입니다. 다른 스포츠와 달리 우리 활쏘기는 다른 나라에는 없는 우리나라만의 현상이기 때문에 학술화나 이론화에 진척이 별로 없고 논의의 토대도 부실한 편입니다. 그런 상황에서 논의에 참여하는 사람의 수준은 활 이론의 미래에 몹시 큰 영향을 미치게 됩니다.

어떤 분야가 이론의 발전을 보려면 대체로 두 가지 정도의 내실이 갖추어져야 합니다. 첫째, 높은 수준의 기량을 갖춘 사람이 있어야 하고, 그런 훈련을 한 사람들의 체험이 문자화되어야 한다는 것입니다. 이런 고수들은 이론 면에서 짧을 수 있습니다. 그러나 체육은 몸으로 하는 것이기 때문에 그들이 몸으로 이루어놓은 체험은 그 이치가 밝혀지기 전이라도 충분한 가치가 있습니다. 그런 가치 있는 담론들이 많이 나와야 합니다.

문제는 되도 않을 한심한 수준의 풋내기들이 마치 고수인 양 떠들어대는 것입니다. 글의 속성상 그런 말을 하는 사람의 수준을 확인할 방법이 없기 때문에 우리 활처럼 기록의 역사가 일천한 영역에서는 이런 나쁜 기록들이 많이 생기기 쉽습니다. 그런 우려는 최근의 인터넷 글들에서 걱정스러울 만큼 많이 볼 수 있습니다. 집궁 1년차만 되어도 이미 고수 행세를 하는 세상이 인터넷입니다. 이런 자들이 남기는 기록을 자료 삼아 우리 활을 재구성한다면 그건 그대로 우리 활의 미래에 재앙이 될 것입니다.

둘째는 전문 이론가의 참여입니다. 전문 이론가들은 어떤 이론을 전문으로 익힌 사람들입니다. 그들은 사실과 싸우는 내면의 치열함을 갖추고 있습니다. 그런 전문가에게 우리 활이 그대로 노출될 때 체험만으로는 알 수 없는 새로운 세계가 열립니다. 그런 점에서 새로운 학자들이 활에 접근하는 것은 정말 바람직한 일이고 우리 활의 미래에 큰 영향을 미칠 수 있는 방법이기도 합니다. 그렇지만 이 경우 가장 문제가 되는 것은 참여자의 성실성입니다. 기존의 담론들을 충분히 감안하고 자신의 이론을 적용시켜보는 과정과 절차에 대한 성실성이 있어야 합니다. 이 성실성은 이론에 지나친 우월성을 부여하는 상황에 이를 때 우리가 생각지 못한 역효과를 낼 수도 있기에 학문화의 과정이 깊지 않은 우리 활이 지닌 또 다른 고민거리입니다. 그렇지만 이런 문제는 세월이 가면서 점차 해소되리라고 봅니다.

사법에 관한 글은, 내가 어떤 동작으로 쏘느냐에 따라 전혀 다르게 읽힙니다. 따라서 그 글을 쓴 사람의 몸짓이 반드시 확인되어야 하는 필연을 지닙니다. 사법에 관한 주장이 중요한 게 아니라, 그 주장이 그 사람의 몸짓과 얼마나 부합하느냐 하는 것이 더 중요합니다. 그런 점에서 사법에 관한 서술을 남기는 사람들은 자신의 몸짓에 가까운 묘사를 할 필요가 있습니다. 그렇지 않으면 어떤 연구도 좋은 결과를 내기 힘듭니다. 이것은 우리 활의 미래에 관한 문제이기도 합니다. 디딤돌이 놓일 단계의 헛된 말들은 그 분야의 미래를 어둡게 하는 원인이 됩니다. 삼가 조심하고 또 조심해야 할 일입니다.

또 한 가지 사법 서술 태도에서 가장 중요한 것이 '기준'입니다. 자신이 어떤 것을 기준으로 하여 서술하는지를 분명히 밝혀야 모든 말들이 동작으로 연결됩니다. 자신의 주장과 동작이 맞지 않으면 아무리 그럴 듯하게 설명해도 소용이 없습니다. 그래서 서술을 할 때는 반드시 자신의 사법이 어디서 출발했는지 그 기원과 기준을 밝힐 필요가 있습니다. 예컨대 현재까지 우리의 전통 사법은 『조선의 궁술』로 알려졌습니다. 여기서 출발한 것인지, 아니면 자정에서 내려오던 사법을 배워서 다른 어떤 이론을 가미한 것인지를 밝혀야 한다는 것입니다. 이런 것 없이 자신의 주먹구구 사법에 다른 모든 사법서를 갖다 맞추면 발전은 커녕 남들 눈을 속이는 사기꾼으로 전락하게 됩니다. 나아가 국궁의 앞날에도 큰 먹구름이 됩니다.

04

국궁 연구의 방향

　태껸을 문화재로 지정할 당시에 벌어졌던 일입니다. 무형문화재 조사위원들이 송덕기 옹을 만났습니다. 동작을 보여 달라고 하니까 품밟기를 비롯하여 몇 가지 간단한 동작을 보여줍니다. 더 보여 달라니까 보여줄 게 없습니다. 대상이 있어야 하는데 송덕기 옹 혼자이다 보니 대련을 보여줄 수도 없는 형편입니다. 그래서 초창기에는 퇴짜를 맞았습니다. 이를 보강하려고 충주의 한량 신한승이 일본이나 중국에서 흔히 볼 수 있는 방식을 응용하여 태껸의 몸짓을 몇 가지로 유형화시키고 품세 비슷한 동작을 시연하여 조사위원들에게 설명했습니다. 그렇게 하여 태껸은 가까스로 문화재로 지정되었습니다. 결국 남의 눈으로 나를 보게 된 거죠. 덕분에 문화재로 지정된 태껸은 후유증을 톡톡히 겪었습니다. 품밟기 논쟁이 그렇고, 세 갈래로 나뉜 현재의 태껸계가 그렇습니다.

　국궁으로 눈을 돌려보면 이상한 점 하나를 발견하게 됩니다. 『조선의 궁술』에 묘사된 사법 부분이 지나치게 간략한 것입니다. 오늘날 우리가 볼 때 사법에 대해 무언가 설명을 하려고 한다면 당장 욕심나는 것이 중국의 사법서들입니다. 여기에다가 이미 정제된 일본 활의 이론을 덧보태면 정말 미끈한 이론을 하나 만들어낼 수 있습니다. 그런데 『조선의 궁술』에는 중국의 사법서 얘기가 눈곱만큼도 나오지 않습니다. 이게 참 이상하지 않은가요? 그 글을 쓴 분들이 중국의 병법서나 사법 서를 몰라서 그랬던 것일까요? 그렇지 않습니다. 그 분들은 무과에 급 제한 분들이고, 무경칠서는 기본으로 공부한 사람들입니다. 사법서나 병법서를 달달 외는 분들입니다. 그런데도 그런 중국 측의 책들이 전혀 인용되지 않았습니다. 정말 이상한 일입니다.

저는 『조선의 궁술』을 처음 본 1996년부터 20년 넘게 매년 한 차 례씩 정독했습니다. 읽으면 읽을수록 또렷해지는 생각이 뭐냐면, 이보 다 더 확실하게 우리 사법의 세계를 정리하기는 힘들다는 것입니다. 정 말 고갱이입니다. 핵심만 간추려서 제시했습니다. 그렇기 때문에 얼마 든지 포장할 수 있습니다. 그런데 포장을 하지 않았습니다. 당시 선비들 에게는 상식으로 통하던 음양오행론으로 설명할 법도 한데 그런 흔적 이 전혀 없습니다. 중국의 태극권 권사들이 쓴 글에는 음양오행을 태극 권 동작에 연결시켜 설명하려는 시도를 한 글들이 적지 않습니다. 그런 데 『조선의 궁술』에는 그런 시도의 흔적도 나타나지 않습니다. 정말 알 맹이만 쏙 빼서 서울 토박이의 말로 정리했습니다.

음양오행론은 동양의 2000년을 떠받친 중요한 사상이고 이론입니 다. 음양오행에 기대면 자신들이 하는 행동의 일부를 얼마든지 그럴듯 하게 합리화 할 수 있습니다. 그렇지만 음양오행론은 서양에서 밀려든 새로운 과학이론과 비교할 때 뚜렷한 한계를 갖습니다. 즉 음양오행론 은 동양철학의 기초가 되는 사상이고 이론이지만, 순환론의 틀이라는 것입니다. 이미 전제된 큰 틀을 바탕으로 하여 구성 요소들 간의 관계 를 파악하는 방법입니다.

그렇지만 서양에서 막 들어오기 시작한 과학은 관계론이 아니라 실체론입니다. 세상을 이루는 근본 존재와 이치를 탐구하는 방식이죠. 21세기 들어 초끈 이론이 나오고 양자역학이 일반화되면서 이런 방식의 과학도 한계가 있다는 지적을 받았지만, 그 과학이 욱일승천하던 기세로 동양을 향해 밀려들던 시절에는 감히 맞설 것이 없는 그런 존재였습니다.

이런 과학이 밀려들면서 음양오행이 구시대의 상징처럼 비치던 시절에 다시 그 이론을 이용하여, 그전에 써진 적이 없는 우리 활의 내면을 기록한다는 것은 정말 위험한 일이기도 합니다. 새로운 시대의 과학으로 밝힐 수 없는 상황과 낡은 시대의 과학으로 설명할 필요가 없는 상황에서 가장 잘 위험을 피할 수 있는 방법은 무엇일까요? 있는 그대로 쓰는 것, 바로 그것입니다. 저는『조선의 궁술』을 쓴 분들이 사법체계를 장중한 이론이나 서사 대신 그렇게 알맹이만 제시한 이유를 이것이라고 생각합니다.

따라서 우리가 우리 활의 사법을 설명할 때 얼마든지 복잡하게 이론을 덧씌울 수 있지만,『조선의 궁술』처럼 간단명료하게 설명된 세계보다 더 깊고 더 높을 수는 없다는 생각입니다.『조선의 궁술』에는 정말 사법의 고갱이만 들어있습니다. 만약에 이런 고갱이에 그런 고갱이의 비밀을 밝힐 어떤 이론으로 설명을 한다면 좋겠지만, 그렇지 못하다면 어설픈 이론을 갖다 붙이는 것은 오히려 사법의 수준을 후퇴시키는 일이 될 수 있습니다. 중국 병법서나 사법서의 이론을 우리 활에 갖다 붙여서 맞춰본들『조선의 궁술』에 묘사된 사법의 알맹이들을 제대로 밝힐 수는 없습니다. 왜냐하면 우리 활의 사법 수준은 이미 중국 병법서의 수준을 한참이나 넘어서 버렸기 때문입니다.

따라서 앞으로 전개될 활 관련 연구나 학문이 취해야 할 방향은 또렷합니다. 『조선의 궁술』을 흐리거나 가리지 않는 방향으로 시도되어야 한다는 것입니다. 어설프게 중국의 사법서에 나온 이론을 들이댄다든지 표준화된 체육 이론에 맞추려 한다면 언제든지 그런 학문의 함정에 빠져서 정작 우리 활의 비밀을 밝히려는 본래의 목적을 잃기 쉽다는 것을 지적하지 않을 수 없습니다. 우리 사법에 접근하려면 어떤 방법이 그 세계를 잘 밝힐 수 있을 것인가 하는 것을 먼저 고민해야 합니다. 어쩌면 이 세상에는 아직 없는 그런 학문만이 우리 사법의 실상을 밝힐 수 있을지 모릅니다. 왜냐하면 우리 활은 인류가 지금까지 가본 적이 없는 그런 수준에 올랐기 때문입니다. 아직 아무도 가보지 못한 높이의 수준을, 이미 누구나 다 가볼 수 있는 학문이나 방법으로 접근하는 순간, 방법 그 자체로 대상의 진실을 밝힐 수 없는 모순을 스스로 갖게 됩니다.

어떤 학문 방법이든 『조선의 궁술』에 접근할 수 있지만, 『조선의 궁술』이 그런 접근을 모두 허용하는 것은 아닙니다. 접근한다고 해서 다 드러날 세계가 아니라는 말입니다. 활에 관한 한 인류는 가장 어렵고 가장 아름다운 도전에 직면한 것입니다. 인류에게 단 한 번도 밝혀진 적이 없는 비밀이 『조선의 궁술』 속에서 잠자고 있습니다. 그 높은 봉우리에 오르기 위해 오늘도 신발 끈을 고쳐 매고 자일을 챙깁니다.

05

말글의 목적

　우리가 말을 하고 글을 쓰는 이유는 내 생각을 상대에게 올바르고 쉽게 전하기 위함입니다. 그런데 학문이라는 이름으로 거론되는 말들을 보면, 굳이 쉬운 말을 어렵게 하는 못된 버릇이 먹물처럼 배어서 아무리 빨아도 지지 않는, 그래서 대상의 현학화가 객관 인식을 방해하는 슬픈 현실을 맞이하게 됩니다. 여기다가 글을 쓰는 사람의 욕심까지 작용하면 학문이 도리어 현실을 일그러뜨리고 실제 사실을 호도하게 됩니다.

　먼저 먹물의 흔적들입니다. 우리 활은 지금까지 기록된 내용이 많지 않아서 어떻게 말글로 접근해야 하는가 하는 고민을 많이 하게 됩니다. 그래서 저는 우리말이 가장 우선되어야 한다고 생각하고, 『한국의 활쏘기』에서 활을 분류할 때도 '나무활, 덧댄활, 개량활'이라고 붙였습니다. 그랬더니 그 뒤로 글을 쓰는 분들은 굳이 덧댄활을 복합궁이라고 표현하더군요.

　제가 덧댄 활이라고 한 이유는 나무에 뿔과 심을 덧댄 것이기 때문입니다. 복합궁은 덧댄다는 뜻이 없습니다. 그냥 여러 재료를 합쳤다는 뜻입니다. 활에 관한 기술이라면 '복합'이 아니라 '덧댄' 것이 훨씬 더 사실에 부합합니다. 그런데 왜 복합이란 말을 썼을까요? 한자말이기 때문입니다. 다른 여러 학문 영역에서 한자말이나 영어가 용어로 많이 쓰이기 때문에 그렇게 쓴 것입니다. 우리 활에서도 과연 다른 학문에서 쓰는 버릇을 적용하여 용어를 써야 할까요? 이에 대한 정직한 고민이 없다는 것은, 이미 우리 활을 왜곡시킬 마음의 준비가 되었다는 뜻입니다. 무지라고 핑계 댈 수 없습니다. 때로는 무지도 죄가 될 수 있음은 나찌정권에 종사하거나 일제강점기 친일부역자들의 태도에서 얼마든지 볼 수 있습니다.

다음은, 부질없는 욕심을 내려는 사례입니다. 최근에 벌어진 '접장'과 '멍에팔'에 관한 궤변 같은 것이 그렇습니다. 이렇게 학문을 자기 욕심으로 하면 그냥 자신의 욕심으로 끝나는 게 아니라 그것을 바로잡기 위한 다른 사람들의 수많은 노력과 공력을 헛되이 낭비하게 합니다.

학문은 먼저 현실을 있는 그대로 보는 것이고, 그것을 말글로 옮기는 것입니다. 옮기는 과정에서 글쓴이의 의식이 투영될 수 있겠지만, 자신이 쓰면 그것이 곧 그 분야의 성취라는 착각을 버리는 것이 학문의 기초임을 다시 확인하자고 말을 하는 것은, 우리들의 부끄러운 현실이 반영된 안타까운 일입니다. 하지 않아도 될 말을 하며 언제까지 제자리에서 맴돌이를 해야 할까요?

학문은 언제나 자신이 성립한 그 원리에 충실할 때 인류의 빛이 될 수 있습니다.

우리의 전통 사법은
연궁에 중시로 바람을 이기는 사법입니다.
연궁으로 쏘다 보면 바람을 이기는 내면의 방법을 터득하게 됩니다.
전통 사법 속에는 바람을 이기는 원리가 '숨어' 있습니다.

PART 3

하말 정진명의 전통 사법 강의

전통 사법의 정의

　한국의 전통 사법은 『조선의 궁술』에 묘사된 사법을 말합니다. 이중화가 쓴 곳과 달리, 사법 부분은 서울 황학정의 성문영 사두가 정리한 내용으로, 서울 지역은 물론 당시 전국에 두루 통하던 사법이었습니다. 당시에 사법이 이렇게 전국에 걸쳐 똑같은 모습을 유지한 까닭은 조선 시대의 무과 실시에 따른 자연스러운 결과입니다.[1] 우리의 전통 사법이란 『조선의 궁술』에 묘사된 사법을 말하며, 그 글의 주체는 황학정의 성문영 공으로 대표되는 서울 지역의 한량들입니다.

　사법과 편사 부분의 글쓴이에 대해서는 그간 의문이 많았는데, 다행히 성낙인의 유품 중에 임창번이 쓴 '조문'이 있고, 그 속에 성문영 공이 궁술 책을 썼다는 기록이 있어서, 이중화가 쓰지 않은 부분의 저자가 누구인지 알게 된 것입니다.[2] 『조선의 궁술』 사법과 편사 부분은 교열자인 성문영 공이 쓴 것입니다.

1　『국궁의 전통 사법에 대한 고찰』 40쪽.

2　임창번, (성문영) 弔詞. ; 『활쏘기의 어제와 오늘』 114쪽.

근래에 '사법은 다양할수록 좋지 않으냐?'는 말을 하는 한량들이 적잖은데, 이것이야말로 전통 사법을 부인하고 새로운 사법을 만들려는 음험한 의도를 숨기고 하는 말입니다. 즉 전통에서 벗어난 자신의 궁체를 정당화하기 위하여 '다양성'에 호소하는 수작이죠. 당연히 지나친 일반화의 오류를 범하는 것입니다. 그런 오류를 대놓고 주장하는 데는 그럴 만한 이유가 있습니다. '전통'을 인정했다가는 자기 궁체의 존립 근거가 무너지기 때문입니다. 한국의 전통 사법은 다양한 게 아니라 딱 한 가지뿐입니다.『조선의 궁술』이 그 답입니다. 어떤 다양성도 전통 사법의 뒷걸음질과 타락을 뜻할 뿐입니다.

이 전통 사법은 2000년 들어 <온깍지 사법>이라는 이름으로 다시 한 번 정리되었습니다.[3] 이를 두고 인터넷에서는 많은 논란이 일었고, 다양성에 호소하는 논법으로 각자 터득한 주먹구구 사법을 홍보하는 차원의 논의가 대부분이었습니다. 이런 '다양성'도 의미가 없진 않겠지만 '전통 사법'을 제대로 소화하지 않은 상태에서 자연 발생 사법을 마치 무슨 논거라도 있는 듯이 주장하는 것은 논지의 방향과 본질을 비켜난 것이어서, 사법 논쟁은 아직도 제대로 된 적이 없다고 판단해야 할 것 같습니다.

1 _ 사법논의의 신비체험

전통 사법을 말하려면『조선의 궁술』을 읽어야 하고, 그 내용을 정

---

3   『한국활의 천년 꿈, 온깍지궁사회』 34~42쪽.

확히 이해해야 합니다. 그렇지만 저의 경험으로 보면 그것이 결코 쉽지 않은 일입니다. 1994년에 집궁한 저는 1995년에 학교 후배의 도움으로 충북대학교 도서관에서 복사한 『조선의 궁술』을 처음 접했습니다. 그리고 몇 장 안 되는 그 속의 사법을 읽으면서 다 이해했습니다. 조금은 낯선 서울 본토박이 말투 때문에 내용 이해에 약간 어려움이 있었지만, 제가 대학에서 국어를 전공했기에 글의 내용을 파악하는 데는 큰 어려움이 없었습니다. 그래서 한 번 읽고 그 책을 덮었습니다.

1년쯤 지나서 슬럼프가 왔습니다. 이 책 저 책 뒤적거리다가 『조선의 궁술』을 다시 읽었습니다. 깜짝 놀랐습니다. 전에 읽어서 다 아는 내용이라고 생각했는데 완전히 처음 읽는 기분이었습니다. 『조선의 궁술』 덕분에 슬럼프를 벗어나는 데 큰 도움이 되었습니다. 이때의 경험 때문에 저는 『조선의 궁술』을 해마다 연례행사처럼 꼼꼼히 읽습니다.

1996년 겨울 성낙인 옹을 만났습니다. 『조선의 궁술』을 읽던 중 도저히 해결이 안 되는 부분이 몇 군데 나타났고, 읽으면 읽을수록 의문이 커져 결국 직접 찾아뵙고 그에 대해서 여쭈었습니다. 그래서 우리가 활쏘기 경전으로 여기는 그 책에도 잘못된 부분이 있다는 사실을 알았고, 글 쓴 당사자에게 듣지 않으면 좀처럼 알기 힘든 내용이 있다는 사실도 알았습니다. 이것은 저 스스로가 활쏘기 책을 여러 권 쓴 경험 때문에 더더욱 절감하는 부분입니다. 제 책을 읽고 와서 저에게 얘기하는 사람들의 말을 가만히 들어보면, 제가 쓴 내용과는 다르게 이해한 부분이 많습니다. 책을 읽는 사람이 자신의 수준에 맞추어 글을 해석하기 때문에 생기는 자연스러운 현상입니다. 저에게 『조선의 궁술』 또한 그랬습니다.

예컨대 만개궁체 그림을 보면 살대가 턱 밑에 걸렸습니다.[4] 그러나 성문영 공 '만개 궁체' 사진에는 살대가 광대뼈 밑에 걸렸습니다.[5] 책 속의 그림보다 그 책을 쓴 사람의 살대가 더 높습니다. 어느 쪽이 옳은 것일까요? 한 번 여러분이 판단해보시기 바랍니다. 저는 입을 닫겠습니다만, 여러분은 어느 한쪽을 골라야 할 겁니다.

사법에 관한 글은 어떤 동작을 묘사한 것입니다. 그 동작에는 반드시 내면의 원리가 있기 마련입니다. 그 원리를 아는 사람과 모르는 사람은, 똑같은 동작을 보고서도 완전히 다른 해석과 결론에 도달합니다. 특히 오랜 세월 한 분야에서 몸으로 무언가를 하는 영역은 더더욱 그렇습니다. 똑같은 춤을 춘다고 해서 10년차 춤꾼과 30년차 춤꾼의 춤이 같은 춤이 아닌 것과 마찬가지입니다. 이런 걸 실감나게 겪는 또 한 영역이 바로 활쏘기입니다. 이유는 간단합니다. 우리 활은 '천 년 묵은 전통'이기 때문에 그렇습니다. 아무리 곁에서 두 눈 부릅뜨고 보아도, 직접 설명을 듣기 전에는 좀처럼 보이지 않는 것이 있습니다. 전통 사법에는 배우지 않으면 절대로 알 수 없는 내용이 있고, 가르쳐주지 않으면 절대로 얻을 수 없는 개념이 있습니다. 스승 없이 '전통' 사법을 안다는 것은 두 가지 중 하나입니다. 천재이거나 사기꾼이거나 … . 안타깝게도 '전통'에는 천재도 감당 못할 내용이 수두룩합니다. 그렇다면 답은 한 가지죠. 사기꾼입니다.

『조선의 궁술』을 읽다 보면 이러한 신비체험을 몇 차례 하게 됩니다. 몇 차례나 할까요? 그에 대한 답도 각자 해보시기 바랍니다. 가다 보면 알겠지요.

---

4   『조선의 궁술』41쪽. 만개궁체 그림.
5   류근원 정진명, 『전통 활쏘기』, 온깍지총서2, 고두미, 2015. 1쪽. 사진

1994년, 제가 처음 집궁했을 때만해도 궁체가 좋은 분들이 많았습니다. 이 말을 뒤집으면 그때까지만 해도 전통사법의 자취가 꽤 많이 남아있었다는 뜻입니다. 2000년대로 접어들면서 사람들의 궁체는 정말 빠르게 망가져갔습니다. 여러 가지 이유가 있겠지만, 명궁제도 때문이 아닌가, 저는 짐작합니다. 명궁 제도는 아시다시피 궁체를 보지 않습니다.[6] 과녁 맞추기 능력만을 보고 부여합니다. 그러다보니 바람이라는 외부 조건을 최소화하기 위하여 강궁을 잡게 됩니다. 강궁을 쓰면 몸이 앞으로 나가고 턱이 들립니다. 활이 세서 힘겹기 때문에 버티느라 급급하여 중심이 절로 무너지는 것입니다. 단이 높은 명궁일수록 궁체가 엉망인 것은 바로 이런 까닭입니다.

2 _ 전통 사법의 현주소

이런 분위기는 활터 환경에 직접 영향을 미쳤습니다. 1990년대를 거쳐 2000년대로 넘어오자 명궁이 대량생산되고, 그런 명궁이 어느 활터에서나 흔히 볼 수 있는 존재가 되면서 그들의 영향력이 신사들에게 미친 것입니다. 나이 들고 힘없는 무관의 구사들은 뒷방 늙은이 신세를 못 면합니다. 신사들은 자연스레 명궁의 사법을 배우게 되고, 과녁 맞추는 것이 당면한 최대 관심사가 됩니다. 명궁의 지배력과 활터의 전통 붕괴는 상당한 연관성이 있습니다.[7] 명궁들은 맞추는 것

---

6   김영호, 「입승단 제도의 발전과 과제」, 『국궁논문집10』, 온깍지총서5, 고두미, 2018.
     198~214쪽.
7   『활쏘기의 어제와 오늘』 23쪽.

이외에 대해서는 관심이 없어 활터의 여러 가지를 과녁 맞추기에 편리한 조건으로 뜯어고칩니다. 자연스레 협회 주관 대회의 관행이 활터로 밀려듭니다. 좌우궁 발시 교대가 무너진 것도, 심판 본다고 사대 뒤에서 방송을 하여 습사무언의 분위기를 망치는 것도, 경기 운영 방식의 변화 때문입니다. 이미 대회 경기방식이 활터의 분위기마저 흐린 것입니다.

이렇게 상 타기나 승단이라는 결과 위주로 활터의 분위기가 흘러가면 사법은 자연히 맞추기로 갈 수밖에 없습니다. 결론은 간단합니다. '강궁에 경시'가 그 답입니다. 이것은 활터의 뒷방 늙은이들이 입에 달고 산 '연궁에 중시'와 반대되는 것입니다. 제가 처음 집궁할 때 활터에서 신사들은 주로 42호로 집궁을 했습니다. 궁체가 어느 정도 익은 뒤에 5호 정도 더 높여서 쏘는 방식이었죠. 충북의 경우 1998년경에 갑자기 강궁 바람이 불었습니다. 그렇게 되기 전에는 구사들이 연궁 중시를 입에 달고 살았습니다.[8] 이때만 해도 옛 사법의 전통이 어느 정도 공감대를 이루었다는 뜻입니다. 그렇지만 2000년을 넘어서면 이런 분위기가 활터에서 싹 사라집니다.

바람을 이기는 방법은 두 가지가 있습니다. 먼저, 바람을 전혀 타지 않을 만큼 센 활을 쓰는 것입니다 145미터 거리 밖에 과녁이 있는 활터의 조건에서 한 60호 정도 되는 활에 6.5돈짜리 화살을 걸면 바람을 전혀 의식하지 않고 마음대로 조준하여 쏠 수 있습니다. 과녁을 가로세로 3등분하면 아홉으로 분할되는데 그 중의 어느 한 곳을 골라서 입맛대로

---

8   당시 이광종(단양 대성정) 사두가 승단대회장에서 가장 센 활을 달라고 하여 구해온 활이 58호였다. 그보다 더 센 활은 특수제작을 부탁해야 한다고 말했다. 그렇지만 지금 58호는 어디서나 흔히 볼 수 있는 세기이다.

맞출 수 있습니다.[9] 설령 바람이 분다고 해도 홍심에 맞을 것이 왼쪽으로 밀려서 맞습니다. 백발백중할 수 있죠. 이것도 불안하면 70호쯤 되는 활을 잡으면 됩니다. 70호도 불안하면 80호, 90호로 계속 높여 가면 됩니다.

그러나 이런 방법에는 큰 문제가 하나 뒤따릅니다. 몸이 탈나는 것입니다. 3~5년 정도 착실히 쏘면 몸이 망가집니다. 주변에 그런 사람 참 많습니다. 9단 명궁들 중에서 하루에 활 10순을 내지 않는 사람들은 모두 그런 사람입니다. 겉으로 말을 안 해서 그렇지 속으로는 골병이 든 겁니다. 한 나절 쏴야 기껏 서너 순입니다. 그 이상 쏘면 몸이 견뎌내지 못합니다. 남몰래 진통제를 먹어가면서 쏘죠. 안 그러면 더 이상 올라갈 단이 없으니 목표가 사라져서 이제는 활을 쏘지 않고 활이나 화살 만드는 걸 배워볼까 하고 딴 짓을 합니다. 활터에 와선 활 쏠 생각은 않고 신사들에게 잔소리를 하거나 바둑 장기, 먹을 궁리를 하며 시간을 보냅니다. 최악의 경우 활터에서 화투장을 돌리게 됩니다.

우리의 전통 사법은 연궁에 중시로 바람을 이기는 사법입니다. 어느 정도 연궁이냐? 이것은 딱 잘라 말하기는 어렵습니다만, 보통 사람의 경우 처음 집궁할 때 40호 이상으로 넘어가면 안 됩니다. 이런 연궁으로 배워서 한 3년 정도 착실하게 궁체를 익히면 나중에 얼마든지 강궁도 당길 수 있습니다. 연궁으로 쏘다 보면 바람을 이기는 내면의 방법을 터득하게 됩니다. 전통 사법 속에는 바람을 이기는 원리가 '숨어' 있습니다. 이걸 모르면 30년이 아니라 집궁회갑을 해도 전통 사법이 아닙니다. 바람

---

9   옛날에 이런 시수꾼을 "매화궁"이라고 불렀다. 시지에 붉게 찍힌 도장이 매화꽃을 닮았다는 뜻이다.(『활쏘기 왜 하는가』 184쪽.)

은 계산하는 것이 아니라 극복해야 할 대상입니다.[10] 전통 사법에는 그런 원리가 있습니다. 그걸 터득하지 않으면 '전통'이 아닙니다.

이런 기준으로 보면 요즘 활터에서는 전통 사법을 배울 수가 없다는 결론이 나옵니다. 온깍지궁사회 활동(2001~2007) 결과를 봐도 이에 대한 입증은 충분합니다. 온깍지궁사회의 등장과 더불어 국궁계는 '온깍지 - 반깍지' 논쟁이 일었는데, 묘하게도 반깍지를 정당화하는 주장이 특별히 나타나지 않았습니다. 온깍지궁사회가『조선의 궁술』을 계승한다고 한 데 반해, 반깍지 측에서는 그에 대한 반론을 펴지 못했습니다. 『조선의 궁술』의 묘사대로 깍짓손을 뻗지 않으면서 우리의 전통 사법을 계승한다고 주장할 수 없는 딜레마에 빠진 것이죠. 이 상태는 그 이후도 마찬가지여서 지금까지도 반깍지 사법을 옹호하고 논리화한 주장은 없는 형편입니다.[11]

그리고 20년이 흘렀습니다. 25년 전에 꽤 괜찮은 궁체를 지녔던 구사들은 급속도로 활터를 떠났고, 활터에 막 등장하던 명궁들은 20년이 지난 이제 활터의 실세가 되었습니다. 자신과 조금이라도 다르게 쏘는 사람이 나타나면 즉시 한 마디 합니다.

"그렇게 하면 시수 안 나!"

묻지도 않는데 나서서 설쳐댑니다. 이들에게 '다름'은 '틀림'입니다. 다름과 틀림을 구별할 능력이 없는 겁니다. 이런 환경에서 연궁중시로 바람을 이기는 훈련은 애초부터 불가능합니다. 전통 사법은 싹이 말랐습니다. 아프지만 사법 논의에서 가장 먼저 확인해야 할 냉정하고 엄연한 '사실'입니다.

---

10   『한국의 활쏘기』(개정증보판) 283쪽.

11   정진명, '전통 사법 논쟁의 두 축',『국궁논문집10』221~225쪽.

활 쏘 기 의   지 름 길

3 _ 전통 사법은 각궁 사법

전통 사법은 각궁 사법입니다.[12] 이 얘기는 개량궁 때문에 하는 말입니다. 즉 개량궁이 나오기 전인 1960년대만 해도 활을 배우는 과정은 크게 두 가지였습니다. 사법과 각궁 다루기가 그것입니다. 각궁은 각 정마다 사범이 있어서 활을 얹어주는 경우가 많았습니다. 그래도 자신이 어느 정도 각궁 지식은 있어야 했기에 사범에게 배웠습니다. 사법은 접장이 가르쳤습니다. 접장에게 사법을 배우고, 사범에게 각궁을 배우며, 10년 착실히 활공부하는 것입니다. 이러니 제가 뭘 안다고 자랑할 수 없지요. 사람이 저절로 겸손해집니다.

각궁과 개량궁은 힘쓰는 원리에서 보면 전혀 다른 활입니다. 각궁은 당길 때 처음부터 빡빡합니다. 그러나 개량궁은 처음엔 말랑하다가 만작에 이르면서 점점 더 단단해집니다. 이것은 줌을 미는 방법이 다르다는 얘기입니다. 각궁은 알줌(대림)이 어느 정도 버티는 단단함이 있어야 하고 개량궁은 만작이 부드러워야 편합니다. 이 힘의 작용 원리가 발시의 방법을 다르게 합니다. 각궁은 깍짓손을 채야만 하고, 개량궁은 줌을 밀어야 편합니다. 그래서 깍짓손을 고정시키고 줌을 밀어 쏘는 개량궁 궁체가 나타난 것입니다. 반깍지는 그 결과가 겉으로 드러난 모습입니다.

요즘은 개량궁으로 집궁하기 때문에 처음부터 그런 활에 익숙해집니다. 그래서 나중에 5단에 도전하려고 각궁을 잡으면 헤매게 됩니다.(5단부터는 각궁과 죽시만 허용함.) 각궁과 개량궁은 당길 때 안에서 힘

---

12   『전통 활쏘기』 119~120쪽

을 쓰는 방법이 서로 달라서 그렇습니다. 현재 전국의 활터 상황을 보면 각 활터마다 4단들이 아주 많습니다. 이렇게 4단에서 승단이 정체된 이유는 바로 각궁의 특성 때문입니다. 깍짓손을 채야 제 기능을 내는 각궁을 들고 개량궁처럼 줌을 밀어서 쏘니 시수가 안 나는 것입니다. 처음부터 각궁으로 배운 사람은 4단에서 5단으로 넘어가는 데 시간이 전혀 걸리지 않습니다. 개량궁 쏘는 사람이 입에 담는 사법은 '전통 사법'이 아니라 그냥 사법입니다. 주먹구구 사법이란 뜻이죠.

이렇듯이 전통 사법은 각궁을 전제로 한 사법입니다. 그러니 각궁을 한 10년 쏘지 않은 사람이면 전통 사법에 대해서 입을 다무는 게 좋습니다. 각궁 쓰는 사람과 개량궁 쓰는 사람은 『조선의 궁술』을 놓고 같은 얘기를 하는 것 같지만, 서로 전혀 다른 말을 하는 겁니다. 적어도 '전통사법'에 대해서 말을 하려면 각궁으로 착실히 한 10여년 쏜 뒤에 하는 것이 될수록 망신살이 덜 뻗치는 방법입니다.

근래에 인터넷에서 사법에 대해 이러니 저러니 주장하는 사람들이 적지 않는데, 뒤를 좀 캐보면 대부분 몇 년 안 된 신사들입니다. 활을 배워서 새로운 세계를 접한 기쁨과 감격을 감추지 못하고 글로 세상에 자랑하려는 의도가 뚜렷합니다. 그렇지만 그게 자신의 무덤자리라는 것을 아는 데는 한 세월이 걸립니다. 신중에 신중을 기하여 입을 닫고 각궁으로 한 10여년 쏜 뒤에 할 말만 하시기 바랍니다.(사실 알고 보면 별로 할 말도 없습니다.) 개량궁 사법으로 뭔가를 터득하고는 전통 사법에 대해 입방아 찧는 것은, 말을 하는 사람에게나 그걸 듣는 사람에게나 정말 위험한 일입니다. 한 번 쏟아진 물은 퍼 담을 수가 없습니다.

전통 사법은 각궁 사법입니다.

4 _ 착각 한 가지

요즘 대놓고 하는 주장 중에 이런 게 있습니다.

"내가 활터에서 활을 쏘면 그게 전통이지 뭐! 전통이 별 건가?"

맞습니까? 내가 황학정에서 활을 쏘면 황학정의 전통사법을 계승한 겁니까? 내가 석호정에서 활을 쏘면 그 사법이 석호정의 전통 사법입니까? 코흘리개 아이들도 알 만한 거짓을 버젓이 주장하는 어른들이 정말 많습니다.

어른인데도 이런 어리석은 주장을 하는 것은, 마음이 사실을 제대로 못 보게 하기 때문입니다. 그게 사실이 아니라, 그렇게 주장하고 싶은 거죠. 그래야 자신이 온전해질 수 있는 절박한 위기에 빠진 것이고, 자신의 주장이 궤변인지도 모르는 지경에 이른 것입니다. 눈이 먼 것이 아니라 마음이 먼 것이죠. 눈이야 무슨 죄겠습니까? 마음이 먼 사람의 몸뚱이에 매달렸다는 것 외에!

궁체는 믿음이 아니라 사실입니다. 믿음과 사실을 구별하지 못하는 것은, 서울이라는 말과 서울이라는 도시를 구별하지 못하는 것과 같습니다. 인터넷에서 벌어지는 사법 논의가 정말 무의미한 말싸움인 것이 바로 이런 까닭입니다. 이렇다고 얘기해도 그렇게 받아들이지 못합니다.

그러니 여기까지 읽어 오면서 속으로 제 글에 고까운 마음이 코딱지만큼이라도 생긴다면 이쯤에서 읽기를 그치시기 바랍니다. 꽈배기 같은 마음으로 읽어봤자 별 소득이 없을 겁니다. 이 글은 정말 활 공부에 절박한 사람들이 읽어야 할 내용이고 그래야 제대로 읽히는 글입니다.(이렇게 얘기해도 끝까지 읽는 분 많습니다. 하하하.)

02
전통 사법

전통 사법은 『조선의 궁술』의 사법을 말합니다. 『조선의 궁술』에서는 몸의 부위별로 설명했습니다. 반면에 <온깍지 사법>에서는 시간차순으로 설명했습니다. 각기 공간지각 형과 시간지각 형이라고 그 특성을 정리할 수 있겠습니다.[13] 어떤 방향에서 조명하느냐에 따라서 표현만 다른 것일 뿐, 결국 똑같은 내용을 서술한 것입니다. 참고로 두 사법의 서술 차례를 정리하면 다음과 같습니다.[14]

『조선의 궁술』	온깍지 사법	
몸(身體)	예비동작	① 발모양
발(足)		② 손가짐
불거름(膀胱)		③ 살 메우기
가심통(胸膈)	본동작	④ 걸치기
턱끗(頷)		⑤ 죽 올리기
목덜미(項)		⑥ 엄지발가락 누르기
줌손(弝手)		⑦ 깍짓손 끌기
각지손(帶弰手)		⑧ 온작
죽머리(肩髆)		⑨ 발시
중구미(肘)(臂箭)	마무리동작	⑩ 거두기
등힘(弝手背力, 自髆至腕之力)		

---

13 『활쏘기 왜 하는가』 34~35쪽.
14 『한국의 활쏘기(개정증보판)』 226쪽.

활 쏘 기 의   지 름 길

그런데『조선의 궁술』에서도 <온깍지 사법>에서도 쏘는 동작만 설명했지, 그에 대한 원리는 자세히 설명하지 않았습니다. 아직 전통 사법의 원리에 대한 깊은 논의가 이루어진 적이 없기 때문입니다. 여기서는 그나마 그 동안 밝혀낸 내용을 중심으로 우리 사법에 작용하는 원리를 좀 더 깊이 다루고자 합니다.

지금까지 전통 사법에 대해서 그나마 참고할 만한 깊이 있는 논의는 두 차례 정도 이루어졌습니다. 온깍지궁사회 카페에 연재된 <전통 사법을 찾아서>[15]라는 글과『활쏘기의 나침반』입니다. 현곡 류근원 명무의 글은『조선의 궁술』의 사법 부분을 자신의 체험으로 재해석한 것인데, 지금까지 나온 사법론 중에서 전통 사법에 대해 가장 깊은 이해와 분석을 보인 글입니다.[16] 류 명무 자신의 체험을 바탕으로 온깍지궁사회 모임에서 가끔 논의되었던 내용들을 참고하여 까다로운『조선의 궁술』속 사법의 원리와 비밀을 아주 쉽게 풀어냈습니다. 저는 앞으로 100년 동안 이보다 더 좋은 글이 나올 수 없다고 장담합니다. 그 만큼 몸에 대한 분석과 전통에 대한 고민이 자신의 체험과 어우러져 잘 정리된 글입니다.

1 _ 발

한국의 전통 사법에서 발은 비정비팔로 섭니다. 비정비팔이라는 말은 한자 문화권에서 모두 같은 말을 씁니다. 중국에서도 비정비팔, 일

---

15   류근원, '전통 사법을 찾아서',『전통 활쏘기』, 온깍지총서2, 고두미, 2015. 63~99쪽.
16   『활쏘기의 나침반』232쪽.

본에서도 비정비팔, 우리나라에서도 비정비팔입니다. 이렇게 말은 같지만, 실제의 발모양은 3국이 모두 다릅니다. 3국의 비정비팔이 모두 다른 것은 몸통의 방향 때문입니다.

몸통의 방향은 활의 길이 때문에 나타난 결과입니다. 활채가 가장 긴 일본 활에서는 양궁처럼 몸을 많이 돌려 섭니다. 양 발의 간격도 넓습니다. 이렇게 과녁의 정면으로부터 몸통을 돌려 서는 것은 만작 시에 시위가 가슴에 닿아서 더는 당겨지지 않기 때문입니다. 이런 현상을 쌍현이 진다고 하죠. 따라서 활채가 긴 일본 활에서는 시위가 최대한 가슴에 늦게 닿게 하려고 몸을 돌리고 활채를 수직으로 세우는 것입니다. 중국 활은 일본 활보다는 활채가 더 짧기 때문에 조금 더 과녁을 향합니다. 이 돌아서는 방향이나 정도는 활채의 길이에 따른 시위 상태로 결정됩니다.

한국의 활은 124~130cm정도입니다.[17] 이런 활을 당길 때 시위가 더 이상 가슴에 닿지 않는 선까지 몸통의 방향을 과녁 쪽으로 마주섭니다. 그 결과 한국의 활에서는 몸통이 과녁과 거의 정면으로 맞설 수 있습니다. 발 모양도 이에 따라서 결정됩니다. 한국의 전통사법에서 발 모양은 과녁과 거의 정면으로 마주선 모양입니다. 이른바 '과녁이 이마 바루 선다.'는 것이 그것입니다. (우궁의 경우) 왼발로 과녁의 왼 귀를 밟고, 자연스럽게 오른발을 벌려 딛습니다. 양발의 간격은 자신의 주먹 둘이 들어갈 정도가 적당합니다.[18] 이렇게 선 다음에 수련 정도에 따라 발 간격을 조절합니다. 이 발 자세에 대한 묘사가『조선의 궁술』에서는 애매모호합니다. 한 번 볼까요?

17　『한국의 활과 화살』9~11쪽.

18　『국궁의 전통 사법에 대한 고찰』11쪽.

활 쏘 기 의　지 름 길

발(足)

발은, 뎡(丁)ス(字) 모양도 안이오, 팔(八)ス(字) 모양도 안인, 톄형
으로 벌여서되, 관혁의 좌우 아래 씃을, 바로 향하야 서고, 두 발이,
항상 숙지 아니토록 할 것이며 젼톄의 즁량(重量)을, 압과 뒤의 두
발에다가 고루게 실니고 설지니라.   -「궁톄(弓體)의 죵별(種別)」

좌우궁을, 물론하고, 두 발을 팔자(八字)로 벌려듸되, 관혁 좌우의
아래 씃흘, 졍면으로 향하야 듸고, 얼골과(面部) 이마(頂)를, 쏘한 관
혁과 졍면으로, 대하야 서고,   -「신샤의 배우는 ㅊ례」

이를 두고 어떻게 판단해야 할지 잘 알 수 없습니다.『조선의 궁술』
이 그것을 쓴 사람에게 물어보아야 정확한 답을 알 수 있다고 한 첫 번
째 난관이 바로 이 부분입니다. 사정이 이렇다 보니 자기의 자세를 토
대로 이 부분을 해석하거나 재구성할 수밖에 없습니다. 1998년 무렵에
황학정 국궁교실에서 한 1년간 발을 11자로 놓고 가르친 적이 있습니
다.[19] 바로 이것이『조선의 궁술』을 오독한 결과로 재구성한 발 모양입
니다.

11자로 발을 놓고서도 얼마든지 쏠 수 있습니다. 심지어 뒤돌아서
서 쏠 수도 있습니다. 그렇지만 막상 그렇게 해보면 효율성이 떨어집니
다. 결국은 다시 원위치 하게 되죠. 황학정에서도 1년 정도 이런 사법
을 가르치다가 이듬해 원래로 돌아갔습니다. 김경원 사범은 당시 궁력

---

19   김집 엮음,『국궁1번지』, 제5호, 황학정, 1998. 27쪽.

이 30년 이상 된 구사입니다. 그런데도 이런 일이 벌어졌습니다. 그러니 다른 사람들은 말해 무엇 하겠습니까?

　그래도 김경원 사범은 고수이기 때문에 이 발 자세의 문제점을 잘 알고 재빨리 원래 자리로 돌아갔습니다. 그렇지만 김 사범으로부터 활을 배웠다는 사람 중에는 아직도 이런 주장을 하는 사람이 있습니다. 그 무렵 1년 사이에 그렇게 배운 사람은 자신이 김 사범의 정통 적자라고 여길 것입니다. 김 사범이 떠난 곳에서 김 사범 흉내를 내며 자신이 그의 제자라고 자랑하는 겁니다. 안타까운 일이죠. 『조선의 궁술』은 그런 책입니다. 지뢰가 한 10여개 묻혀있습니다. 그걸 다 피해서 목적지에 도달한다는 것은, 제가 보기엔, 구운밤 심어놓고 싹 나기를 기대하는 것만큼이나 어렵고 어리석은 일입니다. 제가 벌써 지뢰 2개를 알려드렸죠? 나머지는 알아서 찾아보시기 바랍니다. 그런 점에서 스승이 있다는 것은 정말 즐거운 일이죠. 룰룰랄라!

　모든 무술에서 발 자세는 가장 중요합니다. 무술의 시작과 끝이 바로 발입니다. 모든 무술의 고수들이 하는 얘기입니다. 태극권에서도 손은 없다고 말합니다. 발이 그만큼 중요하다는 뜻입니다. 그러면 활에서는 어떨까요? 어떨까 하는 것은 둘째 치고 왜 그럴까요? 그 이유를 분명히 알아야 전통의 중요성도 깨닫게 됩니다.

　우리 활의 비정비팔이 다른 나라의 비정비팔과 다른 것은 분명합니다. 그리고 다른 민족의 발 자세와 다르다는 것은, 그것에 우리 활의 핵심이 있다는 뜻이기도 합니다. 그 핵심은 뭘까요? '짤심'입니다.[20] 발을 이렇게 과녁과 정면으로 마주하도록 놓으면 활을 당기면서 저절로 온몸이

20　『활쏘기의 나침반』 372쪽

비틀립니다. 이른바 '짤심'이 일어나는 것입니다. 활을 당기면 당길수록 몸통은 나사처럼 조여집니다. 발 모양 때문에 발 위에 얹힌 모든 부분에서 이런 짤심이 켜켜이 일어납니다. 이것이 발 모양을 우리 전통 사법의 핵심이라고 보는 까닭입니다. 따라서 비정비팔 모양이 다른 사람과는 말을 섞어야 소용없습니다. 서로 딴 말을 하게 될 뿐입니다. 발 모양이 나와 다르면 저절로 입을 다물게 됩니다.

발의 너비가 뜻하는 바에 대해서도 한 마디 해야겠습니다. 비정비팔의 양발 사이 너비는 자신의 주먹 둘이 들어갈 정도입니다. 여자와 남자의 너비가 조금 다른데, 처음엔 그런 거 무시하고 남녀 똑같이 합니다. 몸 안에서 움직이는 기운의 충실도에 따라 나중에 저절로 적당한 너비로 자리 잡습니다.

이 너비는 요즘 활터 사람들의 반깍지 자세에 견주면 형편없이 좁아 보이죠. 온깍지 접장들이 활을 쏠 때 뒤에서 들리는 첫 잔소리가 발 간격이 좁아서 자세가 불안정하다는 것입니다. 하체가 굳건해야 한다는 거죠. 말인 즉슨 틀린 것 하나 없습니다. 이런 소리를 들으면 말은 귓구멍으로만 듣는 게 아니라 똥구멍으로도 듣는구나 하는 생각이 절로 입니다.

발 간격이 좁아야 하체가 굳건해집니다. 양발이 넓게 벌어지면 나중에 분문 조이기가 잘 안 됩니다. 한 번 해보십시오. 당장에 확인할 수 있는 일입니다. 그런데도 발 간격이 넓어야 하체가 안정된다고 말하는 것은, 어디서 들은 말은 있어 가지고, 그것을 자신의 엉터리 사법에다가 갖다 덕지덕지 붙여본 것입니다. 자신의 체험이 아니라, 옛 온깍지 선배들의 말을 주워듣고 자신의 동작에 붙여 멋대로 해석해본 것이죠. 그러니 온깍지 한량과 반깍지 한량은, 똑같은 말을 서로 전혀 다른 뜻으로 각자 쓰는 것임을, 이런 말에서 확인할 수 있습니다.

발 간격이 좁아서 자세가 불안정하다는 판단은, 몰라도 뭘 한참 몰라서 하는 소리입니다. 그렇게 불안정하면 곧 쓰러지겠죠. 그러나 지금까지 발을 좁게 서서 쓰러졌다는 사람은 못 보았습니다. 사람은 두 발을 붙이고 있어도 쓰러지지 않습니다. 그러니 불안정 차원이라면 발 간격이 좁으냐 넓으냐에 있지 않을 것입니다. 이건 코흘리개들도 아는 일입니다. 막 걸음마를 배우는 아이들은 발을 넓게 벌릴 수밖에 없습니다. 좁으면 쓰러지니까요. 그래서 자꾸 흔들리는 중심을 잡으려고 겨우 버티며 뒤뚱뒤뚱 걷는 겁니다. 어른이 발을 넓게 벌린다는 것은 이런 걸음마쟁이로 돌아가는 겁니다. 활 쏘면서 발을 넓게 벌려서라는 것은 마라톤 선수에게 걸음마를 시키는 것과 다름없습니다.

전통 사법에서 발 간격은 넓으면 절대 안 됩니다. 그렇게 하면 상체의 유연성이 떨어집니다. 앞서 말했듯이 비정비팔로 서면 시위를 당기기 시작하는 순간부터 온몸에 짤심이 일어납니다. 만작 시 극도의 고요함을 추구하는 활에서 이런 움직임이 처음엔 굉장히 불편합니다. 그러다가 몸이 적응하면 <짤긋짤긋 케인다>는 『조선의 궁술』의 묘사가 입에 짝짝 달라붙는 표현임을 알게 됩니다. 유연성이 떨어지는 나이가 되면 허리가 굳어서 갖가지 문제가 생깁니다. 이 탈을 예방하려고 몸통의 방향을 처음부터 틀어놓고, 깍지 당기는 동작을 하는 겁니다. 그럴수록 점차 양궁을 닮아갑니다.

몸이 굳어서 더는 돌아가지 않는 사람들이 궁여지책으로 쏘려고 취한 자세가 미리 몸통을 돌려놓고 시작하는 사법입니다. 편법으로 전통사법의 비정비팔 발 모양을 바꾸고 간격을 점차 벌리는 겁니다. 몸통을 돌린 상태에서 발 모양이 좁으면 상체에서 깍짓손이 어디까지 당겨질지 예측하기가 힘듭니다. 매번 당기는 길이가 미세하게 달라지죠. 그래서 발 간격을 벌립니다. 발 간격을 벌리면 몸통이 돌아가지 않기 때문에 그 끝에서 깍짓손이 고정되어 활 당겨지는 길이가 일정해집니다. 그 결과 오늘날 흔히 보는 양궁 닮은 발 자세와 궁체가 탄생한 겁니다.

발 간격이 옛날 온깍지 자세보다 더 넓게 벌어진 것은 개량궁 때문이기도 합니다. 개량궁은 각궁보다 길이가 조금 더 깁니다. 시위 얹어서 활걸이에 세워놓으면 위로 한 5cm 가량 고자가 더 솟습니다. 바로 이 길이 때문에 만작을 할 때 각궁보다 더 먼저 쌍현이 집니다. 쌍현은 시위 아랫부분이 가슴에 닿는 것을 말합니다. 제가 개량궁을 싫어하는 이유 중에 이것이 가장 큽니다. 매 시를 쏠 때마다 시위에 가슴이 눌리는 느낌을 받는데 그게 그렇게 싫을 수 없습니다. 이렇게 되지 않도록 하려면 어떡해야 할까요? 몸을 살짝 더 돌려주면서 활을 약간 세우면 됩니다. 과녁의 왼 귀를 밟던 (우궁의) 왼발을 과녁의 오른 귀를 밟도록 조절하는 거죠. 그렇게 되면 오른발은 자연스레 뒤로 물러서게 됩니다. 이렇게 하여 탄생한 것이 오늘날 반깍지 궁사들의 발 모양입니다.

우리 활은 온몸 구석구석 모든 힘을 다 씁니다. 머리카락 한 올까지 힘이 들어갑니다. 그렇게 되려면 몸의 일부를 이렇게 저렇게 계산해서 힘주면 안 됩니다. 처음부터 끝까지 아무 생각 없이 당겨야 합니다. 그렇게 당길 때 온 몸에 힘이 저절로 들어가도록 사법을 짜야 합니다. 그러자면 발 간격이 넓으면 안 됩니다. 발 간격이 넓을 경우 분문이 잘 조여지지 않습니다. 일부러 조여야 합니다. 그래서 발을 벌리고 선 신사들에게 다들 그렇게 가르치죠. '일부러'가 벌써 우리 사법의 전통으로부터 멀어졌다는 증거입니다. 우리 전통 사법은 일부러 뭘 어떻게 해서는 되지 않습니다. 밀고 당기면 저절로 그렇게 되어야 합니다. 당기기만 하면 몸이 알아서 씁니다. 그렇게 될 첫째 조건이 바로 발 너비입니다.

정말 하기 싫은 기 얘기를 해야겠습니다. 발 간격을 넓히면 기운이 잘 돌지 않습니다. 분문을 조이는 것은 우리 활에서 기 운용의 비결이자 우리 활의 깊은 속을 여는 열쇠 같은 것입니다. 발 간격을 넓히면 우리 활에서는 기의 움직임을 전혀 고려하지 않겠다는 뜻입니다. 기를 모르는 사람들이 주먹구구식으로 만든 발 자세가 요즘 활터에서 흔히 보는 어깨 넓이로 벌린 자세입니다. 그런 논법으로 자세가 안정되게 하려면 어깨 넓이의 두 배로 벌려야 더 좋을 겁니다. 차라리 마보(馬步)가 더 안정되겠죠.

눈에 보이지 않는 중요한 원리를 놓칠 때 겉모양에만 집착하게 됩니다. 넓은 발 간격 자세는 외형에만 집착한 결과입니다. 속은 텅텅 빈 자세입니다. 그래서 몸을 다치게 됩니다. 결국 그렇게 선 자세 때문에 상체와 하체가 따로 놀고, 그렇게 헐거워진 몸의 뼈마디로 충격이 들어옵니다.

2 _ 몸통

몸통은 비정비팔 때문에 저절로 결정됩니다. 즉 반듯해야 합니다. 왜 반듯해야 할까요? 반듯하지 않으면 몸은 비틀리는 게 아니라 휘거나 꺾입니다. 당연히 어느 쪽으로 기울죠. 몸이 비틀리려면 반듯하게 놓여야 합니다. 짤심은 몸이 반듯한 경우에 가장 잘 이루어집니다.

몸이 반듯하다는 것은 우리 활의 핵심입니다. 제대로 섰다는 뜻이죠. 제대로 서면 활은 거의 다 끝납니다.[21] 어디서 얼마만큼 힘을 쓸까? 성가시게 이런 계산 하지 않아도 됩니다. 잡고 당기면 몸이 알아서 저절로 그렇게 합니다. 우리 활에서 몸이 반듯하지 않은 자세는 틀린 것입니다. 이것은 몸의 내면 원리가 그래야 하기도 하지만, 조선시대의 성격 때문에도 그렇습니다.

조선시대는 선비들이 다스린 세상이고 선비들은 반듯한 몸을 중요시했습니다. 몸의 자세나 풍채가 좋아야 한다고 여겼습니다.[22] 곧 몸은 정신이 겉으로 드러나는 것이고, 그 느낌이 풍채였기 때문입니다. 내시는 아무리 훌륭해도 상체가 기울 수밖에 없습니다. 임금 앞에서 머리 꼿꼿이 세운 내시를 생각할 수 없죠. 마찬가지로 왕이 지금의 반깍지 궁사들처럼 몸을 꾸부정하게 구부리고 쏘는 모습은 상상할 수 없습니다. 태조 이성계나 정조대왕, 고종황제 같은 사람이 지금의 반깍지 궁사처럼 쐈다고는 도저히 믿을 수 없습니다.

이렇듯이 바른 몸은 조선시대 선비들의 기본자세이자 교양이었습니다. 올바른 몸에서 올곧은 정신이 나온다고 믿기 때문입니다. 그런 사람들이 활을 쏘는데 상체를 꾸부정하게 구부리고 쏠까요? 활을 쏘는 한량의 궁체가 앞으로 숙었다면 벌써 우리 활의 전통으로부터 벗어났다는 증거입니다. 활 쏘는 겉모습만 쓱 훑어봐도 저 사람 제대로 쏘는지 어떤지 알 수 있습니다.

제가 30여 년 전에 거문고를 한 6개월가량 배운 적이 있습니다. 첫

---

21   요즘 활 배우러 찾아오는 사람들은 대부분 제대로 서는 것도 모른다. 몸이 꾸부정해서 자신은 똑바로 섰다고 하는데 옆에서 보면 기우뚱하다. 몸을 바르게 선다는 것이 무엇인지부터 가르쳐야 하는 시대가 되었다.

22   성낙인이 경기중학교 휴학할 때 성문영 공이 교장을 만나러 학교를 방문했는데, 일본인 교장이 나중에 성 공의 풍채와 몸가짐이 훌륭하다며 감탄했다고 한다.

날 선생님의 말씀이 아직도 기억납니다. 즉 옛날에 거문고는 백악지장(百樂之丈)이라고 했고, 선비들의 교양이었답니다. 그러니 거문고를 끌어안은 모습이 좀 거만한 듯 보이는 것도 좋다는 겁니다. 자세를 말하는 것입니다. 그래서 저는 속으로 감탄했습니다. 더 이상 거문고를 배우지 않아도 후회할 일은 없겠다는 생각이 들었습니다. 수연장지곡 끝나고서 타령 들어갈 때 거문고를 더 배울 인연은 끝났지만, 거문고 자세에 대한 그 말은 저의 평생을 가다듬은 훌륭한 지침이 되었습니다. 지금 그 거문고는 아직도 벽에 기대어 가끔 열린 문으로 들어오는 바람에게 현을 맡기고 저만 알아듣는 곡을 탑니다. 우리 집 거문고 자랑이 아니라, 활도 마찬가지라는 것을 말하려 함입니다. 이 말을 정말 알아듣는 사람이면 활은 다 배운 거나 다름없습니다.

반깍지 궁체에서는 상체가 구부러지는 운명을 피할 수 없습니다. 왜냐하면 반깍지로 활을 배우면 줌을 밀어서 발시하는 방식이 편하기 때문입니다. 자신도 모르는 사이에 앞 어깨가 점점 과녁 쪽으로 나갑니다. 그러면 상체가 점차 앞으로 기울어지죠. 상체가 앞으로 기울어지면 저절로 엉덩이가 뒤로 빠집니다. 활터에 가보면 이런 사람들이 대부분입니다. 엉덩이가 뒤로 빠지면 흉허복실이 안 됩니다. 집궁제원칙에도 있는 흉허복실이 깨지면 최악의 활쏘기죠. 이래서 궁체에는 전통이 필요한 것이고, 전통이 활쏘기의 생명이 되는 것입니다.

『조선의 궁술』에서는 목덜미를 따로 설명했는데, 몸통이 그렇다는 것을 알면 굳이 설명할 필요도 없습니다. 몸통을 바로 세우고 활을 당기면 목은 저절로 그렇게 서고, 그렇게 당겨집니다. '핑핑이 …'.

얘기를 할까 말까 몇 번을 망설인 것이 하나 있습니다. 모른 체하고 넘어갈까 하다가 최근의 황당무계한 헛소리들이 독가스처럼 나도는 것을 보고 그냥 지나칠 수 없어 한 마디 하겠습니다.

어떤 정신 나간 인간들이 골반을 고정시킨다는 궤변을 늘어놓는다더군요. 이 말의 유래는 꽤 오래 됩니다. 옛날에 온깍지궁사회 주변을 잠시 어정대던 사람의 입에서 처음 나온 말이었습니다. 하도 황당무계한 주장이라서 그 당시에는 혀를 쯧쯧 차며 무시하고 말았는데, 인터넷의 영향인지 최근에는 그걸 또 저에게 와서 진지하게 묻는 사람도 생겼습니다. 그러니 입을 꾹 다물 수도 없어 한 마디 합니다.[23]

우리 활은 들어 올리는 순간부터 마무리할 때까지 어느 한 순간도 멈추거나 꺾이는 곳이 있으면 안 됩니다. 몸의 모든 곳이 동시에 움직입니다. 이 움직임의 전체성이 우리 활의 고갱이입니다. 골반도 마찬가지로 어느 한 순간도 멈추면 안 됩니다. 상체가 움직이는 비율로 골반도 정확히 호응하여 따라 움직여야 합니다. 어느 곳을 일부러 멈춘다는 것은 자연스럽지 못한 것인데, 그렇게 억지로 어느 곳을 고정시키면 그 멈춤으로 인하여 그 주변이 경직되고 일그러집니다. 골반을 고정시킨다는 사람들은 대부분 허리가 꺾여있습니다.

제가 늘 사기꾼 조심하라는 말을 하는데, 그 첫째 조건이 『조선의 궁술』을 입에 담는 사람이라고 했습니다. 이제 사기꾼의 조건에 하나를 더 추가합니다. 골반을 고정하라는 사람은 사기꾼을 넘어서 당신을 죽이려는 사람입니다. 골반을 고정하려는 순간 당신의 몸속에서는 기운이

---

23   황학정의 김경원 사범도 한 때는 이런 얘기를 했다. 아마도 11자 사법을 가르칠 무렵일 것이다.(한국문화콘텐츠 동영상 참조.) 그렇지만 이전 사법으로 되돌아간 뒤에는 김 사범의 궁체도 원상 복구되었다. 11자 보법의 경우처럼 신사 교육 때 잠시 쓰던 방법이 아니었나 짐작된다. 김 사범은 온깍지궁사회에서 주관한 대회인 '제3회 온깍지활쏘기한마당'(2004.02.29.)에도 참석한 적이 있을 뿐만 아니라(『한국 활의 천 년 꿈, 온깍지궁사회』279~286쪽), 나와도 친분이 어느 정도 있어서 나는 그의 궁체를 아주 잘 안다. 김 사범은 내가 국궁계에서 만난 몇 안 되는 고수의 반열에 드는 한량이다.

난도질당하듯이 토막토막 끊어집니다. 머지않아 산송장이 될 것입니다.

3 _ 줌손

이렇게 해서 몸통과 머리까지 반듯이 서면 이제 줌손이 중요해집니다. 물리 현상으로 볼 때 줌이 움직이는 방향은 모두 5가지입니다. 이 중에 4가지에 대해서 모두 활병을 가리키는 말이 있습니다. 줌은 당연히 발시 직후에 과녁 쪽으로 밀려야 합니다. 그런 뒤에 불두덩으로 져야 하죠. 과녁 쪽으로 줌이 밀리게 하기 위해서 줌손 장지가락 솟은 뼈를 밀라고『조선의 궁술』에서는 말합니다. 그런데 이렇게 되지 않는 경우가 네 가지입니다. 다음 그림을 보시기 바랍니다.

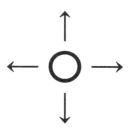

첫째, 줌뒤로 밀리는 경우입니다. 이것을 '째진다.'고 표현합니다. 제 얘기가 아니라 구사들 얘기입니다. 여기서 말하는 사법 관련 용어들은 제 얘기나 생각이 아닙니다. 구사들이 말하는 것을 있는 그대로 전하는 것이고, 그런 현상이 일어나는 원리에 대해서 제 경험을 덧보태는 정도입니다.

둘째, 줌이 땅 쪽으로 뚝 떨어지는 경우입니다. 이런 것을 '앞 짚는다.'고 표현합니다. 앉거나 일어날 때 손으로 바닥을 짚죠. 그렇게 줌손으로 앞쪽을 짚는다는 뜻입니다. 참 재미있는 표현입니다.

셋째, 줌이 줌앞으로 움직이는 경우입니다.[24] 이런 것을 '빼앗긴다, 뺏긴다, 앗긴다.'고 표현합니다. 즉 양손의 균형 상태에서 줌손의 힘이 모자라 깍짓손에게 빼앗겼다는 뜻입니다. 그래서 '줌이 졌다.'는 말도 합니다. 줌손이 깍짓손에 딸려오는 것입니다.

넷째, 손이 하늘 쪽으로 추켜 올라가는 경우입니다. 이런 것을 '쳐든다, 치켜든다.'고 합니다. 이 쳐들리는 동작을 막으려고 하는 것이 웃아귀를 누르는 것입니다. 그래서 나오는 동작이 고자채기입니다. 그러니 고자채기는 활병일까요? 아닐까요? 답은 말해줄 수 없습니다. 하하하.

넷째의 쳐들림은, 우리 활에서 크게 문제 되지 않습니다. 왜냐하면 우리 활은 줌손이 높기 때문에 쳐들리는 경우가 그리 많지 않습니다. 오히려 힘의 관성 상 앞 짚는 경우가 더 많죠. 그렇지만 중국 활로 가면 사정이 달라집니다. 중국 활에서는 줌손이 아주 낮습니다. 그래서 앞 짚이는 경우도 많고 쳐들리는 경우도 많습니다. 깍짓손과 호응을 이룰 때 힘의 방향에 따라서 이런 현상은 많이 나타납니다. 쳐들리는 현상을 막으려고 웃아귀에 힘을 많이 줍니다. 그러는 바람에 활채의 윗부분이 발시와 동시에 과녁 쪽으로 밀리죠. 이른바 고자채기가 되는 것입니다. 어느 정도까지 되느냐면, 아랫장의 양냥고자가 궁사의 등 쪽 죽지뼈를 때릴 정도입니다. 그러다 보니 고자채기가 중국 사법의 중요한 요령으로 자리 잡았습니다. 이 이론이 요즘 우리 사법 논의에도 등장하는 걸 보

---

24 우리 활에서는 줌손을 중심으로 화살 떨어지는 방향을 표현한다. 오른활의 경우, 과녁의 왼쪽 방향을 '줌뒤', 오른쪽을 '줌앞'이라고 한다. 왼활은 이와 반대이다. 화살이 과녁에 미치지 못하는 것을 '짧다, 못 미친다.'고 하고, 화살이 과녁보다 더 멀리 가는 것을 '크다, 길다, 넘었다.'고 한다.

면, 머릿속이 좀 묘해지면서 고개가 저절로 갸우뚱 기웁니다.

　이런 상황을 이해 못할 것도 아닙니다. 워낙 강궁에 경시를 쓰다 보니 표가 낮아져서, 옛날의 중국 활을 닮게 된 것입니다. 그래서 옛날 중국에서나 보던 사법이 오늘날의 한국 활에서 뒤늦게 유행하기 시작한 것입니다. 어쩐지 자신의 동작에 딱 알맞은 설명을 중국 활 이론이 해주는 것이죠. 역시 중국이라며 옛날에 중국 물건 들어올 때 '당성냥, 당나루' 하며 접두어 '당'을 붙이던 사대주의 노예 시절로 돌아가서 중국의 사법서를 경전 삼아 뒤적이는 것이 요즘 활량들의 현실입니다.

　이밖에 '주먹질'도 있습니다. 줌손을 밀어서 쏘는 버릇이 강화되어 발시 순간 마치 권투에서 잽을 날리듯이 과녁 쪽으로 줌손을 탁 미는 것입니다. 손끝에서 탄력을 더 내겠다는 생각인데, 사람이 아무리 빨리 탄력을 내려고 해도 활이 스스로 만드는 복원 속도보다 더 빠를 수는 없습니다. 그러니 손끝을 어떻게 해서 탄력을 내보겠다는 수작은 어리석기 짝이 없는 발상입니다. 때로 이런 손끝의 탄력이 요령으로 작용하여 큰 효과를 보는 스포츠가 많습니다. 배구도 그렇고, 탁구도 그렇고, 테니스도 그렇고 몸통의 바른 자세가 중요하지만 때로 손끝에서 휘감거나 채는 아주 사소한 요령이 상대의 허를 찌르는 중요한 '비법'이기도 합니다.

　그렇지만 한량이 마주한 과녁은 손톱만큼도 움직이지 않습니다. 움직이지 않는 과녁을 상대하는데, 움직이는 대상을 상대하던 요령으로 대처했다가는 큰 낭패를 봅니다. 제 꾀에 제가 넘어가는 거죠. 때로 운동신경이 좋아서 다른 운동에서는 만능이던 분들이 활을 배우러 와서 고생하는 수가 많습니다. 바로 이런 꾀를 활에 적용하기 때문입니다. 활쏘기는 몸치인 사람들이 오히려 더 빨리 더 잘 배웁니다. 몸치인 사람이 장비인 활을 가득 당겨만 놓으면 활이 알아서 모든 과정을 수행해주기 때문입니다.

이제 좀 다른 얘기를 하겠습니다. 어디에서도 볼 수 없는 얘기입니다. 즉 줌팔에서 벌어지는 현상을 기의 차원에서 보면 앞서 말한 설명과는 또 다른 상황이 나타납니다. 기운이 아랫배에서부터 충분히 차서 줌팔까지 올라오면 그렇게 되었을 때의 특별한 동작이 생깁니다. 즉 기운이 잘 작용할 때와 그렇지 못할 때 움직임의 낌새가 다릅니다. 이 정도를 분간할 눈이 있는 사람은 우리 사법의 진수를 80% 가량 터득한 사람이랄 수 있습니다. 남들이 보지 못하는 기운의 흐름을 본다는 뜻이니 말이죠.

발시 순간에 줌손의 움직임을 보면 용수철 같은 탄력이 있습니다. 그 탄력을 보고서 판단하는 것입니다. 그 탄력은 앞서 말한 것처럼 팔의 문제가 아니라 불거름에서부터 기운이 차올랐느냐 그러지 않느냐의 차이입니다. 이때 기운이 잘 차올랐으면 줌손 특유의 반동이 있습니다. 그 반동의 양상이 정상일 때와 다르게 나타나는 경우가 있는데, 이것도 두 가지입니다. 기운이 없어서 위축된 경우가 있고, 늘어진 경우가 있습니다. 둘 다 문제죠. 이것을 가리키는 우리말은 없습니다. 그런데 중국의 사법서에는 있습니다. 이를 각각 어림과 늙음으로 표현했습니다.[25] 기운이 위축되어 마음껏 펼치지 못하는 것이 어림(嫩)이라고 하고, 기운이 모자라서 어쩌지 못하는 것을 늙음(老)이라고 합니다. 기운이 위축되면 줌팔이 짜부라 들고, 기운이 모자라면 줌손을 달달달 떨죠.

『조선의 궁술』에는 없는 것이 중국 사법서에 있으니 중국 사법서가 『조선의 궁술』보다 더 좋은 거 아니냐고 생각할지 모르겠습니다. 그건

---

25   사법비전연구회, 『평양 감영의 활쏘기 비법』, 푸른나라, 1997. 15~16쪽.

착각입니다. 말로 해놓는다고 해서 다 좋은 게 아닙니다. 긁어 부스럼이라는 말이 있죠. 굳이 안 해도 될 얘기를 해서 문제가 더 헝클어지는 경우를 말합니다. 이게 바로 그런 경우입니다. 중국 활은 과녁 거리가 짧기 때문에 이런 것까지 시시콜콜 얘기하는 것입니다. 과녁 거리가 엄청 먼 우리 활에서는 이 지경이면 아예 활을 쏠 수가 없습니다. 그러니 말하고 자시고 할 것도 없죠. 중국 활에서는 활 병이 맞기는 맞지만, 우리 활에서는 활 병 축에 끼지도 못하는 것입니다. 굳이 입에 담을 것도 없죠.

앞서 말씀 드렸듯이 어림이나 늙음은, 기의 차원에서 본 것입니다. 그런데 활 배우는 사람에게 기 얘기를 해보십시오. 전혀 못 알아듣습니다. 기 차원의 얘기는 적어도 10년 이상 착실히 수련한 사람도 정말 희미하게 느끼는 것입니다. 그리고 굳이 얘기하지 않아도 활 공부가 제대로 이루어지면 저절로 고개가 끄덕여지는 그런 것들입니다. 말로 하기 어려운 것을 굳이 말로 한다고 해서 좋을 게 있을까요? 그런데도 말하기 좋아하는 사람들은 자꾸 말을 만들려고 하죠. 남들이 그 말 때문에 더욱 헛갈린다는 생각은 하지 못합니다. 앞서 말한 4방향의 활병 이외에 관한 언급은, 긁어 부스럼입니다.

그러면 이 줌손에서 벌어지는 문제점을 고치려면 어떻게 해야 할까요? 그것을 고치는 방법은 줌에 있지 않습니다. 줌손의 탈을 줌손에서 고치려고 하는 사람이 가장 하수입니다. 지금 인터넷에서 벌어지는 논쟁은 대부분 그 차원에서 맴돌이 합니다. 방향의 문제는 방향을 일으키는 그곳에서 고칠 수 없습니다. 방향이 그렇게 갈 수밖에 없도록 하는 데는 그보다 더 뿌리 깊은 곳에서 해야 합니다. 그 뿌리는 어디까지 닿아있을까요? 여러분이 답을 찾으시기 바랍니다. 그런 것까지 얘기해주면 재미없고 공부도 잘 안 됩니다.

그렇지만 줌의 탈을 줌손에서 고칠 게 못 된다는 건 분명합니다. 줌보다는 중구미에서 고치는 게 더 낫습니다. 중구미 차원에서 거의 다 고쳐집니다. 그 방법은 중구미를 논하는 자리에서 다시 다루겠습니다.

앞서 말한 여러 변수를 최대한 줄이려는 방법이 줌에 있습니다. 그것은 활의 줌통 모양입니다. 줌통 모양과 그것을 잡는 방법에 따라서 앞의 활병이 많이 바로잡힙니다.

줌의 비결은 흘려쥐기입니다. 흘려쥐지 못한 것을 막줌이라고 합니다. 막줌은 그냥 마구 잡듯이 잡았다는 뜻입니다. 흘려쥐기는 빗겨 쥐는 것을 말합니다. 그렇게 쥐려면 줌통 모양을 그렇게 만들어야 합니다. 반깍지 사법으로 바뀌면 강궁을 쓰게 되기 때문에 대체로 막줌이 많습니다. 막줌을 쥐면 손가락의 길이에 맞춰 줌통을 깎기 때문에 줌이 커집니다. 정확히 흘려쥐려면 줌통이 작아야 합니다. 옛날의 각궁을 보면 그걸 쥔 사람이 아이가 아닐까 싶을 만큼 줌이 작습니다. 굵기도 작고 길이도 작습니다.

대체로 줌통의 모양은 달걀 같이 하되 아래쪽을 조금 더 부풀게 하면 됩니다. 좀 더 섬세하게 만들려면 새끼손가락의 끝이 닿는 곳을 조금 밋밋하게 하면 완벽합니다. 그렇게 하고서 줌을 흘려 잡는 겁니다. 엄지손가락의 뿌리 부분 살 많은 곳을 '반바닥'이라고 하는데 줌통의 복판을 이곳에 댑니다. 손바닥 한 가운데를 '온바닥'이라고 말하는데, 막줌을 쥐면 이곳이 줌통의 복판을 밀게 됩니다. 충격이 그리로 들어오면 곧장 어깨까지 이릅니다. 줌은 온바닥이 아니라, 반드시 반바닥으로 밀어야 합니다.

가끔 '온'깍지 때문에 자신들이 '반'깍지가 되었다고 힐난하는 사람이 있는데, 온바닥과 반바닥의 짝을 보면 반깍지라는 용어를 탓하는 사람들이 얼마나 한심한 수준인가를 알 수 있습니다. 온바닥이 틀린 것이고 반바닥이 맞는 것입니다. 반대로 깍짓손 동작은 온깍지가 맞는 것이고 반깍지가 틀린 것입니다. 자신이 틀린 동작을 해놓고서 그것을 가리키는 말을 탓하는 것은 도대체 뭔 꾀인지 잘 모르겠습니다. 하하하.

이 흘려쥐는 줌은 화살이 과녁으로 쏠리도록 하는 효과를 냅니다. 나아가 불거름으로부터 올라온 기운이 짤심을 타고 손바닥까지 오도록 이끌어줍니다. 그러므로 반드시 짤심이 몸의 곳곳에서 작용해야 하고, 그렇게 되도록 활도 줌도 만들어야 합니다. 달걀 모양의 줌통과 흘려쥐기는 그렇게 되도록 하려는 것입니다.

줌손에서 경계해야 할 것이 '흙받기줌'입니다. 흙받기는 미장이들의 특수 용어입니다. 갠 흙을 벽에 바르려고 잠시 퍼 담는 평평한 판때기입니다. 당연히 밑바닥에 손잡이가 달렸습니다. 그걸 잡고 손목을 꺾어서 흙 놓인 곳이 위로 가도록 합니다. 흙받기를 벽에 대고 반죽을 흙칼로 쓱쓱 밀어 바르죠. 흙받기줌을 쥐면 아주 안정됩니다. 짤심의 작용이 멈추기 때문에 말뚝처럼 고정시키기는 좋습니다. 시수꾼 중에 흙받기줌으로 고정시킨 사람이 많습니다. 이렇게 줌을 고정시키고 깍짓손만 신경 씁니다. 간편하죠. 활을 못 이겨서 들여잡다 보면 자신도 모르는 사이에 흙받기줌이 됩니다. 이렇게 하면 불거름에서 올라오는 기운이 끊기고 짤심이 더는 작용하지 않습니다. 결국 전통에서 벗어나고 몸을 다칩니다. 이것을 고치려면 줌을 나잡아야 합니다.

줌손에서 꼭 지적해야 할 것이 '멍에팔'입니다. 중구미의 모양이어서 중구미 부분에서 다뤄야 할 것이나, 중구미는 앞뒷손에 다 있으니, 줌손에만 해당하는 멍에팔은 이곳에서 설명하는 것이 낫겠습니다.

멍에팔은 줌팔이 멍에를 닮았다는 뜻입니다. 멍에라고 하면 우리 세대만 해도 다 아는 것이어서 굳이 설명하지 않아도 됩니다. 그런데 소를 일 시키려고 기르는 게 아니라 고기로 먹으려고 기르는 요즘은 멍에를 찾아볼 길이 없습니다. 밭 갈 때나 마차를 끌 때 소는 목의 근육을 씁니다. 소의 목뼈가 등뼈로 연결되는 부분에 대추라는 혈자리가 있는데, 그 대추혈이 산처럼 솟아서 그 솟은 봉우리 앞부분에다가 구부러진 나무를 가로로 대고 그 나무 양쪽 끝에 줄을 걸어서 그 줄 끝에 마차나 쟁기를 연결시켜 끄는 겁니다. 멍에는 당연히 구부러졌습니다. 일자 막대에 견주면 한 20~30도 정도 각도로 꺾였습니다. 그 구부러지느라 꺾인 부분의 홈이 소의 목에 탁 걸리는 겁니다. 그래서 소의 목에는 굳은 살이 두텁게 꼈습니다.

멍에팔은 팔이 이렇게 꺾인 모양을 말합니다. '꺾였다.'고 표현한 말을 꼭 기억해야 합니다. 보통 사람의 경우 팔을 뻗으면 대부분 일직선입니다. 그런데 팔꿈치가 펴지지 않고, 마치 멍에처럼 꺾인 사람이 있습니다. 당연히 정상이 아닙니다. 대부분 자랄 때 다쳤다가 나은 경우 이런 일이 종종 생깁니다. 팔이 정상인 사람과는 현저히 다르고, 한눈에 보기에도 확 꺾였습니다. 이런 사람의 줌손 모양을 멍에팔이라고 표현한 것입니다.[26] 당연히 바람직하지 않은 팔 모양을 나타낸 말입니다. 그렇지만 그렇게 생긴 팔을 펼 수는 없으니 그런 모양으로 쏘는 수밖에 없습니다. 어떻게 보면 기형이지만 팔이 그렇게 생긴 사람은 앞서 말한 줌손 장난을 할 수 없어서 오히려 시수가 안정된 경향을 보이기도 합니다. 그래서 때로 구사들 중에 '멍에팔이 오히려 시수가 더 좋다.'는 말을 하기도 합니다. 그러나 꼭 그런 것은 아니어서 꺾인 팔로는 큰 힘을 쓸 수가 없

---

26   인천의 하상덕, 김현원, 안석흥 대담.(온깍지궁사회 카페, 이심전심 메뉴.)

습니다. 이런 팔은 강궁을 쓰면 힘을 제대로 쓸 수 없어 무리하여 다치게 되고, 그래서 연궁으로 연습하게 내어야 하기 때문에 발시 동작이 아주 가볍고 날래게 되어 이런 말을 하게 된 것입니다.

그런데 최근에 이런 멍에팔을 전통 사법에서 추구해야 할 줌 모양이라는 황당한 주장을 하는 사람도 나타났습니다. 이 역시 온깍지궁사회 활동을 시작할 무렵에 나타난 주장인데, 최근에는 인터넷에도 버젓이 나돌아서 여러 사람이 혼란스러워 하는 바람에, 결국은 박순선(인천 연무정) 교장이 '멍에팔 고찰'이라는 논문을 써서 진화하기에 이르렀습니다.[27] 갈수록 인터넷의 정보는 믿기 힘들어진다는 사실을 이런 궤변들을 보면서 느끼곤 합니다. 이제 막 활쏘기에 발을 들인 순진한 신사들만 불쌍하죠.

멍에팔을 전통 사법에서 추구해야 할 줌팔이라고 착각하는 것은, 『조선의 궁술』에 줌팔을 둥글어야 한다고 묘사했기 때문입니다. 줌팔이 둥글어야 한다는 글을 읽고는 어디서 주워들은 멍에팔로 오인한 것입니다. 멍에팔은 성한 사람이 일부러 그렇게 구부려서 만들 수 없습니다. '일부러' 한다는 것이 우리 전통 사법의 자연스러운 특성과 어긋나는 것이어서 멍에팔 사법이 옳은 것일 수가 없습니다. 옳지 않은 것을 옳다는 듯이 비비꼬아서 주장하는 것을 궤변이라고 하는 겁니다. 궤변에는 반드시 저의가 숨어있죠. 곧 추악한 발톱을 드러냅니다.

멍에팔은 둥근 것이 아닙니다. '꺾인' 것입니다. 뼈마디가 꺾이면 기운의 흐름이 차단됩니다. 다쳐서 멍에팔이 된 사람은 그런 '구조'로 기운을 소통하는 방법이 제 나름대로 갖추어져 있지만, 성한 사람이 일부

---

27   박순선, '멍에팔 고찰', 『국궁논문집 9』, 고두미, 2016. 50~111쪽.

러 그런 식으로 팔을 꺾으면 탈이 납니다. 그러니 멍에팔 사법을 주장하는 사람은 활량을 병신으로 만들려고 하는 것입니다. 정작 그러는 자신은 멍에팔로 쏘지 않습니다.

앞죽이 둥글다는 것은, 짤심이 일어나서 자뼈와 노뼈가 서로 회오리처럼 감고 돌아서 힘의 방향이 과녁으로 쏠리는 원리를 말하는 것입니다. 그것이 손끝에서 일어나는 상황을 『조선의 궁술』에서는 '장지가락 솟은 뼈를 과녁으로 밀어라.'고 말한 것입니다. 줌팔을 모로 세우고 밀면 죽이 서면서 저절로 그렇게 됩니다. 『정사론』식으로 표현하자면 잔살을 위로 가게 하고 중구미를 낮추면 됩니다. 이것이 사법비전공하에서 말한 <前膀要轉>과 <轉者直也>의 뜻이기도 합니다.[28]

오랜 세월 습사를 해보면 줌손의 흐름이 발 모양과 아주 깊은 연관이 있음을 깨닫게 됩니다. 하반신이 부실하면 줌손이 엉뚱한 곳으로 흐릅니다. 하반신만 충실히 해도 줌의 많은 문제들이 해결됩니다. 이런 것은 누군가 얘기해주지 않으면 평생을 가도 깨닫지 못하는 것들입니다. 특히 반깍지 사법에서는 제대로 느낄 수 없는 것이기에 더더욱 그렇습니다.

4 _ 깍짓손

깍짓손의 변화는 줌손과 달리 너무나 많아서 일일이 다 설명할 수 없습니다. 그러나 깍짓손의 움직임도 그 뿌리인 중구미와 죽머리의 놀

---

28   『평양감영의 활쏘기 비법』 43쪽

림에 달렸습니다. 죽머리가 살대 연장선의 뒤쪽으로 충분히 빠지면 깍짓손의 방향도 저절로 결정됩니다. 즉 힘의 중심이 중구미에 걸렸으므로 깍짓손은 저절로 살대 연장선 위로 살짝 떴다 내리면서 둥그스름한 자취를 그리게 됩니다.

깍짓손의 탈에 대한 것도 옛 사람들이 쓴 말을 살펴보면 알 수 있습니다. '반깍지, 벗깍지, 들깍지, 공깍지, 골로 빠지다.' 같은 말들이 있어서 우리 조상들이 인식한 깍짓손의 탈을 짐작할 수 있습니다.

반깍지는, 깍짓손이 뒤로 빠지지 못하고 발시 후에도 그 자리에 머물러 있는 상태를 말합니다. 게발깍지라고도 하고 조막깍지라고도 합니다.[29] 『조선의 궁술』에서는 봉뒤라고 하여 활을 쏠 때 생기는 탈이라고 분명히 지적했습니다. 오늘날 양궁의 영향으로 대다수 한량들이 이렇게 쏩니다. 그러면서 그게 『조선의 궁술』에서 말한 봉뒤라고 하면 입을 다물고 가만히 있습니다. 이 입 다묾의 뜻이 무엇일까요? '그런 줄은 알겠지만 지금까지 그렇게 해왔으니 이제 와서 고칠 수는 없다!' 입니다. 그러면서 전통이 아님을 인정하고 싶지는 않다고 고집 피우는 것입니다. 마음이 더 꼬부라진 한량은 전통도 새로 만들어가는 거라고 생떼를 씁니다. 학창 시절에 배운 이기백의 글을 들먹이면서 말이죠. 그러나 '전통'은 그런 식으로 만들어지지 않습니다.

반깍지는 양궁의 영향이 분명합니다. 2018년 4월, 장수바위터에서 우연히 조춘봉 접장님을 만났습니다. 박정희 대통령을 가르친 이호재 접장에게서 활에 관한 많은 것을 배웠다고 말하기에, 제가 이호재를 안다고 했더니 깜짝 놀라더군요. 자기보다 훨씬 더 젊은 사람이 자신의 기억

---

29   『한국의 활쏘기』 271쪽

에서도 가물가물한 이호재라는 이름을 먼저 말하니까 놀란 거겠죠. 조접장은 우리나라 양궁 1세대로 젊어서 양궁 선수 생활을 했고, 공사 양궁 지도강사를 오래 지냈으며, 지금도 경기도에서 양궁 코치 생활을 하는 분입니다. 이 분에게 양궁과 국궁 사법의 차이가 뭐냐고 물었더니, 원리는 똑같다고 강조했습니다. 아마도 국궁장에 와서 활 얘기를 하던 중이기 때문에 국궁과 양궁의 동일성에 주안점을 두어 그렇게 말했을 것이라고 짐작합니다. 그렇지만 평생을 양궁인으로 살아온 분이 이렇게 말하는 데는 양궁과 국궁의 교류에 대한 인식이 은연중 담겨있음을 저는 직감했습니다. 초창기 양궁 선수들을 대한국궁협회에서 관리 감독했고[30], 그 과정에서 국궁의 내면 원리가 양궁에 적용되었으며, 이후 그 반대도 마찬가지입니다. 국궁인들이 양궁 사법의 효율성과 간결성을 받아들인 결과가 반깍지임이, 이런 대화를 통해서 은연중 드러나는 셈입니다. 전통 사법에서 금기시됐던 반깍지 궁체가 양궁과 교류하는 과정을 통해서 형태상의 낯설음을 극복하고 자기 자리를 확보해간 것입니다.

　들깍지는 반깍지의 연장입니다. 깍짓손이 완전히 펴지지 못하고 팔이 기역(ㄱ)자처럼 꺾여서 손끝이 하늘을 가리키는 것이죠. 요새는 '북관유적도첩'인지 뭔지 하는 옛 그림에 나온다고 일부러 이런 모양을 추구하는 사람들도 있는 모양입니다. 이럴 줄 미리 알고 우리 현명한 조상들은 '들깍지'라는 말을 만들어놓으셨네요. 그러니 굳이 이름 붙이자면, 엉뚱한 이름 만들어 활 쏘는 사람들 혼란스럽게 하지 말고, 차라리 들깍지 사법이라고 하는 게 좋겠네요. 반깍지 사법이란 말도 있는데, 들

30　1983년에 국·양궁이 분리되면서 대한궁도협회가 대한국궁협회와 대한양궁협회로 나뉘었다.(디지털 국궁신문 2018.03.22. 기사) 대한국궁협회는 명칭을 대한궁도협회로 바꿔달라는 요구를 몇 차례 한 끝에 1987년 1월에 대한체육회로부터 명칭 사용에 대한 승인을 받고 본래의 이름으로 돌아갔다.(온깍지궁사회 카페 보도자료.)

깍지 사법이란 말이 없으란 법도 없죠.

벗깍지는, 발시 순간 깍짓손이 몸통 바깥쪽으로 벗어나는 것입니다. 이것은 당연히 죽머리가 뒤로 빠지지 않아서 그런 것입니다. 죽머리가 뒤로 물러서지 못하고 고정되니까 깍짓손은 더 물러날 곳이 없고, 그대로 펴지면서 몸통으로부터 멀어지는 것이죠. 심한 경우는 확 돌며 팔이 몸통에 감기기도 합니다.

공깍지는 깍짓손의 손목이 꺾이면서 어깨 전체가 허공에 들떠있는 모양을 말합니다.[31] 이것은 허공에 매달린 듯하여 부실하기 때문에 공깍지라는 이름이 붙었습니다.

'골로 빠진다.'는 말이 있습니다. 이것은 깍짓손이 어깨보다 더 아래쪽으로 처지며 뻗는 것을 말합니다.[32] 수평에서 45도 정도 밑으로 뚝 떨어지면서 뒤로 빠집니다. 골로 빠진다는 것은 정상 궤도가 아니라 도랑으로 빠진다는 뜻입니다. 도랑은 길보다 더 낮죠. 제 갈 길 바깥으로 벗어나는 것을 말합니다.

채쭉뒤는,『조선의 궁술』에 나오는 것으로, 마치 말 탈 때 채찍질하는 동작처럼 마무리되는 것을 말합니다. 줌이 높을수록 이런 현상이 많이 나옵니다. 때로는 자신의 엉덩이에 닿을 때도 있습니다. 이것도 죽머리가 뒤로 빠지지 않고 손목이나 중구미에 힘이 걸려서 그런 것입니다.

사굿손을 거머리 떼듯이 하라는 표현도 있는데[33], 채쭉 뒤와는 동작이 조금 다릅니다. 채쭉 뒤보다 조금 더 살대 뒤쪽으로 뻗으면서 엉

---

31   정진명, '인천지역의 편사놀이',『국궁논문집』제6집, 온깍지궁사회, 2007.

32   『한국 활의 천년 꿈, 온깍지궁사회』; 김향촌 대담

33   『이야기 활 풍속사』; 하상덕 대담

덩이 뒤까지 처지는 것을 말합니다. 『조선의 궁술』에서 말한 대로 맹렬히 뗄 때 마무리되는 모습입니다. 처음에 그렇게 배워야만 나중에 깍짓손 떼임이 부드러워지기 때문에 강조한 말입니다.

두벌뒤는, 단번에 떼지 못하고, 두 차례에 걸쳐서 깍짓손을 펼치는 것을 말합니다. 『조선의 궁술』에 나오는 말입니다.

깍지는 발시하려고 마음먹는 즉시 떨어져야 합니다. 그런데 이렇게 깔끔하게 떨어지지 않고 찰나만큼 늦거나 빨리 떨어지는 경우가 있습니다. 이런 것을 '깍지가 묻어서 떨어진다.'고 말합니다. 깍지에 뭔가 묻은 듯이 느낌이 깔끔하지 않다는 것이죠. 대부분 궁력이 떨어질 때 이런 일이 생깁니다. 또 활을 몇 순 내다보면 시위의 압박으로 손가락이 헐거워져서 발시 감각이 달라지기 때문이기도 합니다. 어쨌든 발시는 마음먹는 그 즉시 이루어져야 합니다.

이 정도면 깍짓손에서 벌어지는 다양한 현상들을 거의 다 설명할 수 있습니다. 이 이상의 설명이 더 필요할까 싶을 정도도 다양한 진단이 이루어졌습니다.

줌손과 깍짓손은 동전의 앞뒷면 같습니다. 그래서 그 두 곳에서 일어나는 탈은 반드시 연관 있습니다. 그러므로 어느 한 쪽만 고쳐가지고는 안 됩니다. 양쪽을 다 고쳐야 합니다. 그런데 양쪽을 다 고치는 방법은 양쪽에서 찾는 것이 아니라, 몸의 중심에서 찾아야 합니다.

이렇게 몸의 중심인 불거름에서 비롯하여 깍짓손에 이른 힘은 아주 가볍게 펼쳐집니다. 깍짓손과 줌손이 펼쳐지는데 힘이 전혀 들지 않고 아주 가볍게 떨어지면 보는 사람의 마음도 편안해집니다. 이렇게 가뿐가뿐하게 펼쳐져서 보는 사람으로 하여금 감탄이 절로 나는 깍짓손 동작을 묘사하는 말이 있습니다. '나비깍지'라는 것이 그것입니다. 마치

나비가 날개를 접고 펴듯이 가볍게 이루어지는 모양을 말합니다.[34]

줌손과 깍짓손꾸미는 일직선을 이룹니다. 전통사법에서는 과녁 거리 때문에 줌이 깍짓손꾸미보다 더 높습니다. 그 상태에서 발시하면 깍짓손은 수평보다 더 낮은 곳으로 펼쳐질 수밖에 없습니다. 줌과 깍짓손꾸미를 수평으로 한 채 발시하면 깍짓손은 당연히 수평으로 펴집니다. 줌손을 점점 더 낮추어 수평선 밑으로 내리면 깍짓손은 어떻게 떨어질까요? 당연히 줌손이 내려간 각도만큼 깍짓손은 하늘로 올라갑니다. 강궁이어서 살대가 턱밑에 걸리는 이석희 행수의 깍짓손이 발시 후 수평보다 높이 뻗치는 것을 보고 그 정확한 힘의 균형과 배분에 깜짝 놀란 적이 있습니다. 전통 사법의 수련이 궁극의 경지에 올라 가슴 한 복판에서 힘이 둘로 나뉘는 동작의 마무리 모습, 발여호미의 전형이었습니다. 이와 같이 발시 후 깍짓손의 높이는 줌손의 높낮이로 결정됩니다.

조선시대 그림인 동래부사순절도나 북관유적도첩을 보면 성 아래를 향해 활을 쏘는 군인들의 깍짓손이 낫처럼 꺾여 손끝은 하늘로 향했음을 확인할 수 있습니다. 이것은 사법이 그런 것이 아니라, 줌손이 낮아서 깍짓손의 움직임이 졸아든 결과입니다. 줌손을 수평 위로 추켜올리면 깍짓손은 당연히 수평 아래로 떨어집니다. 이 그림속의 무사들은 오늘날 온깍지 사법과 다른 사법을 구사한 게 아니라, 온깍지 사법을 아주 충실하게 구사한 것입니다. 줌손의 높이 때문에 깍짓손이 그렇게 펴진 것일 뿐이고, 화공이 그것을 아주 정확히 본 것이죠.

아울러 깍지 얘기도 좀 하고 가겠습니다. 깍지 얘기를 어디서 해야 할지 판단이 잘 안 서는데 아무래도 깍짓손을 다루는 곳에서 말하는 것

---

34 김향촌 대담 ; 『한국 활의 천년 꿈, 온깍지궁사회』 '명무열전-김향촌'

이 좋겠습니다. 깍지는 크게 암깍지와 숫깍지 2종류가 있습니다. 이 둘도 사법의 변화에 따라 변동을 겪어왔습니다. 즉 강궁의 등장과 숫깍지의 일반화가 맞물려있다는 말입니다.

제가 집궁한 1990년대 중반에는 숫깍지가 아주 드물었습니다. 의례히 암깍지를 쓰는 줄로 알고 저도 그렇게 구해서 썼습니다. 그런데 2000년대 접어들면서 제 주변에서 숫깍지 쓰는 사람들이 부쩍 늘더니 어느 샌가 숫깍지가 암깍지를 추월하는 상황에 이르렀습니다. 이것은 강궁의 추세와 아주 정확히 맞물린 현상입니다.

암깍지는 아주 민감합니다. 민감한 활의 속성상 여러 가지로 조절할 수 있어서 좋습니다. 이것저것 점검해야 할 것이 많은 연궁에서 즐겨 쓰게 됩니다. 반면에 숫깍지는 센 활을 당길 때 좀 더 편합니다. 연궁을 쓸 때의 까다로운 조건이 많이 사라지고 단순해집니다. 강궁을 쓰는 사람들이 즐겨 쓰게 됩니다. 강궁을 쓰면 암깍지는 굳은살이 많이 배깁니다. 특히 시위에 눌리는 부분이 아픕니다. 반면에 숫깍지는 일자형이기 때문에 잡기 편하고 강궁을 당길 때도 좋습니다.

게다가 각궁과 개량궁은 시위의 굵기가 다릅니다. 개량궁의 시위 굵기가 훨씬 더 가느다랗습니다. 시위가 가늘면 엄지 안쪽의 살을 더 세게 눌러서 아픕니다. 굳은살도 더 배기죠. 시위가 굵으면 살에 닿는 면적이 넓어서 아무래도 좀 더 편하고, 굳은살도 덜 배깁니다. 개량궁 강궁은 시위가 가늘기도 해서 더더욱 손가락에 부담이 가므로 암깍지보다는 숫깍지가 힘쓰기 더 편합니다. 두 깍지의 이런 특성 때문에 강궁이 등장하면서 숫깍지가 점차 늘어난 듯합니다.

사법의 변화와 관련해서 또 한 가지 특징으로 나타난 것이 턱깍지입니다. 턱깍지는 암깍지가 조금 변형된 것인데, 시위 걸리는 부분에 시위가 더 안으로 밀려들지 못하도록 턱을 만들어서 발시 순간에 잘 벗겨지도록 한 것입니다. 턱깍지는 시위가 밀려나갈 듯한 불안한 느낌 때문에 깍짓손을 더 움켜쥐게 됩니다. 그래서 깍짓손을 많이 채는 온깍지 사법에서는 불편합니다. 반대로 줌손을 밀어서 깍짓손을 놓치듯이 놓는 반깍지 사법에서 더 유리합니다. 반깍지 사법이 유행하게 된 2000년대 들어서 급작스럽게 늘어난 깍지가 턱깍지입니다.

깍지의 변화만 봐도 사법과 활터의 분위기가 어떻게 변화해왔는가를 살펴볼 수 있습니다. 활쏘기의 장비에는 반드시 그 시대 활터의 분위기와 사법의 흐름이 반영됩니다. 다양성도 좋지만, 그 다양성에 변화가 생길 때 주의 깊게 살펴보아야 합니다.

5 _ 중구미

화분의 나뭇잎에 노란 색이 돌면 생각해야 합니다. 이게 어디서 온 병이냐? 나뭇잎에서 생긴 것일 수도 있고, 가지, 줄기, 밑동, 뿌리에서 생긴 것일 수도 있습니다. 그러면 정확한 곳을 찾아서 고쳐야 나을 수 있습니다. 굼벵이가 뿌리를 파먹어서 그런 것인데 이파리에 영양제를 백날 뿌려본들 소용없습니다. 밑동에서 생긴 병은 밑동에서 고쳐야 하고, 가지에서 생긴 병은 가지에서 고쳐야 합니다.

활의 탈도 마찬가지입니다. 슬럼프가 왔을 때 어디서 문제가 되었는가 하는 것을 정확히 진단하는 것이 그 슬럼프로부터 벗어나는 가장 빠른 길입니다.

손목은 몸의 중심인 불거름으로부터 가장 먼 곳입니다. 그러므로 손목의 변화는 너무 많아서 일일이 헤아릴 수 없습니다. 여름날 바람이 불 때 수많은 미루나무 잎이 각기 다른 방향으로 나부끼는 것과 같습니다. 그것을 일일이 대응하다가는 정작 중요한 것을 놓칩니다. 따라서 양손의 끝에서 일어나는 탈을 잡으려면 그 손목보다 좀 더 깊은 곳을 살펴야 합니다. 바로 중구미죠.

줌손의 탈은, 발시와 동시에 줌이 자꾸 과녁 방향에서 엉뚱한 곳으로 벗어나려고 한다는 것입니다. 그러면 어떻게 해야 할까요? 가장 좋은 해결책은 줌이 발시와 동시에 과녁 쪽으로 밀려들어가게 하는 것입니다. 그 방법으로『조선의 궁술』에서는 장지가락 솟은 뼈를 과녁 쪽으로 밀라고 하죠. 맞는 말입니다. 그렇지만 그렇게 해도 안 되는 경우가 있습니다. 그것은 중구미에서 그럴 준비를 갖추지 못했기 때문입니다.

중구미에서 과녁 쪽으로 줌팔이 밀려들어가도록 하는 처방은 무엇일까요? 죽을 업는 것입니다.『조선의 궁술』에서는 이렇게 죽이 업히지 않는 경우를 얘기했습니다. 붕어죽과 앉은죽이 그것입니다. 붕어죽은 팔이 접히는 부분인 오금이 하늘로 향하는 것을 말합니다. 붕어가 배를 뒤집은 모양과 같다고 해서 붙은 이름입니다. 앉은죽은 그보다는 조금 더 섰는데, 아직 완전히 업히지 않아서 이도 저도 아닌 어정쩡한 경우입니다.

죽이 붕어죽이 되면 뭐가 문제냐면 뼈로 받쳐진다는 것입니다. 줌팔이 뼈로 받쳐지면 발시 후의 충격이 그대로 몸통까지 전달됩니다. 머지않아 골병들죠. 병이 드는 순서는 이렇습니다. 먼저 팔꿈치가 한동안 아프다가 그게 가라앉으면 어깨로 갑니다. 50견인 줄 알고 병원 치료 받고 약국에서 약 사먹죠. (반면에 활을 제대로 쏘면 50견도 풀립니다.) 어깨 통증이 심해지다가 나아지면 목 디스크로 갑니다. 목 디스크는 반드시 허리 디스크를 유발합니다. 대부분 목 디스크 단계에서 사람들이 폐궁을 합니다. 산송장이 되어 활터를 떠나는 겁니다.

붕어죽의 병폐 또 한 가지는 뼈마디에서 여유가 없기 때문에 줌팔이 밀리는 방향으로 벗어납니다. 대부분 붕어죽일 경우에는 발시 직후 줌뒤로 밀려납니다. 이런 걸 째진다고 합니다. 이때 살은 뒤나죠. 반드시 죽이 제대로 업히어야만 중지가락 솟은 뼈가 과녁 쪽으로 밀려듭니다.

이것은 손의 뼈가 그렇게 생겨먹었기 때문입니다. 즉 손에는 자뼈와 노뼈가 있는데, 자뼈는 팔꿈치 아래쪽에서 손목까지 있는 뼈이고 노뼈는 그 위의 뼈입니다. 평상시에는 이 두 뼈가 11자처럼 나란히 있지만, 줌팔을 밀면 이것이 서로 꼬이면서 비틀어집니다. 그러면 아래에 있던 자뼈가 새끼손가락 쪽을 밀면서 위로 올라옵니다. 손목이 비틀리죠. 이른바 짤심이 발생합니다. 그것 때문에 중지가락 솟은 뼈가 과녁을 향해서 밀려드는 것입니다.

이렇게 되면 위의 노뼈는 엄지손가락 쪽으로 밀립니다. 저절로 웃아귀를 누르게 되죠. 그 반동으로 범아귀가 줌통을 점점 조이게 됩니다. 이렇게 되어 발시 순간 힘은 마지막에 아귀를 향해 몰립니다. 이것을 성낙인 옹은 줌이 오똑 선다고 합니다.

해부학을 하는 사람에게 물어보니 노뼈보다 자뼈가 더 길다고 합니다. 노뼈는 배 저을 때 쓰는 노를 닮았다는 뜻이고, 자뼈는 길이를 재는 자를 닮았다는 뜻입니다. 옛날 시골에서 새끼를 꼬아서 둘둘 말아 정리할 때 팔을 구부려서 범아귀로 끝을 잡고 팔꿈치 밑으로 돌려서 실패처럼 감았습니다. 그때 쓰이는 뼈가 바로 자뼈입니다. 그 길이가 자의 노릇을 하기 때문에 자뼈라는 이름이 붙은 것입니다.

깍짓손이 빠지는 방향은 대부분 이 두 뼈가 서로 휘감기며 만들어지는 힘의 작용으로 결정됩니다. 줌손의 힘이 어디로 뻗느냐에 따라서 깍짓손의 방향도 결정됩니다. 물론 깍짓손 자체에서 생기는 변수도 있지만, 그보다 더 큰 변수는 거의가 줌손의 모양에서 나옵니다. 그러니 줌손을 먼저 굳건히 한 채 깍짓손의 변화를 살펴야 합니다. 그것이 탈을 잡아가는 방향이고 요령입니다.

줌손 중구미를 어떻게 쳐드느냐에 따라서 자뼈와 노뼈의 방향이 달라집니다. 걸치기 동작에서 아랫고자를 불거름 근처에 대는데 바로 그 동작이 줌손의 방향을 결정짓습니다. 따라서 반드시 아낙네가 물동이를 이듯이 들어 올려야 합니다.

아낙네가 물동이를 이듯이 한다고 말했더니, 거기서 또 문제가 생기더군요. 물동이 이는 옛 법을 아는 사람들이 없는 것입니다. 양손으로 똑같은 높이로 들어 올려 물동이를 이더군요. 물동이는 그렇게 이는 것이 아닙니다. 물동이는 먼저 동이의 주둥이를 오른손으로 잡고 왼손으로는 동이의 밑을 받칩니다. 그 상태로 양손을 들어 올려서 머리에 얹어야 합니다. 자연히 왼손이 오른손보다 훨씬 낮습니다. 오른손으로 동이의 주둥이를 잡아서 힘을 주어 얼굴 근처까지 오게 한 다음에 바로 왼손으로 받친 동이 바닥 쪽에 힘을 주어서 머리 위로 가뿐히 올려놓는 것입니다.

이렇게 들어 올릴 때 중구미를 약간 추켜드는 게 좋습니다. 분명히 약간이라고 말했습니다. 많이 하면 안 됩니다. 많이 하면 어깻죽지가 움직입니다. 이렇게 하여 물동이를 막 치켜드는 동작을 가만히 보면 팔로 만든 몸의 안쪽에 짚단 하나가 들어있을 정도의 공간이 생깁니다. 이것을 두고 '기생 안듯이 한다.'는 표현을 쓰기도 합니다. 한량은 이렇게 표현하고, 농사꾼은 짚단 1단이 들어갈 정도라고 표현하죠.

깍짓손 중구미는 딱히 신경 쓸 게 없습니다. 당기는 방향만 조정해 주면 저절로 알아서 자리 잡습니다. 방향이라고 말했습니다. 깍짓손의 방향은 활을 든 높이에서 결정됩니다. 처음 이마 높이로 들어 올려서 깍짓손을 먼저 당겨야 합니다. 그러면 자연스레 이마를 거쳐서 귓바퀴를 스치게 됩니다. 그렇게 해서 깍짓손이 어깨에 내려앉으면 화살대는 광대뼈와 입꼬리 사이에 걸칩니다.

깍짓손을 이렇게 높이 끄는 이유는, 어깨 마디의 회전방향 때문입니다. 어깨가 돌아가는 독특한 방향이 있습니다. 움직임이 그 방향을 타도록 유도하는 것입니다. 깍짓손이 낮으면 어깨가 둥글게 돌지 않고 뼈바깥으로 놓여 발시 순간 옆으로 내뻗게 됩니다. 벗깍지가 되는 거죠. 깍짓손이 펴지는 동작이나 방향은 처음 어떤 높이로 들어오느냐 하는 것에 달렸습니다. 그래서 걸치기와 줌손 드는 높이의 동작(죽 올리기)이 중요한 것입니다.

<온깍지 사법>에서 한 단계로 '걸치기'를 넣었더니, 또 그걸 두고 동작을 생략해도 되는 걸 왜 집어 넣었느냐느니 말들이 많습니다. 참! 입이 아플 법도 한데 … . 걸치기에서 해야 할 일은 만작 시 줌손의 정렬 상태를 미리 점검하는 것입니다. 걸치기에서 그렇게 하면 발시가 그렇게 됩니다. 발시가 그렇게 되도록 할 줄 아는 사람은 걸치기 과정이 생략되겠지요. 생략은 되겠지만 걸치기 동작이 뜻하는 바는 그 전후로 미리 취하게 됩니다. 그 과정을 생략한다고 해서 그 동작까지 생략되는 것은 아닙니다.

개량궁 얘기를 또 해야겠습니다. 걸치기 동작은 각궁으로 할 때 정확합니다. 개량궁은 각궁보다 조금 더 깁니다. 개량궁으로 걸치기 동작을 하면 줌을 쥔 손의 위치가 더 높아집니다. 그 때문에 팔의 높이가 달

라지고 자칫하면 죽머리까지 모양이 달라질 수 있습니다. 그러니 개량
궁을 쓰는 사람들은 걸치기의 높이를 낮게 조절할 필요가 있습니다. 장
비가 달라지면 사법에도 영향을 미침을, 이런 경우에서 볼 수 있습니다.

이쯤에서 깍짓손과 줌손의 조화에 대해 한 마디 하겠습니다. 깍짓
손을 당길 때 줌손은 굳이 나설 것이 없습니다. 어차피 이마 높이로 올
라있고, 그것은 줌손이 과녁 쪽으로 벌써 나갔음을 뜻하기 때문입니다.
깍짓손이 이마를 지나서 귓바퀴로 들어올 때까지 줌손은 굳이 밀지 않
아도 됩니다. 그냥 버텨주기만 하면 됩니다. 깍짓손의 반응에 따라 저절
로 들어가는 힘만으로 자연스레 받쳐주면 됩니다. 줌손은 미는 게 아니
라 받쳐주는 겁니다. 전추태산이 아니라, '추여남산(推如南山)'입니다. 그
래야 '발여호미'와 문장의 짜임이 맞습니다.

줌손에 힘이 들어가면 뚝심을 쓰게 됩니다. 뚝심을 쓰면 노동을 하
는 겁니다. 몸이 피곤해집니다. 게다가 몸이 경직되어 더 이상 몸통이
돌아가지 않습니다. 이로 인해 생기는 탈은 하도 많아서 일일이 거론하
기도 힘들 지경입니다. 나중에 말하겠지만, 괭이질을 할 때 쓰는 힘과
달리 몸의 중심으로부터 자연스럽게 나오는 힘을 써야 합니다. 예컨대,
얼음판에서 미끄러지려고 할 때 몸의 반응을 보면 그 반대쪽을 저절로
움직여서 균형을 잡습니다. 바로 이 균형이 작용하느냐 하지 않느냐 하
는 것이 줌손에 작용하는 힘에서 결정됩니다. 뚝심을 쓰면 중심에서 뻗
어 나오는 힘이 사라져버립니다. 중심에서 나오는 힘과 작용이 온몸을
지배해야 몸이 풀립니다. 이것이 활쏘기의 미묘한 비결이고 명쾌하게
밝혀지지 않는 비밀이고 터득하기 힘든 비법입니다.

줌손과 깍짓손의 작용에서 이것이 터득되면 몸은 그야말로 신비한
힘을 내게 됩니다. 줌손에 힘이 하나도 안 들어가는 데도 불거름으로부

터 끌어낸 힘이 화살에 실립니다. 그런 화살은 연궁이더라도 바람 뚫고 갑니다. 깃 쪽은 밀려도 촉 쪽은 밀리지 않고 곧장 과녁을 향해 날아갑니다. 바람이 불면 이 현상 때문에 화살이 옆구리를 보입니다. 원래는 꽁무니를 보여야 하죠. 쏜 사람은 화살의 뒤에서 보니 당연한 현상입니다.[35]

화살이 바람을 뚫고 가느라 옆구리를 보이는 이런 현상을 김소라 (의정부 용현정) 여무사는 자신이 직접 겪어보고서 '가로 본능'이라는 표현을 썼습니다. 폴더 폰이 처음 나왔을 때 화면을 옆으로 돌리게 만든 한 제품의 광고에서 사용된 표현입니다. 김 여무사는 40호짜리 각궁으로 바람이 태풍처럼 부는 활터에서 화살이 옆구리를 보이며 날아가는 광경을 보고는 이런 말을 했습니다. 한량이 이런 신비한 체험을 하면 강궁으로 바람 때려잡으려는 무식한 반깍지 사법은 다시는 거들떠보지도 않게 됩니다.

이러한 신비한 힘을 끌어내는 데 줌손과 깍짓손의 균형과 조화가 중요하고, 그런 균형은 몸통 쪽으로 들어가면서 제대로 움직일 때 더욱 확실하게 일어납니다.

6 _ 죽머리

죽머리는 드러나거나 솟으면 안 됩니다. 죽머리는 반드시 낮추어야 합니다. 우리말에는 이것을 표현할 말이 없는데, 태극권에는 있습니다.

---

35   박문규(대전 대동정, 2017년 집궁회갑) 사범은, 이에 대해 표현하기를, '활이 잘 쏘일 때는 화살 꽁무니가 허공에 점 찍어놓은 것처럼 보인다.'고 했다.

활 쏘 기 의   지 름 길

침견추주라는 말입니다.[36] 어깨를 낮추고 팔꿈치를 떨어뜨린다는 말입니다. 정말 어려운 말이고 오해하기 딱 좋은 말입니다. 그런 만큼 잘난체하기 좋은 말이기도 하죠.

죽머리에 관한 것은 오히려 중국의 사법에서 더 잘 설명하고 있습니다. 전견요장(前肩要藏) 후견요제(後肩要擠)라는 말이 그것입니다.[37] 장(藏)은 감춘다는 뜻입니다. 뭘 감춘다는 것일까요? 어깨를 감추어야한다는 말입니다. 감춘다는 것은 어떤 동작을 가리킬까요? 이걸 아는 사람이면 사법의 비의를 거의 다 터득한 사람입니다. 이제 제가 설명하겠지만, 못 알아들을 겁니다. 그러면서도 알아듣는 것 같은 착각이 일어날 것입니다. 왜냐하면 저의 설명을 듣고 자신은 지금 그렇게 하고 있다고 생각할 것이기 때문입니다. 그렇지만 반깍지 궁사들은 전혀 이해할 수 없는 말임을 미리 말씀 드립니다. 여기서 아는 체하면 병만 더 깊어질 것임을 알지만, 그래도 사법을 말하는 자리이니, 그냥 지나갈 수 없습니다.

보통 '감춘다.'는 '드러낸다.'와 짝을 이루는 말입니다. 어느 나라 어느 겨레의 궁체이든 화살의 연장선에 줌손 쪽의 어깨가 올 수 없습니다. 그렇게 되면 가장 바람직한 힘쓰기의 방향이 되겠지만 몸통이 있기 때문에 양궁이든 국궁이든 살대 연장선에다가 줌팔 어깨를 놓을 수는 없습니다. 즉 살대와 줌팔 사이에는 적당한 틈이 있습니다. 이 간격을 좁히느냐 넓히느냐 하는 것이 힘의 효율성을 극대화하는 실마리이고, 각 사법의 특성을 드러내는 자리입니다. 자, 이른바 '감춘다'는 것은, 살대와 줌팔 어깨 사이의 빈 공간을 넓히는 걸까요? 좁히는 걸까요?

---

36   이찬, 『태극권경』, 하남출판사, 2005. 131쪽.
37   『평양 감영의 활쏘기 비법』 28쪽

저는 중국 활을 모르기 때문에 중국 활에서는 이 말이 어떤 것을 가리키는지 잘 알지 못합니다. 지금 저는 우리 활을 설명하기 위해 중국 활에 대해 말하는 것입니다. 제 해석이 중국 사법에서 말하는 실상과 다르다고 해도 어쩔 수 없습니다.

우리 활에서 감춘다는 것은, 살대와 줌팔 사이의 빈 곳이 넓어지는 것을 말합니다. 언뜻 보면 이것은 에너지의 효율성 면에서 모순일 듯싶습니다. 실제로 발을 벌리고 몸통을 돌려서는 반깍지에서는 이 설명과 반대로 가는 것이 유리합니다. 몸통을 돌리면 돌릴수록 이 사이가 더 좁아지고 힘쓰기에 편하여 훨씬 더 자세가 안정되죠. 살대가 몸통 쪽으로 바짝 붙기 때문에 당연합니다. 그러나 온깍지 궁체에서는 반드시 어깨를 감추어야 합니다. 그것은 짤심 때문입니다.

비정비팔로 선 발에서부터 비틀리기 시작한 힘은 어깨 부분에 걸리기 마련입니다. 어깨는 넓이가 있습니다. 그 넓이는 몸통이 돌기 시작하면 지렛대 노릇을 합니다. 지렛대 노릇에서 줌팔의 죽머리는 양쪽에서 온 두 힘이 만나는 이등변삼각형의 꼭짓점에 해당하는 곳입니다. 그래서 이곳이 감추어지지 않고 드러나면, 즉 살대 쪽으로 가까이 붙으면 발시 순간에 줌을 과녁 쪽으로 밀 수 없습니다. 반드시 젖히게 되어 째집니다. '어깨 - 줌 - 깍짓손꾸미'로 만들어지는 삼각형에서 이 양손 쪽의 각도가 좁아지면 아래부터 꼬여 올라온 회전력이 작용하지 않습니다. 발에서부터 올라온 짤심이 좁아든다는 뜻입니다. 이것은 줌팔이 과녁 쪽으로 향할지언정 과녁 쪽으로 움직이기는 힘들다는 것을 의미합니다. 실제와 이론이 같지 않은 상황이 종종 있는데, 이런 것이 바로 그렇습니다. 사람이 기계라면 이론이 맞을 것입니다. 그렇지만 활은 몸으로 하는 것이고, 사람은 기계가 아닙니다. 자신의 힘을 써서 활을 이기는 운동입니다. 그래서 이런 모순이 발생하는 것입니다. '기생을 품에 안듯이 하라.', '짚단이 하나 들어갈 만큼 비워라.'는 것은 바로 몸의 회전이 만드는 짤심을 이용하려는 회심의 카드입니다. 이것을 알면 활의 내공은 정말 깊어질 수 있습니다.

반깍지에서는 이렇게 하면 오히려 불안정합니다. 몸이 애초부터 돌아섰기 때문에 회전력이 작용하지 않으므로 어깨가 지렛대 노릇을 하지 못합니다. 말뚝처럼 그냥 버티기만 할 뿐입니다. 줌팔이 말뚝처럼 버티는 것은 양궁도 마찬가지입니다. 그래서 양궁과 반깍지는 닮은 사법이라는 것입니다. 반면에 온깍지와 반깍지는 이렇게 생리부터가 다른 사법입니다.

깍짓손 쪽의 죽머리는 뒤쪽으로 늘인다고 생각하면 편합니다. 거기에도 몇 가지 변수는 있지만, 뒤쪽으로 끝없이 물러서게 한다고 생각하면 무탈합니다. 죽머리를 뒤로 지그시 밀면서 깍짓손을 살대 연장선으로 뽑는다고 생각하면 간편합니다.

반깍지 사법에서 생기는 병폐 하나만 지적하고 지나갑니다. 반깍지 사법에서는 몸통을 많이 돌립니다. 그래서 양발의 간격이 벌어지고 허리를 점차 쓰지 않게 됩니다. 그렇게 되면 죽머리가 과녁 쪽으로 벌써 많이 나간 상태가 됩니다. 이렇게 되면 몸통과 줌팔의 움직임이 나눕니다. 몸통은 몸통대로 놀고 줌팔은 줌팔대로 놀게 됩니다. 몸통은 이미 많이 돌아간 상태에서 움직임이 거의 없고 줌팔만 앞으로 더 나갑니다. 이때 문제가 되는 것은 몸통이 돌지 않고 줌팔도 돌릴 필요가 없기 때문에, 죽이 잘 안 엎어진다는 것입니다. 발 모양의 결정으로 몸이 짜이지를 않는 것입니다. 결국『조선의 궁술』을 따르자면 죽을 억지로 엎어야 한다는 결론이 됩니다. 업히지 않는 죽을 억지로 엎으면 어깻죽지 전체가 들뜨게 됩니다. 뒤쪽에서 보면 양쪽의 견갑골 높이가 완전히 달라집니다.

활쏘기에서는 동작의 처음부터 끝까지 근육이 움직이고 뼈가 자리해야 하는 곳이 있습니다. 근육이 움직이기 시작할 때 뼈마디가 그렇게 움직여야만 뼈들이 자리 잡으면서 힘을 제대로 쓰게 됩니다. 동작을 시작하기 전의 뼈 위치와 만작에 이른 뒤의 뼈 위치가 다릅니다. 처음의 뼈들 자리에서 만작의 뼈들 자리로 찾아들어가는 움직임이 정확하고 정밀해야 합니다. 그래서 움직이기 전의 뼈와 뼈마디가, 힘이 들어가는 각 단계마다 자기 자리로 밀려들어가는 것을, 『정사론』에서는 신발을 신는다는 한자로 표현했습니다. 마치 발에 신발짝이 꿰이듯이 근육이 작용하는 힘의 중심 속으로 뼈들이 파고드는 것을 가리키는 말입니다. 아니나 다를까! 정사론을 번역한 여러 사람들의 글을 살펴보니 이 부분을 제대로 해석한 사람이 단 한 명도 없더군요.

사실, 이 죽머리의 모양을 보면 그 사람의 과녁 맞추기 능력을 떠나서 얼마만한 고수인가를 알 수 있습니다. 전통 사법에서는 태극권과 마찬가지로 제대로 쏘아서 기운이 가라앉으면 침견추주(沈肩墜肘)가[38] 저절로 됩니다. 목이 뽑혀 올라가고, 어깨가 착 가라앉습니다. 제가 활을 쏜 지 25년이 되었지만 활터의 반깍지 궁사들 중에서 이렇게 어깨가 제대로 가라앉는 사람을 보지 못했습니다. 당연한 일이라고 생각합니다. 제가 여러 차례 이 글을 쓰면서 반깍지 궁사들은 알아듣지 못할 것이라고 했는데, 그게 빈 말이 아닙니다. 이런 말을 어떻게 알아듣겠어요? 제가 아는 체하며 건방 떠는 것이 아니고, 그럴 수밖에 없음을 말하는 것

---

38   『활쏘기의 나침반』 360쪽

입니다. 그러는 저도 안타까울 따름입니다.

어깨가 이렇게 가라앉으면 표도 확 내려갑니다. 보통 사람들이 상상할 수 없을 만큼 표가 내려갑니다. 그래서 그 표를 얘기하면 주위 사람들이 믿지 못하겠다고 합니다. 저의 경우 37호 개량궁으로 7돈 죽시를 쓰는데도 자꾸 먹관이 되어서 애를 먹곤 합니다. 그래서 활을 더 낮추든가 살 무게를 더 늘리든가 해야 하는 고민에 빠졌습니다.[39]

이렇게 밑에서부터 올라온 힘이 작용할 때, 양쪽의 죽머리가 등 뒤에서 만나게 됩니다. 그러면 등 뒤에서 만난 그 힘은 어디로 수렴될까요? 바로 가슴통입니다. 등과 가슴이 하나로 엮여서 가슴통이 됩니다. 바로 뒤이어 가슴통에 대한 설명이 나오는 이유입니다.

7 _ 가슴통

가슴이 아니고 가슴통인 것은,『조선의 궁술』에서 그렇게 표현했기 때문입니다. 『조선의 궁술』에서 그렇게 표현한 데에는 그럴 만한 이유가 있습니다. 가슴은 넓기 때문에 자칫 어느 한 부분만을 꼭 짚어서 말한 것으로 오해할 수 있습니다. 예컨대 가슴 근육이나 젖꼭지 같은 곳 말이죠. 이 점을 경계하려고 '통'이라는 말을 붙인 것입니다.

앞서 보았듯이 팔을 통해 죽머리로 들어온 힘은 등짝으로 연결됩니

---

39 최근에 장수바위터에서 온깍지를 배운 김영구(청주 성무정) 접장은, 1년여 만에 궁체가 자리 잡으면서(43호 활에 7.5돈 화살) 허공 높이 떠있던 표가 과녁 모서리까지 쑥 내려오는 체험을 하고는, 깜짝 놀라며 이제 활맛이 서서히 느껴진다고 감탄한다.(2018.06.17. 武星弓術會 카페, 자유게시판 33번 글) 궁체가 무르익을수록 표가 내려온다. 43호를 쓰면 나중에는 카본살 9돈을 쓰거나 죽시 8돈을 써야 할 것이다.

다. 이렇게 들어온 힘은 몸 전체와 한 통으로 연결되어 움직여야 합니다. 한 통으로 연결된 움직임의 끝은 어디일까요? 중심이겠지요. 가슴 한 복판이 될 겁니다. 활을 오래 쏘다 보면 이 부분의 작용이 느껴질 때가 많습니다. '가슴을 빠갠다.'는 표현은[40] 아마도 이 부분의 작용을 느낀 고수들의 말일 겁니다.

뼈들을 서로 연결시키는 것은 인대입니다. 뼈와 뼈를 붙들고 있죠. 줌손에서 몸통으로 들어오는 힘의 통로를 잘 살펴보면 가장 중요한 뼈가 빗장뼈입니다. 죽지뼈나 어깨뼈는 가짓수도 많고 크기도 다양한데 모두 갈비뼈와 등뼈에 붙어있습니다. 좌우의 균형을 말할 때는 이런 근육들이 별로 필요하지 않습니다. 각기 다른 곳에서 따로 놀고 있기 때문입니다. 그런데 활쏘기에서는 이렇게 제각기 노는 것들을 하나로 짜이게 하여 왼쪽과 오른쪽을 연결 지어야 합니다. 그래야 좌우가 하나로 합쳐져 한 힘이 됩니다. 그 노릇을 하는 뼈가 바로 빗장뼈입니다. 양손에서 모여든 힘을 가슴의 복장뼈로 연결하여 좌우의 균형을 필요로 할 때 반드시 가장 긴밀하게 활용되는 것이 빗장뼈입니다.

활쏘기는 좌우의 균형으로 만드는 동작입니다. 그 균형이 중심인 등뼈로 연결되어 불거름과 발바닥까지 내려가려면 좌우 양방향의 힘이 빗장뼈를 통해 복장뼈로 들어와야 합니다. 줌손을 밀고 깍짓손을 당기는 동작은 손과 어깨의 모든 근육들이 움직여서 만들지만 그 힘이 몰리는 곳은 빗장뼈입니다. 양쪽의 빗장뼈가 균형을 잘 잡으면 어깨가 차분하게 가라앉습니다. 앞서 말했듯이, 이것을 중국무술에서는 <침견추주>라고 합니다. 따라서 양쪽의 빗장뼈는 수평이 될수록 좋습니다.

---

40   『우리 활 이야기』(개정판) 107쪽

온깍지 궁체를 제대로 배우면 이렇게 됩니다. 이렇게 안 된 사람은 등 쪽에서 보면 왼쪽 어깨가 불쑥 올라갑니다. 이것을 '죽머리가 솟았다.(聳肩)'고 표현합니다.[41] 물론 심각한 활 병입니다. 활을 서너 순 내고 거울을 보면 어깨가 착 가라앉은 모습이 확 표가 납니다. 이게 제대로 쏜 겁니다.

이 빗장뼈의 정렬은 정말 오랜 세월 수련해야 이루어집니다. 대부분은 빗장뼈가 그렇게 되기도 어렵습니다. 뼈들이 다 어긋나있고, 근육들이 일그러져있기 때문입니다. 요가나 태극권 같은 내기를 기르는 수련을 많이 해야 몇 년 뒤에 몸이 풀리고 그렇게 된 뒤에야 빗장뼈가 그렇게 작용합니다. 그런데 활쏘기를 하면 이게 정말로 빨리 이루어집니다. 물론 제대로 된 활쏘기를 할 때의 일입니다. 반깍지 사법에서는 좀처럼 보기 힘든 일입니다. 오히려 반대로 역효과를 내기 쉽습니다.

가슴통에서 이 동작이 잘 이루어져야 이른바 흉허복실이 됩니다. 이 동작이 됨과 동시에 가슴에 쏠린 힘이 비로소 등뼈를 타고 불거름으로 내려갑니다. 우리 활에서 기운이 아랫배로 내려가는 원리의 핵심 부분이 두 빗장뼈가 만나는 복장뼈 부분입니다. 도인법이나 기공 같은 수련에서도 임독 타통 때 가장 힘든 곳이 이 부분을 뚫는 것입니다. 특히 바로 밑 명치 쪽의 혈이 잘 뚫리지 않습니다. 이곳에 머무는 기운을 동양의학에서는 종기(宗氣)라고 하는데[42], 이것이 온몸의 운기를 관장하는 가장 중요한 기운입니다. 이 기운이 제대로 살아 있느냐 마느냐가 그 사람의 수명과 건강 여부를 결정합니다. 옛날부터 활은 장수운동이라고 입버릇처럼 말해왔는데, 그 이유가 이곳에서 밝혀지는 셈입니다. 제대

---

41   『평양 감영의 활쏘기 비법』 46쪽
42   정진명, 『우리 침뜸 이야기』, 학민사, 2009. 108쪽.

로 된 활쏘기를 하면 이곳이 가장 활성화되면서 중심이 딱 잡히고 그렇게 될 때 기운이 온몸을 잘 돕니다. 특히 내려가는 기운이 활성화 되어 머리가 맑아집니다. 이곳(心窩關)이 뚫려야 불거름(단전)의 기운이 양손까지 올라옵니다. 완전한 단전호흡이 되는 것입니다.

8 _ 허리

허리는 상반신과 하반신을 연결하는 곳입니다. 말은 허리이지만, 기운이 차는 곳은 뱃속, 즉 불거름(丹田)입니다. 뱃속이 차야 허리뼈가 제대로 서고, 뼈 둘레의 뭉텅이 힘줄들(기립근)이 제대로 작용합니다. 뱃속이 허하여 텅 비면 척추측만증이 옵니다. 척추측만증은 척추 탓이 아니고 뱃속의 텅 빈 기운 탓입니다. 뱃속의 기운을 채워야 허리뼈가 섭니다. 마치 쌀자루에 쌀이 가득차면 흐물흐물한 자루가 똑바로 서는 것과 같은 이치입니다. 자루만 세우려고 해서는 절대로 세울 수 없습니다. 자루는 안의 빈곳을 가득 채워야 서는 법입니다.[43]

허리는 늘 살아있어야 합니다. 살아 있다는 것은 움직이는 것입니다. 활을 당기는데 허리가 굳어있으면 그것은 죽은 것입니다. 중국 활에는 이에 대한 서술이 거의 없습니다. 그런 경험이 없기 때문입니다. 오히려 죽을 가리키는 말 중에 '죽은 죽(死膀)'이라는 게 있는데, 저는 이 말을 조금 바꾸어 '죽은 허리(死腰)'라고 하고 싶습니다. 그만큼 '산 허리'가 중요하다는 뜻입니다.

---

43   병원에서는 척추를 세우려 시술을 하는데 소용없는 일이다. 앞인 뱃속의 충맥만 뚫어주어도 측만증은 저절로 서서히 없어진다.

활 쏘 기 의   지 름 길

반깍지 한량들의 죽이 '죽은 죽'이란 말대로 죽어 있듯이, 그들의 허리는 말 그대로 '죽은 허리'입니다. 허리를 쓸 일이 없습니다. 쓸 일이 없으니 그대로 버티기만 합니다. 그렇게 버티면서도 밀고 당기는 힘은 죽에 들어가는 힘의 변화에 따라 매번 달라집니다. 그래서 몸통을 돌리고 다리를 넓게 벌리면 우리의 전통 활쏘기에서는 더 불안정한 겁니다.[44]

목뼈부터 가슴뼈를 거쳐 허리뼈까지는 뼈가 모두 합쳐 24개입니다. 7 + 12 + 5=24. 이것을 둥글게 배치하면 24절기와 짝을 이루죠. 만약에 허리가 고정되어 '죽은 허리'가 되면 디스크가 되는데, 주로 추간판탈출증은 허리뼈 4번에서 일어납니다. 허리뼈 4번과 24절기 배치표에서 마주보는 자리는 가슴뼈 4번입니다.[45] 가슴뼈 4번의 방광1선에는 심유가 있고, 방광2선에는 고황이 있습니다. 그곳에 병이 생깁니다. 그곳에 병이 생기면 그 부분이 구부러집니다. 노인들의 상체가 앞으로 구부정한 것은 심장 기능 저하와 관련이 있습니다. 바로 이 4번 부분이 꺾이면서 가슴뼈 앞의 척추대동맥을 누르는 겁니다.

놀라운 점은 활터의 젊은 사람들 중에 이 부분이 구부러진 이들이 적지 않다는 것입니다. 새파랗게 젊은 사람들이 70노인의 가슴을 하고 다닙니다. 반깍지 궁체 때문에 그런 것입니다. 허리가 죽어서 그 반동으로 마주보는 가슴뼈 4번 부분의 기운이 죽는 것입니다. 그 부분이 오그라들면서 천천히 구부러짐이 진행되어, 결국 산송장이 되는 것입니다.

---

44 일본 궁도는 활이 길어서 몸을 돌려 설 수밖에 없다. 처음부터 그렇게 설계된 사법이기에 한계도 분명하다. 부분을 잊어야 하는 우리 활과 달리 부분에 대한 집중도와 처치가 사법의 중요한 비결이 된다.

45 『우리 침뜸 이야기』 280쪽.

이렇게 가슴뼈 4번 뼈가 구부러지면 엉덩이가 저절로 뒤로 빠집니다. 엉덩이가 뒤로 빠지면 아랫배 불거름(단전)이 텅 빕니다. 이것이 흉허복실이 깨진 모습입니다. 반깍지 궁체는 흉허복실이 깨지는 지름길입니다. 제가 온깍지 사법이 좋다고 말하는 데 그치지 않고 반깍지 사법을 극구 부인하는 데는, 그것이 사람을 죽이는 사법이기 때문입니다. 제가 다양성을 인정하고 싶지 않는 편협한 인간이라서 그런 것이 아니라, 그대로 두면 사람들이 죽어나가기 때문입니다. 그래서 온깍지나 하자고 말하는 것에 그치지 않고 반깍지는 안 될 사법이라고 부인하는 것입니다.

그렇게 말을 한다고 해서 사람들이 말을 듣지는 않는다는 사실도 뼈저리게 깨달았습니다. 그래서 이런 말도 사실은 누구더러 들으라고 하는 소리가 아닙니다. 그냥 넋두리 하는 것입니다. 이런 흔한 말들도 때가 되면 귀가 열리는 사람이 있어서 언젠가는 꽉 막힌 귓구멍을 뚫고 들어가 마음에 이르리라고 믿는 수밖에 없습니다. 언제 열릴지 모를 그날을 위해서 혼자서 앵무새처럼 지껄이는 중입니다. 사람들이 예수의 말에 귀 기울였으면 세상은 벌써 천국이 되었을 것입니다. 그렇게 되지 않는 데는 그럴 만한 이유가 있는 것입니다.

활을 들어서 깍짓손을 당기는 순간, 목에서부터 시작된 24개 뼈는 층층이 조금씩 나사처럼 돌기 시작합니다. 꼬리뼈는 나사의 뾰족한 끝부분입니다. 그 나사의 끝으로 몰린 기운은 어디로 갈까요? 골반으로 가서 다리를 타고 내려갑니다. 그 나사는 발바닥을 뚫고 땅속으로 파고들어갑니다. 지구의 핵까지! 이 나사의 조임 때문에 발바닥이 마치 강력 접착제를 바른 듯이 땅바닥에 착 달라붙습니다. 『장자』에 보면 진인은 발꿈치로 숨 쉰다는 표현이 나오는데, 활쏘기를 제대로 하면 이게 단순한 수사나 표현이 아니라 실제 사실임을 알게 됩니다.

물론 이런 현상은 남들 눈에는 보이지 않습니다. 기의 작용이기 때문에 그렇습니다. 기운이 활발하게 작용할 때 민감한 사람은 조금 느끼죠. 그런 세계를 확실하게 알고 뼈대를 세워서 정리한 것이 동양의학의 경락이론입니다. 실제로 허리를 감싸고도는 경락이 있습니다. 기경 8맥 중에서 대맥이 그것입니다.[46] 대맥은 허리띠가 걸리는 높이에서 배를 감싸고도는 경락입니다. 경락이 대부분 몸의 위아래로 연결되는 데반해, 이 경락은 허리에서 그런 경락들을 한 통으로 묶어주는 노릇을 하죠. 그래서 우리 전통 사법에서 허리를 지그시 조이는 것은 바로 이 대맥을 활성화시켜주는 노릇을 톡톡히 합니다.

세계의 여러 활 중에서 우리 활이 유독 강하게 대맥을 자극합니다. 대맥이 잘 풀리면 소양경이 활성화되는데, 소양경은 관합추 이론에서 문의 지도리(樞)에 해당합니다. 여닫는 문의 중심축 노릇을 하죠. 이것은 짤심이 우리 활의 핵심원리임을 입증해주는 증거입니다.

9 _ 다리

지금 제가 써내려가는 이 글의 순서를 잘 기억해야 합니다. 제일 먼저 발모양을 말했고, 그 뒤로 몸통과 목덜미에 대해 말했습니다. 여기에다가 양쪽의 손에 대해 설명했습니다. 이것은 나무로 치면 뿌리와 줄기에 해당하는 것을 얘기하고, 그 뒤에 가지와 나뭇잎에 대해 말한 것과 같습니다. 그런데 가슴통을 지나 지금 다리를 말하는 중입니다. 뿌리에

---

46   이시진, '기경팔맥고' ; 정진명, 『황제내경 소문』, 학민사, 2015. ; 정진명, 『고려침경 영추』, 학민사, 2014.

서 이파리로 갔다가 다시 줄기로 돌아온 것입니다.

이런 순서를 따르는 데는 이유가 있습니다. 발시 후 관중 여부를 결정하는 것은 양 손의 끝에서 이루어지지만, 그것이 제대로 이루어지려면 하반신이 중요하다는 얘기를 하려는 것입니다. 상반신은 하반신 위에 얹혔기 때문에 하반신이 부실하면 상반신은 흔들립니다. 당연한 얘기라고요? 그렇지 않습니다. 당연한 얘기여서 자신도 그렇게 한다고 착각합니다.

우리의 전통 활쏘기는 기의 움직임이 일으키는 무궁한 변화 속에서 이루어집니다. 기운이 작용할 때와 그렇지 않을 때는 모양도 느낌도 완전히 다릅니다. 좀 민감한 사람은 이런 기운의 움직임을 금방 느낄 수 있고, 또 오래 활을 쏜 사람들은 그럴 때와 그렇지 못할 때를 느낌으로 압니다. 아직 우리나라에서 활을 쏘면서 기를 제대로 알고 이해하는 사람은 없지만, 어렴풋하나마 그것을 느끼는 사람은 아주 많습니다. 특히 한 10년 쯤 착실히 쏜 사람들은 어렴풋하지만 종종 느끼는 일이기도 합니다. 그것은 사람들의 말에서 알 수 있습니다. 우리 활을 제대로 쏘면 몸에서 반드시 기의 변화가 일어나고 그것은 조금 예민한 사람이면 누구나 느끼는 일입니다.

기가 느껴질 때의 표현을 몇 가지만 설명해드리지요. 먼저 실제로 기운이 다리로 잘 내려가지 않는다고 말을 합니다. 이것을 극복하는 방법은 발을 제대로 밟는 것입니다. 류근원 명무는 '발을 잘 밟는다.'고 합니다.[47] 당연히 잘 되는 날의 느낌이 따로 있습니다. 여러 사례를 아래에 소개합니다.

47　『전통 활쏘기』 72쪽.

　　　　　　　　　　　　활 쏘 기 의　　지 름 길

"어떤 날은 발이 땅속에 무릎까지 박힌 것 같은 날이 있어요."(이자윤 명무)

"활이 잘 되면 발바닥에서 실뿌리 같은 것이 나와서 땅속까지 이어진 것 같아요."(류근원 명무)

"좋지요. 어떤 날은 골반 밑으로 마치 지우개로 지워진 것처럼 전혀 안 느껴져요."(성순경 명무)

"활을 들어올리면 몸에서 기운이 돌아요.(신해준 명궁)

"활이 잘 되면 발이 마치 솜이불이나 구름을 딛고 있는 듯한 느낌이 나요."(이상열 회두)

"비정비팔로 서서 활을 들어 올리면 벌써 무릎에서 기운이 맴돌아요."(정만진 사백)

"오늘은 다리 속에 큰 고목나무가 들어있어서 바닥에 박힌 것 같아요."(박순선 교장)

"발바닥이 땅에 찰싹 붙은 것 같아요."(조영희 접장)

"허벅지 앞쪽으로 뭔가 쭉 내려가는 느낌이예요."(고관순 접장)

"지난번에 아주 이상한 일을 겪었어요. 활을 쏘는데 가슴 복판에서부터 기운이 배를 타고 내려가더니 불두덩 끝까지 짜릿한 거예요."(김용진 접장)

제대로 활 공부하는 사람들을 만나면 이런 얘기는 무궁무진하게 나옵니다. 얼마든지 더 소개할 수 있지만, 지면이 아까운 일입니다. 비슷비슷한 말들이 계속 이어질 따름이어서 이쯤에서 소개를 마칩니다.

그러면 이런 느낌이 되려면 발을 어떻게 딛고 서야 할까요? 앞서 발

자세에서는 비정비팔의 모양을 얘기했지만, 여기서는 비정비팔로 디딘 다음에 서는 내면의 원리를 말하는 겁니다. 일제강점기 때 정언산인이 우리의 활쏘기에 대해서 신문에 연재를 합니다.[48] 거기에 보면 비정비팔이 군인의 기착자세와 같다고 표현합니다. 그렇지만 정언산인은 활을 쏘지 않는 사람이 분명하다고 저는 생각합니다. 군인의 차렷 자세와 비정비팔은 완전히 다릅니다. 기착자세는 뼈로 서는 것입니다. 그렇게 서면 반드시 뼈를 다칩니다.

이것은 동양의학에서 오래 전부터 해온 말입니다. 즉 구립상골(久立傷骨)이라는 말이 있습니다.[49] 보초나 시위대처럼 오래 서서 근무하는 사람들은 뼈를 상한다는 말입니다. 아울러 5장6부 중에서 콩팥의 기운을 상하게 합니다. 만약에 이런 방식으로 섰다면 활을 오래 쏜 사람들은 요절을 할 것입니다. 콩팥에 보관된 선천지기가 보통 사람보다 더 빨리 소진될 것이기 때문입니다. 그러나 우리가 활터에서 보는 현상은 그렇지 않습니다. 오히려 더 오래 삽니다. 그렇다면 한량의 비정비팔 자세와 군인의 기착 자세는 완전히 다르다는 결론을 내릴 수 있습니다.

우리 활의 비정비팔은 지금까지 연구된 적이 없습니다. 내면의 원리가 언급된 적도 없습니다. 그에 대한 고민을 한 사람의 얘기를 들은 적은 있습니다. 온깍지궁사회 모임을 위해 여러 사람을 만나던 2000년 무렵에 강명운(제천 의림정) 명궁이 처음으로 그 얘기를 했습니다.[50] 즉 우리 활은 비정비팔로 서 있기만 해도 운동이 된다는 것이었습니다. 당시에 저는 이 말을 듣고는 반신반의했습니다. 반신은, 그가 저의 첫 스

---

48   정언산인, 〈궁도에 대하야(방송취미강좌)〉, 조선일보 1933. 10. 15.

49   『우리 침뜸 이야기』 179쪽.

50   정진명, '활을 보는 몇 가지 관점', 『국궁논문집』 제1집, 온깍지궁사회, 2001.

승이자 6단 명궁이라는 점 때문이었고, 반의는 저는 그렇게 느껴지지 않는 현실의 경험치 때문이었습니다. 그렇지만 불과 몇 년이 안 돼서 이 말이 사실임을 깨달았습니다. 다른 무술에서는 흔히 볼 수 있는 일이었습니다. 즉 태극권(중국무술)의 참장이 그런 경우인데, 우리나라에서는 태껸의 인승도 그런 자세에 속합니다.[51]

이런 비정비팔에 대해서 연구는 전혀 이루어지지 않았습니다. 이제 연구의 방향은 방금 전에 정해진 셈입니다. 즉 군인의 기착 자세와 비정비팔은 다르다는 것이 그것입니다. 비정비팔로 설 때 군인처럼 서면 안 된다는 것을 알면 어떻게 서야 할까 하는 고민이 생길 것입니다. 이것이 비정비팔 발 공부의 시작인 것만을 알려드립니다. 더 이상의 자세한 설명은 억측과 오해만 불러일으킬 따름입니다. 이 중요한 첫걸음에서 여러분의 발 공부가 반드시 좋은 결과에 이르시기를 바랍니다. 제대로 된 공부의 첫 번째 조건은 사기꾼을 만나지 않는 거라고 했죠? 이 글을 읽는 분들은 사기꾼을 만나지 않기를 바랄 뿐입니다.

애써 활을 쏴도 쏘나마나한 결과를 만드는 '헛짓'을 하나 지적하겠습니다. 옛날에는 한량이 사대에 나서면 함부로 허튼 동작을 하지 않았습니다. 처음 설자리에 발을 디딘 순간부터 1순을 다 마칠 때까지 그 자리에서 움직이지 않았습니다. 그렇지만 요즘은 1발 쏘고 물러서고 또 1발 쏘고 발을 옮겨 설자리가 도대체 정신이 사납습니다. 사풍과 사법 타락의 극치가 바로 설자리에 있습니다.

사대에서 움직이지 않는 이유는 두 가지입니다. 정신이 산만하지 않도록 하려는 선비들의 태도가 그 첫 번째입니다. 고요한 가운데 자신

---

51   온깍지활쏘기학교 카페, '사법공부방' 7번 글.

을 돌아보는 것이 활쏘기의 핵심인데, 자신이 꼼지락거리거나 움직이면 옆 사람에게 방해가 됩니다. 활쏘기에서 경망스럽기 그지없는 짓이 발을 떼어 움직이는 것입니다.

한 번 디딘 발을 5시 다 쏠 때까지 옮기지 않은 두 번째 이유는, 비정비팔이 바로 기를 쓰는 자세이기 때문입니다. 발을 이리저리 옮기면 앞서 말한 기운의 작용이 이루어지지 않습니다. '기'는 반드시 몸이 동작을 멈추었을 때 움직입니다.[52] 밖의 움직임이 멈추었을 때 안에서 움직이는 것이 '기'입니다. 옛 사람들이 사대에 나서서 발을 움직이지 않고 고요히 선 것은 기운이 발로 내려가기를 기다리는 동작이었던 것입니다. 발을 옮기면 이 작용이 끊어집니다. 따라서 설자리에서 발을 이리저리 옮기는 행동은 발 공부가 전혀 안 된 사람을 알아볼 수 있는 징표입니다.

10 _ 등힘

어디에서 다뤄야 할지 판단이 잘 안 서는 것이 하나 있습니다. '등힘'이 바로 그것입니다. 등힘은 등 뒤쪽의 모든 힘이 연결된 것이고, 또 다리부터 손끝까지 이어진 것이어서 몸 전체와 연관된 것입니다. 그래서 어디서 설명해야 할지 판단하기가 쉽지 않습니다. 등힘도 이미 이에 대한 설명은 거의 된 듯합니다만,『조선의 궁술』에서도 한 항목을 따로 설정하여 설명할 만큼 중요한 것이고, 또 다른 부분을 다 설명한 끝에서

---

52   『활쏘기 왜 하는가』; 온깍지활쏘기학교 카페 사법공부방.

했기에, 몸의 끝인 여기서 추가로 설명하고자 합니다.

등힘은 팔의 안쪽이 아니라 뒤쪽으로 오는 힘을 말합니다. 팔 안이 아니라 팔등 쪽입니다. 즉 바깥의 힘을 쓴다는 얘기죠. 왜 그럴까요? 왜 안쪽의 힘을 쓰면 안 될까요? 등 쪽으로 오는 힘이 늘이는 힘이기 때문입니다. 답은 간단하지만, 이거 하나 터득하는 데 한 평생이 걸립니다. 그리고 제가 자세히 설명을 해도 반깍지 궁사들은 못 알아들을 것입니다.

사람이 힘을 쓰는 데는 근육을 당기는 힘이 있고 근육을 늘이는 힘이 있습니다. 똑같은 동작을 해도 안에서 어떤 힘을 쓰느냐에 따라 몸의 반응이 완전히 다릅니다. 이걸 어떻게 설명해야할지 저도 참 난감합니다. 어렵게 설명한들 오해하겠지만, 그래도 한 번 해보겠습니다.

운동 중에서 온몸을 쓰는 운동이 있고, 한쪽을 더 많이 쓰는 운동이 있습니다. 한쪽만 더 많이 쓰는 운동을 편측성 운동이라고 합니다. 한 3~4년 전에 어떤 교수가 국궁이 편측성 운동인가 아닌가를 실험한다는 소식을 들었습니다. 요가나 수영, 달리기의 경우에는 양쪽을 똑같이 쓸 수밖에 없습니다. 그러나 테니스나 배드민턴, 배구, 탁구 같은 운동들은 어느 한쪽을 더 많이 씁니다. 왼손잡이가 있고 오른손잡이가 있기 때문에 생기는 현상입니다. 그래서 편측성 운동을 많이 하면 몸의 어느 한쪽이 더 굵어지고 튼튼해집니다. 이런 것을 말합니다.

국궁이 편측성 운동일까요? 여러분은 어떻게 생각하십니까? 반깍지 궁사를 대상으로 실험을 하면 틀림없이 편측성 운동이라고 나올 것입니다. 줌손을 밀어 쏘기 때문이죠. 그리고 반깍지로 오래 활을 쏘면 왼쪽 팔뚝이 더 굵어질 것입니다.

온깍지로 쏘는 사람들은 이런 좌우 비대칭이 별로 나타나지 않습니다. 이게 참 이상한 일입니다. 테니스를 오래 치면 오른쪽 팔이 더 굵어집니다. 그런데 활쏘기를 하면 오히려 반대로 반대편 쪽이 더 강화되어 좌우의 균형이 맞게 변합니다. 즉 왼손잡이가 활을 쏘면 오른손 쪽이 더 실해지고, 오른손잡이가 활을 쏘면 왼손이 더 충실해져 양쪽의 균형이 잘 맞게 된다는 말입니다. 오른손잡이는 왼쪽이 더 허할 수밖에 없습니다. 그런데 활쏘기를 하면 허한 왼쪽이 채워져 충실해집니다. 묘한 일입니다. 이것은 우리 활이 편측성 운동인 것 같지만, 그 편측성을 줄이는 방향으로 개발되었기 때문입니다. 왜 이럴까요? 이런 것 때문에 오래 고민합니다.

언뜻 보기에 활은 앞으로 밀고 뒤로 당기는 운동 같습니다. 양궁이나 반깍지는 실제로 몸이 그렇게 작용합니다. 편측성 운동이 분명합니다. 그러나 온깍지 사법에서는 다릅니다. 먼저 실험을 해보겠습니다. 양손을 '앞으로 나란히' 자세로 들어 올리고 고무줄 끝을 잡아서 벌립니다. 양쪽으로 똑같이 벌어지죠. 벌어졌다가 다시 정면을 향해서 돌아옵니다. 다시 당깁니다. 이번에는 두 손이 돌아오는 곳을 정면에서 왼쪽으로 조금 옮깁니다. 당연히 왼손은 조금 벌어지고 오른손이 더 많이 움직이게 됩니다. 이런 식으로 양손을 벌렸다가 돌아오는 중심 위치를 정면에서 왼쪽으로 조금씩 더 옮겨갑니다. 그러면 어떻게 될까요? 이렇게 되면 왼손은 점차 움직이는 거리가 줄어들고 오른손은 점점 길어질 것입니다. 여기서 왼손을 고정 시키고 오른손만으로 벌린다면 어떻게 될까요? 그것이 바로 온깍지 사법의 팔 움직임입니다.

이렇게 해서 만들어진 동작이, 그냥 직선으로 밀고 당겨서 쏘는 양궁이나 반깍지 사법과 같을까요? 전혀 그렇지 않습니다. 손이 움직이는 모양은 비슷한 것 같지만, 어떤 동작이 점차 줄어서 그렇게 직선으로 보이는 것과, 처음부터 직선이었던 것은 완전히 다릅니다. 양궁이나 반깍지 동작은 처음부터 앞뒤로 움직이는 1차원이지만, 온깍지 동작은 2차원 3차원입니다. 아까 말한 앞뒤 동작에 이마높이에서 끌어내리는 동작까지 가세하면 2차원이 되고, 여기에 허리가 돌아가는 것까지 가미되면 3차원이 되는 겁니다. 앞뒤로만 밀고 당기는 양궁이나 반깍지 사법과는 전혀 다른 차원의 세상입니다. 이게 바로 우리의 활쏘기 동작입니다. 이걸 모르면 활터에서 50년을 늙어도 전통 사법이 아닙니다.

남의 궁체를 바라볼 때 이 3차원의 모양이 그려지면 전통 사법이고, 그렇지 않으면 전통 사법이 아닙니다. 이런 사법에서는 궁체의 움직임이 직선이 아니라, 어쩐지 곡선 같다는 느낌이 납니다. 그래서 어딘가 모르게 부드러워 보입니다. 힘을 죽어라고 써야 하는 운동에서 부드러움은 편안함입니다. 어떤 사람이 활을 쏘는데 부드럽고 편하면 보는 사람의 마음까지 감염됩니다. 이 원리를 아는 사람은 아직 없습니다. 저도 오랜 고민 끝에 겨우 얻어낸 구차한 답입니다.

1차원인 사법을 설명하는 것은 아주 쉽습니다. 작용과 반작용의 원리로 설명하면 다 됩니다. 그러나 전통 사법은 1차원을 넘어서 2차원, 3차원으로 가는 길입니다. 여기에 마음의 작용까지 가세하면 4차원, 5차원으로 넘어갑니다. 오락으로 쏘는 사법과는 더불어 말할 거리가 없는 사법이 온깍지 사법입니다.[53]

등힘은 위의 설명에서 나오는 그런 힘을 말합니다. 당연히 등 쪽의 근육을 쓰게 됩니다. 그렇기 때문에 등 쪽에서 오는 힘을 줌손까지 연결시키려고 팔도 안쪽이 아니라 바깥쪽인 등힘을 쓰라고 요구한 것입니다. 그리고 이 등힘은 팔이 짤심으로 서로 비틀리지 않고서는 생기

---

53   온깍지활쏘기학교 카페 '사법공부방' 334번 글(2017.08.10.)

지 않습니다. 게다가 몸의 일부를 밀어서 내는 힘이 아닙니다. 오히려 팔 쪽의 힘을 쓰면 사라져버립니다. 부분이 죽어야 전체가 사는 원리입니다. 우리가 흔히 쓰는 그런 힘이 들어가면 이 짤심이 죽어버리고 맙니다. 깍짓손 당긴다고 줌을 과녁 쪽으로 밀어놓고서 힘을 쓰면 등힘은 죽어버립니다. 뼈로 받쳐지게 되고, 뼈로 받치면 충격이 그대로 들어와서 나중에 활을 못 쏘는 지경에 이릅니다.

이 힘은 불거름에서 출발하기 때문에 중간에 엉뚱한 힘을 쓰면 전체의 그 힘이 사라지고 맙니다. 힘이 불거름에서 출발한다는 것은, 손가락으로 연결되는 힘이 발가락에서부터 비롯한다는 것을 뜻합니다. 불거름을 중심으로 발가락에서부터 시작된 힘이 손끝으로 전달되는 것입니다. 이러니 그 중간 어디에선가 욱심을 쓰면 양 끝까지 작용하는 조화와 균형의 힘이 끊깁니다. 그 비결이 바로 등힘이라는 말입니다. 그러니 백번을 곱씹어서 이것이 그것인가를 확인해야 합니다. 오늘날 그것을 확인해줄 사람이 있을지 모르겠습니다. 반깍지 사법이 점령한 지 30년이 넘은 활터는 전통이 그만큼 많이 망가졌습니다. 그래도 모르니 한번 주변을 확인해보시기 바랍니다.

11 _ 만작과 발시

옛날 철도청 채석장 자리에 들어선 대전 대동정은 설자리가 조립식 가건물이고, 그 뒤에 컨테이너 두 개가 놓여 하나는 사무실로 쓰고 하나는 궁방으로 씁니다. 당연히 궁방에서는 설자리가 보이지 않습니다. 궁방에서 가만히 있으면 설자리에서 활 쏘는 소리가 들립니다. 각궁을 매

만지던 박문규 사범님이 손님인 저에게 의미심장한 말씀을 하십니다.

"정 접장, 내가 지금 여기서 각궁을 올리지만, 귀로는 시위소리 다 듣고 있어요. 시위소리 들어보면 저 사람이 활을 어떻게 쏘는지, 오늘 컨디션이 어떤지 다 알아요."

몇 년 전에 대담하러 갔다가 들은 얘기인데, 장수바위터에서 다시 활을 쏘면서 보니 박 사범님의 이 말을 실감합니다. 팔찌동 맨 위에 서서 과녁을 보고 있지만, 귀로는 팔찌동 맨 끝에서 쏘는 한량의 시위소리는 물론, 다른 띠의 팔찌동 끝에서 들려오는 소리까지 듣습니다. 그 시위소리 속에 모든 비밀이 들어 있어서 그 한량의 속심 쓰는 것까지 환히 보입니다. 그 속심에 따라 소리가 다르고, 만작과 발시의 상태를 짐작할 수 있습니다. 제 옆에 선 류근원 명무는, 초시 쏘는 저의 시위소리를 듣고 이번 순에 몰기를 할 것인지 아닌지를 압니다. 시위소리 속에는 만작과 발시의 비밀이 담겨있습니다.

『조선의 궁술』의 사법 서술과 달리 이 항목을 따로 정하여 설명하는 것은, 이 부분이 관중 여부를 결정하는 특히 중요한 곳이기 때문입니다. 물론 걸치기부터 마무리까지 동작은 단 한 순간도 멈추지 않고 물이 흐르듯이(성낙인) 매끈하게 연결되어야 합니다. 중간에 동작이 멈춘다든지 하면 기운의 흐름이 끊어집니다.

① 만작

만작은 한자말이고 우리말은 '온작'입니다. 화살 다 당긴 것을 가리키는 말로, 제 작까지 채웠다는 뜻입니다. 술잔에 물이 차면 더는 채울 수 없다는 뜻입니다. 활쏘기가 정밀함이 요구된다는 것을 그렇게 표현한 것입니다. 그러자면 작(酌)이 가리키는 살의 길이를 알아야 합니다.

그런데 자신의 몸에 맞는 화살의 길이를 어떻게 재는지 지금까지 얘기를 들어본 적이 없습니다. 활터에 가면 사범이 눈대중으로 살 길이를 대충 재어줍니다. 사람마다 팔다리의 길이가 다 다른데 키를 보고 대충 정해서 구해주죠. 주로 2자 6.5치를 기준으로 조금 더 길거나 짧게 가늠하여 정합니다. 그러다 보니 대부분 화살 길이가 맞지 않아 궁체가 이상해집니다. 화살이 길면 궁체가 뻐그러지고, 화살이 짧으면 궁체가 쪼그라들죠. 이 문제가 해결된 것은 얼마 되지 않습니다. 그럴 수밖에 없는 것이, 화살 길이는 궁체에 따라 달라지기 때문에 사법과 궁체가 먼저 확정되지 않으면 화살 길이를 정할 수 없습니다. 즉 반깍지 궁체와 온깍지 궁체의 화살 길이가 달라집니다. 두 손을 움직이는 방식이 다르기 때문에 생긴 결과입니다.

지금 설명하는 이 화살길이 셈법은 온깍지 사법을 전제로 한 것입니다. 그러므로 여기서 말하는 화살길이 재는 법은 반깍지 사법에서는 맞지 않는 것임을 말씀 드립니다. 이 화살길이 셈법을 처음 확정하여 내놓은 사람은 류근원(청주 우암정) 명무입니다. 그러니 '류 명무 식'이라고 해야겠네요. 다음과 같습니다.

양손을 수평으로 펼칩니다. 양쪽의 빗장뼈(쇄골)이 서로 만나는 몸의 중심선에 오늬 끝을 대고 가운데손가락까지 화살을 댑니다. 손바닥과 손가락이 만나는 중지 첫째 마디 주름에 상사 끝이 와야 합니다. 즉 양손을 펼쳤을 때 몸 중심에서부터 손바닥이 끝나는 자리까지가 그 사람에게 딱 알맞은 만작 길이인데, 촉과 상사를 뺀 나머지 살대 길이를 여기에 맞추어야 한다는 말입니다. 10년 넘게 이 방법을 적용시켜서 사람들을 가르쳐봤는데, 무리 없이 잘 맞았습니다. 이 길이를 반깍지 궁사에게 적용하면 조금 짧다고 느낍니다. 그러니 반깍지 궁사에게는 이

활 쏘 기 의   지 름 길

보다 더 길게 정해주어야 합니다. 반깍지 궁사는 온깍지 궁사보다 몸을 더 돌려서기 때문에 화살을 그 만큼 더 당기게 됩니다. 얼마나 긴지는 알아서 연구해보시기 바랍니다. 저는 반깍지 사법에 대해서는 잘 모르겠어서 이렇게 힌트만 드립니다.

② 활힘

제가 절정의 시수를 보일 무렵(1998)에 쓰던 활은 동선궁 51호였습니다. 물론 이때는 반깍지로 쏘았지요. 그렇지만 지금(2018)은 송무궁 37호를 씁니다. 그런데도 힘에 겨워 만족스럽게 쏘지 못하는 경우가 많습니다. 활은 제 힘에 맞는 세기를 써야 합니다. 그러면 얼마만한 세기를 나에게 맞는 힘이라고 할 수 있을까요? 이에 대한 얘기도 역시 앞의 화살길이 정하는 것처럼 활터에서는 전혀 들어본 바가 없습니다. 제가 처음 얘기하는 것이니, 이 활 세기 셈법은 '온깍지 식'이라고 해야겠네요. 하하하.

주변의 한량들을 보면 대부분 자신이 감당 못할 강궁을 당기며 낑낑거립니다. 제가 37호를 쓴다고 해서 55호 활을 당기지 못한다고 생각하는 것은 큰 착각입니다. 저는 60호까지도 어렵지 않게 당길 수 있습니다. 지난 번 육량전 시험 때는 72호 가야궁도 당겨보았습니다. 물론 버겁지만 굳이 당기려 들면 못 당길 것도 없습니다. 내가 당길 수 있는 활과 나에게 알맞은 활은 상당히 다른 얘기입니다.

이제 활의 세기를 정하는 방법을 제가 알려드리겠습니다. 물론 이것도 온깍지 궁체에 해당하는 얘기입니다. 반깍지 궁사들과는 전혀 상관이 없는 것이니 오해나 착각 없으시기 바랍니다. 저는 지금 전통 사법에 대해 강의하는 중입니다. 전통 사법은 『조선의 궁술』 속 사법을 말합니다. 그러니『조선의 궁술』이 아닌 사법으로 공부하는 분들이 여기서 말하는 방법을 적용시키면 낭패를 볼 것입니다.

『조선의 궁술』의 사법에서는 두 손을 이마 높이로 들어서 깍짓손을 당기는데, 들숨과 같은 빠르기로 깍짓손이 귀를 스치도록 하여 만작이 이루어집니다. 그리고 표를 잡느라고 2~3초 정도 멈춥니다. 이 시간 동안에 발에서부터 단전의 기운이 올라와서 두 손끝에 이릅니다. 기운이 올라오는 데 짬이 더 들면 만작 시간은 좀 더 길어지겠죠. 이 시간은 개인마다 모두 다릅니다. 그런 뒤에 발시로 이어지는데, 이때 깍짓손을 끌던 그 힘에 다른 힘을 전혀 더 보태지 않고, 끌던 그 힘만으로 똑 뗄 수 있으면 그것이 바로 자신에게 알맞은 활힘입니다. 발시하기 위해 힘을 조금이라도 더 써야 한다면 그건 힘이 모자라는 겁니다. 이거 굉장히 어려운 말이니 잘 생각해야 합니다.

대부분 발시하는 장면을 보면 만작을 한 후에 발시하기 위해서 용심을 한 번 더 씁니다. 그 순간 만작까지 잘 갈무리된 몸이 흔들립니다. 그래서 안 맞습니다. 이런 증상이 나타나면 활이 자신에게 센 겁니다. 활은 만작에서 발시로 이어질 때 전혀 흔들림이 없어야 하고, 그것은 내가 활을 이길 때 그럴 수 있습니다. 깍짓손을 떼는데 무언가 힘이 더 들어간다면 그건 내가 활을 못 이긴다는 증거입니다. 이렇게 되는 상한선의 힘이 나의 활힘이고, 활의 세기는 거기에 맞추어 정해야 합니다.

파운드로 우리 활의 세기를 말하기 전에 쓰이던 용어인 '연하, 연중, 연상, 중힘, 실중힘, 실궁, 강궁, 막막강궁'이라는 용어는 바로 이런 힘을 기준으로 붙여진 이름들입니다. 온깍지 사법에서 쓰는 힘을 정할 방법이 없었기 때문에 이런 말들이 유명무실해진 것이고, 그 틈을 비집고 들어온 것이 양궁의 계량단위인 파운드입니다. 파운드 단위가 쓰이면서 앞의 용어들은 사실상 사라졌습니다.[54] 성낙인 옹이 쓰던 활이 연상급이라고 했는데, 파운드로는 42였습니다. 아마도 연상급이란 40~42파운드 정도가 되는 듯합니다. 그러니 37호인 제 활은 연중이나 연하쯤 될 것입니다. 활의 세기를 더 낮춰보니 일곱 돈 죽시를 과녁까지 보내는 데는 33호까지도 괜찮았습니다. 아마도 이 정도가 연하일 것 같습니다. 해방 전의 신문을 보면 기생들이 권번끼리 띠를 짜서 활쏘기 대회를 하기도 하였는데[55], 아마도 여성들이 쓰는 활의 세기가 연중이나 연하가 아니었을까 짐작해봅니다.

반면에 반깍지 궁사들은 이런 걱정을 안 해도 됩니다. 자신의 활 힘보다 훨씬 더 센 활을 쓰면 오히려 발시 순간에 흔들림이 없습니다. 그것은 자신이 활을 이겨서 그런 것이 아니라, 발시할 기운이 없어서 활을 감당 못한 끝에 깍짓손을 놓치기 때문에 생기는 현상입니다. 즉 줌으로 밀기 때문에, 깍짓손은 자기 힘으로 놓는 것이 아니라, 어쩔 수 없어서 '놓치는' 것이죠. 이렇게 시위를 놓치면 오히려 발시 순간 몸의 흔들림이 덜합니다. 흔들리기 전에 놓치므로 오히려 시수는 더 낮죠. 대부분의 한량들이 이런 상태를 발시의 원래 동작이라고 착각합니다. 그렇지만 이것은 발시의 깍짓손 '떼임'이 아니라 '놓침'입니다. 전통사법에서 발시란 깍짓손을 뒤로 뽑는 것이지, 이렇게 간신히 움켰던 시위를

---

54 이것은 국궁과 양궁의 상호 교류가 뚜렷이 자취를 남긴 경우이다. 사법도 서로 영향을 주고받았는데, 깍짓손의 움직임이 그 증거이다. 국궁의 반깍지는 양궁의 영향이고, 양궁의 힘찬 릴리즈는 국궁의 영향이다. 2016년 리우 올림픽의 양궁 경기장은 바람이 아주 세었는데, 바로 이 차이로 메달의 금과 은이 갈렸다. 기보배보다 장혜진의 뒷손 채임이 더 힘찼다.

55 매일신보 기사. 1921.06.22. 1923.06.14. 1923.10.12.

놓치는 것이 아닙니다. 놓치는 것은 아무리 강한 활을 들어도 당길 수 만 있으면 다 할 수 있습니다. 오히려 활이 강하면 강할수록 놓치기는 더 좋죠. 이렇게 놓쳐 놓고서 자신은 발시했다고 착각합니다. 그래서 반 깍지에서는 막막강궁으로도 쏠 수 있는 것입니다. 자신에게 꼭 알맞은 활힘은 활을 잡아당기는 힘이 아니라, 깍짓손 떼임 때 쓰는 힘을 말하는 겁니다.

③ 발시

온깍지 사법에서 발시는 줌손이 아니라 깍짓손이 하는 겁니다. 만 작을 하면 불거름으로부터 기운이 차올라서 양 손끝에 이릅니다. 마치 온몸이 바람 채운 풍선처럼 팽팽해집니다. 이렇게 기운으로 가득 찬 풍 선을 만작 순간의 어디선가 먼저 터뜨려야 합니다. 어디일까요? 반깍지 에서는 줌손이지만, 온깍지에서는 깍짓손입니다. 특히 깍짓손 중에서 도 깍지가 걸린 엄지손가락에 바늘 끝을 대고 콕 찌르면 풍선처럼 부푼 온몸이 그곳에서부터 빵(!) 하고 터지는 겁니다. 그 반동으로 줌손도 알 아서 뻗치죠. 그렇기 때문에 반깍지 사법과 온깍지 사법은 완전히 다른 사법이라고 보는 것입니다. 온깍지에서 깍짓손의 크기를 줄이면 반깍지 가 되는 것이 아니라, 온깍지와 반깍지는 처음부터 다른 사법입니다. 바 나나와 참외처럼 종자가 다른 것입니다.

이렇게 깍짓손 쪽이 먼저 터져서 발시되면 줌손으로 밀 때보다 살 챔이가 훨씬 더 좋습니다. 이것은 각궁의 특성 때문이기도 합니다. 각궁 의 특성은 깍짓손 쪽을 터뜨려야 잘 채줍니다. 줌손 밀기와 깍짓손 채 기를 비교하면 무려 6~7미터 가량이 차이 납니다. 즉 깍짓손으로 터뜨 릴 때 더 멀리 나갑니다. 이것을 『한국의 활쏘기』에서는 '버들잎 효과'

때문이라고 설명했습니다.[56] 그렇지만 이건 활의 겉모습을 보고 설명한 것이고, 더 중요한 건 몸 속에서 일어나는 기운의 변화입니다. 그 기운의 끝이 고자에 맺혀 터질 때 이런 효과가 납니다. 전통 사법은 뿌리에서 올라온 기운이 가지 끝에서 터지는 원리인데, 그것이 각궁이나 사람 모두에게 해당하는 겁니다. 그래서 각궁에서는 고자를 채야 하고, 사람에서는 깍짓손을 터뜨려야 하는 겁니다.

앞서 제가 동선궁 51호로 쓰던 것을 지금은 송무궁 37호를 쓴다고 했습니다. 화살은 그때나 지금이나 7돈짜리 죽시를 씁니다. 양태현 시장의 작품이죠. 그러면 결과는 어떨까요? 조준점이 그때나 지금이나 비슷합니다. 개량궁도 계절에 따라 표가 달라지는데, 봄이 오고 5월이 되면 가장 잘 채줍니다. 겨울에는 과녁의 상단을 보고 쏘던 표가 이때쯤이면 거의 먹관이 될 정도입니다. 37호 개량궁으로 7돈 죽시를 쓰는데 먹관이 된다? 안 믿어지시죠? 그럴 겁니다. 저는 지금 온깍지 사법의 세계를 말하는 중입니다. 반깍지 사법으로는 온깍지의 세계를 이해할 수 없습니다. 각궁을 쓰면 표는 더 내려갑니다. 저는 광주 이상운 궁장의 36호 각궁을 씁니다. 7돈 죽시도 반구비로 잘만 날아갑니다. 온깍지 사법은 각궁 사법이기 때문에 더욱 그렇습니다. 권영구 궁장이 만들어준 삼각궁은 35호가 될까 말까 할 정도입니다.

참고로, 발시할 때 시위가 뺨을 치는 수가 있습니다. '시위는 임금님 뺨도 친다.'는 우스갯소리까지 있습니다. 뺨을 한 번 맞으면 그 두려움 때문에 엉뚱한 버릇이 생기기 쉽습니다. 맞지 않으려고 이런저런 요령을 찾다 보면 어느새 자세가 이상해집니다. 그래서 시위가 스치는 증상

---

56   『한국의 활쏘기』(2013) 275쪽.

은 사범이나 동접들이 빨리 고쳐주어야 합니다. 시위가 뺨을 치는 것은 깍짓손의 조임이 풀렸기 때문입니다. 깍짓손을 조금 더 지그시 짠다고 생각하고 쏘면 뺨을 치지 않습니다. 그래도 치면 몸 전체의 조임이 풀린 것이니, 짤심을 조금 더 낸다고 생각하고 몸 전체의 움직임을 조정하여 쏘면 됩니다.

영화나 드라마 같은 데서 보면 무슨 비법이라는 듯이 화살에 특수한 힘을 싣겠다고 깍지를 바짝 짜거나 줌을 비트는 장면이 종종 나오는데, 실제 활쏘기에서는 별 의미가 없는 짓입니다. 짜임은 궁체 전 과정에서 고루 일어나는 일이지 어느 특수한 부위에서 특별히 만들어낼 수 있는 게 아닙니다. 부분의 특수효과는 잠시 덕을 볼 수 있으나, 곧 전체의 효율을 떨어뜨리는 악재로 작용합니다. 부분이 죽어야 전체가 삽니다. 부분이 죽고 머리끝부터 발끝까지 전체가 완전히 하나로 어울릴 때 활은 가장 큰 효율을 냅니다. 활은 온몸의 조화와 균형으로 내는 힘을 쓰는 운동입니다. 다른 활은 잘 모르겠습니다만, 우리 활은 그렇습니다.

우리 활은 150미터라는 먼 거리를 날아가기 때문에 다른 나라 활에서는 볼 수 없는 특수 현상이 많이 나타납니다. 특히 바람 때문에 그렇기도 합니다. 보통 바람이 불면 바람의 세기만큼 표를 옮겨서 조준하여 쏩니다. 그런 점에서 조준기까지 달린 양궁은 거의 사격 수준에 올랐죠. 그렇지만 우리 활의 온깍지 사법은 그보다 훨씬 더 발달한 편입니다. 굳이 표를 옮기지 않아도 깍지를 조금 짜거나 줌통을 더 밀어서 해결하는 방법도 있습니다. 당구의 끌어치기, 밀어치기, 회전 같은 기술과 같은 원리입니다. 줌뒷바람이 불 때 표를 왼쪽으로 옮기는 것이 아니라 깍지를 조금 더 짜는 겁니다. 그러면 화살은 바나나킥처럼 과녁 밖으로 떴다가 마치 자석이 달린 듯이 홍심으로 빨려듭니다. 이런 식의 방법을 무궁무진하게 구사할 수 있습니다. 과녁 거리가 먼 우리 사법에서만 누릴 수 있고 효과가 눈에 띄게 확인되는 정말 화려한(!) 기술들입니다. 이용달 사범이 알려준 기술 중에는 이런 게 있었습니다. "딸깍(!) 하고 들어오면 빠드득(!) 짠다." 무슨 말인지 알 사람은 알 겁니다.

　　이런 여러 가지 기술은 아주 고급 기술이지만, 그 고급 기술을 누릴 줄 아는 고수들의 것임을 잘 알아야 합니다. 그런 단계에 이르면 굳이 말로 설명하지 않아도 저절로 알게 되는 것들입니다. 만약에 이런 기술들을 배우겠다고 달려들면 그날부로 자기 무덤을 파는 것이라는 사실도 분명히 알아둘 필요가 있습니다. 사법의 본질은 이런 잡다한 기술에 있지 않습니다. 오히려 이런 잡다한 기술 깡그리 무시하고 궁체 전체에 집중하여 기본에 충실할 때 활은 정말 높은 경지까지 한량을 이끌어 올립니다. 말류를 버리고 전체에 충실할 때 가장 높은 무공의 경지에 오를 수 있는 것이 우리 활입니다. 이 점 제가 25년 간 활을 쏘고 연구하며 깨달은 유일한 진리입니다. 전체에 충실하면 말류를 찾는 사람들이 도저히 알 수 없는 세계까지 겪고 또 알게 됩니다. 잠시 봄눈처럼 왔다 사라지는 말류에 눈을 빼앗기면 전체를 놓치게 됩니다. 마치 소리에 얽매이면 그 소리의 배경이 우주를 가득 채운 침묵임을 알지 못하는 것과 같습니다. 화살은 한량의 온몸이 빨래처럼 쥐어짜는 힘으로 날아갑니다. 손끝에서 어떻게 해볼 일이 아닙니다. 몸 전체가 제대로 짜였다면 손끝에서 어떻게 해볼 수도 없습니다. 화살이 갈 곳은 홍심 한 복판의 수박 크기만한 점밖에 없습니다. 다시 한 번 말하지만, 우리 활은 손이 아니라 똥구멍으로 쏘는 겁니다.

④ 정중구동

‘태극권 10요결’ 중에 <동중구정(動中求靜)>이라는 말이 있습니다.[57] ‘움직임 가운데서 고요함을 구한다.’는 뜻입니다. 태극권은 몸을 움직이면서 하는 운동입니다. 몸이 움직이는데 어떻게 고요함을 구한다는 말일까요? 모순되는 이 말 속에 태극권의 비결이 담겨있습니다. 몸은 움직이지만 중심은 늘 고요해야 하고, 마음도 차분히 가라앉아야 합니다. 상대의 공격에 몸이 움직이면서 반응해야 하지만, 그 움직임의 중심은 늘 고요하고 비어있어야 합니다. 왼쪽이 움직이면 오른쪽이 함께 움직이기 때문에 그 중심은 언제나 똑같습니다. 버스 운전대는 수없이 돌아가지만 축은 움직이지 않는 것과 같습니다. 온 세상을 집어삼키는 태풍의 눈은 오히려 고요한 것과 같습니다.

이런 원리는 움직이는 모든 것에 다 해당하는 이야기입니다. 마사법에서도 동중구정이라는 말을 씁니다. 마사법에서 사람은 달리는 말 위에 앉았기 때문에 몸이 안 움직일 수가 없습니다. 그런데 그런 움직임은 가락을 타기 마련이고, 가락에 몸이 익숙해지면 몸은 움직여도 그 움직임 속에 활을 쏠 수 있는 틈이 생깁니다. 가락을 타고 오르내리는 사이에 오르지도 내리지도 않는 고요한 순간이 찾아옵니다. 바로 그 틈이 말의 움직임과 사람의 움직임이 어울려 만든 절묘한 평형의 순간이고, 그 순간은 마치 움직이지 않는 것처럼 고요합니다. 바로 그런 찰나를 노려서 활을 쏘라는 말이 동중구정입니다.[58]

움직이지 않고 가만히 서서 쏘는 활에서는 어떨까요? 마사법이나

---

57   양징보의 태극권 10요결. ; 『활쏘기의 나침반』 361쪽.

58   『평양 감영의 활쏘기 비법』 馬射法

태극권과는 반대겠죠? 정중구동일 겁니다. 만작에 이르면 몸의 움직임이 그치고 고요해집니다. 정사론에서 그침[止]이란 말로 표현한 것이 이것입니다. 이 고요한 순간에 몸 어딘가를 움직여야만 발시가 됩니다. 우리 활에서는 깍짓손이 그 움직임의 실마리가 된다고 했죠. 깍짓손에 움직임의 빌미를 만들고, 그것이 몸 전체에 감도는 기운을 이끌어 폭발로 연결시킵니다. 이것이 바로 고요함 가운데서 움직임을 구한다는 말입니다. 깍짓손의 맹렬한 뿌림은 동작이 멈춘 가운데서 충전된 기운이 터뜨려진 결과입니다.

만작 상태는 아주 특수합니다. 깍짓손은 끝없이 뒤로 물러서야 합니다. 사람의 몸은 근육을 긴장하여 시위를 당기는데 시위는 사물이고 사물은 자기 힘으로 본래의 자리로 돌아가려는 관성이 있습니다. 동작은 멈추어 있지만, 깍짓손은 시위와 끝없이 싸우는 중입니다. 끌려가지 않으려면 끝없이 물러서야 합니다. 깍짓손이 그 자리에 머물렀다고 해서 움직임이 멈춘 것은 아닙니다. 겉보기에는 고요한 정의 상태이지만 그 속에서는 치열한 움직임이 이루어지는 중입니다. 이와 같이 만작은 정과 동이 함께 뒤엉긴 상태입니다. 여기서 깍짓손이 터지려면 플러스알파($+\alpha$)가 필요합니다. 줌손과 깍짓손의 팽팽하고 고요한 맞섬 속에서 $+\alpha$로 인한 깍짓손의 움직임이 그 고요한 팽팽함을 깹니다. 그 순간 깍짓손이 '마치 숯불을 집은 듯이 맹렬하게'(『조선의 궁술』) 터지는 것입니다. 바로 이것이 정중구동의 뜻입니다. 이 힘은 멈춤이 움직임으로 바뀌는 변화의 작용점이고, 태극에서 양이 먼저 움직여서 음양으로 분화하는 실마리이자, 음정양동의 비밀이 담긴 순간입니다.[59] 이 존재 변

---

59   『우리 침뜸의 원리와 응용』 65~66쪽.

환의 성질과 느낌을 잘 이해해야만 활쏘기의 깊은 내면을 파악하게 됩니다.

동중구정(動中求靜)과 정중구동(靜中求動)은 동전의 앞뒷면입니다. 태극권과 마사법이 움직임 속에서 고요함을 추구하는 운동이라면, 활쏘기는 고요함 속에서 움직임을 추구하는 운동입니다. 움직임과 고요함 두 가지가 실은 '둘이 아니고 하나'임(動靜不二)을 아는 것이 모든 무예의 핵심 원리입니다. 고요함에서 움직임으로 언제든지 전환할 수 있는 상태로 몸을 만드는 것이 활쏘기의 훈련입니다. 곡성 반구정기에 주역의 '장기어신(藏器於身) 대시이동(待時而動)'이라는 구절을 인용한 것도 당시 한량들이 이런 것을 인지했기 때문입니다.

태극권은 중국을 대표하는 무예이고 그들이 한껏 자랑스러워하는 전통인데, 우리가 우리의 활 이야기를 하면서 태극권에서 하는 말을 이렇게 손쉽게 알아들을 수 있다는 게 신기하지 않은가요? 실제로 1초식으로 이루어진 활쏘기를 제대로 체득하면 태극권에서 말하는 모든 이야기를 다 알아들을 수 있습니다. 그래서 저는 세상의 모든 무술을 한 동작으로 압축하면 우리의 활쏘기 동작이 될 거라고 늘 말합니다. 세상의 모든 무술은, 우리 활의 원리를 그 사람이 처한 상황에 맞게 풀어낸 것에 불과합니다. 하하하.

⑤ 발시의 켯속

2018년 상반기 온깍지활쏘기학교에 활 배우러 온 신경민(광주 관덕정) 접장이 이렇게 묻습니다.

"교두님, 발을 좁게 서니까 허벅지 안쪽으로 힘이 올라오는 것 같아요. 맞나요?"

첫 만남 뒤 한 달 만에 다시 만났을 때 나온 질문입니다. 제가 뭐라고 답했을까요?

"맞습니다. 밟히는 건 허벅지 앞쪽으로 가는데, 발이 밟혀서 올라오는 기운은 허벅지 안쪽으로 옵니다. 말씀하신 기운 올라오는 통로가 간 경락과 일치해요. 12정경과 기경8맥 중에서 머리꼭대기까지 올라가는 경락은 둘이에요. 정경의 간경과 기경의 독맥이죠. 간경은 엄지발가락에서 일어납니다. 그래서 <온깍지 사법>에서 엄지발가락을 누르라는 요결이 나온 거예요. 엄지발가락을 누르면 그 기운이 간경을 타고 머리까지 올라갑니다. 그 때문에 활을 한두 순 내면 머리가 시시각각 맑아지는 겁니다. 간경은 허벅지 안쪽으로 올라와서 사타구니를 한 바퀴 돌아서 몸통으로 올라갑니다. 활을 쏘면 정력이 좋아진다는 속설도 이것과 관련이 있겠죠."

이제 막 활을 배우러 온 사람에게 제가 이렇게까지 깊이 설명한 것은 신 접장이 태껸을 오랜 세월 수련한 사람이기 때문입니다. 경락 개념까지 잘 알지는 않겠지만, 이렇게 설명하면 무술을 오래 한 사람들은 금방 알아듣습니다. 기운은 경락을 따라 돌기 때문에 무술을 오래 수련한 사람은 직감으로 그 세계를 어렴풋이 압니다.

이 설명을 듣는 여러분은 황당하죠? 그럴 겁니다. 경락이론이라는 게 의학계에서 지금까지 미신 취급당한 것이기에 더욱 그렇습니다. 그렇지만 경락이론이 벌써 3천 년 전부터 확립되어 쓰인 것이라면 이제는 좀 들여다봐야 하지 않을까요? 앞서 허리 부분을 다룰 때 대맥 이야기도 했습니다만, 이 경락이론을 알면 우리의 전통 사법을 이해하는 데 큰 도움이 됩니다.

활은 양 손끝에서 이루어지는 운동입니다. 그런데 몸 전체의 균형을 전제로 할 때 양 손끝이란, 그 반대쪽의 엄지발가락과 자연스럽게 짝을 이룹니다. 온깍지로 깍짓손을 터뜨릴 때 묘하게 엄지발가락이 작용한다는 말을 하려는 것입니다. 엄지발가락이 허하면 깍짓손도 잘 안 터집니다. 정말 묘하죠.(물론 반깍지에서는 해당되지 않는, 온깍지 세상의 얘기입니다.)

엄지발가락에서는 간경과 비경이 일어나고 엄지손가락에서는 폐경이 일어납니다. 비경과 폐경은 둘 다 태음경이니 같은 성질이고, 관계의 비밀은 발끝의 간경과 손끝의 폐경입니다. 간경과 폐경은 짝을 이룹니다. 간경은 기운을 끌어올리는 작용을 하고, 폐경은 기운을 끌어내리는 작용을 합니다. 이것을 전문용어로 발생조달과 선발숙강이라고 합니다. 몸 전체의 기운이 돌아가는 원리와 성질을 말하는 겁니다. 이것은 기운의 작용(用)면에서 얘기한 것이고, 그렇다면 이 기운의 주체(體)는 무엇일까요? 그것은 염통과 콩팥입니다.

사람은 파충류 같은 변온동물에서 온열동물로 진화해온 존재입니다. 주변 기온과 상관없이 일정한 온도 36.5도를 늘 유지합니다. 이 기능을 이용한 난방이 바로 보일러입니다. 뒤집어 말하면 사람의 몸은 보일러의 원리와 같다는 뜻입니다. 물을 덥히는 것이 염통(火)이고, 식히는 것이 콩팥(水)입니다. 이 둘이 잘 교류해야(心腎相交) 몸이 일정한 온도를 유지합니다. 36.5도에서 0.5도가 떨어지면 암세포가 활동하기 좋은 조건이 됩니다. 암 환자의 특징은 오랜 기간 저체온이었다는 것이 그 증거입니다. 0.5도 차이가 암세포의 활동 여부를 결정합니다.

보일러는 물을 데워서 돌리는 원리입니다. 염통과 콩팥이 만든 이 온도를 유지하려면 끊임없이 돌아야 합니다. 우리가 아는 몸 속의 물은 피입니다. 이 피를 핏줄 속으로 보내는 어떤 기운을 상정하지 않을 수 없지요. 그것이 기입니다. 그래서 동양에서는 기가 피를 끌고 간다고 믿고 기의 상태를 살피기 위해 손목의 핏줄 드러난 곳에 손가락 끝을 대어 맥을 짚습니다. 이렇게 환자의 상태를 살펴 치료한 지가 줄여 잡아도 3천년입니다.

염통과 콩팥이 몸을 덥혀 일정한 온도를 유지한다면, 이 따스함을 온몸 구석구석까지 보내는 존재는 무엇일까요? 그게 바로 간과 폐입니다. 자연 상태의 몸은 보일러처럼 뜨거운 기운이 내리고 찬 기운이 올라서 적당한 온도를 유지하는데(水昇火降), 그렇게 기운이 오르내리도록 순환시키는 기능을 바로 허파와 간이 담당한다고 보는 것입니다. 서양의학에서 보기엔 뜬구름 잡기죠.

발가락 끝에는 간경이 있고, 손가락 끝에는 폐경이 있습니다. 이 이야기를 하려고 이렇게 길고 복잡한 설명을 한 것입니다. 발끝의 간경과 손끝의 폐경이 암시하는 바가 무엇일까요? 그것은 염통과 콩팥이 짝을 이루어 기운의 주체가 되고, 허파와 간이 짝을 이루어 그 기운을 온몸 구석구석 돌리는 작용을 맡는다는 얘기입니다. 이것을 어렵게 심신이 체(體)가 되고 폐간이 용(用)이 된다고 표현합니다.

몸통에서 심신(心腎)의 기운이 불거름(丹田)에 모인다면(腎間動氣), 그것을 손끝발끝까지 쭉 뻗어가게 하는 것이 바로 온깍지 동작이라는 말입니다. 온깍지로 활을 쏘면 신체의 이런 기능이 활성화됩니다. 지금까지 활을 쏘면 건강이 좋다고 말해왔는데, 그 비밀이 이제야 조금 밝혀지는 셈입니다. 가장 먼 손끝과 발끝에서 기운의 순환을 펌프질하는 것이 온깍지 사법이라는 말입니다. 이 현상을 어떤 과학 이론으로도 설명할 수 없어, 제가 동양의학의 경락론을 파헤친 끝에 얻어낸 결론입니다. 그러느라고 저는 동양의학에 관한 책을 5권이나 썼습니

다.[60]

　앞서 제가 활터에서 만날 수 있는 사기꾼이 어떤 사람인가를 알려드렸습니다. 『조선의 궁술』을 입에 담는 사람이라고 했고, 나아가 골반 고정이라고 하는 사람은 사기꾼을 넘어서 당신을 죽이려는 놈이라고 했습니다. 이제 여기에다 한 가지를 더 추가하려고 합니다. 활 얘기를 할 때 경락 어쩌고 말하는 놈을 경계하시기 바랍니다. 그런 놈 밑에서 활 몇 년 쏘면 온몸의 기가 교란을 일으켜서 피를 토하며 죽을 것입니다. 골반 고정이 기를 끊는다면, 경락 교란은 피를 역류시킵니다.

　제가 이렇게 센 말을 하는 것은, 저의 경험 때문에 그렇습니다. 활터에 몸담은 지 25년 되는 지금(2018)까지 어느 누구도 경락론으로 활의 비밀을 밝히려 하지 않았고, 그런 얘기를 들어본 일조차 없습니다. 활과 경락 얘기는 제가 처음으로 이론화했고 문자화했으며 주변 사람들에게 조금씩 얘기를 나눈 정도입니다. 그러니 누군가 경락 어쩌고 하며 활에 대해 떠든다면 그는 제 책을 읽었거나 제 입에서 나간 말토막을 주워듣고 아는 체하는 겁니다. 아는 체한 놈이 아는 경락론은, 사람 죽이는 흉기로 돌변합니다. 소꿉장난 하는 애들이 장전된 권총을 들고 설치는 것과 다를 바 없습니다. 이토록 위험한 물건을 이렇게 내놓는 까닭은, 경락론이 아니면 우리 활을 설명할 방법이 없기 때문입니다. 앞서 말씀드렸듯이 우리 몸에 작용하는 양생의 비밀은 경락론이 아니고는 풀 방법이 없습니다.

　앞으로 누군가 경락 얘기를 꺼내거든 여러분은 대뜸 의심부터 하시기 바랍니다. 그리고 그가 과연 경락론을 말할 만한 사람인가 그 자격

60　『우리 침뜸 이야기』, 『우리 침뜸의 원리와 응용』, 『고려침경 영추』, 『황제내경 소문』, 『우리 철학 이야기』

부터 꼬치꼬치 따져보시기 바랍니다. 반대로, 여러분은 여기서 주워들은 지식으로 남 앞에서 경락을 말하지 마시기 바랍니다. 여러분의 입에서 경락 어쩌고 나가는 순간, 이 글을 읽은 사람은 당신의 뒷조사를 꼬치꼬치 하게 될 것이기 때문입니다. 경락론을 입에 담는 일은, 어떤 경우에도 여러분에게 영광이 될 수 없습니다. 앞으로 경락론은 그것을 거론하는 자의 지옥문이 될 것입니다.

⑥ 과녁을 버려야 과녁을 얻는다

불과 얼마 전에 첫 몰기를 한 맹주찬 접장이 제 팔찌동 아래에 섰습니다. 3시까지 쐈는데, 불입니다. 화살이 과녁을 스치듯이 앞 나고 뒤 나고 합니다. 정말 약 오르죠. 과녁 맞추려고 온 힘을 쓰는 것이 옆에서도 보입니다. 다음 순서를 기다리는 맹 접장에게 제가 뭐라고 했을까요? 여러분이라면 뭐라고 조언해주겠습니까? '이번에는 뒤 났으니 표를 조금 옮겨보시오. 조금 전에는 앞 났으니 표를 줌뒤로 조금 더 옮기시오.' 이렇게 조언할까요? 어떤 말을 해주어야 할까요? 만약에 맹 접장의 힘쓰기가 팔이나 어깨 언저리에서 이루어진다면 그렇게 말해주어야 합니다. 그러나 맹 접장은 온깍지 한량입니다. 저에게 온깍지를 배운 지 1년이 채 안 된 신사입니다. 1시 1시 온몸으로 힘쓰는 걸 저는 압니다. 그래서 이렇게 말해주었습니다.

"맹 접장님, 지금 기운이 발로 내려가지 않아서 그러는 거니까, 과녁을 맞추려 들지 말고 발로 기운이 가는지 확인하고 쏘세요."

이 말을 듣고 맹 접장이 4시와 5시를 연거푸 맞춥니다. 제가 말을 잘 했다고 자랑하는 것이 아닙니다. 이 대화를 집궁 1년차인 신사가 알아듣는다는 얘기를 하려는 겁니다. 불과 집궁 6개월이 채 안 되어 맹 접장은 저에게 다리로 힘이 내려가는 게 느껴진다고 말했습니다. 처음엔 거짓말하는 줄 알았습니다. 그런데 그게 아니었습니다. 힘이 다리로 내려가는 날과 그렇지 않은 날을 정확히 알고, 시수가 잘 안 나면 오늘은 어쩐지 다리로 힘이 잘 안 내려간다고 투덜거립니다. 이것이 바로 온깍지의 위대함입니다.

이런 조언과 그에 대한 반응은, 반깍지 한량들도 할 수 있습니다. 그러나 그렇게 말은 할 수 있어도 그 말이 전하는 정확한 뜻은 깨달을 수 없습니다. 앞서도 말했지만, 반깍지는 몸통을 돌리고 다리를 벌려서기 때문에 이런 현상을 몸으로 느끼기 정말 어렵습니다. 정말 20년쯤 쏜 고수나 되어야 희미하게 느껴질 것입니다. 그러니 반깍지 궁사가 이런 말을 남에게 해준다면 그건 사기 치는 겁니다. 어차피 서로 못 알아들을 말을 하면서 아는 체 하는 거죠.

과녁을 맞추려면 과녁에 대한 집착을 버려야 합니다. 맞추려는 마음을 내려놓고 내가 지금 제대로 쏘고 있나 스스로에게 물어(反求諸其身) 어디서 안 이루어지는지 살펴야 합니다. 그리고 내가 안에서 취해야할 것들을 분명히 취하고 쏘면 화살은 맞지 말라고 해도 가서 맞습니다. 맞을 걸 걱정할 필요가 없습니다. 빗나가는 살을 탓할 게 아니라, 내가 맞게 쏘면 됩니다. 그러려면 결론은 간단합니다. 과녁을 버려야 과녁을 얻습니다.

⑦ 깨어있다는 것

처음에 활은 궁체를 만드느라고 부분의 훈련에 집중하기 마련이지만, 일단 궁체가 갖춰지면 내가 의식하지 않아도 몸이 스스로 알아서 움직입니다. 동작이 내면화를 거치면서 본능처럼 나오는 것입니다. 이렇게 되는 데 10년 정도가 걸립니다. 10년이 지난 뒤에도 안 맞는 이유를 시시콜콜 찾고 따지는 것은 허송세월한 한량이나 하는 짓입니다. 이때쯤 이르면 부분의 움직임을 넘어서 전체로 나아가야 합니다. 전체란 무엇일까요? 자신의 몸에서 벗어나서 자신을 들여다보는 것입니다. 깍짓손 동작을 보고 싶으면 깍짓손 동작을 보는 것입니다. 발을 보고 싶으면 과녁에 붙은 마음의 눈을 떼어 자신의 발을 보는 것입니다.

이런 경지에 이르면 몸은 마음의 지배를 받습니다. 마음을 먹으면 몸이 그렇게 반응합니다. 과녁을 맞히려고 하는 게 아니라 활 쏘는 자신을 들여다보는 것입니다. 자신을 들여다보기만 하면 몸이 어떻게 움직이는지 환히 보입니다. 이런 상태를 류근원 명무는 '육체를 정신화한다.'고 표현했습니다.[61] 몸이 정신의 지배를 받아서 마음이 시키는 대로 따르는 것을 말합니다. 모든 상승무술이 이르고자 하는 경지가 이런 것입니다. 이 상태에서는 몸이 정신의 지배하에 놓이기 때문에 몸의 구석구석까지 다 보입니다. 몸이 어디서 어떤 짓을 하는지 마치 투명한 어항 속을 들여다보는 것 같습니다. 심지어 뱃속의 장기까지 볼 수 있습니다. 이런 것을 세상 밖 공부에서는 깨어있다고 표현합니다. 불가에서도 그렇고, 선가에서도 그렇습니다. 늘 깨어있다는 것이 모든 마음공부의 처음과 끝입니다. 다음 같은 고백을 보면 우리 활이 어떤 경지까지 이를 수 있는지를 잘 볼 수 있습니다.

4순, 5순, 6순에는 4, 2, 3중 하였는데 5순에 2중할 때는 이미 체력이 고갈된 상태였다. 만작하는 것이 어려웠다. 6순에 총 20중을

---

61   『우리 철학 이야기』 283쪽.

하였으니 남은 세 순에 10발을 맞춰야 한다. 문제는 힘이다. 과연 어디에 그 힘이 있느냐는 것이다. 시간은 저녁 먹을 시간이지만 식사 시간은 없다. 바나나를 한 순에 하나씩 먹으며 버틴다. 전에 이상열 회두와 비슷한 상황에 몰렸다. 4, 3, 3을 목표로 해서는 안 된다. 4, 4, 2로 가야 한다. 체력은 없다. 이때는 어찌 해야 하더라?

그래, 힘은 본래 몸에서 나오는 것이 아니라 허(虛)에서 나온다. 허란 허공인데 그 어느 것에도 사로잡히지 않아 비어있는 마음이다. 그 어느 것도 소유하지 않기에 모든 것을 소유할 수 있다. 몸 한가운데 허공이 있다. 그 허공은 하늘 - 몸 - 땅으로 연결된다. 내가 참으로 허를 끝까지 놓치지 않으면 모든 순간에 깨어있다. 깨어있으면 몸에서 일어나는 모든 현상을 다 알아차리게 된다. 힘은 거기서 나온다. 아무 것도 없는 곳에서 힘이 나온다. 무중생유(無中生有)이다.

활 쏘면서 힘을 빼라는 말을 한다. 활쏘기는 모든 것을 동시에 생각해야하기 때문에 부분에 집중하지 말라는 뜻이다. 그 어느 것에도 빠지면 안 된다. 신체의 그 어느 부분에도 의지할 곳이 없다. 모든 것을 버리고 모든 것을 동시에 생각하는 것이 '허'이다. 그러니까 어느 것에도 집착하지 않고 모든 것에 깨어있는 상태이다. 집착하지 않는다는 측면에서 말하면 비어있는 것이고, 모든 것을 다 알아차린다는 측면에서 말하면 정신으로 가득 차있다.

마지막 세 순은 활쏘기가 아니라 차라리 명상이었다. 한 발 한 발 쏠 때마다 나를 하늘과 일치시키고자, 정신과 몸이 한 덩어리가 되도록, 믿음으로 한 덩어리가 되도록 과감하게 행했다. 천주교식으로는 마치 자신을 봉헌하는 듯, 불교식으로는 회향하는 듯, 유교식으로는 나를 버리고 천도(天道)를 행하듯 활을 쏘았다. 말로 표현하니 거창해보이지만, 단 한 번 주어진 그 순간을 그렇게 느끼면서 나를 잊었다. 8, 9순은 야사였다. 소리로 관중여부를 판단한다. 마지막 세 순이 정확히 예정대로 4, 4, 2가 되었다. 다행이다. 화살이 세 발 남았다.(온깍지활쏘기학교 사법공부방 392. '승단대회참가기'에서)

참고로, 류근원 명무는 초단부터 내내 각궁 죽시를 썼습니다. 카본살에 개량궁으로 도전하는 사람들과는 결과의 차원이 다릅니다.

⑧ 뜻을 얻고 꼴을 잊다

득의망형(得意忘形)이라는 말이 있습니다. 뜻을 얻은 뒤에는 꼴을 잊는다는 말입니다. 온깍지 사법을 체득하는 몇 년 간은 원칙에 충실해서 겉모양을 제대로 갖추려고 가르침을 따라야 합니다. 그렇지만 자신의 궁체가 이룩되고 나면 그런 꼴로부터 제법 자유로워집니다. 당연히 몸의 가장 깊은 곳에서 어떤 힘을 쓰느냐에 따라 겉의 움직임도 달라집니다. 겉보기에는 동작의 일관성이 없어 보이기까지 합니다.

제가 앞에서 전통 사법은 곁눈질로 배울 수 없다고 잘라 말한 까닭이 바로 이것입니다. 누군가 옆에서 온깍지를 곁눈질하려는데, 이미 득의망형의 단계에 접어든 사람의 '꼴'을 보고서 흉내 낸다면 어떻게 될까요? 청주 우암정에서 집궁 때부터 내내 온깍지 사법으로 활을 쏜 류근원 명무의 궁체를 배우려고 여러 사람이 곁눈질했습니다. 그렇지만 제가 보기에 류 명무의 궁체는 이미 득의망형의 단계에 접어들어서 어떤 때는 겉 동작이 엉망일 때도 있습니다. 활 쏘는 동작은 이렇게 오락가락 변덕이 심한데도 시수는 참 잘 납니다. 이런 사람의 궁체를 훔쳐

보는 사람은 어떻게 될까요? 하하하. 아찔합니다. 그래서 류 명무의 곁에는 온깍지 실패작들이 꽤 많습니다. 그런 패자들 중에는 이제 이렇게 떠들고 다녀서 듣는 사람으로 하여금 실소를 금치 못하게 하는 사람도 있습니다.

"온깍지는 걔네(온깍지궁사회를 말함)보다 내가 더 먼저 시작했는데, 시수가 안 나서 지금은 그렇게 안 해!"

생각할수록 웃기는 말입니다. 우리 집 수캉아지가 고양이 새끼를 낳았다고 자랑하는 것과 같습니다. 하하하. 류 명무의 단계에 이르면 곁 꼴로는 그 속을 도저히 들여다볼 수 없습니다. 열 길 물속보다 더 깊어 좀처럼 가늠할 수 없습니다. 정녕 온깍지를 해보고 싶은 분들은 류 명무 같은 고수의 동작을 보지 말고 이제 막 배우는 초보 온깍지 한 량을 눈여겨보시기 바랍니다. 몰래 보고 배우기에는 그게 훨씬 더 낫습니다.

깍짓손은, 나무로 치면 잎이나 가지 끝에 해당합니다. 여름날 작은 바람만 불어도 가지는 팔랑팔랑 움직입니다. 방향을 일일이 예측할 수 없습니다. 온깍지 사법에서 손은 그렇습니다. 그러니 겉모양만 보고서 온깍지를 닮으려면 허우적거릴 수밖에 없습니다. 시수는 안 나고, 궁체는 엉망이고! 온깍지는 적어도 배꼽 밑으로 내려가야 합니다. 그 밑의 변화를 꿰뚫지 않으면 온깍지라고 할 수 없습니다. 그래서 저는 득의망형보다 더 정확하고 친절한 말을 썼습니다. 망형반중(忘形返中)이라고 … .[62] 사전 찾지 마시기 바랍니다. 제가 만든 말입니다. 하하하.

---

62   정진명, (시집)『활에게 길을 묻다』, 고두미, 2005.

⑨ 우리 활의 우뚝함

제가 입버릇처럼 활의 종주국은 우리나라이고, 우리 활이 가장 높은 단계에 이르렀다는 얘기를 합니다. 이것은 제가 우리 것만이 최고라고 맹신하는 국수주의자이기 때문이 아니라, 실제 사실을 말하는 태도에서 나오는 것입니다. 그리고 인류의 구원이 바로 우리의 전통 사법에 있음을 강조하려는 데서 오는 결과입니다. 그 핵심 원리는 이렇습니다. 비정비팔에서 시작된 짤심이 양 손끝에서 터지는 비법이 담겨있는 유일한 활쏘기가 우리 활이라는 것입니다.

이렇게 말하면 중국이나 일본, 또는 지금까지 명맥을 이어온 몽골 활을 낮춰보는 게 아니냐는 의문을 일으킬 수 있는데, 그런 시각의 경우 일부는 사실이고 일부는 사실이 아닙니다. 사실이란 실제로 우리 활에서 이 원리가 가장 심오하고 분명하게 일어난다는 점이고, 사실이 아님이란 우리 민족의 우월성으로 다른 민족을 깔보려는 의도를 깔고 말하는 것이 아니라는 점입니다. 다른 여러 겨레의 활보다 우리 겨레 활이 훨씬 더 발전된 기능과 원리를 갖추었음은, 저의 믿음에 그치는 게 아니라 사실임을 말하려는 것입니다.

앞서 말한 짤심이 한 기운을 일으켜 허벅지 안쪽을 타고 올라와서 사타구니를 감아 돈 다음에 머리까지 올라가는 원리는, 과녁을 마주보는 비정비팔과 길이가 가장 짧은 활채에서 만들어진 결과입니다. 그러니 모든 활에 대해 그 두 가지 조건을 비교하면 결과는 저절로 나오는 것입니다. 일본 활 유미도, 몽골 활도, 최근 부활하는 중국 활(射箭)도 이렇게 될 수 없습니다. 활채 길이 때문입니다. 이런 작용은 오직 우리 활에서 가장 명확하게 나타나는 것입니다. 장비의 조건을 넘어선 결과는 다른 곳에서 빌려 온 억지 설명에 불과합니다. 탁구를 양생술의 원리로 설명할 수는 있겠지만, 그렇다고 실제로 탁구가 태극권이나 팔괘장 같은 양생술이 되는 것은 아니라는 말입니다.

일본 활의 경우, 제도와 이론이 완비되어 일본 활에 내장된 실제 기능 이상으로 멋지게 설명할 수는 있겠지만, 실제 일본 활이 궁사 내면의 작용에서 그 설명을 따라갈 수 있는지는 알 수 없다는 얘기입니다. 『활쏘기의 선』을 읽다 보면 이런 의문이 물씬 일어납니다.[63] 신칸트학파로 분류되는 오이겐 헤리겔은 자신의 철학으로 일본 활을 지나치게 관념화하여 접근한 색채가 뚜렷합니다. 주체와 객체가 명확한 서양 철학의 성격상 그 둘을 동시에 객관화 시킬 수 있는 동양의 관찰법과 그로 인한 결과를 이해할 수 없어 직관이니 초월이니 하는 말로 설명하는 것은 차라리 애교스럽기까지 합니다. 그 책에 묘사된 내용들은 굳이 활이 아니어도 일본 문화나 동양 문화 전반에서 볼 수 있는 것입니다. 그런다고 하여 일본 활이 선이나 도의 경지에 올라가지는 못합니다. 일본 활(弓道)의 이론에 담긴 도와 선은, 활에 투영된 일본인들의 관념이지, 활 그 자체에서 연역된 것이 아닙니다. 일본 문화의 이런 관념화 경향이 나중에는 아무것도 아닌 잡기에도 '도'의 관념을 집어넣게 되죠. 스포츠는 물론이고, 차 마시고 꽃꽂이 하는 일까지 '도'가 됩니다.

반면에 제가 말한 짤심을 비롯하여 깍짓손 터지는 원리, 나아가 바람을 극복해야 한다거나, 과녁을 버려야 과녁을 얻을 수 있다는 것들은 모두 우리 활의 짜임과 전통 사법의 생리로부터 유추된 것입니다. 그것을 설명하는 언어나 이론은 관념일지 몰라도, 그것이 이루어지는 몸속

---

63 오이겐 헤리겔, 정창호 옮김, 『활쏘기의 선』, 삼우반, 2004.

의 움직임은 한량 스스로 겪을 수 있는 엄연한 사실들입니다. 그러한 사실을 바탕으로 그런 사실을 좀 더 현실감 있게 설명하려는 것이 지금 이 자리의 논의입니다. 이런 근거로 우리 활의 장점을 말하는 것이지, 제가 한국인이기 때문에 국수주의의 광기로 억지주장을 펴는 것이 아닙니다.

우리 활에 녹아든 원리와 그 효과는 활쏘기를 하는 모든 인류에게 새로운 깨달음과 축복이 될 것입니다. 그렇기 때문에 더더욱 우리 활은 세계화가 이루어져야 하고, 반드시 전 세계 모든 인류가 우리 활의 내면에 깃든 축복을 함께 누려야 한다고 생각합니다. 우리 활의 세계화는 우리만의 영광이나 욕심에 그치지 않습니다. 우리 활은 온 겨레 온 누리의 축복이 될 것입니다.

12 _ 등장궁체에 서린 비밀

『조선의 궁술』41쪽에는 '등장궁체' 그림이 나옵니다. 콧수염 멋진 한량이 한복 두루마기를 입고 활을 든 채 과녁 쪽을 바라보는 그림입니다. 사대에 들어서서 자신의 순서를 기다리는 한량의 자태를 그림으로 나타낸 것입니다.

옛날에 책을 만들 때 이런 그림을 넣는 것은 몹시 어려운 일입니다. 그런데도 굳이 그림을 넣을 때는 그럴 만한 어떤 이유가 있을 법도 합니다. 만개궁체의 경우는 만작 상태의 모습을 보여주려고 그랬을 거라는 추측을 어렵지 않게 할 수 있는데, 등장 궁체의 경우는 그걸 꼭 그렇게 그림으로 그려서 보여줄 어떤 상황이 있었다는 이야기일까요? 사대

에 가만히 서있는 그림이 꼭 필요할 만큼 중요한 것이라 생각했다는 얘
긴데, 그림으로 봐서는 도대체 무얼 보여주려고 한 것인지 알 수 없습니
다. 그림을 왜 넣었을까요?

　이 그림을 처음 보았을 때는 등장인물의 표정이며 몸가짐 같은 것
이 요즘과 워낙 달라서 좀 우스꽝스러워 보이기도 했습니다. 그런데 사
직동 성낙인 옹의 자택에서 성문영 공의 만작궁체 사진을 처음 보았
을 때 뭔가 큼직한 쇠몽둥이로 뒤통수를 한 대 얻어맞은 느낌이었습니
다. 그 사진은 제가 성재경 선생한테 받아온 후 디지털 국궁신문과 온
갖지궁사회 카페에 소개함으로써 지금은 이미 세상에 널리 알려진 사진
이 되었지만, 그것을 처음 본 저의 느낌은 전율이 훑고 갈 만큼 정말 대
단했습니다. 사진 전체에서 뿜어져 나오는 강렬한 인상과 조선 5백년을
굳건히 떠받친 무사의 기개 같은 것이었습니다. 저만 그런 느낌을 받는

활 쏘 기 의　지 름 길

줄 알았는데, 나중에 정만진 접장도 똑같은 얘기하는 것을 보고, 그 사진에서 느껴지는 기운이 정말 예사로운 것이 아니로구나 하고 생각했습니다.[64] 『조선의 궁술』에 그려진 만개궁체 그림은 바로 만작 상태의 기운이 가득한 무사의 기개를 나타내려고 한 것임을 그래서 알게 되었습니다.

그런데 그것을 그림으로 옮겨놓은 만개궁체를 보면 성문영 공의 만작 궁체 사진에 서린 기운이 전혀 느껴지지 않습니다. 이것은 그림을 그려달라고 한 한량들의 요구를 화공이 화폭에 제대로 담아내지 못한 것이라고 판단할 수밖에 없습니다. 용맹한 범을 그려달라고 했는데, 정작 그림에는 고양이가 그려진 것과 같은 결과입니다. 화공의 그림 실력이 안 좋아서 못 담아낸 것일 수도 있고, 그것을 책으로 옮기는 과정에서 원작 그림에는 담긴 그 느낌이 사라진 것일 수도 있습니다. 책 속의 만개궁체 그림이 성 공의 만작궁체에 서린 기운을 제대로 담아내지 못한 것으로 봐서는 등장궁체도 마찬가지로 범을 그리려다 고양이를 그린 축이 아닐까 의심하게 됩니다. 그러면 등장궁체에 그려졌어야 할 범의 모습은 과연 어떤 것이었을까요?

전에 성낙인 옹과 여러 차례 대화 하던 중에 스치듯이 떠오른 말이 있습니다. 즉 살 메우기 하는 동작 하나만 봐도 그가 어느 정도 고수인가를 알아본다는 말입니다. 이게 무슨 말인지 그때는 몰랐는데, 요즘 들어 그 말의 뜻을 어렴풋이 짐작하게 되었습니다. 앞에서도 여러 차례 얘기한 바이지만, 궁체가 무르익으면 가만히 있어도 안에서 기운이 움직이고, 그런 기운의 흐름에 따라서 실제 동작을 이어가게 됩니다. 그

---

64 일제강점기에 경기중학교의 일본인 교장도 성문영 공을 만나보고 몸가짐과 풍채가 좋다고 감탄했다고 한다.(성낙인 대담) 외국인의 눈에도 마찬가지로 이런 면은 보이는 모양이다.

러다보니 그런 고수들의 움직임에는 그 사람만의 고유한 동작과 흐름이 생깁니다. 바로 이것을 말하는 것입니다. 그러니까 사대에 서서 가만히 순서를 기다리는 그 모습에도 그 사람만의 풍채가 있고 분위기를 압도하는 힘이 있다는 것입니다. 그래서 고수는 사대에 나선 동작과 점잖게 서 있는 풍채만을 보아도 오늘 누가 1등을 할지 알게 된다는 것입니다.[65] 등장궁체 그림에서 표현하고자 한 것은 사대에 점잖게 선 그 사람의 늠름한 풍채였던 것입니다. 이런 기법을 동양화에서는 '기운생동(氣韻生動)'이라고 하여 가장 중시합니다.[66] 화면 가득 살아있는 듯이 생생하게 움직이는 기운이 느껴져야 한다는 것입니다. 바로 이것을 화공이 제대로 반영하지 못하여 결국 범을 그리려다 고양이를 그리고 만 꼴이 된 것이 『조선의 궁술』속 등장궁체입니다.

개화기부터 일제 강점기 사이에 외국 선교사들이 찍어간 사진이나 동영상이 근래에 많이 나타났습니다. 그리고 해방 전 신문에 실린 기사들을 보면 당시 한량들의 모습을 엿볼 수 있는 사진이 많습니다. 그런 사진들을 보면『조선의 궁술』에서 그리고자 한 범 같은 한량들의 풍모를 엿볼 수 있습니다. 그리고 활을 제대로 쏴서 기운의 움직임을 느끼는 사람이면 그런 동작과 자세가 무엇을 뜻하는지도 알 수 있습니다.

겨드랑이가 몸통에 착 달라붙어서 군인의 차렷 자세로 서면 기운이 돌지 않습니다. 반대로 기운이 몸속에서 활성화되면 팔이 저절로 몸통

---

65 이런 느낌은 김향촌, 강현승, 서효행 여무사를 만났을 때도 마찬가지였다. 마주앉아 대담을 할 때는 평범한 할머니였는데, 궁시를 들고 사대에 나선 모습은 '무사'의 풍채와 기개가 역력했다. 사대의 여무사가 방금 전에 대화하던 그 할머니라고 믿기 어려울 정도였다. 활쏘기도 대결이기 때문에 특히 대거리(비교사)에서 상대의 호탕한 기개에 눌려서 지는 경우가 많고, 그런 일화도 적지 않다.

66 최병식, 『수묵의 사상과 역사』, 현암사, 1995.

으로부터 멀어집니다. 어느 정도일까요? 활을 정확히 흘려쥐고 팔을 드리우면 시위는 허벅지에 닿습니다. 줌손과 허벅지 사이에는 시위와 줌통의 공간만큼 떨어지죠. 바로 이 너비만큼 손이 몸통에서 멀어질 때 몸속의 기운은 가장 활성화됩니다. 그러니 정확히 흘려쥐고 다음 순서를 기다리는 동안 취한 자세가 바로 몸속의 기운을 왕성하게 돌게 하는 운기 조식의 자세인 것입니다. 물론 발 모양이나 발 자세도 마찬가지입니다. 그것이 바로 옛 사진에서 나타나는 그 동작들이고, 등장궁체에서 그리고자 한 범의 모습이 바로 그것입니다. 비정비팔이 그렇게 서기만 해도 운동이 된다고 한 강명운 명궁의 말도 이것입니다.

이렇게 하여 가만히 서서 기다리면 몸속에서는 기운이 돌기 시작합니다. 그 기운을 지그시 느끼면서 조금 더 기다리면 활을 쥔 손에 마치 중력이 2~3배 더 작용하는 것처럼 팔이 묵직해집니다. 마치 쇳덩이로 된 권투 장갑을 낀 것 같습니다. 그런 날은 활을 쏘면 화살이 마치 투창처럼 날아갑니다. 과녁에 맞는 소리부터가 다른 날과 다릅니다. 물론 그 기운은 팔찌동 옆 사람에게도 영향을 미칩니다.

『조선의 궁술』 등장궁체와 만개궁체는 고요한 몸속에서 기운이 살아 움직이는 운기조식의 기상을 나타내려고 한 것이었습니다. 화공이 비록 실패했지만 … . 활을 쏘는 당사자인 우리는 화공이 실패한 그림에서 그것을 읽어야 합니다. 20여년 활 공부가 착실한 것이었다면 그것을 알아봐야 합니다. 그것이 안 보인다면 20년 아니라 50년을 쐈어도 헛공부한 것입니다.

13 _ 숨

숨은 생명의 열쇠입니다. 생명의 순 우리말이 '목숨'인데, 바로 목에서 이루어지는 숨의 상태를 말하는 것입니다. 동양의 모든 분야에서 숨을 가장 중요한 원리로 여겼습니다. 불교, 도교, 유교 모두 마찬가지입니다. 이들에서 공통으로 확인되는 것이 마음, 숨, 기의 관계입니다. 숨은 마음을 따르고, 기는 숨을 따른다고 봅니다. 숨이 마음을 따른다는 것은 우리의 일상생활에서도 쉽게 확인되는 일입니다. 마음이 스트레스 받으면 대번에 숨부터 가빠지죠. 그렇지만 기가 숨을 따른다는 것은 쉽게 겪지 못하는 일입니다. 기의 존재 자체를 인정하지 않는 서양 학문의 세뇌교육 때문이죠.

그렇지만 동양에서는 기의 존재가 분명하기 때문에 그를 설명하기 위한 방법도 마련되었습니다. 기를 관장하는 장부는 허파입니다. 피를 돌리는 염통처럼, 온 몸에 기를 불어넣어 순환시키는 것이 허파라고 보았습니다. 허파는 당연히 숨 쉬는 장기입니다. 이 숨을 따라서 기운이 함께 돈다고 본 것입니다. 허파는 횡격막으로 구분되기 때문에 들숨을 쉬면 공기가 횡격막 아래로 내려갈 수 없습니다. 그런데 활을 쏘다 보면 숨이 아랫배까지 내려가는 것을 느낍니다. 각종 수련단체에서 단전 호흡을 강조하는 것도 이 때문입니다. 한 발 더 나아가면 허벅지를 타고 발로도 내려가고 어떤 때는 발바닥까지도 내려갑니다. 이 느낌은 허파로 들어온 공기가 내려가는 것이 아니라, 허파의 지휘를 받는 기운이 숨결을 따라서 함께 움직이느라 손끝 발끝까지 뻗어가는 것입니다. 앞서 말한 등장궁체의 모습은 바로 이런 것이 활발하게 이루어지는 상황을 표현하려고 한 것입니다.

우리가 무거운 물건을 들어 올릴 때를 잘 생각해보면 활에서 어떤 힘을 써야 할지 또렷해집니다. 예컨대 호박돌이나 쌀자루를 들어 올릴 때 '끙!'하고 힘을 쓰면 자신도 모르는 사이에 숨구멍을 막습니다. 사람은 힘에 겨우면 숨구멍을 막기 마련입니다. 활에서도 자신의 힘보다 더 센 활을 쓰면 저절로 숨을 막습니다. 그러지 않으면 만작 시 손이 흔들려서 고요한 자세를 유지할 수가 없습니다. 이것이 자신의 활힘보다 더 센 활을 쓰는 반깍지 사법의 운명입니다.

우리 활에서는 숨이 가장 중요합니다. 처음부터 끝까지 숨구멍은 열려있어야 합니다. 그러나 활이 세면 저절로 숨구멍을 막은 채로 힘을 주게 됩니다. 숨구멍을 막는 순간 호흡이 무너지고, 호흡이 무너지면 곧 목숨이 위태로워집니다. 우리 활에서는 한 호흡에 천당과 지옥이 갈립니다. 숨구멍을 막는 순간 지옥문이 열립니다. 차라리 활을 안 쏘느니만 못한 결과에 이릅니다. 숨을 멈추면 기운이 거스르기 때문입니다. 기운이 거스르면 몸이 속에서부터 천천히 망가집니다. 이것이 자신의 활힘보다 더 센 활을 쓰게 되는 반깍지의 가장 큰 위험입니다.

이 숨은 정말 중요해서 글로 쓰자면 1권으로 정리해도 모자랍니다. 여기서는 시시콜콜 다 설명할 수 없어서 숨의 중요성만 간단히 강조하고 넘어갑니다. 우리 활의 호흡 방법에 대해서는 『활쏘기의 나침반』을 참고하시고, 숨과 기운의 원리에 대해서는 『활쏘기 왜 하는가』를 참고하시기 바랍니다. 이미 설명된 것을 여기서 다시 설명하는 일은 지면이 허락지 않습니다.

03

활을 쏘는 마음

마음은 꼴이 없습니다. 그렇다고 해서 아무것도 없는 것은 아닙니다. 문명이 바로 마음의 자취입니다. 활을 쏘는 마음은, 두 가지로 나타납니다. 그것을 드러낸 이미지와 그것을 정리한 철학입니다.

① 활쏘기와 이미지

실제 현실의 모습으로부터 추려진 마음속의 그림을 이미지라고 합니다. 시에서 많이 쓰이는 말이죠. 활에도 이미지가 있겠습니다. 어떤 이미지일까요? 그것은 활터 이름을 살펴보면 알 수 있습니다.

우리 활은 깍짓손을 힘차게 뻗는 동작이 있습니다. 그래서 그와 관련된 이미지들이 많습니다. 그 첫째 이미지는 학(鶴)입니다. 학은 동양의 신선사상에서 신선들이 타고 다닌다는 새입니다. 세상으로부터 은둔하려는 선비들은 겉으로 유학을 표방하면서도 실제로는 노장 사상에 심하게 쏠렸습니다. 신선사상에서 학은 신선들의 벗이면서 외출할 때 타고 다니는 수단이기도 합니다.[67] 그래서 문학에서는 학에 대한 표현

---

67   이윤희 옮김, 『성명규지』, 한울앰플러스, 제4쇄, 2017. 161쪽.

을 많이 합니다. 고등학교 때 배운 정철의 '관동별곡'에도 학이 나오죠. <금강대 맨 우층의 션학(仙鶴)이 삿기 치니>, <호의현샹(縞衣玄裳)이 반공의 소소 뜨니> … .

이런 영향이 활터에도 미쳤습니다. 그래서 서울 황학정(黃鶴亭)에서도 학의 이미지를 차용했습니다. 노랑(黃)은 오방색에서 중앙을 나타내고 왕의 자리를 뜻합니다. 활터 이름을 살펴보면 학의 둥지를 뜻하는 학소(鶴巢)도 있고, 이를 뒤집은 소학(巢鶴)도 있습니다. 학의 우아한 이미지와 상징성을 나타내서 활 쏘는 한량들의 마음을 드러낸 것입니다. 금학(錦鶴), 백학(白鶴), 무학(舞鶴), 비학(飛鶴), 봉학(鳳鶴), 승학(乘鶴) 같은 이름도 보입니다. 이 학의 이미지에는 활을 쏘는 한량들의 궁체도 담겨있습니다. 실제로 온갖지 궁체를 학이 춤춘다는 뜻의 학무형(鶴舞形)이라고도 합니다. 학의 우아한 모습을 닮으려고 한 한량들의 바람이 투영된 것입니다.

학과 짝을 이루는 이미지가 범입니다. 서울 석호정(石虎亭)에 범이 있는데 한나라의 명장 이광이 밤중에 호랑이로 오인하고 쏜 화살이 바위에 깊이 박혔다는 고사성어에서 온 말입니다. 사석위호(射石爲虎), 중석몰촉(中石沒鏃)이 그 용어입니다. 활터에는 사호(射虎), 금호(錦虎), 무호(武虎), 백호(白虎), 용호(龍虎) 같은 이름이 있습니다. 특히 조선시대의 무반을 상징하는 동물이 범이었기 때문에 활터에는 범의 이미지가 친숙합니다. 용호는 양생술에서 중시한 이미지이기도 합니다.[68]

사법에서도 집궁제원칙 중에 발여호미가 있어서 역시 호랑이의 이미지를 취했고, 또 고종 황제가 쓰던 각궁의 이름도 그 인자무늬 때문

---

68   『성명규지』 243쪽. 龍虎交媾圖

에 호미(虎尾)라는 이름이 붙었습니다. 범의 이미지는 무사의 굳센 기상과 정신을 나타내려는 것이고, 학은 선비의 고고한 자태와 고상한 취향을 나타내려는 상징입니다. 그 두 가지가 활터에는 공존하면서 활쏘기의 이미지를 강화해나갔습니다.

우리가 전통 사법을 배운다는 것은 이런 이미지를 우리의 머릿속에 받아들인다는 의미도 있습니다. 무엇이 될 것인가? 이런 질문을 할 때 머릿속에 떠오르는 이미지가 있어야 공부가 빠릅니다.

② 해묵은 마음, 관덕(觀德)

사람마다 다르기는 하지만 누구나 승부욕이 있습니다. 과녁을 보면 맞히려는 욕심이 다른 그 어떤 운동보다 더 강렬하게 떠오릅니다. 게다가 눈에 보이는 것은 화살 끝에 걸린 과녁뿐이기 때문에 이 때의 집중력은 독수리가 먹이를 챌 때의 그 상황 못지않습니다. 강한 집중이 필요한 선문에서도 활로 그 집중력을 표현합니다. 경허스님이 쓴 염궁간월 같은 자취가 그런 거죠.[69]

그런데 종종 호승심 강한 사람이 활터에서 고생하는 경우가 많습니다. 맞히려는 욕심이 너무 강하여 욕심이 돋는 순간 근육이 지나친 긴장을 하는 것입니다. 더구나 대회에서는 호승심이 강하게 작용합니다. 활쏘기는 긴장과 더불어 그와는 반대로 근육의 힘을 빼어 늘여야 합니다. 그런데 과녁에 집착하면 잔뜩 긴장하여 뚝심이 가득 들어갑니다. 초기조건의 민감성이 가장 강한 우리 활에서 이런 작은 마음의 변화가 몸

---

69   경허 스님의 글씨가 간월도에 남아있다. 바다(娑婆)를 건너 염궁문(念弓門)을 지나면 간월암(看月庵)이 나타난다. 이 과정이 그대로 깨달음의 절차를 상징한다. 염궁은 집중력을, 달은 부처의 진리를 뜻한다.

활 쏘 기 의   지 름 길

에 영향을 주어서 승부욕 강한 사람으로 하여금 좌절감을 맛보게 하는 것입니다.

　오래 활을 쏜 노련한 한량은, 만작 후 발시 직전의 마음을 아주 잘 알고 대처합니다. 즉 과녁을 노려보는 마음은 맞히려는 승부욕이 굉장한 흡인력으로 발동하지만, 그렇게 강렬하게 떠오르는 욕망을 누그러뜨려야 한다는 사실을 아주 잘 압니다. 만약에 그 순간 그런 욕심을 누르지 않으면, 그것이 몸의 경직으로 이어져 결국은 불쏘게 된다는 사실을 오랜 경험으로 압니다.

　관중 욕심이 강하면 강할수록 마음은 한 발 물러서서 그 대책 없는 명중 욕을 누그러뜨려야 합니다. 이렇게 자신의 욕망으로부터 한 발짝 물러서서 욕망에 유혹 당하지 않게 자신의 마음을 다스려야 합니다. 당연히 엄청난 절제력이 필요합니다. 이렇게 본능처럼 떠오르는 제 욕망에 고삐를 지우고 야생마 길들이듯 통제하는 것은 여간 어려운 일이 아닙니다. 이런 통제력이 정신은 물론 몸까지 지배하는 경지에 이른 사람을 옛 사람들은 '군자'로 여겼습니다. 동양사회에서 사람은 '선비'의 길로 접어들어 공부를 통해 '군자'로 완성되는 삶을 꿈꾸었습니다. 그래서 공자도 활쏘기에서 덕을 본다고 칭찬한 것입니다. 활쏘기의 싸움 대상은 과녁이 아니라 자신임을 분명히 한 것이고, 활쏘기의 그러한 덕목을 칭찬한 것입니다. 나아가 남과 경쟁할 때도 다툼이 없이 절차를 통해 예의를 지켜서 할 수 있기에 질서가 절로 드러난다는 점을 강조하였습니다. 공자가 이렇게 말한 이후, 활쏘기는 동양에서 마음을 수양하는 수단으로 자리 잡습니다. 필야정(必也亭), 읍양정(揖讓亭), 읍배당(揖拜堂), 관덕정(觀德亭), 람덕정(覽德亭), 남덕정(南德亭) 같은 활터 이름은 공자의 발언과 연관된 것들입니

다.[70]

　이 '관덕'은, 동양사회의 해묵은 관념이지만, 그 말이 드러내고자 하는 마음의 본질은 시대가 달라진다고 해서 바뀌지 않습니다. 오늘날 우리가 군자가 될 필요는 없지만, 군자가 되고자 했던 옛 사람들의 생각을 이해하는 것은 활쏘기를 깊게 바라보는 중요한 열쇠가 됩니다.

　활 공부는 끝내 마음에 이르는 공부입니다. 마음이 떠나면 활은 오락에 불과합니다.

③ 과녁을 보는 마음

　제가 잠시(2000~2004) 적을 두었던 청주 우암정은 전국에서 아름다운 활터로 손꼽히는 곳입니다. 지금까지 수많은 활터를 돌아다녔지만, 이순신 장군의 자취가 서린 한산정 빼고는 이보다 더 아름다운 활터를 보지 못했습니다. 우암정은 시내에서 5분도 채 안 되는 공원 내에 있는 까닭에 산비탈을 함부로 깎아낼 수 없어 무겁과 설자리만 흙을 돋우어서 지었습니다. 무겁과 활터 사이는 움푹 꺼진 자연지형 그대로이고 사방이 숲으로 둘러싸여, 바로 옆을 지나는 길에서도 잘 보이지 않습니다. 숲이 둥지처럼 품은 활터입니다.

　2002년 장마 때의 일입니다. 비가 주룩주룩 내리는데 활터에 나갔습니다. 예상대로 아무도 없는 활터에 시원한 장대비 소리가 저를 맞아주었습니다. 기왓골을 타고 떨어지는 낙숫물소리와 나뭇잎을 때리는 빗방울 소리가 장중한 오케스트라를 연주했습니다. 가끔 번개가 지휘봉을 휘두르면 벼락이 추임새를 넣곤 하는, 그 아름다운 장면 속에서 한 동안

70　『활쏘기의 나침반』 141쪽.

넋을 잃고 서서 빗줄기로 흐려진 과녁을 바라보았습니다. 머리가 맑아지고, 가슴이 시원해지며, 숨이 시시각각 깊어졌습니다. 내 몸속에서 일어나는 변화를 느끼면서 내내 과녁을 쳐다보았습니다. 의자에 앉아 1시간쯤 그 자연의 교향악을 감상하고 일어섰는데, 몸이 샤워를 한 듯 개운했습니다. 활 대여섯 순을 제대로 냈을 때의 기분과 똑같았습니다.

이 날의 경험 때문에 저는 비가 와도 활터에 나가곤 합니다. 아무도 없는 활터에서 혼자 앉아 자연이 들려주는 장중한 교향악을 들으며 과녁을 바라봅니다. 그러면 활을 쏘지 않는데도 활을 쏘는 것과 똑같은 효과가 납니다. 이런 일을 몇 차례 겪으면서 활도 마음으로 쏘는 단계가 있겠구나 하는 짐작을 하였습니다. 그리고 시간이 갈수록 이 생각은 점점 더 또렷해집니다.

이번 여름(2018)에도 태풍 '쁘라삐룬'이 큰 비를 몰고 왔습니다. 폭우가 쏟아지는 대구 관덕정의 모습을 찍은 동영상이 온깍지활쏘기학교 카페에 올라와서 줄기찬 장대비 소리를 들려줍니다. 도심 한 복판에서 세월을 잊고 비를 맞는 울창한 나무들과, 그 속에 나란히 서서 한량을 기다리는 과녁, 그런 광경이 주는 축복을 한껏 즐기는 한 한량의 마음이 물씬 느껴져, 청주의 한 사무실 책상에 앉은 저도 덩달아 대구 관덕정 속으로 들어가서, 제가 들어간 줄은 꿈에도 모를 박연석 접장과 함께 활 없는 활쏘기를 하였습니다. 빗물에 마음의 때가 해탈을 한 듯 씻겨나갔습니다.

과녁은 때로 맞기만 하는 게 아니라 누군가를 깨워 영원의 순간을 함께 나누기도 합니다.

전통사법과 『조선의 궁술』

저는 다른 운동을 특별히 하지도 않았고, 설령 했더라도 몸치여서 잘 따라하지 못합니다. 이론에서는 더더욱 그렇습니다. 다른 운동역학을 공부한 적 없고, 체육이나 과학의 이론이라면 중학생 수준의 지식일 겁니다. 그렇기 때문에 여기서 말하는 모든 내용은 제가 지난 25년간 오로지 『조선의 궁술』을 읽고 활만을 쏘며 고민하고 해결해온 과정을 통해 얻은 제 나름의 결론입니다. <온깍지 사법>은 『조선의 궁술』 속 사법이고, 지금 그것을 조금 더 풀어서 말하는 것에 불과합니다.

『조선의 궁술』 속 사법은 불과 몇 장입니다. 그런데 여기서 설명하는 것을 보면 굉장히 많은 분량으로 늘어났습니다. 바로 이 점에서 저는 『조선의 궁술』이 우리 활의 경전으로 삼아도 아무런 부족함이 없음을 확신하는 것입니다. 『조선의 궁술』 속 원리를 터득하는 순간, 그것을 설명할 내용은 산더미 같이 많아집니다. 거두면 돌돌 말아 품속에 넣을 수 있지만, 펼치면 육합(우주)을 덮을 수 있다는 중용의 문구가 결코 거짓이나 과장이 아니라 성리학자의 원대한 포부가 드러난 표현임을, 도막도막 끊어진 『조선의 궁술』의 서술이 몸에서 일목요연하게 연결되어 궁체의 모든 궁금증을 모조리 풀어내는 놀라운 광경을 마주치면, 저절로 알게 됩니다. 구절마다 문장마다 정말 무릎을 치지 않을 수 없습니다.

전통 사법의 진수는 겉이 아니라 속에 있습니다. 속은 좀처럼 보이지 않죠. 그러므로 전통 사법 공부는 눈에 보이지 않는 것에 대한 공부입니다. 더더욱 그렇기 때문에 눈에 보이는 겉모습에 집착하면 오히려 내면을 보지 못하는 이상한 상황에 이릅니다.

앞서 제가 깍짓손을 뻗는다고 해서 다 같은 온깍지가 아니라고 말한 적이 있습니다. 바로 이것이 전통 사법을 겉모습으로 규정할 수 없기 때문에 드린 말씀입니다. 묘한 것은, 한 10년쯤 활을 쏘면 이 보이지 않는 세계가 조금씩 눈에 들어온다는 것입니다. 물론 전통 사법을 배울 때의 얘기입니다.

'욱심을 빼라.'
'활은 힘을 빼는 운동이다.'
'활은 주변을 버리고 중심을 찾아가는 길이다.'
'활은 버리는 운동이다.'

이런 모순어법이 정말 절실한 비결을 담은 말들임을 알게 됩니다. 물론 말잔치를 벌이는 사람들도 이게 무슨 말인지 대충은 짐작할 것입니다. 반깍지 사법에서도 이런 현상이 일어나기는 일어나기 때문입니다. 양궁에선들 이런 일이 안 일어나겠어요? 조금씩은 다 일어납니다. 그러니까 서로 잘났다고 본질 밖의 곁가지로 입씨름을 하는 것이겠지요.

그러나 『조선의 궁술』 속으로 들어서면 그런 어설픈 사법으로 함부로 입에 담아서는 안 되는 말들임을 다시 실감하게 됩니다. 온깍지와 반깍지는, 똑같은 말을 두고 완전히 다르게 쓰는 것입니다. 전통 사법은 눈에 보이지 않는 것에 대한 공부라고 말하는 까닭이 바로 이것입니다. 우선 깍짓손이 터지고, 다시 그 내면에서 이루어지는 힘의 이치를 이해하는, 이 두 단계를 통과해야만 이것이 전통 사법이고,『조선의 궁술』공부구나 하는 사실을 깨닫게 됩니다. 게다가 좀 더 내면으로 들어가서 몸속에서 움직이는 기운과, 그 기운을 통해서 하나가 되는 수많은 부분들이 조화를 통해 안팎을 넘어서고 내외의 경계를 무너뜨리는 단계에 이르면, 참선이나 도가에서 말하는 범아일여나 망아지경 적연부동 같은 말들이 분명한 실체로 다가섭니다.『반야심경』이나『금강경』같은 불가의 경전은 물론,『성명규지』나『혜명경』,『이양편』같은 도가 계열의 글들도 술술 눈에 들어오는 신기한 일이 일어납니다. 이것들이 눈에 보이지 않는 것에 대한 공부인 것은,『조선의 궁술』과 마찬가지이기 때문입니다.

『조선의 궁술』은 눈에 보이는 것과 눈에 안 보이는 것이 모두 들어있는 책입니다. 눈에 보이는 것만 보는 사람들 눈에는 그런 것만 보이고, 눈에 안 보이는 것을 볼 줄 아는 사람들의 눈에는 눈에 보이는 것 이상의 것이 보입니다. 눈에 안 보이는 것이 보인다는 것은, 마음의 경계에서 일어나는 일입니다. 그러면『조선의 궁술』을 어떤 단계에서 봐야할까요? 굳이 눈에 보이는 것만 보아야 할까요? 제가 공부한『조선의 궁술』은, 눈에 보이는 것보다 눈에는 보이지 않는 세계가 훨씬 더 큰 책입니다.

이런 깨달음에 이른다면『조선의 궁술』속 사법 서술이 짧은 것은 아무런 문제도 되지 않습니다. 그것을 다 이해하지 못하고 일부만 깨우친 사람들이 꼭 제 수준에서 득도라도 한 듯이 떠드는 것의 문제일 뿐이죠. 책 몇 권으로도 다 풀어낼 수 없는 무궁무진한 이치가 『조선의 궁술』속에는 오롯이 담겼습니다. 그것을 풀어내는 일이 앞으로 우리가 해야 할 일입니다. 저는 벌써 적지 않은 지면을 할애하여 그것을 풀어보는 중입니다. 『조선의 궁술』의 서술 분량이 적다고 해서 전통 사법 이해에 전혀 문제가 되지 않는다는 것은 이 글을 통해 입증되는 셈입니다. 돌돌 말아 품에 품은 것이 『조선의 궁술』이고, 그것을 육합까지는 아니라도 우리 눈앞에 조금 더 넓고 자세하게 펼쳐보자는 것이 지금 이 작업입니다. 벌써 사법 서술 부분만 A4 용지로 70쪽 가까이 되었습니다. 아마도 신국판 책으로 내면 140쪽은 될 겁니다. 바로 뒤이어질 <사법에서 사풍을 보다>까지 더하면 250쪽은 족히 될 겁니다. 결코 적은 양이 아닙니다. 제 나름대로 책의 전체 분량을 감안하여 할 말을 줄이면서 쓰기 때문에 이 정도이지, 늘이자면 얼마든지 더 길게 쓸 수 있습니다.

하지만 아무리 길고 자세히 써도 그걸 읽고서 전통사법인 '온깍지'를 배울 수 없습니다. 2001년 온깍지궁사회의 출범 이후, 아마도 깍짓손을 뒤로 빼어 온깍지 실험을 해보지 않은 사람은 아무도 없을 것입니다. 그렇지만 책 몇 줄 읽고 인터넷 사진이나 동영상 보고서 배울 수 없는 것임은, 남몰래 온깍지로 쏴본 사람들 자신이 잘 알 것입니다. 뚝 떨어진 시수 때문에 얼른 반깍지로 돌아간 뒤 또 이런 결론을 자신 있게 내리죠. '온깍지 사법은 시수가 안 난다.' 맞죠? 며칠 또는 몇 달 해본 자신의 실험을 근거로, 온깍지 사법을 부인하고 『조선의 궁술』을 내팽개칩니다. 그리고 못내 찜찜하면 중국의 사법서에서 제게 맞는 구절을 몇 줄 찾아서 위안을 삼습니다. 마침내 『조선의 궁술』을 극복했노라!

전통 사법에 대한 이 글이 공개된다고 해서 사람들이 전통 사법을 배울 것이라는 기대는 눈곱만큼도 하지 않습니다. 읽어는 보겠지만, 배우지는 않을 것입니다. 그게 우리 시대의 자화상임을 지난 25년간 활터에서 몸소 겪어서 알게 된 일입니다. 참된 배움은 책이나 영상으로 전해지지 않습니다. 오직 사람을 통해서만 전해집니다. 그러니 사람을 만나서 배우기 전에는 온깍지를 알 수 없고, 온깍지를 배우기에는 이미 너무 멀리 왔음을, 이 책을 읽는 분들 스스로가 더 잘 알 것입니다. 내내 온깍지를 부인하다가 이제 와서 배우겠다고 머리 숙이고 찾아가기는 정말 힘든 일입니다. 설령 머리 숙이고 배운다고 해도 그 동안 몸에 밴 잘못된 버릇을 고치기 어렵습니다. 한 번 몸이 기억한 버릇은 먹물처럼 잘 안 빠집니다. 잘못된 버릇은 그것을 고치는 데 곱절이나 더 시간이 걸립니다.[71] 반깍지로 3년 쏜 사람은 나쁜 버릇 고치는 데만 6년 이상 걸립니다. 반깍지로 5년 이상 쏜 사람은 영원히 못 배웁니다. 배우고픈 마음이 굴뚝같아도 몸이 따라주지 못합니다. 지난 몇 년 제가 직접 사람들을 가르쳐보고 내린 결론입니다. 그렇지만 배우겠다는 마음이 자신을 벼랑 끝에 세운 사람들은 의외로 쉽게 배웁니다.

『조선의 궁술』은 심심풀이로 오르는 동네 뒷산이 아닙니다. 인류가 지금까지 수많은 희생을 치르며 겨우 오른, 지구상의 최고봉 에베레스트보다도 더 높은 봉우리입니다. 한 발짝 헛디디면 주검도 못 찾을 벼랑이 곳곳에 깎아지른 듯 서있습니다. 까불면 다치는 수준이 아니라, 아예 산 채로 서서 죽습니다. 『조선의 궁술』 어쩌고 하며 까불 일이 아닙니다.

---

71   『전통 활쏘기』 26~27쪽.

활 쏘 기 의   지 름 길

맹자가 말한 호연지기는 이 장엄한 꼭대기에 올라야만 그 진경을 엿볼 수 있습니다.[72] 그리로 가는 오솔길이 『조선의 궁술』에 있습니다. 진리는 하나지만, 거기에 이르는 길은 많습니다.[73] 그렇다고 모든 길이 진리에 이르는 건 아닙니다. 그들 중 일부가 진리까지 이어지지요. 오락은 어떤 것이더라도 이런 길이 될 수 없습니다. 과녁 맞추는 오락에서 한 발짝만 벗어나면 우리의 활도 진리에 이르는 한 길이라고 저는 믿습니다.

오늘도 활터로 발걸음을 돌립니다. 장수바위터에는 인류가 아직 한 번도 오르지 못한 거대한 봉우리가 우뚝 솟아, 설자리로 나서는 저에게 그 희고 차가운 얼굴을 내밉니다. 그 웅장한 산과 비정비팔로 마주서서 허리춤의 죽시를 하나 뽑아 시위에 메웁니다. 쿵쾅거리는 가슴이 차분히 가라앉기 시작합니다.

---

72   맹자는 활을 아주 잘 아는 사람이다. 활에 관한 그의 말을 보면 보통 수준이 아님을 알 수 있다. 공자도 활을 잘 쏘았지만 예절의 차원에서 한 말만 남아서 실력을 가늠할 수는 없다. 그러나 맹자의 인이불발 얘기는 사법이 굉장한 수준에 이르러야 할 수 있는 말이다.

73   『성명규지』 23쪽.

05

무사의 활쏘기

무사가 활을 든다. 한 발짝만 나서면 설자리다. 그 한 발짝 뒤에 지난 오랜 시간이 한꺼번에 몰려와 대기한다. 잠시 후 벌어질 활쏘기에서 지난 세월의 수련이 판가름 난다. 내가 왜 활을 쏘려 했던가? 나는 내가 활을 쏘려고 하던 첫 마음을 지금도 지니고 있는가? 이에 대한 질문을 스스로에게 한 번 하고 무겁을 본다. 한 발짝만 나서면 이제 준엄한 나의 시간이 온다. 곧 마주칠 팽팽한 공기가 느껴진다. 풍기를 살핀다. 늘 보던 자리, 늘 쏘던 곳이지만, 바람은 늘 다르다. 오늘은 어떤 바람이 부는가? 그렇지만 이렇게 묻는 순간 자신에게 확인해야 할 것이 있다. 내가 바람을 살피며 바람에 마음을 빼앗기지 않는가? 바람은 살펴야 할 것이지만, 마음을 빼앗겨서는 안 되는 대상이다. 몸은 백척간두에 올라도 마음은 늘 평화로워야 한다. 평정을 잃는 순간 모든 것이 무너진다. 그 첫 시험이 눈에 보이는 바람의 꼬리뼈, 풍기이다. 이런 경험은 너무나 많이 해왔다. 바람에게 속은 자신을 채찍질 하고 다시는 바람에 속지 않기 위하여 바람을 살피는 일이 날마다 활터에서 되풀이되는 일이 되었다. 이제 바람은 나에게 아무것도 아니어야 한다. 그렇지만 바람도 만만치 않다. 풍기의 꼬리를 살랑살랑 흔들며 확신이 없는 날의 무사에게 거부하기 어려운 유혹을 보낸다. 그런 날들이 너무 많았다.

허리춤에 1순 화살을 차고 사대로 나선다. 비정비팔로 선다. 비로소 과녁이 내 발 밑으로부터 150미터 거리에 놓인다. 이제 150미터는 나에게 주어진 운명의 거리이다. 이 공간을 어떻게 넘을 것인가? 더욱이 바람 부는 공간을 어떻게 처리해야 하는가? 더 중요한 것은 그런 방법이 있는가? 이것이 사대에 선 무사가 스스로에게 던지는 질문이다. 고맙게도 그런 질문에 "그렇다!"라고 확실한 답을 해줄 수 있는 선배들이 있어, 사대에 선 무사는 스스로에게 그렇다고 대답한다. 그 대답은 확신이 된다. 오랜 세월 사람에서 사람으로 흘러온 전통이 무사의 몸속에서 살아있는 생생한 현실이 된다. 이렇게 되기 위하여 반드시 스승이 필요했다. 그 스승은 모든 것을 가르쳐주지 않는다. 왜 사냐고 묻는 구도자에게 빙긋이 웃는 것으로 대답은 충분하다. 그런 문답을 이해할 때에 비로소 활의 전통이 내 몸 속에 생생히 굽이쳐 흐름을 자각한다.

생각은 그렇다 해도 화살이 날아가는 150미터 거리는 현실이다. 바람이 불고 그 바람 속으로 무게 7돈짜리 죽시가 꼬리를 치며 날아간다. 살대 주위에 생기는 바람의 소용돌이를 허릿심으로 뚫고 가야 한다. 그래서 화살은 마치 잉어가 물살을 거슬러 오르듯이 헤엄치며 간다. 헤엄치는 동작에 가장 적합한 탄력을 지닌 살대를 골라야 하고, 그렇게 화살이 잘 빠지도록 만들어야 한다. 이것은 무사의 몫이 아니라 살장이의 몫이다. 이미 살장이의 손을 거쳐서 무사의 허리에 걸린 화살은 살장이의 몫까지 무사에게 넘어온다. 무사는 평소 그 화살의 특징을 잘 알아서 그에 맞춰 수련을 해왔다. 그렇기에 자신의 몸과 한 덩어리임을 믿어 의심치 않는다. 열 손가락 깨물어 안 아픈 손가락이 없듯이 2순 10발의 특징과 성질이 모두 다르다. 그 다른 특성에 맞춰 활을 쏘아야 한다.

다시 바람을 생각한다. 바람은 외부의 조건이고 물리현상이다. 그렇지만 무사에게는 그것을 셈할 겨를이 없다. 과녁 거리가 100미터 안쪽인 활에서는 이런 오차가 생기지 않는다. 바람이 100미터의 밖에 있는 우리 활에서만 일어나는 일이다. 바람을 셈해서는 150미터를 날아간 화살이 과녁에 닿을 수 없다. 100미터와 달리 150미터의 거리에서는 반드시 바람의 흐름이 꺾인다. 그러므로 무사가 아무리 정밀하게 계산하려고 해도 바람은 계산되지 않는다. 이 딜레마가 100 미터밖에 과녁을 놓은 활쏘기에서는 운명처럼 뒤따른다.

　　그렇다면 어떻게 할 것인가? 바람이라는 외부의 조건에 상관이 없는 내부의 조건을 만들어야 한다. 여기서 말하는 내부란 무사의 몸 안을 뜻한다. 바람이 어떻게 불어도 화살이 과녁으로 흘러드는 사법을 몸 속에 갖추어야 하고, 그러기 위해 무사는 지금까지 혹독한 자기 단련을 했어야 한다. 따라서 바람을 셈하여 표를 옮기는 사법은 아주 열등한 사법이다. 바람이 어떻게 불어도 표가 변하지 않는, 그래서 과녁이 자신의 마음속에 있는 그런 사법을 익혀야 한다. 세상의 물리 법칙에 위배되는 그런 사법이 있는가? "있다!"는 것이 한국의 활터에서 사대로 막나서는 무사의 믿음이다. 그런 믿음과 실천이 없다면 그 무사는 전통사법을 구사하는 무사가 아니다. 홀로 주먹구구 사법을 터득한 사람이다. 그런 사람은 한량이 될지언정 무사가 될 수는 없다. 아니, 한량의 자격도 없다. 그저 활 쏘는 사람인 궁사일 뿐이다. 무사는 자기 안에서 스스로를 이긴 사람이다. 한량은 활쏘기를 놀이로 할 수 있지만, 무사는 놀이가 아닌, 삶과 동작 그 자체의 한 순간에 영원을 담는 사람이다.

　　그러면 활터라는 외부의 공간을 어떻게 몸 내부의 조건으로 변화시킬 수 있는가? 그것은 정신이라는 말로 압축할 수 있다. 정은 몸의 작용

이고 신은 마음의 작용이다. 평상시 전통사법으로 자신을 충분히 단련시킨 무사는 일상에서 겪지 못하는 힘의 존재를 느낀다. 그러기 위해서는 과녁으로부터 벗어나야 한다. 과녁으로부터 벗어난다는 것은 무엇인가? 사대에 선 무사는 과녁을 노려본다. 그러면 세상의 모든 것이 멈추고 오로지 과녁만이 눈앞에 있다. 그러나 마음은 과녁으로부터 가장 먼 곳에 머물러야 한다. 과녁으로부터 가장 먼 곳이란 바로 자신이다. 맨눈은 과녁을 보지만 마음의 눈은 활을 당기는 자신을 살펴야 한다. 서로 다른 두 '나'가 활쏘기 동작이 이루어지는 사이 각기 다른 곳을 보는 것이다. 그러면 각기 다른 그 나가 보는 두 장면이 동시에 머릿속에 펼쳐진다. 의식과 무의식이라고 해도 좋고, 의식과 메타의식이라고 해도 좋다. 뭐라고 하든 '과녁을 보는 나'와 '나를 보는 나'는 분리된다. 처음 과녁을 살핀 나는 만작의 순간에 이르러 거의 다 사라진다. 과녁을 보고 있지만, 실은 자신의 내면을 살피는 것이다. 이때 활을 당기기 위해서 작용하는 모든 근육의 움직임이 샅샅이 느껴지고 숨을 통해 움직이는 여러 기운이 느껴진다. 마침내 3~5초에 걸친 동작들이 마무리 될 때 그 모든 동작들은 종이 한 장에 여러 그림을 그려놓은 듯이 낱낱이 펼쳐진 채로 한 장면으로 기억된다. 발시 후 깍짓손이 그리는 궤적까지도 환히 보인다. 즉 눈은 앞을 보고 있지만 몸의 뒤쪽이 동시에 보이며 나아가 자신의 온몸이 한 눈에 보이는 말도 안 되는 경험을 한다. 내가 나로부터 벗어나서 나를 내려다보는 것이다. 나의 테두리가 무너져 나를 둘러싼 세계 전체로 내가 확산된다.

이때 마음에는 관중에 대한 욕심이 생길 수 있다. 그러면 자신을 잊고 과녁을 골똘히 바라보게 된다. 따라서 사대에 선 무사가 과녁을 맞히고자 하는 것은 본능에 가까운 욕망이지만, 그 욕망에 휩쓸리지 않고 그 욕망으로부터 일정한 거리를 두는 냉정을 자신에게 요구해야 한다. 맞추고

자 하는 강한 욕심은 긴장을 유발하고, 이 긴장은 이미 활을 밀고 당기느라고 긴장을 한 몸의 근육을 경직되게 만든다. 몸이 경직되면 힘은 그 경직된 부분으로 몰리고, 몸의 일부분이 경직되면 몸 전체의 조화가 허물어진다. 머리카락 한 올만 이렇게 흐트러져도 화살은 엉뚱한 곳으로 날아간다. 그러므로 맞추려고 하되, 맞추려는 자신의 욕망으로부터 자유로워야 하는 모순에 빠지게 된다. 맞추려는 나와 그런 나가 만드는 긴장으로부터 멀어져 몸 전체의 조화와 균형을 추구하는 상반된 힘과 마음이 활을 쏘는 순간에 공존하게 된다. 그렇지만 경험을 많이 한 무사는 이 두 가지가 결국 한 가지 목표를 이루기 위하여 치러야 할 과정이자 대가임을 안다. 그리고 어느 쪽에도 기울지 않고 온 몸이 한 덩어리로 어울려 과녁마저 자신의 속으로 끌어들이는 방법을 안다. 몸 안이 이렇게 자리 잡으면 이미 몸은 몸 밖의 세상과 한 치 틈도 없이 하나가 된다. 허공을 공유한 나와 세계처럼 내가 곧 우주와 한 덩어리가 된다. 이렇게 되면 150미터를 날아가는 화살도 마찬가지여서 몸 밖을 날아가는 화살이 내 안에서 내 안의 목표물을 향해 날아가는 듯한 착각이 일어난다. 화살은 내 몸 밖으로 날아가는 것이 아니라 내 안에 있는 과녁을 향해서 날아가는 것이다. 이런 느낌이 짧은 순간 몸을 전율하듯 훑고 가면 화살은 보지 않아도 가서 맞는다. 홍심에 맞고 튀는 화살이 마치 바로 코앞에서 그러는 것처럼 또렷하다. 화살촉이 찍고 튀는 과녁 언저리의 못 자국까지 선명하게 보인다.

바람을 보되 홀리지 말아야 하고, 거리를 가늠하되 셈하지 말아야 한다. 활쏘는 사람에게 150미터는 셈할 수 있는 거리가 아니다. 내가 내 안의 원리에 충실할 때 150미터는 외부의 실제 거리가 아니라 화살이 알아서 찾아가는 무의식의 거리로 받아들여야 한다. 이런 수련은 한 사람이 일생에 이룰 수 없는 것이다. 반드시 여러 대를 거쳐서 실험을 마쳐야 하는 것이고, 그것을 우리는 전통 사법이라고 부르고, 근래에 변형된 사법과 대조하여 온깍지 사법이라 부른다. 그러므로 전통 없이 혼자서 이 경지에 이를 수 없다. 반드시 스승으로부터 올바른 지침을 받고 10년 이상 혹독한 수련을 해야 한다. 10년쯤 수련을 하면 그제야 스승이 무심코 던진 말들이 마치 칼로 찌른 듯이 가슴에 와서 박힌다. 그 전까지는 늘 들었지만 다 아는 말이었다고 생각한다. 그렇다! 다 아는 말들이다. 세상에 어른들이 못 알아들을 말이 어디 있던가? 공자 말씀이 어렵던가? 그렇지 않다. 오히려 아주 쉽다. 그렇지만 말이 쉽다고 해서 그것의 참뜻을 쉽게 깨닫는 것은 아니다. 말은 차원이 있고, 그 차원에 따라서 전혀 다른 뜻을 지닌 경우가 많다. 이것은 말이 어려워서 그런 것이 아니라 사람이 스스로 말과 제 경험의 한계 속에 갇혀서 그렇다. 비인부전이란 그릇이 안 돼서 전하지 않겠다는 말이 아니라 말을 해줘도 못 알아들으니 전할 수 없다는 말이다. 말을 해줘도 못 알아듣는 것이 이쪽 세상의 소식이다.

그렇다면 이렇게 전통 사법을 수련한 사람은 보통 사람과 무엇이 다른가? 맞고 안 맞고의 기준이 과녁이 아니라 나에게 있다는 것이 다르다. 보통 사람들은 자신이 화살을 쏴놓고 나서 과녁에 맞는가 안 맞는가를 살핀다. 맞으면 잘 쏜 것이고 안 맞으면 틀리게 쏜 것이다. 맞느냐 안 맞느냐가 잘 쐈느냐 못 쐈느냐의 기준이 된다. 이 말이 맞는가? 그렇다고 말하는 사람과는 더 이상 말해야 입만 아프다. 말귀를 못 알아듣는 것이다. 잘 쐈느냐 못 쐈느냐는 잘 맞느냐와 못 맞느냐 하는 것과는 다른 것이다. 잘 못 쏴도 화살이 과녁에 맞는 수가 있다. 어쩌다 잘 못 쐈는데 바람이 불어서 화살이 떠다밀려 맞는 것은 우리가 수 없이 경험하는 바다. 그런 것을 과연 잘 쐈다고 할 수 있을까? 우연히 맞힌 것을 자신의 실력으로 맞추었다고 착각하는 것은 상금을 노리고 하는 오락의 활쏘기에서나 통하는 것이다. 무사의 활쏘기에는 그런 것이 없다. 무사의 활쏘기는 과녁이 아니라 스스로 결정한다.

무사는 화살이 몸을 떠나는 순간 그 화살이 맞을 것인지 안 맞을 것인지 안다. 화살이 무겁에 도착하기 전에 벌써 안다. 맞았다고 생각하는데, 잠시 후 꽝 하는 소리가 들린다. 이번에는 맞지 않을 것이다. 그러면 화살이 맞지 않는다. 그것이 무사의 활쏘기이다. 무사라고 해서 매번 쏘는 족족 맞을 수는 없다. 활의 세기는 똑같지만 사람의 컨디션은 날마다 달라지기 때문이다. 그러나 사법은 일정하고 일관성이 있어서 마음의 눈에 보이는 자신의 몸이 제대로 통제되지 않는다는 것을 아는 무사는 통제되지 않는 몸의 그 어떤 부분 때문에 화살이 어떤 모습과 방향으로 날아갈 것인지를 금방 안다. 즉 발시 순간 화살의 비행을 정확히 예측할 수 있는 것이다. 화살이 과녁에 맞느냐 안 맞느냐를 아는 것이 아니라, 발시된 화살이 왜 그런가를 알게 되는 것이다. 바로 이것이 활쏘기의 완성이다. 무사는 발시 순간 자신이 완성되었는지를 안다. 완성되었다면 맞지 않아도 후회할 것은 없다. 쏘는 건 무사지만 그것을 완성하는 것은 하늘이다. 결과는 하늘에 맡길 뿐, 사람이 안달한다고 될 일이 아니다.

이런 마음으로 완성된 무사의 활쏘기는 옆에서 구경할 때도 남다르다. 바람에 떠다 밀리는 화살이 바람을 이기고 간다. 깃 쪽은 바람에 밀리지만 촉은 밀리지 않고 똑바로 간다. 그러므로 화살이 옆구리를 보이며 날아가서 과녁에 맞고 튀는 것이다. 무사에게 바람은 계산하는 것이 아니라 극복하는 것이다. 그 극복은 과녁에서 눈을 돌려 자신을 들여다보는 것에서 이루어진다. 자신을 들여다보는 무사에게는 안팎이 없고 공간이 사라진다. 바람도 없고, 소리도 없고, 거리도 없다. 바깥은 바람이 태풍처럼 휘몰아쳐도 무사의 마음속은 거울처럼 고요하다. 그 고요 속에서 활이 당겨지고, 숨이 들어오고, 잠시 멈춘 깍짓손이 절로 터진다. 곧이어 화살이 허공에 반구비를 그린다. 완벽하다.

활쏘기에서 마음이라는 것이 무엇일까요?
마음은 형체가 없어서 겉으로 드러나지 않는데
어떻게 그것을 형상화하고 개념화할까요?
그에 대한 답이 바로 사풍입니다.

PART 4

사법에서 사풍을 보다

01

사법과 사풍

활터에서 지켜야 할 예절이나 질서가 사법과 관련이 있을까요, 없을까요? 뭐라고 답하기가 참 난감한 질문입니다. 관련이 있는 것도 같고, 없는 것도 같고 ⋯ . 이것은 남 탓하자는 게 아니라, 제가 마주쳤던 혼란스러움을 말씀 드리는 겁니다. 활을 처음 배울 때는 과녁 맞히는 일에만 골몰하기 때문에 이런 문제에 대해 고민할 겨를도 없습니다. 그렇지만 저의 궁력이 25년을 넘긴 지금에 이르러 보면 사풍은 사법으로부터 나온 것이라는 생각이 듭니다. 마음의 상태가 시수에 큰 영향을 끼치기 때문에 마음을 잘 다스리는 사람이 나중에 활을 점차 더 잘 쏜다는 뜻입니다.

활터에서 마음이라는 것이 무엇일까요? 마음은 형체가 없어서 겉으로 드러나지 않는데 어떻게 그것을 형상화하고 개념화할까요? 그에 대한 답이 바로 사풍입니다. 사풍은 의식과 예절로 이루어지죠. 의식은 '신입사, 득중례, 과녁제, 집궁회갑, 납궁례' 같은 활터의 행사를 말하는 것이고, 예절은 '등정례, 팔찌동, 초시례' 같은 필수 예절을 비롯하여 '습사무언, 동진동퇴, 막만타궁' 같은 일상생활의 행동 규약 같은 것을 말합

니다. 저는 이것을 『한국의 활쏘기』에서 절차예절과 생활예절로 구분한 적이 있습니다.[1]

예절은, 그 분야의 구성원들이 오랜 세월에 걸쳐 합의한 질서입니다. 구성원들이 그렇게 합의한 데는 그럴 만한 이유가 있고, 그 이유는 대개 오랜 세월에 걸쳐 그렇게 하는 것이 부작용이 덜하다는 슬기에서 나온 결론입니다. 그런 예절의 바탕에는 한 시대의 정서와 사상이 깔려 있습니다. 활터의 질서는 조선시대의 유풍입니다. 유학으로 정신을 무장한 선비들이 자신의 마음이 몸을 통해 드러나는 질서와 세계관, 우주관을 확인하려고 활을 쏜 것입니다. 조선시대 활이 무기이기도 했지만 선비들의 교양이기도 했던 것은 그런 사연입니다. 문무를 겸전하려는 대단한 생각이 깔려있고, 그 생각은 동양 사회에서 추구한 인격체의 모델인 '군자'가 되기 위함이었습니다. 즉 활은 '군자의 도'였던 것입니다. 유학자라면 누구나 이루고 싶던 마음의 거울이 군자입니다. 동양에서 활쏘기는 그런 군자의 상태에 가장 가까이 다가갈 수 있는 몸으로 하는 실천 행위였습니다.

따라서 활터는 선비들이 추구했던 군자의 도가 엄정한 질서로 살아 있는 곳입니다. 우리가 아무 생각 없이 하는 하루하루의 행위와 무심코 따르는 질서가 동양 5천년 동안 선비들이 추구했던 이상사회의 모습이고 강령인 셈입니다. 이 얼마나 축복 받은 일입니까? 활터에 들어서는 순간 우리는 동양 사회에서 추구한 이상 사회에서 움직이는 것입니다.

이 유토피아가 하루아침에 지옥으로 변하는 순간이 있습니다. 과녁 맞추기에 골몰할 때입니다. 앞서 살펴보았듯이 사풍과 사법의 관계에서

---

1   『한국의 활쏘기』(개정증보판) 198~214쪽.

어느 쪽이 더 중요하다고 결정할 수는 없지만 시수와 마음의 관계로 볼 때 마음이 더 근본에 가깝다는 생각을 하게 됩니다. 그렇다면 사법보다 사풍을 더 중시해야 활터의 분위기가 좋아진다는 결론을 내릴 수 있습니다. 지금까지 내려온 활터의 질서를 지키며 다른 사람들과 잘 어울려 서로에게 도움이 되는 생활은 사풍을 제대로 이해하고 지킬 때 가능한 일입니다.

그런데 오로지 과녁 맞추는 일에만 골몰하여 화살 한 발의 결과에 희비가 오락가락 하는 사람이 나타나면 활터의 분위기는 하루아침에 깨져버립니다. 이렇게 시수와 결과에만 집착하는 사람은 시수로 자신의 능력을 보여서 사람들 위에 군림하려고 합니다. 그런 사람들을 위해서 잘 마련된 장치가 바로 승단 제도요 명궁 제도입니다. 승단이야 잘 맞추고자 하는 사람들의 승부욕을 자극한다는 점에서 좋은 점이 없는 것도 아니지만, 명궁 제도는 정말 사풍을 박살내는 고엽제 같은 제도라고 저는 생각합니다. 과녁만 잘 맞추면 명궁이 됩니다. 세상 어떤 분야에도 이런 엉터리 제도가 없습니다. 그래서 명궁이란 말의 뜻은 일반인들의 생각과 활터 사람들의 생각이 완전히 다릅니다. 활터 밖의 사람들이 생각하는 명궁은 잘 맞추는 것은 물론 활쏘기의 전통 문화에 대해서 해박하여 모르는 것이 없는 사람인데, 활터 안의 사람들이 생각하는 명궁은 45발 중에서 31발 맞힐 수 있는 능력만으로도 활터에서 왕 노릇하는 사람입니다. 둘 사이가 너무 벌어져서 이게 같은 말이라고 생각하기도 힘들 정도입니다.

온 활터 사람들이 그렇다고 여기면 그런 것이니 이에 대해 시시콜콜 얘기해봐야 입만 아픕니다. 그렇지만 활터 구성원들의 잘못된 생각과 상위 단체의 그릇된 제도 시행으로 앞서 말한 활터의 아름답고 중요한 요소들이 하루가 다르게 망가져간다는 것만은 꼭 지적을 해야 할 것 같습니다. 한국의 활터는 지금 유토피아에서 지옥으로 바뀌는 변곡점을 지나는 중이라는 얘기로 아쉬운 마음을 정리해야 할 듯합니다.

그렇지만 사법과 사풍이 칼로 무 베듯이 구별되지 않는 것이며, 활터에 몸담은 세월이 길어질수록 사법과 사풍은 점차 구별이 잘 안 될 정도로 밀접해지는 것은 분명합니다. 이에 대해 생각나는 대로 몇 가지 정리하고 갑니다.

1 _ 정심정기

이 말은 몸과 마음을 바르게 한다는 말입니다. 옛날 우리 사회 곳곳에서 쓰이던 이 말은 요즘 활터의 가장 흔한 비석문구가 되었습니다. 그 돌에 새겨진 글을 보고 마음에도 그렇게 지워지지 않게 새기라는 뜻인데, 대부분은 과녁에 마음이 쏠려서 자기 곁에 그런 글이 있는지조차도 잘 모릅니다.

마음이 바른 것은 눈에 잘 보이지 않습니다. 정심(正心)은 그 사람의 행실을 두루 살펴보고 판단할 수밖에 없습니다. 그렇지만 몸에 대해 얘기한 정기(正己)는 활터에서 금방 알아볼 수 있습니다. 활 쏘는 자세가 올바르게 서야 합니다. 어딘가 꾸부정한 자세는 틀린 것입니다. 옛날에 활터에서는 선비들이 활을 쐈다는 사실을 기억해야 합니다. 선비들은 밥을 굶어도 몸과 마음을 반듯하게 하려고 했던 사람들입니다. 그들이 오늘날 활터에 와서 사람들의 궁체를 보면 더러운 것 보았다고 자신의 눈알을 뽑으려 들 것입니다. 하하하.

이 심(心)과 기(己) 사이에 생략된 말이 기(氣)입니다. 생략된 그것이 활에서는 가장 중요합니다. 자세가 꾸부정하면 기운이 잘 돌지 않습니다. 궁체가 좋은 사람을 만나면 보는 사람의 마음까지 편안해지는 경험을 종종 합니다. 궁체가 비슷한 데도 보기에 더 좋은 사람이 있습니다. 그런 차이는 바로 이 기운에서 오는 것입니다. 그리고 그 기운은 마음의 상태가 반영됩니다.

2 _ 동진동퇴

동진동퇴는 사대에 같이 나아가고 같이 물러난다는 것입니다. 동진동퇴의 사풍은 활터의 특수한 환경 때문이기도 합니다. 즉 옛날 활터에는 화살을 주워주는 고전이 있습니다. 지금도 유서 깊은 활터에는 이 고전이 있습니다. 활을 한 순 내고 나면 쉬는 사이에 고전이 무겁에 떨어진 화살을 주워서 살날이에 실어 보냅니다. 이때 고전에게 사대 쪽에서 활을 쏘지 않는다는 신호를 보내야 합니다. 한두 사람씩 나서서 무질서하게 쏘면 고전 쪽에서는 활을 쏘는 건지 마는 건지 알 수가 없습니다. 그래서 일제히 나섰다가 일제히 물러나는 것입니다. 사람들이 일제히 물러서면 고전이 화살 치우라는 약속으로 알고 화살을 줍습니다.

동진동퇴는, 단순히 동작만을 말하지 않습니다. 과녁을 향해서 나란히 선 사람들에게는 행동의 공동목표가 있습니다. 그렇기 때문에 어떤 질서를 공유하게 되고, 그런 공통된 마음은 말로 하지 않아도 서로 공명합니다. 그래서 동진동퇴는 동작만이 아니라 마음 상태까지도 아울러 말하는 것입니다.

이런 상태에서 마음이 서로 같지 않은 사람이 섞여서 쏘면 어쩐지 자리가 불편합니다. 나는 활을 쏘는 순간의 나를 살피려고 활을 쏘는데, 옆 사람은 화살이 과녁에 맞나 안 맞나에 일희일비하고 있으면 정말 불편합니다. 똑같은 과녁을 두고 마음이 서로 다른 것입니다. 이러면 활 쏘임이 제대로 되지 않습니다.

이와 같이 동진동퇴는 단순히 나서고 물러서는 몸의 움직임만을 말하지 않습니다.

3 _ 팔찌동과 좌우달이

동진동퇴에서 저절로 만들어지는 습관이 좌달이 우달이입니다. 즉 좌우 교대 발시죠. 동진동퇴에는 사대에 서는 질서가 저절로 전제됩니다. 즉 팔찌동이죠. 이 팔찌동은 서열을 의미합니다. 그렇기 때문에 한량들의 차별성을 또렷이 하게 됩니다. 활 쏜 연조나 벼슬을 감안하여 순서를 정하게 됩니다. 옛날에는 계급 우선이었지만, 지금은 집궁 경력이나 연조를 감안하여 정하는 게 흔한 일입니다. 따라서 동진동퇴 하는 한 띠의 움직임 속에는 구별과 차등이 만든 질서가 서려있습니다. 이 질서는 엄정할수록 좋습니다. 이 질서가 무너진다는 것은 활터에서 위아래가 없다는 뜻이고 서로 존중하는 마음이 없다는 뜻입니다.

이렇게 팔찌동이 한량들 간의 서열과 질서를 꼼꼼히 따지는 행위라면, 활터 구성원 간의 평등을 또렷이 보여주는 것이 좌우 교대 발시입니다. 즉 첫 순에 우궁이 먼저 쐈으면 다음 순에는 좌궁이 먼저 쏘는 것입니다. 이것은 어느 한쪽이 더 불리하지 않도록 배려하는 것입니다. 매번 같은 쪽에서 발시하면 바람의 영향을 많이 받는 활의 속성상 먼저 쏘는 쪽이 불리합니다. 그래서 한 번은 우궁이 한 번은 좌궁이 먼저 발시하도록 조처한 것입니다. 공평한 게임을 위한 처방이죠.

이와 같이 팔찌동과 좌우달이는 활터의 질서와 평등을 고스란히 보여주는 일입니다. 사풍 에는 이와 같이 우리가 생각지도 못한 여러 가지 뜻이 담겨있습니다.

4 _ 습사무언

습사무언은 활 쏠 때 말하지 말라는 것입니다. 1차로는 사대에서 떠들지 말라는 뜻인데, 실은 그보다 더 중요한 것이 호흡입니다. 말을 하면 호흡이 흐트러집니다. 말을 하지 않는 게 좋습니다. 더욱이 호흡은 동양 사회에서 기를 끌고 다닌다고 믿었습니다. 기가 호흡을 따라간다는 것입니다. 그러니 호흡이 가쁘면 기가 교란을 일으킵니다. 나불거리는 주둥이는 재앙의 문입니다. 일상에서도 활터에서도 입은 닫는 게 좋습니다. 노자도 주둥이 닥쳐라(閉其兌)고 한 마디 했죠. 노자뿐이 아닙니다. 예수님도 한 마디 하셨네요. "더러운 것은 들어가는 것이 아니라 나오는 것이다."

활을 쏘는데 누군가 옆에서 자꾸 말을 하면 정말 거슬립니다. 말은 생각의 드러냄이기 때문에 귀로 말이 들어오면 그 말을 따라서 생각이 절로 일어납니다. 호흡으로 가라앉았던 망념이 한꺼번에 뿌옇게 떠오르는 계기가 바로 말입니다. 그래서 말 자체가 활쏘기에 방해가 됩니다. 활 쏠 때 마음은 명경지수 같아야 합니다. 말은 그 호수에 던져지는 돌멩이입니다.

절간의 수련법 중에서 묵언수행이 있습니다. 묵언은 말을 하지 않는 것인데 말은 분별의 수단입니다. 말을 하지 않는다는 것은, 뇌 속의 분별 작용을 멈춘다는 것입니다. 이 분별이 멈추어야 통으로 하나인 우주, 즉 부처를 봅니다.

활터에서도 마찬가지입니다. 활이 깨달음을 준다면 바로 이런 부분이 참선의 요소에 해당합니다. 활과 선이 다르지 않다고 하는 것은 이런 속성 때문입니다.

5 _ 일시천금

활터에 가면 일시천금(一矢千金), 또는 일시여금(一矢如金)이란 문구가 가끔 보입니다. 천금의 금은 돈을 뜻하고, 여금의 금은 황금을 뜻합니다. 같은 말이죠. 한 발 한 발을 그렇게 귀하게 여기라는 뜻입니다. 그런데 요즘은 대회가 많고 대회 상금이 있어서 그 한 발이 대회의 상금을 결정합니다. 그러다보니 돈 잘 벌라는 뜻으로 오해하기도 합니다. 설마 활터에서 돈 많이 벌라는 뜻으로 돌에 새겨서 세우지는 않았겠지요.

02

집궁제원칙

활터에는 옛날부터 전해오는 잠언이나 문구가 적지 않습니다. 모두 활을 잘 쏘기 위한 비결들이죠. 이런 비결을 근래에 모아서 집궁제원칙을 제정했습니다. 조목을 8가지로 한정했기 때문에 집궁8원칙이라고도 합니다. 활 공부에 많이 참고가 되는 내용이어서 여기 소개합니다.

> 선관지형 후찰풍세
> 비정비팔 흉허복실
> 추여남산 발여호미
> 발이부중 반구저기

선관지형은 활을 쏘기 전에 주변 환경을 살펴본다는 뜻입니다. 지형에 따라 달라지는 바람 때문입니다. 그래서 바로 뒤이어 후찰풍세가 따라 나옵니다. 지형과 바람은 밀접한 연관이 있기 때문에 활량은 특별히 살펴보아야 합니다. 가장 바람직한 것은, 바람에 영향을 받지 않는 훌륭한 사법을 연마하는 것이지만, 그렇게 되기 전까지는 바람의 흐름을 살펴야 시수에 유리합니다. 이 구절은 정사론에도 나오는 것으로 보아 옛날부터 전해온 것으로 보입니다.[2]

비정비팔은 발 모양을 말하는 것이고, 흉허복실은 몸통의 상황을 말하는 것입니다. 비정비팔을 제대로 서는 것이 활쏘기의 시작입니다. 이 발자세가 제대로 되어야만 흉허복실이 이루어집니다. 활터에선 이 말을 안 쓰는 사람이 없습니다. 그렇지만 이 말뜻을 제대로 아는 사람도 거의 없습니다. 요즘 활량들이 취하는 비정비팔의 발 모양이 『조선의 궁술』에서 말하는 모양과 다릅니다. 그 상태에서는 이 말을 아무리 잘 이해하려고 해도 깨달음이 일지 않습니다. 동작을 다르게 취하면서 그 말을 제대로 이해할 순 없습니다. 전통사법의 비정비팔 모양을 제대로 지킬 때 흉허복실도 이루어집니다.

흉허복실도 겉모양을 말하는 것이 아닙니다. 그러니 발 모양이 다르면 흉허복실도 틀린 것입니다. 발을 제대로 서야 흉허복실을 말할 수 있습니다. 오해하기 딱 좋은 말이 이 구절입니다. 똥배를 가득 내밀고서 그게 이 말의 뜻이라고 여깁니다. 똥배가 나온 것은 흉허복실이 깨진 증거입니다.

추여남산 발여호미는 원래 전추태산 후악호미인데, 중국 병법서인 기효신서에 기원한 말입니다.[3] 원문은 <前手如推泰山 後手如握虎尾>인데, 중국의 사법이 우리와 다르기 때문에 이를 안 선조들이 후악호미라고 하지 않고 발여호미라고 하였습니다. 그렇지만 전추태산은 그대로 썼습니다.

전추태산은 우리 사법에서 자칫 오해할 수 있는 구절입니다. 우리

---

2   『정사론』제1

3   『기효신서』

활 쏘 기 의   지 름 길

활에서는 중국 활과 달리 줌손을 밀면 안 됩니다. 줌손에 힘을 주어 미는 것은 줌의 높이가 낮은 중국 활의 경우에 해당하는 일입니다. 우리 활에서 줌손은 버텨주기만 하면 됩니다. 차라리 받친다고 하는 게 옳을 것입니다. 따라서 우리 활에 쓰이려면 표현도 조금 바꾸어야 합니다. 줌손을 가리키는 모양도 약간 표현을 달리 하면 좋습니다. 그래서 추여남산(推如南山)이라고 바꾼 것입니다.[4] 남산은 앞산을 가리키는 말이니 줌손은 앞산을 밀 듯이 버티라는 말이고, 발시 후의 깍짓손 모양은 범의 꼬리 모양으로 하라는 뜻입니다. 전추태산 후악호미는 깍짓손을 고정시키고 줌손을 밀어서 발시하는 중국 사법 특유의 동작을 나타낸 말입니다. 이것을 우리 사법에 적용시키면 반깍지 사법이 됩니다. 온깍지 사법에서는 후악호미가 될 수 없습니다.

발이부중 반구저기는 예기 사의 편에 나오는 말입니다. 공자가 한 말로, 쏘아서 맞지 않으면 외부 환경을 탓하지 말고 자신에게서 원인을 찾으라는 말이죠. 단순히 활쏘기에만 그치지 않고 인생 전반에 걸쳐 적용할 수 있는 원리이기에 많은 분야에서 인용되는 구절이기도 합니다. 이곳의 '諸'는 <저>라고 읽어야지 <제>라고 읽으면 안 됩니다.

집궁제원칙에 추가하고 싶은 구절이 하나 있어 소개합니다. 주역에 나오는 말이었는데, 곡성의 반구정에 걸린 <반구정기>에도 인용된 구절입니다. '장기어신, 대시이동(藏器於身待時而動)'이 그것입니다.[5]

몸으로 갖추고 있다가 때가 오면 움직여준다는 뜻입니다. 정말 무서운 말이죠. 몸속에 늘 준비가 되어있지 않으면 때가 와도 아무 것도 할 수 없습니다. 평상시 수련을 열심히 해서 완전히 버릇이 몸에 배어

---

4   온깍지활쏘기학교 카페, '사법공부방'
5   노용신 해의, '반구정기', 『국궁논문집』 제3집, 온깍지궁사회, 2003.

있어야만 때가 올 때 과녁을 맞힐 수 있다는 뜻입니다. 활만이 그러할까요? 세상 모든 일이 그러합니다. 언제일지 모르지만, 언젠가는 다가올 그 순간을 위하여 단 하루도 한 순간도 그칠 수 없는 훈련, 그것이 활입니다. 그런 것이 한량의 조건이고, 선비의 삶입니다.

선관지형 후찰풍세
비정비팔 흉허복실
추여남산 발여호미
발이부중 반구저기
장기어신 대시이동

03

활 공부에 필요한
몇 가지 생각

단순히 과녁 맞추기에 그치지 않고 좀 더 깊은 활 공부를 하려면 생각을 바꾸어야 합니다. 특히 과녁 맞추려는 생각을 버려야 합니다. 그렇지 않으면 관중욕에 눈이 멀어 새로운 것을 볼 수 없습니다. 그런 공부를 하려는 분들을 위한 짧은 생각들을 몇 가지 정리해봅니다.

1 _ 우리 활의 원리

우리 활은 아직 말글로 정리된 적이 별로 없습니다. 앞으로 정리하고 밝혀야 할 것들이 무궁무진합니다. 여기서는 앞서 다루지 못하고 지나온 우리 활의 몇 가지 원리를 생각해봅니다.

① 짤심과 우리 활

양궁은 거의 직선운동입니다. 먼저 줌손을 과녁 쪽에 튼튼히 박아놓은 다음, 깍짓손을 직후방으로 당겼다 놓는 방식입니다. 그러나 국궁은 곡선운동입니다.[6] 이 곡선의 움직임은 발모양에서부터 비롯됩니다. 우리 활의 비정비팔이 과녁과 거의 맞보는 방향으로 놓였기 때문에 당기면 당길수록 몸이 나사처럼 돌아갑니다. 몸통이 돌아가는데 그 위에 놓인 양 손이 직선으로 움직인다면 그게 오히려 이상한 일입니다. 몸통이 만드는 이 회전의 성질 때문에 손도 일직선으로 움직일 수 없습니다. 이것이 우리 활의 비밀입니다. 이 비밀을 이해하지 않으면 끝내 우리 활의 이치를 터득할 수 없습니다.

몸통이 돌면 팔은 어떻게 움직일까요? 양손의 높낮이가 다른 만큼 팔도 곡선을 그리며 움직입니다. 그리고 이 곡선을 부채질하는 것이 줌손의 모양입니다. 중구미를 엎고 하삼지로 흘려쥔 모양이 벌써 팔이 둥글게 돌아가도록 만드는 조건으로 작용합니다. 이것은 팔뼈의 구조상 움직임이 최대한의 효율을 내려는 방식입니다. 이렇게 하면 화살을 가운데 놓고서 양손이 짜입니다. 그래서 빨래 짜듯이 하라는 격언이 나온 것입니다. 우리 활은 곡선 속에서 직선이 나옵니다. 화살은 직선이지만 그것을 휘감은 몸은 곡선으로 움직입니다. 따라서 화살의 직선은 단순한 직선이 아니라 짤심을 가득 머금은 직선입니다 이것이 우리 활에서 화살이 바람을 뚫고 가는 신비한 힘의 비결입니다.

② 활에서 쓰는 근육

활에서 쓰는 근육은 우리가 일을 할 때 쓰는 근육과는 다릅니다. 평상시 잘 쓰지 않던 근육들을 씁니다. 이런 것을 역근(易筋)이라고 합니다.[7] 그렇기 때문에 이런 근육들이 활 동작에 적응하는 데 일정한 시간

---

6   '현곡의 전통 사법을 찾아서', 『전통 활쏘기』 63~99쪽.
7   '국궁의 전통 사법에 대한 고찰' ; 『활쏘기의 나침반』 327쪽

활 쏘 기 의   지 름 길

이 걸립니다. 열심히 하면 3년 정도 걸립니다. 그러므로 활 배운 지 얼마 안 되어 시수가 난다는 것은, 전통 사법에서 요구하는 근육을 쓰는 것이 아니라, 우리가 일할 때나 일상생활에서 쓰는 근육을 써서 쏘는 것입니다. 전통 사법이 아니라 마구잡이 사법을 쓰는 것입니다. 이것은 막일을 하고 와서 활을 쏴보면 금방 압니다. 일 하고 와서 쏘면 활이 잘 안 맞습니다. 일을 함으로써 활 쏠 때 쓰는 근육을 흔들어놓았기 때문입니다. 일할 때는 활 쏠 때와는 다른 근육을 쓴다는 증거입니다.

③ 활에서 쓰는 힘

얼음판에서 갑자기 미끄러져 균형이 무너질 때 몸은 반대쪽의 근육을 써서 균형이 허물어진 쪽을 바로 잡습니다. 내가 넘어진다고 판단하기 전에 몸이 알아서 저절로 움직입니다. 조금 더 비유하자면, 옛날 여인들은 머리 위에다가 항아리나 짐 같은 것을 올려놓고서도 먼 길을 가는데 아무런 어려움이 없었습니다. 손도 놓고 머리만을 움직여서 물건이 떨어지지 않도록 하죠. 오늘날에도 아프리카에서는 여인들이 그렇게 하고 다닙니다.

활에서 쓰는 힘은 바로 이런 것입니다. 그래서 몸의 중심이 잘 잡혀있어야만 시수가 오래도록 꾸준한 수준을 유지합니다. 손끝이나 손목 같은, 몸의 끝에서 내는 힘으로는 소나기활로 끝나고 맙니다. 소나기활이 뭐냐고요? 시수가 갑자기 나다가 뚝 떨어지는 반짝 시수를 말하는 겁니다.

힘을 쓰더라도 몸의 중심으로부터 이끌어내면 의외의 큰 힘을 냅니다. 지게질을 하더라도 지게에 실린 짐의 무게를 몸무게의 중심으로 옮겨놓으면 상상도 못할 만큼 큰 짐을 지게 됩니다. 이상의 비유가 적절한 지는 저도 잘 모르겠습니다만, 하여간에 활에서 쓰는 힘은 이렇게 중력에 작용하는 힘의 중심을 몸의 중심으로 옮겨놓음으로써 전혀 힘들이지 않는 그런 힘을 씁니다. 그 힘의 중심은 어디일까요? 당연히 불거름, 즉 단전입니다. 동양과 서양의 모든 상승무예와 내공 수련에서 추구하는 핵심이 전통 활쏘기의 한 동작 속에 고스란히 살아있습니다.

온깍지는 동작이 커서 시수가 잘 안 난다고 입방아 찧는 사람들은 이런 세계를 도저히 이해할 수 없습니다. 동작이 크기 때문에 더욱 몸의 중심을 향해서 부분의 힘이 작동하게 됩니다. 이것이 온깍지로 한 번 궁체가 잡히면 반깍지 동작이 도저히 따라올 수 없는 이유입니다. 온깍지 동작은 궁체를 잡는데 시간이 더 많이 걸리지만, 한 번 궁체가 잡히면 전천후입니다. 죽시를 쓸 때나 카본살을 쓸 때나 차이가 거의 없고, 개량궁을 쓰나 각궁을 쓰나 차이가 거의 나지 않습니다. 몸의 가장 깊은 곳에서 나오는 동작이기에 손끝에서 조금 흔들려도 중심에서 알아서 반대 쪽을 움직여 조절합니다. 미끄러진 사람이 자신도 모르는 사이에 반대쪽을 움직여 균형을 잡는 것처럼.

2 _ 활터 운영

습사를 할 때 활터를 어떻게 운영해야 하는가 하는 것을 고민할 필요가 있습니다. 활터 운영은 효율성을 지향하는데, 이 점은 사법에서도 마찬가지입니다.

① 습사량

활을 배울 때는 습사량도 중요합니다. 활을 제대로 배워서 쏘면

2~3순이면 족합니다. 이 정도 쏘면 기운이 온몸을 다 돌기에 충분합니다. 굳이 많이 쏘려고 욕심 낼 것이 없습니다. 많이 쏘려고 욕심을 부리는 것은, 과녁 맞추는 쾌감을 충족시키려고 하는 것입니다. 억지힘을 쓰기 마련입니다. 활을 제대로 쏘면 기운이 돌고, 기운이 다 돌고 나면 불거름에 축기됩니다. 전통 사법이 아닌 마구잡이 사법으로 쏘면 제 힘 이상으로 쏘게 되고, 오히려 쏠수록 기운이 방전됩니다.

② 띠 짜기

화살을 한 발 한 발 쏠 때도 어느 정도 쉬는 시간이 필요합니다. 한 띠를 5명 정도로 짜서 쏘면 다음 차례를 기다리는 동안 쉬게 되어 좋습니다.[8] 요즘은 쏘는 속도가 빨라져서 한 띠를 7명 정도로 하는 것이 적당합니다. 혼자서 쏠 때도 마찬가지입니다. 혼자 쏜다고 연달아 막 쏴대면 잘 맞을지는 몰라도 스스로 기운을 갉아먹는 일이 됩니다. 기운은 한 번 움직이면 제 자리로 돌아오는 데 걸리는 시간이 있습니다. 마치 다 퍼낸 옹달샘에 물이 차는데 시간이 걸리는 것처럼 말이죠. 따라서 혼자 쏠 때도 연달아 쏘지 말고 짬을 두어 천천히 정성을 다하여 쏘는 것이 좋습니다.

③ 활터 환경

다음 순을 기다리는 동안 엉뚱한 짓 하지 말고 반구저기 하는 것이 좋습니다. 그 틈을 못 기다리고 애들처럼 핸드폰 게임을 하거나 잡담을 하면서 시비분별만 늘어놓으면 활 공부에 큰 방해가 됩니다. 일상의 관

---

8   정진명, '단체전 띠에 남은 서울 편사의 자취', 『국궁논문집10』, 고두미, 2018. 162~163쪽

성으로부터 벗어나는 것이 활을 제대로 배우는 이유이기도 합니다. 반구저기는 자신을 곰곰이 돌이켜보는 것입니다. 이것을 방해하는 요소는 활터에서 조금씩 줄여가는 것이 좋습니다. 특히 티브이는 거실에 두지 말고 방구석으로 옮겨서 꼭 필요한 사람만 보게 하는 것이 좋습니다. 입은 재앙의 문이고, 티브이는 분란의 창입니다.

④ 연전 또는 고전

화살 주우러 가는 것을 연전이라고 합니다. 옛날에는 활터마다 고전을 두었습니다. 고전은 연전꾼, 연전동이라고도 하는데, 무겁에 떨어진 화살을 주워서 살날이에 실어보내는 사람으로, 일정한 보수를 주고 고용했습니다. 해방 전에는 논 4~5마지기를 주어서 생활의 안정을 보장해주며 활터 관리까지 맡겼습니다.

요즘은 고전을 두는 활터도 많이 사라졌습니다. 한량들 스스로 무겁에 가서 화살을 주워옵니다. 이 연전은 본인이 스스로 해야 합니다. 무겁에 가 보면 화살이 떨어진 위치를 정확히 알 수 있고, 그것을 보고서 자신이 어떻게 쏘았는지를 알게 됩니다. 남에게 시키면 여러 가지로 문제를 일으킵니다. 화살 줍는 것이 어려워서 그런 것이 아니라, 공평하지 못한 일을 겪기 때문에 짜증이 나는 것입니다. 이것이 나중에는 싸움의 빌미가 되고 분란의 씨앗이 되죠.

⑤ 활터의 금기어

활터의 분위기를 해치는 말이 있습니다. 종교와 정치가 그것입니다. 이 두 가지 주제는 꼭 활터만이 아니라 어떤 동호인 모임에서든 입에 담아서 좋을 게 없습니다. 이 두 가지는 반드시 시비분별을 일으킵니다. 특히 정치 문제는 더더욱 그렇습니다. 활터 사람들을 편 가르는 가장 한심한 주제가 정치 이야기입니다. 한 사람이 정치권 이야기를 하면 일파만파로 번져가면서 옳으니 그르니 감정을 일으킵니다. 한번 휩쓸리면 걷잡을 수 없습니다. 감정만 상하고 아무런 성과 없이 끝나는 게 이따위 말들이죠. 그러니 활터에서는 반드시 이 두 가지 주제를 거론하지 않도록 신경 써야 합니다.

3 _ 활과 풍속

우리 활은 한국의 전통 문화 속에서 태어났습니다. 그러므로 한국 전통 문화의 핵심을 다른 영역과 공유하고 있습니다. 예컨대 춤꾼들의 말을 들어보면 우리가 활을 쏠 때 쓰는 여러 가지 원리가 아주 비슷하게 닮다 못해 빼다 박았다는 생각이 들 정도입니다. 춤에서도 발 자세를 비정비팔이라고 하고, 발 움직이는 원리를 까치걸음이라고 합니다. 게다가 호흡까지 확인하면 우리의 활과 춤이 정말 같은 바탕에서 나왔음을 알 수 있습니다. 심지어 북 만드는 일에도 활과 관련이 있습니다. 북의 부분 용어에 '온각'과 '반각'이라는 말이 있습니다. 활의 용어인 '온바닥'과 '반바닥', '온깍지'와 '반깍지' 같은 짝이 이 말과 정확히 대응을 이룬다는 사실을 알 수 있습니다. 인천편사에서는 '온종띠'와 '반종띠'라는 말도 있습니다.

우리 활은 과녁 맞추기 하나만을 딱 떼어 놓고서 볼 수 없습니다. 다른 문화가 활터에 공존합니다. 그런 공존의 갈래들을 공부하는 것도 활 공부에 좋은 효과를 냅니다. 예컨대, 활터에서는 획창을 하고 획지를 씁니다. 획창은 소리이고, 획지는 붓글씨로 씁니다. 따라서 우리 소리와 붓글씨도 활과 깊은 관련이 있습니다. 우리 소리는 단전의 힘을 이용합니다. 따라서 우리 활도 단전을 이용합니다. 같은 원리로 하는 것입니다. 게다가 우리 활에는 '불거름'이라는, 단전을 가리키는 용어가 있습니다. 이에 대한 인식이 또렷했다는 증거입니다.

① 활과 음악

활은 사람의 몸속 기운을 고동치게 하여 몸 밖으로 끌어내는 일입니다. 이렇게 몸속에 있던 것이 밖으로 나올 때는 반드시 모양이 있고 형식이 있습니다. 이 기운을 북돋아서 다른 사람들과 어울리게 하는 양식이 바로 음악입니다.

동양에서 음악은 단순히 귀를 즐겁게 하는 것이 아니라 행동거지와 사유를 깊게 하는 중요한 형식이었습니다. 오히려 요즘처럼 귀만을 즐겁게 하는 음악은 금기사항이었습니다. 공자가 음악을 정리할 때 정나라의 음악을 음란하다고 한 것도 바로 이런 부분을 지적한 것입니다. 임금이 움직일 때는 그에 걸맞은 음악을 붙여서 '거둥'이라고 하였습니다. 활쏘기는 대사례와 연사, 그리고 향사례가 있어서 음악을 반드시 붙였고, 이런 풍속은 민간으로도 흘러나와 편사로 자리 잡았습니다.

편사에는 일정한 형식이 있습니다. 한량이 활을 쏘아 과녁을 맞히면 거기에 걸맞은 소리를 경기민요로 합니다. 그래서 활터의 활쏘기를 완전히 잔치 분위기로 바꿉니다. 이렇게 소리를 뒤에 붙이고서 하면 흥이 한결 더 나고 활 쏘는 맛도 남다릅니다. 이렇게 소리와 춤까지 섭렵한 사람을 '한량'이라고 합니다. 현재 이 풍속은 인천 지역에 고스란히 전해져서 여영애 여무사가 '사단법인 인천전통편사보존회'를 꾸려서 이어가는 중입니다.

한편, 우리 소리는 경기민요만 있는 것이 아니라 전라도 지역에서 발전한 남도 소리도 있습니다. 당연히 전라도 지역의 활터에서는 남도 소리로 창을 했습니다. 이것을 특별히 '호중'이라고 합니다. 이것은 1970년대 말에 맥이 끊겨서 점차 사라질 위기에 처했습니다. 이런 것을 처음으로 온깍지궁사회에서 찾아서 2002년 윤준혁 사수의 취임식 때 시연했고, 뒤이어 2014년 출범한 온깍지편사회에서 온깍지활쏘기학교 동문들 모임 때 1년에 2차례 정기 공연을 진행 중입니다. 2018년 5월에는 활음계의 젊은 소리꾼들이 대전 대동정의 박문규 접장님을 찾아가서 그간 하던 소리를 한 번 더 확인받았습니다.

인천 편사와 달리 남도 소리로 하는 호중은 자칫하면 끊어질 위기에 처했기에 여기 간단히 그 이력을 정리해둡니다.

    ─ 1999~2000. 온깍지궁사회 결성 예비모임.
    ─ 2001. 1. 청주 우암정에서 온깍지궁사회 출범. 성낙인 선생의
       지도로 획창 하는 방법 배우고, 서울편사의 운영 방식을 대회에
       적용함.(이후 이 방식은 온깍지궁사회 활동 내내 이어짐.)
    ─ 2002. 온깍지편사 계획 수립. '서울편사보존회' 결성.(온깍지궁
       사회 조직과 동일.)
    ─ 2003. 1. 곡성 반구정에서 윤준혁 사수 취임식을 거행함. 전남
       대 국악과 학생들을 소리꾼과 기공으로 동원함. 이때 한량놀음을
       해봄.
    ─ 2007. 온깍지궁사회 공개 활동을 마감하고 사계로 전환. 사계
       활동은 카페에 정리됨.

― 2012. 2. 온깍지활쏘기학교 출범. 서울편사보존회를 온깍지편 사회로 재편성. 매년 봄에는 편사, 가을에는 상사회를 실시.

― 2014. 5. 30. 활음계(활터음악계승회) 출범. 충북예술고 국악 전 공 학생들로 구성.

― 2014. 11. 활음계 주최 제1회 꿈이 크는 음악사랑방(김은빈 가 야금병창 독창회).

― 2015. 5. 활음계 주최 제2회 꿈이 크는 음악사랑방(감수현 가야 금 독주회)

― 2015. 5. 『전통 활쏘기』출판기념회 축하 활음계 공연.

― 2015. 10. 장호원 뚝방터에서 한량놀음과 획창 시연함.

― 2016. 11. 제1회 우리 활과 소리의 만남 공연. 회두취임 상사 대회에서 한량놀음을 실시함.

― 2017. 5. 제2회 우리 활과 소리의 만남 공연. 서울 터편사와 한 량놀음 실시.

― 2017.11.16. '2017 젓가락페스티벌 북콘서트'에서 획창 시연 및 국악 공연.(서수민, 엄유정, 이소정, 서혜리, 김진희)

― 2018. 4. 7. 제3회 우리 활과 소리의 만남 공연. 제3회 온깍지 회두배 활쏘기 대회 참가.

― 2018. 5.22. 활음계 대전 대동정 방문. 박문규 사범으로부터 호 중 배움.[9]

― 2018. 5.28. 충북예술고 국악실에서 호중 전 과정을 녹화함.[10]

― 현재 온깍지편사회를 구성하는 참여단체는, 온깍지궁사회, 온

---

9   이상의 내용들은 거의 다 디지털 국궁신문에 기사화 하였다.

10   정진명(한량획창), 엄유정 이소정(가야금병창), 김진희(해금), 박혜선(장구), 서수민(촬영)

깍지활쏘기학교, 온깍지동문회, 활터음악계승회임.

활터는 5천년의 역사가 살아 숨 쉬는 문화공간입니다. 나 혼자 잘 쏘면 끝나는 과녁 맞히기의 세계만이 있는 게 아니라, 모든 구성원들이 어울려야 고동치는 한 세상이 있습니다. 그런 세상의 질서를 형식화한 것이 활터 음악입니다. 그것을 이해하지 못하면 우리 활에는 '전통'이라는 말을 붙일 수 없습니다.

② 활과 붓글씨

활터에는 붓글씨도 있습니다. 옛날에 대회 기록을 한지 전지에 붓글씨로 썼습니다. 그러므로 붓글씨를 배우는 것도 활을 이해하는 데 큰 도움이 됩니다. 붓글씨를 쓰는 원리나 활을 쏘는 원리나 다를 것이 없음을 깨닫게 됩니다.[11]

활쏘기를 한 뒤에 붓글씨를 쓰면 붓이 나가는 느낌이 확연히 다릅니다. 모두가 우리 몸에 흐르는 기운을 이용하는 것이기 때문입니다. 동양의 모든 예술에서 마지막에 마주치는 것이 이 '기운'입니다. 동양화에서도 기운생동(氣韻生動)을 강조합니다. 이러한 예술세계는 동양 선비들의 교양이었습니다. 활쏘기가 한결 더 깊어지는 것이 붓글씨를 배우는 것입니다.

③ 활과 의학

동양 사람들이 서양 사람들과 현저히 다른 관습 중 하나가 '기'에

---

11   정진명, 『한국의 붓』, 학민사, 2017. 43~46쪽.

대한 것입니다. 동양에서는 기에 대한 이야기가 무척 많습니다. 그리고 그것을 논리화하여 여러 영역으로 독립을 시켰습니다. 별자리에 관한 것은 천문으로, 땅에 관한 것은 풍수지리로, 인생의 운명에 대한 것은 사주명리학으로, 건강에 관한 것은 본초학과 침뜸 의학으로 정리하였습니다.

활쏘기는 몸에 관한 것입니다. 그러므로 침뜸 의학이 깊은 연관을 맺고 있습니다. 특히 경락론을 공부하면 우리의 몸에서 벌어지는 기운의 흐름을 정확히 알 수 있습니다. 활쏘기는 특히나 기를 쓰는 운동이기 때문에 경락론을 이해하지 않으면 옛 사람들이 남겨둔 잠언이나 지침을 제대로 파악하기 어렵습니다.

④ 활과 철학

활은 조선의 지배층이 가장 중요시 여긴 무예입니다. 조선시대의 선비들은 성리학으로 무장한 사람들입니다. 활터에는 많은 계훈이나 잠언들이 적잖이 전해오는데 그런 글들을 들여다보면 이런 영향이 엄청나게 크다는 것을 알 수 있습니다. 예컨대 정심정기나 인애덕행, 염직과감 같은 말들은 물론이고, 활터의 정기(亭記)나 주련 같은 데 쓰인 구절들을 보면 반드시 이런 사상이 배경으로 깔려 있습니다. 그런 글들은 옛 한량들이 활을 쏘면서 무엇을 추구했는가 하는 것을 엿볼 수 있는 중요한 편린들입니다.

시간 나는 대로 이런 글들을 읽으며 옛 사람들이 활터에 남긴 정신의 향기를 맡아보는 것도 활을 이해하는 데 큰 도움이 됩니다. 활에서 끝나는 공부는 활 공부의 말류입니다. 우리 활 공부는 결코 활에서 끝나지 않습니다. 활 공부는 드넓은 전통의 바다를 향해 끝없이 펼쳐집니다.

4 _ 무술과 양생

활은 워낙 단순한 동작이어서 이것이 무술이라는 사실을 잊기 쉽습니다. 모든 무술의 동작을 하나로 줄이자면 결국 활쏘기 동작이 됩니다. 활쏘기 1초식에 모든 무술의 핵심 비결이 다 담겨있습니다. 그 1초식에서 무술의 원리를 읽어내려는 노력을 하지 않으면 활쏘기 하는 이유와 근거가 없어집니다.

모든 무술이 지향하는 것은 건강 즉, 양생입니다. 그렇기 때문에 목표도 아주 단순합니다. 병 앓지 않고 건강하게 살려는 것입니다. 이런 공통된 목표가 활에도 해당됩니다. 다른 무술에 대한 이해가 활 공부를 깊이 하는데 큰 도움이 됩니다.

① 활과 다른 무술

개량궁이 등장하기 전에 우리 활은 무술이었습니다. 조금 더 올라가서 조선 말기까지 거슬러 가면 우리 활은 무기였습니다. 무기를 다루는 기술을 무술이라고 합니다. 무술은 양생의 기초 위에 설 때 가장 수준 높은 단계에 이릅니다. 상대를 제압하기 위한 목적을 버린 무술은 모두 양생을 지향합니다. 즉 남을 때려눕히려고 무술을 하는 사람은 없다는 뜻입니다. 따라서 다른 무술에서는 힘을 어떻게 쓰는가 하는 것을 눈여겨보는 일도 우리 활의 공부를 깊게 하는 좋은 방법입니다.

현재의 과녁 맞추기 요령만 남은 사법 가지고는 절대로 다른 무술과 교류할 수 없습니다. 우리의 전통 사법은 과녁 맞추기 용이 아니라 그 이전의 양생 스포츠이며, 더 나아가 적을 죽이던 무술이라는 것을 잘 기억할 필요가 있습니다. 무술에는 모든 사람과 모든 문파에 공통으로 작용하는 원리가 있습니다. 다른 무술에서 중요한 원리가 활쏘기에서도 확인되어야 한다는 뜻입니다. 다른 무술에는 없는데 활쏘기에만 있는 것은 중요하지 않은 것일 경우가 많습니다. 예컨대 다른 무술인들에게 활쏘기를 보여주면 대뜸 반깍지보다 온깍지가 더 좋은 동작이라고 말합니다. 활을 전혀 모르는 권사(拳士)들도 마찬가지입니다. 그렇기에 반깍지는 틀린 동작이라고 판단하는 것입니다. 이런 안목은 활만 쏴서는 얻을 수 없습니다. 반드시 다른 무술의 원리를 이해한 가운데서 짚어낼 수 있는 것입니다. 그러니 다른 무술을 도외시해서는 활 공부가 깊어질 수 없습니다.

② 활에서 양생을 보다

우리 활쏘기는 양생의 단계에 진입했습니다.[12] 무술이 양생과 마주친 것은 중국 무술이 처음입니다. 300년 전부터 시작하여 태극권 팔괘장 형의권이 현재 이런 내가권 무술로 자리 잡았습니다. 우리 활도 이런 내가권 무술에 속합니다.[13] 그런데 이런 내가권 무술은 도가의 도인법과 결합하여 논리화한 것입니다. 도인법은 인도의 요가와도 비슷한데 최근에는 기공이라는 이름으로 자리 잡았습니다. 이런 세계를 논리화할 수 있는 것이 동양의학의 경락이론입니다. 경락을 바탕으로 형체가 없는 기의 세계를 체계화할 수 있었습니다. 활을 잡는 순간부터 기운이 활성화되도록 짜인 우리 활의 비밀을 풀 수 있는 유일한 방법이 경락입니다. 동양의학에 대한 공부도 어느 정도는 해야 합니다. 특히 경락론을

---

12 『활쏘기의 나침반』 285쪽
13 『활쏘기 왜 하는가』가 그것을 입증하기 위해 쓴 책이다.

중심으로 이해하면 활 공부가 한결 깊어집니다.[14]

활 공부가 깊어지면 반드시 정신의 문제에 맞닥뜨립니다. 마음의 작용이 결과에 큰 영향을 미치기 때문입니다. 그러므로 우리가 경전으로 떠받든 책들을 읽을 필요도 있습니다. 마음이 먼저 넓어지면 활을 보는 안목이나 깊이도 한결 달라집니다. 그렇지만 경계할 것은 개똥철학입니다. 활은 몸으로 하는 것이기 때문에 몸 공부를 전제로 경전에 접근해야지, 관념이 앞서서 먼저 보고 싶은 것을 정해놓고, 거기다가 몸의 논리인 활쏘기 동작을 갖다 붙이면 안 됩니다.

우리 활이 양생과 관련이 깊다는 것은, 구사들의 말을 조금만 들어보면 알 수 있습니다. 해방 전에 집궁한 분들 중에는 폐결핵 때문에 활을 배운 분들이 의외로 많습니다. 백남진(대전 대덕정) 접장님도 그런 말씀을 하셨고, 성낙인 옹도 경기중학교 때 폐결핵을 고치려고 아버지 성문영 공의 권유로 집궁했습니다. 폐결핵은 당시 치료약이 없어서 보양식을 먹고 적당히 운동을 하여 면역력을 키워서 몸이 스스로 균을 이기도록 하는 방법밖에 없었습니다. 그렇게 해서 성낙인 옹은 84세까지 건강하게 사셨습니다.

활쏘기가 폐결핵 치료에 도움이 되는 것은, 그것이 기운을 활성화시키는 운동이기 때문입니다. 그리고 기는 반드시 공명을 합니다. 활터에 올라가면 한량들의 몸속에서 일어나는 활발한 기운이 다른 사람한테까지 영향을 미칩니다. 땀 뻘뻘 흘리는 사람 곁에 있으면 열기가 후끈 느껴지는 것과 같습니다. 활터는 기운이 강하게 작용하는 곳입니다. 설령 풍수지리상으로 안 좋은 곳에 활터를 짓는다고 해도 아무런 문제

---

14   정진명, 『우리 철학 이야기』, 학민사, 2016. 284쪽

가 없습니다. 그런 기운을 다 몰아내는 강한 힘이 바로 한량들의 활쏘기 기운입니다. 단전에서부터 뿜어 올린 수많은 사람들의 기운이 어떤 사기인들 이기지 못할까요? 활쏘기에서 쓰는 힘은 불거름을 통해 지구의 핵까지 이어져있습니다.

활터의 사풍도 그런 기운을 북돋는 방향으로 이루어졌습니다. 기운이 화창하게 펼쳐지도록 만들어진 것이 활터의 제도이고 예절입니다. 그런 제도의 꽃이 바로 편사입니다. 활터에서는 술을 마시고 쏘는 것을 허용하는데, 바로 그것이 편사의 유습입니다. 편사에서는 술 한두 잔 해서 기운이 돌면 오히려 흥을 돋울 수 있고, 그런 흥이 경기에 영향을 미칩니다. 게다가 뒤에 기생획창까지 딸리면 기운은 한껏 차오릅니다. 옛날에 부잣집 자제들이 기생 불러다 활쏘기 한다고 비판한 기사가 종종 나오는데, 바로 이런 배경 때문에 그런 일이 생기는 것입니다. 실제로 요즘도 지역 친선대회에 가면 술 마시는 것을 말리지 않습니다. 전국체전이나 도민체전처럼 기록을 다투는 민감한 대회에서나 술을 금지시키죠. 그것도 최근에 시작된 일입니다. 옛날에는 술 취한 채 쏘는 취궁(醉弓)들도 많았습니다. 술이든 소리든 기운을 북돋우는 차원에서는 굳이 말릴 것도 없습니다. 이렇게 말하면 술꾼들에게 복음이 되나요? 하하하.

③ 시수와 나이

우리 활에서 시수가 가장 잘 나는 나이 대는 어떨까요? 20대일까요? 30대일까요? 요즘은 젊은 사람이 시수를 가장 잘 냅니다. 그럴 수밖에 없습니다. 활을 힘으로 쏘기 때문입니다. 기운 센 사람이 과녁을 더 잘 맞힙니다. 그래서 단 수 높은 명궁들을 보면 대부분 덩치가 씨름 선

수 같습니다. 막막강궁에 가벼운 살을 들이대어 총 쏘듯이 쏘기 때문에 어쩌면 당연한 일입니다.

온깍지로 쏘던 옛날에는 덩치와 시수가 비례하지 않았습니다. 우리나라 명궁 1호인 심재관 접장도 몸이 깡마른 체질이었습니다. 옛날에 전국을 제패하던 시수꾼들의 나이는 주로 50~60대였습니다. 이때쯤에 이르면 실력이 무르익고 대회 경험도 많아져서 시수도 안정되게 났습니다. 심지어 70대에도 젊은이들을 압도하는 한량이 많았습니다.

이것이 뜻하는 바는 무엇일까요? 일반 스포츠와는 완전히 반대되는 현상 아닙니까? 일반 스포츠는 몸이 잽싸고 기운이 펄펄 넘치는 나이인 10대 20대에 절정기를 누립니다. 축구, 마라톤, 배드민턴 같은 운동을 잘 생각해보십시오.

활은 이와 반대입니다. 그것은 활에서 쓰는 힘이 앞서 말한 일반스포츠와 다르기 때문입니다. 주로 불거름의 기운을 이용하고, 그것이 전체의 균형을 제대로 잡는 경지에 이를 때 원숙한 기량이 나옵니다. 안으로 기운을 쌓고 양생의 원리가 체득될 때 실력도 가장 원숙한 상태에 이릅니다. 이것이 활쏘기가 다른 운동과는 차원을 달리하는 특별한 운동인 까닭입니다.

활을 잘 쏘는 사람의 몸 매무새도 저절로 생깁니다. 그런 체형을 성낙인 옹은 '골다육소'라고 했습니다. 즉 뼈가 튼튼하고 근육이 많지 않은 체형이라는 말입니다. 활을 쏘면 뼈가 튼튼해집니다. 그렇지만 살이 생각처럼 많이 붙지 않습니다. 살이 많지는 않지만 그렇다고 적지도 않은, 어쩐지 대추씨처럼 단단해 보이는 사람이 있습니다. 그런 체형이 된다는 말입니다.

활쏘기를 제대로 하면 뼈가 좋아진다는 것은 온깍지 사법으로 배운 사람에게서 나타나는 현상입니다. 온깍지 동문회 초대 회두를 지낸 이상열 접장은 건강 검진 때 뼈 골밀도가 30대 혈기왕성한 젊은이와 똑같이 나왔습니다. 전통 사법은 뼈로 가는 운동입니다. 불거름이 충실해진다는 것은 양생의 핵심원리이고, 그것은 동양의학에서 콩팥의 정기(腎精)를 채우는 일입니다. 콩팥은 태어날 때 삼신할미가 채워준 배터리(선천지기)를 저장하는 곳입니다. 이 배터리는 닳기만 할 뿐 충전할 수 없는 특징이 있습니다. 배터리가 방전되면 죽는 거죠. 그것을 충전하는 방법이 양생술이라고 동양 사람들은 지난 5천 년간 믿었고, 그 기운을 지키는 방법을 찾아 수련했습니다. 운동에서는 유일하게 우리의 전통 사법이 이 배터리를 충전하는 방법입니다. 동양의학을 공부하면 그 이유를 알게 됩니다. 50대, 60대에 시수가 절정에 이른다는 옛 사람들의 말은 활을 제대로 쏘면 이 배터리가 충전된다는 증언입니다. 실제로 전통 사법인 온깍지 사법으로 쏘면 뼈가 충실해진다는 것을 이상열 회두가 건강 검진에서 입증한 것입니다.

우리 활은 생명의 흐름을 되돌리는 세계에서 유일한 운동이고, 뼈를 채우고 원기를 살리는 운동입니다.

5 _ 전통의 의미

전통이 전통인 데는 이유가 있습니다. 새 주장을 하기는 쉽지만 그 주장이 몸에 해롭지 않음을 입증하는 데는 많은 시간이 걸립니다. 전통은 이런 시험을 통과한 것입니다. 전통의 뜻이 이러하므로, 새 주장을 내세우는 것보다 전통이 그러한 이유를 찾으려고 애쓰는 것이 훨씬 더 중요합니다. 공명심에 불타서 전통에 어긋나는 주장을 하는 것은 자신을 망신시키고 나아가 남까지 생고생 시키는 것입니다. 더 나아가서 자신의 무지와 한계로 남을 죽이는 결과에 이릅니다.

① 관응점과 솔대

몇 년 전, 조치원에서 오래 활을 쏜 이규만 접장님이 전화해서는 느닷없이 '관응점'이 뭐냐고 묻습니다. 연세 80을 넘긴 노사(老射)가 새파란 저에게 묻는 겁니다. 잘 모르겠다고 답해놓고서 꽁꽁 숨은 답과 며칠 동안 숨바꼭질했습니다. 당연히 이를 아는 사람은 없습니다. 한국 전쟁 이후에 집궁한 한량들은 알래야 알 수 없는 그런 것이었습니다.

옛날에는 붙박이 과녁보다 솔포가 더 많았습니다. 솔포는 헝겊으로 된 과녁이죠. 과녁 위쪽 귀를 막대에 묶어서 세우고 과녁의 아래쪽 귀를 팽팽하게 잡아당겨 말뚝으로 고정시키는 방식입니다. 그러니까 솔포는 약간 비스듬히 섭니다. 그런데 화살이 나무 과녁을 찍을 때와 솔포를 찍을 때가 다릅니다. 솔포는 헝겊이기 때문에 화살에 맞을 때 출렁입니다. 이걸 '방긋 웃는다.'고 표현하죠. 뚫리는 경우가 많고, 튄다고 해도 나무과녁처럼 멀리 튀지도 않습니다. 심지어 헝겊을 타고 흘러내리는 화살도 있습니다. 이 때문에 맞고 튄 화살의 관중 여부를 판정할 때 시비가 생긴 것입니다. 관응점은 이 판정에서 기준이 되는 선입니다.

그러면 이 기준선은 왜 생긴 걸까요? 바로 솔대 때문입니다. 솔포를 묶어서 세우는 막대를 솔대라고 합니다.[15] 이 막대기는 수직으로 세

---

15   제주도 말에 '솔대왓'이 있다. '솔대밭'의 변형이다. '대를 세우던 밭'이거나 '솔대 감 대나무가 자라는 밭'이라는 뜻이다.

우기 때문에 이것이 기준이 되어 관중 여부를 판단하는 겁니다. 과녁에 맞고 튄 살이 솔대를 기준으로 넘으면 불이고 안 넘으면 관중입니다. 이 기둥이 땅에 박힌 지점을 바로 관응점이라고 하는 것입니다. 15도 뒤로 누운 붙박이 과녁의 경우, 위에서 추를 드리워 땅에 닿는 곳입니다. 이 판정 방식은 지금도 적용되는데, 붙박이 과녁은 모두 육송으로 짜기 때문에 아무도 그것을 기억하지 않고 과녁 밑바닥 선을 기준으로 판정하곤 합니다. 지난 50년간 그렇게 판정해도 아무런 문제가 없었습니다. 촉이 둥근촉으로 바뀐 1960년대 이후 관응점 주변에 떨어지는 화살이 거의 없었기 때문입니다. 이렇게 시비가 분명해지지 않은 사이에 관응점이라는 판정 기준도 유명무실해지고 그 말을 기억하는 사람도 없어진 것입니다. 그리고 그 원인은 솔포가 사라지고 옛 유엽전 촉이 사라진 세월의 변화 때문입니다.

② 온깍지 전통

무심한 세월의 변화 속에서 전통 사법 역시 이 관응점과 같은 운명을 맞았습니다. 온깍지궁사회가 구사들의 희미한 기억으로부터 어렵게 끄집어내어 겨우 뼈대를 세운 것이 바로 온깍지 사법입니다. 어떤 전통은 일부러 기억하지 않으면 세월의 흐름과 함께 저절로 멀어지고 바뀌어갑니다. 그러는 사이에 우리는 지난 5천년의 지혜가 담긴 사법을 송두리째 망각의 지층 속에 묻어버릴 뻔했습니다. '전통'을 생각할 때마다 기억나는 일들입니다.

사법에서 전통은, 그냥 해보면 좋은 것에 그치지 않습니다. 그렇게 하지 않으면 죽습니다. 이것이 사법에서 확인할 수 있는 전통의 의미입니다. 전통에서 벗어난 사법은 쏠수록 몸이 망가집니다. 그러니 전통에 어떻게 전해져서 어떻게 흘러가는가 하는 것이 중요합니다. 스승의 계보를 확인할 수 없는 것은 전통에 가장 큰 흠결이며, 확인할 길이 없는 스승의 가르침을 따라가는 일은 정말 비극입니다.

온깍지궁사회는 2001년부터 7년간 이어진 공개 활동 속에서 옛 사람들의 사법과 사풍을 알아보았습니다. 그러므로 그 당시까지 이어진 전통의 계보를 어느 누구보다 더 잘 압니다. 1970년대 개량궁의 등장 이후 주먹구구 사법으로 한 세계를 이룬 사람들 이전의 계보입니다. 그러다보니 그런 계보의 꼬리뼈가 정말 몇 남지 않았다는 슬픈 사실을 확인하게 됩니다.

지금까지 제가 거론한 전통 사법 강의는 『조선의 궁술』을 공부하다가 해결 안 되는 부분은 성낙인 옹의 기억을 의지하여 풀었고, 그런 것을 해방 전에 집궁한 분들에게 공통으로 확인된 내용입니다. 그리고 전통 사법 강의에서 설명된 원리 부분들은 온깍지궁사회 사계원들의 카페 비공개 메뉴에서 논의된 것을 바탕으로, 온깍지활쏘기학교에서 교육생들에게 지난 몇 년 간 가르치며 재확인하고 정리한 것입니다. 여기에는 제 사사로운 견해가 끼어들 수도 있지만, 이미 여러 온깍지 궁사에게 공개되어 확인이 끝난 것이기에, 저만의 사사로운 견해라고 단정할 수 없음을 미리 말씀드립니다. 사실상 이미 이론과 실기 양 부분에서 모두 확인이 끝난 사항입니다.

③ 연궁죽시

온깍지활쏘기학교에서는 될수록 연궁중시는 물론, 연궁죽시를 강조합니다. 화살은 될수록 죽시를 쓰라는 뜻입니다. 죽시와 카본살은 느낌이 참 많이 다릅니다. 그리고 죽시를 써야 전통에 가깝다는 사실 때문에도 더욱 그렇습니다.

활터도 없는 강화도에서 전통 활을 배우겠다고 청주까지 찾아온 젊은이가 있습니다. 교육과정에 따라 착실히 공부한 그 젊은이는 설레는 마음으로 근처의 활터를 찾아간 모양입니다. 개량궁에 죽시를 들고 사대에 나서는 젊은이의 뒤에서 늙은이들이 한 마디 하더랍니다.

"개량궁에 죽시를 걸어 쓰는 미친놈이 다 있네!"

정나미가 떨어져서 활을 부리고 돌아서는데 굳이 불러서는 또 한 마디 하더랍니다. "다시는 우리 활터에 오지 마라." 오늘날 활터에서 벌어지는 온갖 이상한 일들을 온깍지활쏘기학교에서 미리 듣지 않았다면 자신은 그 자리에서 활을 분질러버리고 그만 두었을 것이라고 고해성사를 하는 최수호 접장.

이런 일을 한 바탕 겪으면, 잘못은 전통의 개념이 아예 없는 그들이 아니라, 그런 사람들 앞에서 전통을 말하는 우리인지도 모른다는 자괴감이 듭니다. 이런 활터에 남은 것은 도대체 무엇일까요? 과녁 하나만 달랑 남은 활터에서 망연자실한 것까지 우리 자신의 탓으로 돌려야 한다면 그건 정말 너무나 가혹한 일입니다.

'전통 사법'은 죽시와 각궁으로 만들어진 사법입니다. 카본살로는 깨달을 수 없는 것이 죽시에 있습니다. 그러니 활은 개량궁이더라도 살을 죽시로 쓴다는 것은 전통으로 한 발짝 다가선다는 뜻입니다. 이게 이상해 보인다면 30년 활터에서 늙는다고 해도 철부지 애한량일 뿐입니다. 전통은커녕 오히려 전통을 죽이면서 전통의 계승자인 양 착각하는 거죠.

④ 전동볼기

활음계 아이들을 데리고 대전 대동정의 박문규 접장님을 찾아가서 호중을 시켰습니다. 아이들(엄유정, 이소정, 박혜선)의 소리를 듣고 틀린 부분을 지적해주던 박 접장님에게 선호중을 여쭈었더니, 전동볼기라는 말을 하십니다.

선호중은, 한량놀음에서 4시까지 불을 쏜 사람이 막시를 건네주며 호중을 먼저 해달라고 요청하는 것입니다. 그러면 획창기생이 그 화살을 머리에 비녀처럼 지르고서 세 겹 지화자를 신나게 부르는 것을 말합니다. 그런 뒤에 화살을 돌려받아서 쏘는데, 관중하면 호중을 더하지만, 불을 쏘면 엎드려서 전동으로 볼기짝을 다섯 대 맞는 것을 말합니다.[16]

이때 쓰는 전동은 요즘 흔한 10발 들이 전동이 아닙니다. 옛날에는 어느 활터나 다 고전이 있었기 때문에 화살을 1순만 갖고 다녔습니다. 예비로 한 발을 더 넣어서 6발만 들어가는 전동을 썼지요. 아이들 팔뚝만한 아기자기한 굵기입니다. 그런 걸로 다섯 대를 맞는 겁니다. 만약에 장정 팔뚝만한 요즘의 10발 들이 전동으로 때렸다가는 맞는 사람이 개구락지처럼 쭉 뻗고 말 겁니다. 전동 볼기라는 말을 아는 사람도 없지만, 전동이 이렇게 바뀌었다는 것을 아는 사람도 많지 않습니다. 전통은 세월의 변화를 타기 때문에 망각은 이토록 무섭습니다. 아무도 의식하지 않는 사이에 환경이 바뀌어 이해의 바탕을 완전히 바꿔놓습니다. 그래서 전통은 아무리 낯설어도 있는 그대로 보존해야 할 가치가 있습니다. 그것이 기준이 되어 오늘을 이해하고 앞날을 예측할 수 있기 때문입니다.

오늘날 우리가 활터에서 전통을 위해 마련한 장치나 제도가 무엇이 있는지 심각하게 되물어야 합니다. 5단 도전자에게 각궁과 죽시를 쓰라는 단서 하나로 전통에 대한 의무를 다했다고 여기는 것은 5천년 역사

---

16 『활쏘기의 어제와 오늘』 276쪽.

앞에 죄를 짓는 일입니다.

6 _ 활 공부와 인터넷

요즘 인터넷에는 엉터리 자료가 너무 많아서 자칫하다가는 정법을 영원히 못 배우고 말 상황에 놓였습니다. 특히 신사들이 자료를 걸러보는 능력이 없기 때문에 이런 못된 정보에 현혹되기 쉽습니다. 게다가 구사들마저 전통을 제대로 모르고 과녁만 노려보는 중이니 더 말해 무엇 하겠습니까?

신사들은 인터넷의 자료를 보고 대뜸 그게 자기 취향에 맞는다고 해서 입맛에 맞는 것만 골라 볼 것이 아니라, 결정을 좀 보류해놓고서 천천히 이곳저곳의 자료를 둘러본 다음에 일관성과 전통성에 대한 고민이 있는 곳의 자료를 보시기 바랍니다. 결정을 내리면 자기 눈에 좋은 것만을 골라보는 것이 사람의 본성입니다. 그러니 결정을 좀 늦게 내리더라도 올바른 정보를 찾아가는 것이 자신의 앞날을 위해 옳은 일입니다. 전통 사법은 시간을 다투듯이 배울 수 없습니다.

활은 몸으로 하는 것이기 때문에 한 번 잘못 길들면 잘못 든 버릇을 없애는 데 시간이 더 걸립니다. 결국 허송세월하다가 맙니다. 전통은 면면히 흐르는 줄기가 있습니다. 그 줄기를 찾으려고 해야 합니다. 너무 사람에 기대어 모든 것을 다 찾으려고 하지 마시기 바랍니다. 전통 앞에서 개인은 아무리 위대한 사람도 군더더기에 지나지 않습니다. 우리 활에서 전통이란『조선의 궁술』을 말합니다. 그렇다고『조선의 궁술』을 입에 담는 사람이 전통을 아는 사람인 것은 아닙니다. 오히려 사기꾼일 가능성이 높습니다.[17] 잘 판단하셔야 합니다. 오직 『조선의 궁술』만을 얘기하는 사람은 그래도 들어볼 만합니다. 『조선의 궁술』에다가 이것저것 잡다한 남의 나라 사법을 섞어서 설명하는 사람은 100% 사기꾼입니다.

활은 몸으로 하는 운동입니다. 그러므로 반드시 현실 속의 동작을 본받아야 합니다. 그렇지만 인터넷에서는 동영상에 사진까지 떠서 그것이 현실이라고 생각하기 딱 좋습니다. 그런 것은 모두 환영이자 착각에 지나지 않습니다. 반드시 현실 속의 '사람'을 찾아서 배워야 합니다. 여러분이 인터넷 동영상 몇 동작을 보고서 복원할 만큼 '전통'은 만만하지 않습니다. 그럴 것 같으면 우리 조상들이 평생을 바쳐서 배우고 자시고 할 것도 없는 일이었을 겁니다. 동영상 몇 개 보고서 전통을 체득할 수 있다고 믿는 어리석음을 먼저 버리지 않으면 '전통 사법'은 신기루일 뿐입니다. 자신을 내려놓고 마음을 비우는 것이 전통으로 가는 지름길입니다.

7 _ 배우는 마음

지금까지 이 글을 제대로 읽어온 사람이면 '어? 이거 괜찮네. 전통 사법을 한 번 배워볼까?'하는 마음이 들 것입니다. 이후에 둘로 갈라집니다. 지금까지 해온 것을 모두 버리고 여기서 설명하는 대로 따라 하려는 사람과, '별 거 아니네!'라며 지금 하는 동작 위에서 조금만 고쳐보려는 사람.

---

17   「『조선의 궁술』을 공부하는 분들께 드리는 몇 가지 질문」(『국궁논문집9』)

공부할 때 가장 힘든 것이 이미 배운 것을 버리는 일입니다. 처음 잘못 배우면 길이 잘못 들어서 제 자리로 돌아오기도 힘듭니다. 그러다 보니 기왕에 여기까지 온 방향을 바꾸어서 한 번 조금만 고쳐볼까 하고는 잔꾀를 내죠. 결국 조금만 고쳐보려는 마음 때문에 정법을 영원히 못 배웁니다. 겉으로는 배우는 척하면서 결과를 놓고 보면 아무것도 못 배웁니다. 허송세월 하는 거죠.

남의 것을 배우려면 자신이 배운 것을 모조리 내려놔야 합니다. 그게 공부의 첫걸음입니다. 잘못 배운 것을 게우지 않고서는 제대로 배울 수 없습니다. 실제로 온깍지활쏘기학교에서 교육생들을 가르쳐보면 잘못 배운 것을 되돌리는 것이, 제대로 배우는 것보다 훨씬 더 힘들고 시간도 많이 걸립니다.

지금까지 해온 것 위에서 조금 고쳐서 뭘 해보려는 사람은 영원히 못 배울 사람입니다. 전통 사법 흉내 내지 말고 지금까지 해온 대로 과녁 맞히기에 집중하시기 바랍니다. 그리고 그런 선택의 결과에 이르면 자신이 무엇을 해왔는지 알게 될 것입니다. 자신에게 정직하지 못한 사람은 끝끝내 답을 피해갑니다. 요리조리 피해가다가 한 생이 저물죠. 그 다음 생도 다르지 않습니다.

04

각궁 공부

　각궁 다루기에 관한 글도 찾아보기 힘듭니다. 『조선의 궁술』이후, 『한국의 활쏘기』에서 그나마 자세하게 정리했고, 1970년 무형문화재 조사보고서(『한국의 궁술』)에서 간단히 정리했으며, 『궁시장』[18]에서 처음으로 학계의 조사보고가 이루어진 정도입니다. 각궁을 직접 쓰는 사람이 각궁 사용법을 배우려는 사람들에게 정보를 공개한 것은 류근원 명무의 글 '각궁에 대하여'가 거의 유일합니다.[19] 먼저 이 글을 읽는 것이 아래를 이해하는 데 도움이 될 것입니다.

　여기서는 사법을 주로 다루기 때문에 각궁에 대해 자세히 다루지 못합니다. 각궁은 따로 또 공부를 해야 할 영역입니다. 사법을 이해하는 자리에서 꼭 필요한 부분만 소개하는 것으로 그칩니다.

18　김일환, 『궁시장』, 화산문화, 2002.

19　류근원, '각궁에 대하여', 『국궁논문집』 제8집, 온깍지궁사회, 2013. 동영상 자료는 이건호 접장이 처음으로 박극환(경주) 궁장을 취재하여 동영상 시디로 만들어 배포한 적이 있다.(디지털 국궁신문 기사 참조)

1 _ 각궁 이해의 전제

　각궁 얘기를 하려고 하면 숨이 턱 막힙니다. 어디서부터 말을 꺼내야 할지 모를 상황이기 때문입니다. 요즘 세대는 우리 세대와 다릅니다. 우리 세대는 10대를 논과 밭에서 일하며 잔뼈가 굵은 세대입니다. 그렇지만 2000년을 기점으로 한국의 인구 변화와 사회변동이 너무 빨리 이루어져서 이제 젊은 분들은 몸으로 일하는 사람이 거의 없을 상황에 이르렀습니다. 그래서 각궁 다루는 일에 대한 설명도 달리해야 합니다.

　각궁 얘기 하는데 왜 이런 얘기를 꺼내느냐면, 각궁 다루는 것은 몸을 이용하는 것이기 때문입니다. 몸을 이용한다는 것은, 물건을 다룰 때 효율성을 터득해야 한다는 것이고, 그것이 일상에서 이루어져야 함을 뜻합니다. 그렇지만 요즘 아이들은 자라면서 자기 방도 한 번 쓸지 않습니다. 학교에서도 아이들 청소 시켜 보면 빗자루를 비롯하여 쓰레받기 걸레질 같은 것을 제대로 아는 아이들이 별로 없습니다. 연필 깎을 줄도 모르고 사과 배 깎을 줄도 모릅니다. 이런 세대가 자라서 벌써 40대에 이른 것입니다. 그러니 각궁 올리는 동작이 온 몸의 움직임을 가장 효율성 있게 사용하는 것인데 그것이 어렵다는 것을 말씀 드리는 것입니다.

　온깍지 사법은 온몸의 구석구석 모든 힘을 다 쓰는 사법입니다. 각궁도 그것과 똑같습니다. 온몸을 이용하는 몸동작을 터득해야 쉽게 각궁을 부립니다. 각궁을 다루는 분들 중에서 허리를 다친 분들이 의외로 많습니다. 화초 한량들 틈에 파묻혀서 하나 둘 얹어주다 보니 활터의 모든 각궁을 얹어주는 처지가 되어 결국은 몇 년 만에 허리가 주저앉고 맙니다. 이렇게 허리 다친 사람들은 각궁 얹을 때 몸의 일부만을 써서 그렇습니다. 각궁 얹을 때도 온 몸의 힘을 쓰는 방법을 알아야 하고 그렇게 힘 주는 요령을 터득해야 합니다. 바로 이런 요령을 우리 세대는 논틀밭틀에서 저절로 배운 것인데 요즘 세대는 이게 안 됩니다.

외국인 중에서 각궁에 대한 지식이 가장 깊은 사람은 카를 짜일링어였습니다. 카를은 부천 궁방은 물론 전국의 수많은 궁방을 돌아다니며 동영상과 사진을 찍어서 정말 많은 정보와 자료를 소장한 사람입니다. 부천궁방의 김박영 궁장은 물론이고 경주궁방의 박극환 궁장까지 찾아가서 사진과 동영상을 찍어왔습니다.[20] 그런데 정작 각궁 사용법을 몰라서 서울 황학정의 김경원 사범에게 가서 각궁 얹는 것을 배우려고 했습니다. 그렇지만 김 사범이 영어를 몰라서 가르쳐주는 데는 한계가 있었습니다. 이런 고민을 한 끝에 성순경 명무를 통해서 저에게 각궁을 가르쳐달라는 요구가 들어왔고, 결국 저의 부탁으로 류근원 명무가 각궁 얹는 법을 가르쳐주었습니다. 류 명무는 현직 영어교사이기 때문에 의사소통에 전혀 문제가 없습니다. 그래서 카를 짜일링어는 외국인 최초로 각궁을 제대로 아는 사람이 된 것입니다.

논산의 성순경 명무 집에서 2차례에 걸쳐 본격 각궁 수업이 실시되었습니다.[21] 이미 각궁에 대한 모든 정보를 다 아는 사람이기에 카를 짜일링어는 배우는 속도가 정말 빨랐습니다. 그렇지만 이런저런 원리를 가르쳐주고 보니 큰 문제에 봉착했습니다. 뭐냐면 카를은 무릎치기를 할 수 없다는 것이었습니다. 도지개를 지워서 각궁을 편 다음에 그것을 허벅지로 눌러서 시위를 얹어야 하는데, 시위와 활채 사이의 공간(중국

---

20 캐나다인 토마스 듀브나이도 경주 궁장 박극환의 궁방을 방문하여 각궁 제작과정을 영상 자료로 만들었다. 우리 활이 외국인에게 소개될 때 아주 중요한 자료로 활용될 것이다.

21 카를 짜일링어의 각궁공부, 온깍지궁사회 카페 ; 온깍지활쏘기학교 카페 학교 소식.

활에서는 이것을 弦□라고 함)보다 짜일링어의 허벅지가 훨씬 더 굵어서 시위를 얹은 후에 다리를 뺄 수가 없는 상황이 벌어진 것입니다. 서양인인 짜일링어의 허벅지는 굵기가 보통 우리나라 사람의 몸통 만했습니다. 정말 난감한 일이었습니다.

이 일을 겪으면서 드는 생각이, 각궁은 정말 우리나라 풍토에서 최적화된 활이구나 하는 점이었습니다. 한국인이라면 누구나 할 수 있는 일이면서 한국인의 몸놀림에 딱 어울리게 만들어진 도구였습니다. 활은 그만큼 우리의 삶과 풍속에 밀접한 연관을 맺고 있다는 것입니다. 각궁을 다룰 때 불을 보이는데, 그때의 온도와 느낌을 전달하는 데도 애를 먹었습니다. 짜일링어에게 불 보이는 정도를 알려주면서 사랑방 아랫목의 따끈한 정도라고 설명을 하니까 전혀 못 알아듣습니다. 당연한 일이죠. 짜일링어는 사랑방 아랫목에 손을 넣어본 적이 없는 사람입니다. 그래서 말을 해놓고는 숨이 턱 막혔습니다. 이걸 어떻게 설명해야 하나? 그들에게는 각궁의 표면온도가 몇 도이어야 하고, 그렇게 되려면 열량 얼마짜리 전기화로에 몇 cm 간격으로 몇 초를 쬐어서 어떻게 해야 한다고 가르쳐야 하는 것입니다. 기계공학을 전공한 독일인 짜일링어에게는 더더욱 이런 설명을 해야 하는 것이죠.

각궁에 대한 일반 지식은, 짜일링어가 우리보다 더 많이 알고 있을 수도 있습니다. 『한국의 활쏘기』에 묘사된 각궁 정보만으로도 각궁을 얹는 데는 충분합니다. 그러나 각궁을 얹어서 쏘기까지 필요한 여러 가지 장비나 그것을 이용하는 감각들은 외국인들이 이해하기에 정말 어려운 것들입니다. 그들의 몸놀림이 체구 작은 한국인들처럼 잽싸지도 않고 유연하지도 않습니다. 그래서 각궁을 세계화하기에는 정말 어려움이 많겠구나 하는 뜻밖의 고민을 하기도 했습니다.

이런 걱정은, 청소년기에 몸을 별로 쓰지 않고 자라서 어른이 되는 우리나라의 젊은 세대들에게도 똑같이 적용되는 것입니다. 실제로 우리보다 조금 더 젊은 사람들에게 각궁을 가르쳐보면 정말 별 걸 다(!) 모릅니다. 흑흑! 뭘 저런 걸 다 못하나 싶은 경우가 참 많습니다. 우리가 논틀밭틀에서 몸으로 저절로 터득한 것을 이들은 하나하나 설명을 들으며 배워야 합니다. 앞이 캄캄합니다. 그래도 하는 수 없습니다. 늦더라도 건너뛸 수 없는 것이 각궁 얹는 법입니다. 그래서 가르치는 사람이나 배우는 사람이나 인내가 필요한 시대가 되었습니다.

2 _ 각궁 얹기

각궁은 점화가 제대로 들어갔는가를 확인하는 것이 중요하고, 점화장에서 꺼내어 식힌 뒤에 불을 적당히 보이는 것이 중요합니다. 앞으로 각궁 얹을 때 '적당히'라는 말을 굉장히 많이 듣게 될 것입니다. 그 적당히는 말로 설명할 수 없습니다. 많이 해보면서 스스로 터득해야 하는 것입니다.

점화장에서 각궁을 꺼내어 식힙니다. 각궁을 꺼내놓고 차 한 잔 할 정도의 시간이면 충분합니다. 이때 준비운동을 하면 딱 좋습니다. 그렇게 한 다음에 말린 반대쪽으로 두어 차례 기지개켜듯이 당겨서 펴줍니다. 오그라든 심줄을 먼저 펴주는 것입니다. 그리고 도지개를 채워서 각궁을 얹습니다. 이 글을 읽을 사람들은 대개 신사일 것이기 때문에 각궁도 새것일 것이므로 도지개를 쓰는 게 좋습니다. 도지개는 구부러진 모양이나 홈이 있어서 각궁의 모양(미립)을 내는데 도움이 됩니다. 그래서 한 6개월 정도는 도지개를 쓰는 게 좋습니다. 그런 뒤에 각궁이 완전히 제 모양을 잡으면 무릎치기로 해도 됩니다. 무릎치기는 시간을 많이 줄일 수 있습니다.

얹은 다음에 보궁을 채워서 전체의 미립을 살핍니다. 이때 구사들이 쓰는 각궁을 잘 살펴보고 좋은 각궁의 모양을 기억하고 있어야 합니다. 머릿속의 그 각궁 모양을 닮도록 자신의 각궁을 다루어야 합니다. 보궁을 채우고 보면 내 머릿속의 각궁과 다른 부분이 있습니다. 그 부분이 머릿속의 각궁을 닮도록 조절하는 것입니다. 그러자면 먼저 불을 보여야 합니다. 각궁을 얹으면 솟은 부분이 있고 꺼진 부분이 있는데, 솟은 부분은 가라앉히고 꺼진 부분은 높여야 합니다. 주로 솟은 부분에 불을 보이고 발로 밟게 됩니다. 가라앉은 부분의 양쪽을 밟으면 가라앉은 부분이 솟습니다.

목소와 삼삼이 부분을 밟을 때는 특히 조심해야 합니다. 옛날 휘궁이던 시절에는 이곳이 빳빳했는데, 요즘은 약해서 잘못 힘주면 푹 꺼집니다. 한 번 꺼지면 다시 살아나지 않아서 결국 심을 다시 놔야 합니다. 이런 문제를 보강한 방법이 골격인데, 권영구까지만 옛날 방식인 젓가락 굵기로 골격을 세웠고, 이 이후 세대는 골격이 시늉만 남거나 아예 세우지도 않습니다.

이렇게 해서 다 얹은 다음에 양손으로 양쪽 고자를 잡고 발로 줌통을 밀어서 지긋이 당깁니다. 당기면서 느껴야 합니다. 뭐냐 하면 당기다 보면 양쪽 중에서 어느 한쪽이 딱딱하게 느껴지는 부분이 있습니다. 그 부분이 덜 풀린 곳입니다. 심줄이 덜 풀어져서 딱딱한 것이죠. 그러면 그 부분을 찾아서 불을 보이고 풀어주어야 합니다. 이렇게 자꾸 하다 보면 나중에는 고자를 잡아당기면서 활의 모든 부분에 대해 느낌이 옵니다. 한 번 당겨보면 어느 부분이 맺혔구나 하는 직감이 딱 옵니다. 많이 해보면 알게 됩니다.(갑갑하죠? 어쩔 수 없습니다. 하하하.)

이상을 정리하면 먼저 겉모양을 제대로 잡은 다음에, 미립이 제대로 났으면, 그것을 천천히 당기면서 감각으로 맺힌 곳을 찾아서 풀어야 한다는 것입니다.

3 _ 각궁이 까다로운 까닭

각궁을 쓰다 보면 이런 생각이 듭니다. 활을 꼭 이렇게 까다롭게 만들었어야 했나? 각궁이 문제가 있어서 이렇게밖에 못 만드는 거 아닌가? 개량궁처럼 한 번에 얹으면 척 되는 식으로 만들 수는 없었나? 혹시 기술이 부족해서 이렇게 만든 거 아닌가?

실제로 외국인 하나가 자신의 페이스북에 대놓고 한국의 각궁을 불완전한 활이라고 비판했습니다. 결국 자신이 그 단점을 극복하고 완벽한 각궁을 만들었다는 말을 하고 싶은 거죠. 그에 대한 저의 답은 간단합니다. 공자님 앞에서 문자 쓰고, 번데기 앞에서 주름 잡고 있네!

활을 개량궁처럼 단번에 얹게 만드는 방법은 간단합니다. 대소를 두껍게 만들고 심을 얇게 놓는 것입니다. 그런데 문제는 그렇게 해놓으면 활의 충격이 몸으로 전달된다는 것입니다. 잠시 쓰는 활은 그렇게 만들어도 되지만 날마다 오래 쓰는 활은 그렇게 하면 안 됩니다. 그래서 전쟁용 활은 얹어서 즉시 쏠 수 있게 뻣뻣하게 만듭니다.[22] 어차피

---

22   권영구(예천 궁장) 대담. '硬弓'이라고 기록된 것이 이런 활이다.

전쟁 동안 쓰고 말 것이고, 전쟁이 났는데 각궁처럼 불보이고 어쩌고 할 시간도 없기 때문에 엊자마자 바로 쓸 수 있게 만듭니다.[23]

요즘 각궁처럼 이렇게 불을 보이고 까다롭게 하는 것은, 충격이 몸으로 들어오지 않도록 하려는 처방입니다. 평생 그리고 날마다 활을 쏘려면 몸에 들어오는 충격을 막는 것이 가장 중요한 일입니다. 그 중요한 일을 위해서 일상의 귀찮음을 기꺼이 추가한 것이 각궁이고, 그래서 『조선의 궁술』에서도 '습사용'이란 단서를 분명히 달았습니다.

각궁 다루기가 까다로운 것은, 각궁의 불완전성 때문이 아니라 한 점 충격도 몸으로 들이지 않으려는 우리 조상님들의 현명한 선택 때문입니다. 이 점을 무시한다면 정말 공자님 앞에서 문자 쓰는 겁니다. 앞으로 이런 사람들이 꾸준히 나올 것이니, 주변을 잘 살펴보시기 바랍니다. 특히 외국인들이 우리 활을 탈 잡기 위해 이러고 나설 것입니다.

4 _ 새 각궁 다루는 요령

각궁은 가을까지 재료를 모두 확보하고 초겨울부터 작업해서 보통 이듬해 늦은 봄에 완성을 합니다. 봄에 해궁을 하여 5월쯤이면 활터 한량들에게 나눠주죠. 이렇게 궁장한테서 막 나온 활을 '물활'이라고 합니다. 물이 덜 빠졌다는 뜻이기도 하고, 아직 점화가 덜 되어 무르다는 뜻도 있습니다.

각궁은 부레풀로 붙인 것이기 때문에 특히 심 부분의 부레풀이 가

---

23 전쟁용 활에 관해서는 권영구 접장이 많은 정보를 주었는데 몇 가지 확인할 사항이 있어서 아직 발표하지 않았다.

장 적당한 만큼 마르는 것이 중요합니다. 그래서 점화장에 보통 새 활을 1달 정도 넣어서 말립니다. 그런 뒤에 꺼내서 길을 들이기 시작합니다. 물활에 대한 주장은 궁장마다 다 다릅니다. 김박영 접장은 물활이라는 말이 의미가 없으니 그냥 처음부터 잘 다루어 쓰면 된다고 했습니다. 그렇지만 반대로 한 동안 말려두었다가 쓰는 게 좋다는 사람도 많습니다. 옛날에는 활을 사면 무조건 1년 동안 낮은 온도로 점화를 넣거나 이불 장 또는 옷장 같은 데 넣어두고서 자연 건조를 시키는 사람도 있었습니다.

이렇게 1년간 묵히는 것도 상당히 일리 있는 일입니다. 무엇이든 자연 상태에서 천천히 익어가는 것이 좋은 일입니다. 점화장에서 1달 말릴 것을 자연 건조로 1년 묵히면 적당히 마르기가 더 쉬울 것입니다. 그런데 그렇게 진득이 기다릴 만한 끈기를 지닌 한량이 많지 않으니, 이런 얘기는 하나마나겠습니다. 결국 김박영 궁장의 얘기는 활만 잘 다루면 굳이 1년이나 말리지 않아도 된다는 뜻으로 해석됩니다.

활에서만 쓰는 특수한 용어가 '미립'이라는 말입니다. 모양이 잘 빠진 상태를 가리키는 말입니다. 즉 길이 잘 들어서 쓰기 좋은 활이라는 뜻이죠. 활은 완전히 180도 반대 방향으로 뒤집히기 때문에 부분에서 큰 휨이 일어납니다. 그래서 구성물들이 심한 변화를 일으킵니다. 이때 버릇을 잘 들여야 합니다. 매번 조금씩 동작을 늘려서 마침내 원래의 목표치에 도달하는 것이 가장 좋은 방법입니다. 각궁도 매한가지입니다.

처음에는 점화장에서 꺼내어 도지개부터 채우려고 할 게 아니라, 먼저 뻗지개로 양쪽을 받쳐서 적당히 벌려놓는 것이 좋습니다. 뻗지개도 장뻗지개가 있고 조금 짧은 뻗지개가 있습니다. 짧은 뻗지개로 몇 번 버텨놓았다가 장뻣지개로 며칠 버팁니다. 뻣지개로 버티면 각궁 본래의 휠 자리가 들어가고 나옵니다. 그것을 봐가면서 좌우가 다르면 같게 만듭니다. 먼저 불을 보이고, 그 다음에 그래도 안 고쳐지면 칼날로 뿔을 약간 긁어냅니다.

그렇게 해서 모양이 제대로 나면 이제는 도지개를 묶어서 둡니다. 이것도 며칠 도지개만 묶어서 그대로 두었다가 다시 풀기만 합니다. 이렇게 며칠 하면 한 오금이 잡힙니다. 그런 뒤에 시위를 얹어서 불을 보입니다. 이때 한오금의 모양은 당연히 도지개의 생김을 닮습니다. 그래서 좋은 도지개가 필요합니다. 지금까지 제가 본 도지개 중에서 가장 좋은 것은 예천 궁장 권영구 접장의 것이었습니다. 권영구 접장이 쓰던 도지개를 강제로 빼앗다시피 하여 하나 얻은 게 있어서 저는 그걸 씁니다. 애초에 도지개 모양으로 휜 박달나무를 잘라서 그 결대로 만든 것입니다.

얹어서 바로 쏘지 말고 며칠 얹고 부리기를 되풀이하는 게 좋습니다. 그런 다음에 하루에 한두 순 정도 냈다가 점차 순 수를 늘려서 나중에 하루 종일 쏴도 되도록 하는 것입니다. 이렇게 해서 길들여지면 나중에는 개량궁처럼 편하게 쓸 수 있습니다. 각궁 길들이는 데 1~2달 정도 온 정성을 다 해야 합니다. 옆에서 부인이 보면 대개 질투를 합니다.

"나한테 그 정성 반만 하면 1등 신랑 소리 들을 텐데 … ."

아내 입에서 이런 말이 나오지 않으면 각궁에게 정성을 다하지 않은 것입니다. 각궁이 부러져도 달리 할 말이 없겠지요? 사실 잘 만든 각궁은 별로 손이 가지 않습니다. 기술력이 떨어진 궁장의 활이 손이 많이 가죠. 옛날에 비하면 요즘 각궁은 손이 너무 많이 갑니다.

활을 당기는 도중에 뚝 부러지는 수가 있습니다. 박살이 나면서 줌통만 손에 달랑 남아있죠.[24] 그것은 각궁의 균형이 맞지 않아서 그런 겁니다. 대부분 줌이 약하고 오금이나 목소가 강하면 그런 일이 생기는데, 한량들이 개량궁 닮은 느낌으로 만들어달라고 요구하니, 줌을 약하게 만들어 그렇습니다. 그러니 당겨보고 활의 균형을 잘 살펴야 합니다. 이것을 알면 이미 각궁 다루는 데는 이골이 난 고수의 반열에 오른 것입니다.

각궁은 줌이 약하면 생명이 짧습니다. 개량궁 느낌을 내려는 요즘의 각궁은 2년 쓰면 많이 쓰는 겁니다. 그렇지만 옛날엔 각궁 1장을 사면 10년은 충분히 썼습니다. 2003년에 김박영 궁장한테서 산 휘궁을 저는 지금(2018년)도 씁니다. 물론 중간에 몇 년 쉬기는 했지만! 양쪽 고자에서 줌통까지 균형이 잘 잡히면 각궁을 구성하는 부품들도 충격을 받지 않습니다. 불균형일 때 각궁도 충격을 야금야금 받아서 부러질 준비를 하다가, 어느 계기가 되면 박살이 납니다.

5 _ 각궁의 변화 양상

요즘 인터넷을 보니 미립을 옛날 각궁 모양으로 내서 쏘는 분도 있더군요. 이건 무리수입니다. 각궁은 궁장이 만들 때 궁척(弓尺)에 따라 이미 모양이 정해집니다. 정해진 그 모양으로 얹을 때 각궁은 가장 큰 효율을 냅니다. 그걸 무시하고 자기 생각대로 모양을 만들어 얹으면 활

---

24   박살난 활을 살펴보면 심지어 사련도 치지 않은 채 연소와 뿔을 붙인 경우도 있다.

의 탄력이 현저히 줄어듭니다.

각궁은 1970년대 접어들면서 그 전과 모양이 판이하게 달라졌습니다. 해방 전후의 사진을 보면 한오금이 줌통 쪽으로 가까이 붙고 삼삼이도 빳빳하게 살았지만 1970년대 이후의 각궁은 한오금이 훨씬 더 줌통으로부터 멀어졌습니다. 궁장이 그렇게 틀(궁척)을 짜서 만들었기 때문입니다. 처음부터 이렇게 만들어진 것을 원래와 다른 모양으로 얹으면 활을 뒤집기 십상입니다. 각궁은 뒤집어지면 부러집니다.

이렇게 궁장이 만든 틀과 다르게 각궁을 얹으면 활의 성능이 확 떨어집니다. 예컨대 50호 요즘 각궁을 옛날식으로 얹으면 40호 각궁의 성능밖에 못 낸다는 말입니다. 옛날 각궁을 복원하려면 궁장에게 그렇게 만들어달라고 요구해서 처음부터 그렇게 만들어야 합니다.

각궁이 이렇게 달라진 것은 1970년대 개량궁의 등장 때문입니다.[25] 개량궁에 익숙해진 한량들이 궁장에게 그런 느낌을 내도록 만들어달라고 요구한 것이고, 그래서 궁장들이 줌통을 주저앉히고 한오금을 멀리 내어 태평궁으로 만든 것입니다.

그런데 요즘 들어 각궁이 한 번 더 달라졌습니다. 개량궁과 똑같은 각궁을 만들어달라고 한 요구가 어느덧 30년째 이어졌습니다. 그러다 보니 이제 줌통을 주저앉히는 것은 물론이고, 센활에 막줌 쥐기 편하도록 만들어달라고 합니다. 그래서 요즘 각궁은 50호 밑으로 나오는 것이 거의 없고 줌통을 두껍게 만듭니다. 옛날엔 줌통이 좁았다가 한오금으로 가면서 넓어지고 다시 고자 쪽으로 가면서 좁아졌는데 이런 굴곡을 없애고 줌통을 두껍게 만든 것입니다. 막줌에 강궁경시를 쓰는 사람들

---

25   '각궁, 활터의 위기가 오고 있다.' 디지털 국궁신문 기사(2012.10.15.)

에게 최적화된 각궁을 만드는 것이 대세입니다. 최근에 새로 각궁을 배워 만드는 궁장들은 기술력이 떨어져서 연궁을 만들 수도 없습니다.

그러다 보니 전통 사법으로 줌을 흘려 쥐는 사람들이 그렇게 쥘 수가 없는 지경에 이르렀습니다. 하는 수 없이 우리는 부천 궁방 김윤경과 광주 궁방 이상운 접장에게 특별히 부탁하여 줌이 홀쭉하고 연궁인 활을 만들어달라고 신신당부하는 상황입니다. 부천궁방에서는 우리가 이런 주문을 하면 <온깍지 스타일>이라고 메모를 해놓습니다.

6 _ 각궁과 사법

각궁은 쓰는 사람에 따라서 그 효율이 천차만별입니다. 활이 세다고 하여 살을 잘 보내는 것이 아닙니다. 각궁을 제대로 얹으면 35호로도 7돈 죽시를 과녁까지 충분히 보낼 수 있습니다. 표를 과녁 안에 두고 말이죠. 저는 지금 개량궁 37호로 7돈 죽시를 씁니다. 만약에 각궁으로 바꾸면 활을 더 약하게 바꾸어야 합니다. 실제로 2018년에 광주 궁방에 특별히 부탁하여 36호짜리 각궁을 구했습니다. 말랑말랑하니 아주 좋습니다.

앞서 '온깍지 스타일'이라는 말을 했는데, 별게 아닙니다. 줌통이 요즘처럼 큼직하면 막줌으로 쥘 수밖에 없습니다. 그렇지만 전통 사법을 구사하려면 흘려쥐어야 합니다. 흘려쥐려면 줌통이 커서는 안 됩니다. 줌통을 크게 만들면 첫걸음부터 전통 사법과는 거리가 멀어집니다. 그래서 궁장에게 줌통을 작게 만들어 달라고 신신당부합니다. 반깍지의 득세는 그것 자체가 문제가 아니라, 이렇게 곳곳에서 전통의 존립을 위협한다는 것입니다. 이제는 전통 사법을 지키기 위해서 각궁까지 전통 형태로 만들어달라는 부탁을 해야 하는 지경에 이르렀습니다.

각궁은 또 다른 한 세계입니다. 사물이 가장 민감하게 작용하고 감각이 예민하게 응용되는 초정밀 세계입니다. 얼마나 민감하고 깊은지는 아직 아무도 끝까지 가보지 못한 세계입니다. 전통 사법처럼, 각궁 또한 무한한 세계에 닿아있습니다. 이 두 세계를 정복하는 데는 아무리 빨라도 10년입니다.

우리의 전통 사법은 각궁에서 온 사법입니다. 그러므로 각궁은 단순히 활을 쏘는 장비에 그치지 않고, 그런 사법을 낳은 원인이 됩니다. 그 활을 쓰던 사람들이 한 말을 제대로 알아들으려면 그들이 해놓은 것을 배워야 합니다. 각궁 배우는 일은 사법의 진의를 터득하는 데 빼놓을 수 없는 중요한 일입니다. 나아가 한국 문화의 정수를 누리는 일입니다.

7 _ 각궁의 계보

활쏘기는 조선 국방의 중추였기 때문에 각궁 만드는 것도 국가에서 직접 관리했습니다.[26] 『경국대전』에 보면 각 지역별로 궁인, 시인, 궁현장을 몇 명씩 둔다는 규정이 자세히 기록되었습니다. 당연히 국가의 기밀이어서 민간에서는 함부로 만들 수 없는 장비였습니다. 1894년 갑오경장 때 활쏘기가 무기에서 제외되면서 이러한 관리가 일시에 사

---

26   『경국대전』 병조

라집니다.

　　국가에서 용도가 다한 각궁은 사라졌는데, 민간에서는 건강용으로 쓰던 사람들이 종종 있어서 일정한 수요가 생겼고, 몇몇 궁인들이 그들을 상대로 각궁을 만들어 공급합니다. 이렇게 해서 일제강점기에 접어들면 3가지 각궁이 남고 나머지는 모두 사라집니다. 경문이, 부천문이, 예천문이가 그것입니다.[27] 이것은 그대로 우리나라 각궁의 3갈래로 자리 잡아 1970년 무형문화재 제도가 시행될 때에도 이들의 특성을 존중하여 3명을 동시에 '궁장'으로 지정합니다.[28]

　　경문이는 서울 장궁방의 활을 말합니다. 왕실 궁방의 소속이던 장문환이 서울에 연 궁방인데, 그의 아들 장기홍과 손자 장진섭이 이어 받아서 서울과 인근의 한량들에게 공급했던 활입니다. 장문환은 특히 고종황제가 쓰던 각궁 '호미'를 만들어서 유명한데, 그 활이 지금도 육군박물관에 남아있습니다.[29] 경문이는 활풀이(解弓) 과정이 길고 꼼꼼해서 완벽한 활을 만들었기 때문에 받는 즉시 쓸 수 있는 각궁이었다고 합니다. 그런 만큼 만드는 양도 많지 않고 고장 없이 오래 쓸 수 있어서 값이 비쌌습니다. 예천 활의 2~3배 가격이었다는데, 1930년대에 집궁한 윤준혁이 첫 몰기 기념으로 당시 쌀 2가마 값을 주고 샀다고 합니다.

27　각궁을 '문이', '모이'라고 구사들이 말한다. 기산풍속도에 정량궁을 '홍문'이라고 썼는데, 이 〈문〉도 '문이'와 같은 언어로 보인다.

28　초대 궁장은 장진섭(서울), 김장환(부천), 권영록(예천)이다. 궁장은 정확한 용어가 아니다. 조선시대에는 모두 궁인 시인이라고 했다. 시위 만드는 사람을 궁현장이라고 했는데 이로 보면 '人'과 '匠'에 차등을 둔 것이 분명하다. 문화재청의 용어도 바뀌어야 한다.

29　이 활은 왕실 소유물이던 것을 박정희 대통령이 갖고 있다가 대한궁도협회에게 넘겼고, 대궁 사무실이 있던 황학정에서 보관하다가 보관증을 근거로 대궁에 반환하였는데(『국궁1번지』), 현재 육군 박물관에 전시 보관중이다. 1976년 12월 31일 중요민속자료 제35호로 지정되었다.(디지털 국궁신문 기사 참조.)

부천문이는 김장환으로 대표되는 각궁입니다. 아버지 김동천한테서 영환 장환 두 형제가 배워 만들었는데, 김영환에 대한 기록은 조선궁도회『잡서류철』속의 선수 명단에 보입니다.[30] 김장환은 일제강점기에 만주와 북한 지역을 떠돌다가 해방 전 황해도 연안에서 활을 만들었는데 해방과 동시에 본거지인 부천으로 돌아와 정착하면서 부천 활의 명맥을 이었습니다.[31] 김장환의 아들 김기원이 일찍 작고하는 바람에 김박영이 무형문화재를 승계하였고, 김박영의 입산 후 아들 김윤경이 부천궁방을 운영하는 중입니다.

예천문이는, 예천 병기창에서 일하던 권중원이 갑오년(1894)에 동학군의 공격을 받아 왕상골로 피신하여 정착하면서 만들게 된 활입니다. 왕상골 샘집을 중심으로 그 동네 권 씨 집안 전체(6촌 이내 친인척)가 각궁 일에 관여하였고 그런 만큼 가장 많은 양이 전국으로 팔려나갔습니다. 예천에서 활일을 거들던 사람들이 각 지역의 활터 사범으로 퍼지면서 각궁 관리를 해주는 덕에 더욱 이런 현상이 많아졌습니다. 특히 권중원의 아들 태정은 일제강점기에 각궁의 핵심 재료인 무소뿔을 동남아까지 직접 가서 3차례 구해왔습니다. 이를 국내의 궁장들과 나눠씀으로써 각궁의 명맥이 끊이지 않도록 하였습니다. 무소뿔 구입이 여의치 않던 한국전쟁 무렵에는 황소 뿔(생각)을 이어 붙여 무소뿔을 대신한 삼

---

30 1941년 전조선궁도대회 작대표 명단에 무덕정 소속 주장으로 기록되었다. 이 당시 김영환은 무덕정 소속 사원이었음을 확인할 수 있다. 무덕정은 흔한 이름이지만 김영환의 본거지가 부천 신대리(새재)이었으므로 인천의 무덕정일 것으로 추측된다. 김영환의 선대부터 만들었는데, 각궁의 정확한 기원은 알 수 없고, 김장환의 손자 김홍진으로부터 족보를 확인하여 김동천의 이름을 알아냈다. 1970년 무형문화재 조사보고서에는 김봉천(金奉天)으로 나오는데, 호적과 족보의 이름이 달라서 그런 것이라고 한다. 동천의 부친은 원제(元濟)이다.

31 인척인 안석흥도 김영환 장환 형제와 함께 활 일을 배워서 인천에서 20여년 궁방을 운영했다.

활 쏘 기 의   지 름 길

각궁을 만들어 쓰기도 했습니다.[32] 삼각궁은 생각으로 만들었다고 하여 생각궁이라고도 하는데, 휘궁입니다.[33]

무소뿔은 동물보호와 방역 문제 때문에 통관 절차가 복잡하고 까다롭습니다. 해방 후에도 수입 금지 품목으로 분류되어 무소뿔 수입은 여의치 않았습니다. 이 때문에 박정희 대통령과 함께 활을 쏘던 사람들이 전통의 특수성을 들어 세무서에 건의하기까지 했지만 일이 생각처럼 풀리지는 않았습니다. 궁여지책으로 뿔이 없는 궁장들은 도장용 뿔을 수입하는 사람들에게 웃돈을 얹어주고 구해 쓰기도 했습니다. 원뿔을 수입하는 일은 지금도 마찬가지로 규제가 심하여, 한중 수교 후에는 중국 현지에서 뿔을 켜서 반제품 상태로 수입합니다.[34]

각궁을 국가에서 관리할 때는 제도나 규격이 엄격히 통제되어, 꼭 그렇게 만들 수밖에 없게 됩니다. 그렇지만 이런 규제가 풀려 민간으로 넘어오면 궁장과 한량의 요구에 따라 각궁의 특성이 조금씩 달라집니다. 위의 세 갈래 각궁은 이런 요구에 따라 각기 다른 특성을 띠게 되었고, 그런 특징이 인정되어 3갈래 모두 중요무형문화재로 지정된 것입니다.[35] 그 특성은 다음과 같습니다.

중국 각궁을 보면 남방형과 북방형이 완전히 다릅니다. 남방형은

---

32   권영구 대담 ; 『이야기 활 풍속사』. 삼각궁을 만들 줄 아는 사람은 권영구가 유일했다. 권 접장이 입산(2007.6.25.)하기 전에 특별히 부탁하여 2003년 겨울에 삼각궁 1장을 만들었 는데, 지금껏 내 방에 걸려있다. 옛날 군사용 활의 줌통 만드는 방법도 권 접장이 알려줬는 데, 나중에 여건이 되면 만들어볼 생각이다.

33   옛 기록에는 교자궁(交子弓)으로 나온다. 휘궁은 猴弓으로 적는데, 활터 사람들은 '휘궁'이 라고 발음한다. 貫革을 '과녁'이라고 부르는 것과 마찬가지로, 한자에서 우리의 입말로 정 착했다.

34   이런 특수성 때문에 몇 년 전에는 각궁용 뿔이 밀수입 조사까지 받아서 활 보급이 잠시 지 연된 적도 있다.

35   양재연, 『한국의 궁술』, 무형문화재조사보고서 제80호, 문화재관리국, 1970.

활채가 넓고 두터우며, 북방형은 활채가 좁고 얇습니다. 이것은 날씨 때문에 그런 것입니다. 남방은 무덥기 때문에 활채를 두텁게 만들어야 제 힘을 내고, 북방은 추운 날씨에 활이 세어지므로 좁고 얇게 만들어도 제 힘을 냅니다. 중국은 워낙 땅덩이가 커서 이런 특징이 확연히 드러나는데, 우리나라의 경우는 남북 길이 3천리여서 중국만큼 뚜렷하지는 않지만, 세 활을 비교해보면 이와 같은 특징이 은연중 잘 드러납니다. 즉 예천 활은 이구동성으로 뚝뚝하고 투박하다고 하고, 부천 활은 가볍고 날래다고 합니다. 이것은 남쪽인 경상도과 북쪽인 황해도라는 지역의 특성이 반영된 까닭입니다. 즉 경상도 쪽은 날이 무더워서 활채를 넓고 두텁게 해야 하고, 황해도나 평안도 쪽은 날이 추워서 예천 활처럼 두텁게 만들면 너무 강해서 쏠 수 없는 지경에 이릅니다. 그래서 활채 폭을 좀 좁고 두께를 얇게 만듭니다.

　서울 활은 이것도 저것도 아닌, 표준형이라고 해야 할 듯합니다. 좀이 좁고 한오금이 넓으며 목소로 가면서 다시 좁아졌다가, 도고자 쪽에서 넓어진 모양이 양냥고자 쪽으로 가면서 다시 좁아지게 됩니다. 성낙인은 장궁방 활의 고자 모양이 마치 코브라 대가리를 닮았다고 표현합니다. 서울 활의 이런 특징은 『한국의 활쏘기』에서 '버들잎 효과'라고 정리했습니다. 줌에서 발생한 힘이 마치 채찍처럼 끝으로 가면서 힘을 더욱 몰아간다는 뜻입니다.

　중부지역의 이런 특징이 남방과 북방으로 가면 의미가 없어져서 고자잎부터 일직선으로 뽑게 되고 제작의 편리성과 기능의 효율성을 추구하게 됩니다. 부천 활과 예천 활의 특징은 서울 활의 특징이 많이 사라지면서 기능 중심으로 효율성을 보입니다. 고자잎의 경우 둘 다 똑같이 일직선으로 뽑습니다. 그렇지만 실제로 활을 들어보면 부천 활이 훨씬 더 가볍게 느껴집니다. 북방형의 특징인 좁고 얇은 특징이 반영되었기 때문입니다.

　현재 남아있는 부천 활과 예천 활은 그 특성이 서로 뒤섞여서 구분할 수 없을 지경입니다. 모두가 날렵한 부천 활의 특징 쪽으로 유행이 옮아가서 예천 활의 특징이 거의 다 사라졌다고 할 수 있습니다. '가볍고 잘 채준다.'는 부천 활의 특징과 평가 때문에[36] 예천 활도 남방형의 특징인 '투박하고 뚝뚝하다.'는 특성을 버리고 부천 활과 경쟁하는 방향을 취했습니다. 이런 유행은 2000년 무렵에 일어서 그 후로는 한오금의 너비가 지나치게 좁아진 상황입니다. 옆심 부족으로 활이 자주 뒤집어집니다. 지금은 남방형과 북방형의 구별이 사라진 상태입니다. 실제 각 궁의 성능 면에서는 어떨지 모르겠으나, 문화사나 풍속사의 측면에서는 큰 손실이 아닐 수 없습니다. 이제라도 예천 활에서는 남방형의 특성임을 자각하여 좀 투박하더라도 한오금을 넓게 하여 안정된 활을 만들 필요가 있습니다.

　제가 문화재청의 위촉을 받아 궁장 조사위원으로 몇 차례 조사에 참여한 적이 있는데, 저를 비롯하여 대부분의 조사위원들이 그때마다 이 세 계보를 모두 지정해야 한다고 강조해도 정작 결정 단계에서는 번번이 무산되었습니다. 조사위원과 심사위원이 다르기 때문입니다. 2014년도에 김박영 궁장의 후임 국가무형문화재를 지정하기 위한 조사보고서에도 마찬가지로 썼지만, 결과는 1명만 지정되었습니다.

36　실제로 활 값도 차이가 났다.

8 _ 각궁의 기술 유출과 공인 문제

　2010년대 접어들어 중국산 각궁이 들어왔습니다. 이 말인 즉슨 각궁 만드는 기술이 중국으로 유출되었다는 것입니다. 연변의 조선 동포들이 값싼 품과 재료로 만든 활이기에 값도 45만원에 거래되었습니다. 그때 국내의 각궁 값은 60만원에서 70만원으로 올라갈 무렵이었습니다. 그런데 유명무실하던 협회의 공인 제도가 이때부터 강화되어 이른바 딱지를 발행하기 시작했습니다. 그리고 우연이라고 보기에는 너무나 티가 나게 국내의 이름난 궁방들 각궁이 협회의 공인을 받지 못하여 대회에서 사용할 수가 없게 되었습니다.

　이런 일은 10년간 지속되었고, 당시 시장 점유율이 가장 높았던 송○궁 측의 소송으로 이어져 결국은 고등법원까지 가서 협회의 패소로 귀결되었습니다. 그래서 2017년 법원의 명령으로 공인이 무산된 이후, 공인 딱지가 모든 활과 화살에 지급되는 실정입니다. 공인을 하나마나 한 상황이 된 것이죠. 게다가 지금은(2018) 송○궁 측이 지난 10년 동안 손해 본 것에 대해 민사소송을 제기한 상태인데 그 보상 산정액이 어마어마해서 재판 결과에 따라 엄청난 파장이 일 듯합니다.

　이 일로 인해 각궁 판도는 큰 변화를 입었습니다. 각궁은 기술력에 따라서 성능이 엄청 차이나기 때문에 좋은 각궁은 정가에 덤을 보태어 사곤 했습니다. 그런데 이 공인 사태로 인하여 품질이 떨어지는 각궁들도 자리를 잡게 된 것입니다. 결국 기술이 하향 평준화되는 사태를 맞게 되었습니다. 그 하향평준화의 증거가 바로 강궁입니다. 바람을 이기려는 한량들의 요구와 만들기 편한 궁장들의 심리가 결합하여 막막강궁을 양산하는 상황에 이른 것입니다. 『활쏘기의 어제와 오늘』에서 오늘날 부는 강궁 바람을 강하게 비판하고, 활터의 사풍 변화가 2000년대 들어 심해졌다고 했는데, 그 모든 것의 배경에 이런 상황들이 깔려있습니다.

한국의 전통인 각궁 기술은 이미 중국으로 다 퍼졌고, 2017년에는 중국에서 명나라 활을 완전히 복원했다는 중국인 궁장도 나타났습니다.[37] 일전에 중국에서 연변의 아리랑을 유네스코 문화재로 등재하려고 했던 적이 있는데, 각궁과 활쏘기도 마찬가지로 그와 똑같은 국면을 맞이했습니다.

현재 각궁은 중국 연변에서 만드는 사람들이 있고 그것을 한 업체에서 전문으로 수입하여 판매하는 실정입니다. 국내의 사범들 여럿이 중국에 가서 각궁 만드는 과정을 아주 자세히 가르쳐주고 왔고, 중국 연변대학의 교수와 학생들도 이 작업에 참여하고 있습니다.[38] 게다가 2013년 겨울에는 몽골의 기술자들도 연변으로 견학을 와, 한국의 각궁 기술은 몽골로도 넘어갔을 것으로 예상됩니다. 신라시대 구진찬이 당나라에 끌려가서도 끝내 밝히지 않았던 활 만드는 기술의 비밀이 자손들의 어처구니없는 행실로 전 세계에 널리 퍼진 것입니다. 세계인들이 각궁 기술을 다 안다고 해서 큰 탈 날 것은 없지만, 그렇게 된 과정과 결과의 무책임함이 하필 우리 시대에 일어난 것에 대해서는 꼭 잊지 말아야 할 것 같습니다. 이 기술 유출과 공인 소동은 상관성이 있어서 앞으로 한국의 전통문화를 이야기할 때 반드시 기억되어야 할 일이기에 여기 간단히 적어둡니다.

---

37 부천궁방의 김윤경 접장이 학술(한중일 예사 학술대회) 교류 차 중국에 갔다가 확인한 내용이다. 그 전에 중국 각궁을 복원한 대만의 장유화와도 다른 경우이다. 중국인 스스로 자기네 옛 기술을 복원했다고 주장했다.

38 온깍지궁사회 카페 응접실

05

활과 소품

2001년 출범한 온깍지궁사회에서 몇 가지 캠페인을 벌인 적이 있습니다. <온깍지 제안>이라는 이름으로 홈페이지 초기화면에 링크 시켜서 누리꾼들로 하여금 보게 한 것입니다. 그 제안은 다음과 같았습니다.[39]

온깍지 제안 1 : 파운드를 '호'로 바꿉시다.

온깍지 제안 2 : 팔찌를 씁시다.

온깍지 제안 3 : 깍지의 규격도 제도화 합시다.

온깍지 제안 4 : '활쏘기 대회'를 씁시다.

온깍지 제안 5 : 활터 건물을 보존합시다.

온깍지 제안 6 : 활터 풍속을 지킵시다.

온깍지 제안 7 : 활 놀이를 합시다.

---

39   온깍지궁사회 홈페이지 초기화면(http://www.onkagzy.com)

이렇게 제안하여 다양한 듯하지만, 이런 여러 제안은 결국 <제안 6>의 내용으로 귀결됩니다. 활터를 있는 그대로 보존을 하자는 것입니다. 물론 세월이 흐르면서 세상은 변하고, 그런 변화에 따라 활터도 변하기 마련이지만, 문제는 그 변화가 활터에 안 좋은 영향을 끼칠 때 발생합니다.

예컨대 실용성만을 생각하여 팔의 소매를 줄이고 뜬금없이 정구복을 모델로 하여 유니폼을 만드는 것은, 활터의 품격을 완전히 내팽개치는 짓입니다. 일본 궁도 하는 일본인들이 그 복장이 간편해서 어깨를 드러내고 쏘는 것이 아닙니다. 불편함을 알면서도 그렇게 하는 것은 일본 활 유미의 속성이 그런 문화 배경에서 나왔음을 잊지 않으려는 최소한의 처방입니다. 이것은 활의 실용성만이 아니라 그 실용성을 낳은 조상들의 정신을 닮으려는 몸부림입니다.

전통을 없앤 상태의 우리 활은 무엇이 될까요? 그것은 털을 다 뽑아놓은 닭과 다를 바가 없습니다. 닭은 살코기만을 위해 존재하는 것이 아닙니다. 그들에게도 삶이 있고 생존 규율이 있습니다. 그 과정에서 벼슬을 뽐내고 깃털을 멋진 모양과 색깔로 만들며 진화해온 것입니다. 활터의 현재는 우리가 그렇게 진화해온 흔적의 끝입니다. 그러니 그 흔적을 보존해야만 전통의 가치가 더욱 빛나는 것입니다.

그런 점에서 팔찌 같은 경우도 정말 아쉽기 짝이 없는 것입니다. 실제로 차보면 아주 간편하고 우아한데 오늘날 불과 50년이 채 안 되어 활터에서는 그것을 아는 사람이 없습니다. 2001년에 온깍지궁사회 모임 때 단체로 보급되어 순식간에 전국으로 퍼졌죠.

활터에는 활에 필요한 소품들이 많이 있습니다. 새로 생기기도 하고, 사라지기도 합니다. 그렇지만 사라지는 것에 대해서는 우리가 주의 깊게 살펴보아야 합니다.[40] 단순히 소품 하나가 사라지는 것에 그치지 않고, 때로 전통과 그 속에 깃든 우리의 정신이 사라지는 일이기 때문입니다. 개량궁이 등장하면서 각궁의 모양까지 바뀌어버린 경험을 보면 이런 소품들이 갖는 특별한 의미를 다시 한 번 생각해야 할 일입니다.

각궁의 모양이 바뀜에 따라 도지개의 모양도 바뀌었습니다. 도지개는 각궁의 미립에 큰 영향을 미치는 도구입니다. 아주 적합한 도지개의 모양을 제대로 아는 사람이 별로 없습니다. 조막손이를 비롯하여 살잡이, 삼지끈, 촉돌이, 노루발, 살수건 같은 것도 마찬가지입니다. 이런 것을 보면 소품 하나하나가 얼마나 소중한 것들인가를 새삼 생각하게 합니다.

다행히 온깍지활쏘기학교를 졸업한 사람들은 과녁 맞추기 광풍에서 벗어나 이런 것들을 즐기는 분들이 많습니다. 그래서 각 지역별 동문들이 모여서 각기 여건에 맞는 '과녁 없는' 활쏘기를 즐기는 중입니다. 활터에 과녁이 사라지면 옛 풍속이 살아납니다. 간단히 온깍지 학교 출신 한량들의 모임을 소개합니다.

· 활백일장계승회 : 경기도 지역의 활 백일장을 제대로 계승하고자 하는 모임. 평택 팽성에서 매년 모임을 가짐. 회장 정만진.
· 느새터 : 평택 들판에서 활 쏘는 모임. 지게관을 놓고 옛날식 유엽전을 쏘며, 편전대회를 매년 개최함. 사백 정만진.
· 장수바위터 : 청주에서 특정 단체 소속 없이 활 쏘는 사람들의 모임. 선생 정진명.

---

40 학소대(사백 정만진)에서는 강중원 권무의 제안으로 무과 과녁과 옛날 유엽전을 만들어 쏘고, 고관순 접장의 제안으로 애기살을 상용화시켰다.

- 뚝방터 : 장호원 청미천 둔치에서 소속 없이 150미터 붙박이 과녁에 옛날 방식으로 활을 쏘며 즐기는 모임. 사수 이태호.
- 미추홀터 : 활터를 벗어나 바닷가와 들판에서 옛날 인천 지역의 활쏘기 풍속을 그대로 즐기는 모임. 권무 박순선.
- 활음계 : 충북예술고 출신 젊은 국악인들로 구성, 활터를 답사하여 구사들로부터 활터 음악(획창, 호중)을 배우고 온깍지동문회가 주관하는 각종 대회에서 공연하는 모임.

활터의 주인은 한량입니다. 한량은 과녁 맞추기 위해 존재하는 기계가 아닙니다. 활터에 그들의 삶이 있고 풍속이 있습니다. 한량의 관심 하나하나에 천년 역사와 풍속의 목숨 줄이 달렸습니다.

06

우리 활과 세계화의 앞날

　앞서 '전통 사법 강의'에서도 잠깐 나왔습니다만, 우리 활은 세계화의 모든 조건을 다 갖추었습니다. 그렇지만 그것에 제도화하고 형식화하여 세계로 뻗어가는 데는 많은 숙제가 남아있습니다. 1990년대 이후 우리 활을 접한 외국인은 정말 많습니다. 캐나다의 듀브나이를 비롯하여 독일의 요한과 카를 짜일링어 같은 분들이 그런 한량들입니다. 이들은 직접 한국에 와서 활을 배우고 돌아가 현지에 한국식 터과녁을 세운 사람들입니다.

　이 중에서 특별히 눈여겨보아야 할 사람이 카를 짜일링어입니다. 수많은 외국인 한량들 중에서 카를만큼 우리 활을 오래 수련하고 많은 지식을 갖춘 인물을 없을 것입니다. 입산 직전인 2014년에는 그 동안 모은 자료를 정리하여 한국 활에 관한 책을 내려고 원고까지 완성하고 독일어판과 한국어판을 동시에 내려고 한국어 번역가를 구하여 작업을 시작한다는 얘기를 했습니다.

　뿐만 아니라, 카를 짜일링어는 2012년에 독일 뉘른베르크에 한국식 활터를 짓고 이름을 덕호정(德虎亭)이라고 하여 과녁을 세웠습니다. 우리 활이 처음으로 현지화를 통해서 외국에 소개된 순간이었습니다. 그렇지만 2014년 그의 갑작스런 입산으로 모든 계획은 물거품이 되고 말았습니다.

카를 짜일링어의 발자취는 많은 생각을 하게 합니다. 한국 활의 세계화 현지화가 국내 활쏘기 단체의 지원 없이 외국인의 열정에만 의지하여 진행되었다는 점, 외국으로 나가는 우리 활쏘기가 어떤 모습과 개념을 갖추어야 하는지 논의되거나 확정되지 않았다는 점, 활쏘기의 제도화나 절차가 전혀 없이 진행되었다는 점 … . 우리 활의 미래와 세계화를 고민하는 사람들에게 한꺼번에 수많은 문제를 던지면서 카를의 독일 활터는 진행되다가 당사자의 운명과 함께 갑자기 멈추었습니다. 그가 평생 수집한 활 관련 유품 2,000여 점도 독일 정부로 귀속되어 대부분 경매를 통해 뿔뿔이 흩어졌습니다.

결국 짜일링어의 행동은 우리 활의 정

카를 짜일링어

체성을 어디서 찾아야 할 것인가 하는 문제를 또렷이 보여주었고, 그로 부터 자연스레 답이 나왔습니다. 과녁 맞추기로 세계화를 진행할 수는 없다는 것이었습니다. 일본 활이나 몽골 활, 양궁과 차별성을 두면서 우리 활만의 특성을 드러내어 외국인들에게 다가가야 한다는 것이 카를이 남긴 교훈입니다. 그런 점에서 우리 활은 아주 좋은 유산을 갖고 있습니다. 엄정한 예절과 정비된 절차가 그것이고, 그런 질서가 추구하는 목표는 사원과 사원, 사원과 활터, 활터와 사회, 활터와 세계가 서로 잘 어울리는 조화에 있다는 것입니다. 그것이 꽃처럼 피어난 문화가 바로 편사입니다. 과녁 맞추기가 아니라, 이러한 형식과 절차 속에 과녁 맞추기를 예속시켜, 한국의 얼이 그 속에서 저절로 드러나도록 하는 것입니다.

이런 목표가 설정되면 그에 걸맞은 여러 가지 제도가 필요해집니다. 복장부터 입사 절차는 물론 실력을 가르는 성과제도까지 하나씩 만들어가야 합니다. 최악의 상황은 외국인들이 동영상만을 보고 국궁의 동작을 배워 국적불명의 형식으로 목표물 맞추기에 열광하는 것입니다. 이런 세계화는 차라리 아니 함만도 못한 일입니다. 그런데 유튜브 동영상을 보면 이런 것이 현실화하였음을 확인할 수 있습니다. 국내의 한량들이 자기 자랑하느라고 쏘아 맞추는 기술과 그 원리만을 열심히 설명하고, 그렇게 올린 동영상을 보고서 외국인들이 그것을 따라하는 것이 일상사가 되었습니다. 그런 식이면 굳이 한국 활이라고 부를 필요도 없을 듯합니다.

세계화와 관련하여 최근에 눈길을 끄는 것은 독일입니다. 카를 짜일링어의 사례가 있었지만, 그와는 별도로 독일 라이프치히에서 결코 작지 않은 세계화의 발걸음이 시작되었습니다. 즉 한국에 와서 전통 활쏘기를 제대로 배운 김정래 접장이 '덕화대(德和臺)'라는 활터를 열고, 위에서 말한 모든 조건과 자격을 갖추어 독일 현지인들을 가르치기 시작했다는 것입니다.

한국의 전통 문화가 외국으로 나갈 때 반드시 생각해야 할 것이 있습니다. 외국인들이 남의 문화에서 무엇을 궁금해 하는가 하는 것입니다. 그런 점 때문에 현지인들의 감성을 충분히 이해할 수 있는 문화 경험이 필요한 것이고, 세계화는 그런 체험을 바탕으로 하여 계획되고 구성되어야 합니다. 그런 점에서 김정래 접장은 독일에서 한국 전통 활의 세계화를 위한 첫걸음을 떼었습니다. 독일 덕화대는 한국 활이 유럽 전역으로 소개되는 시험대가 될 것입니다.[41]

---

41 주목할 만한 해외 활터로는 미국 샌디에고의 '대한정'(사두 김헌구)도 있다. 2007년 출범하여 국궁을 미국에 알리는 데 왕성한 활동을 하는 중이다.(디지털 국궁신문 기사 참조.)

활터의 뼈대는 성문화하지 않은 사풍에 있습니다.
오늘날까지 활터가 이러한 모습으로 면면히 이어져온 이유는
바로 활터의 풍속과 운영 체제, 즉 사풍에 있는 것입니다.

PART 5

전통 사법과 격의궁술

1970년대 개량궁의 등장 이후, 전통 사법은 일대 혼란을 맞았습니다. 각궁 사법인 온깍지 전통이 각궁 대신 개량궁을 쓰는 사람들 때문에 개량궁 사법으로 변질을 일으켰고, 2000년대 접어들어 그것이 논리화하기에 이른 것입니다. 이 논리화를 뒷받침하는 것이 양궁의 사격술 이론이고, 최근 들어 중국의 옛 사법이론이 여기에 가세하는 형국입니다. 그러므로 오늘날 활터에서 벌어지는 사법의 난맥상을 정리하려면 이런 경향을 파악해야 합니다.

물론 이런 어지러움은 표준이던 전통 사법이 흔들리면서 생긴 현상입니다. 따라서 이를 회복하는 방법도 간단합니다. 『조선의 궁술』로 돌아가는 것입니다. 그러자면 오늘날 어떤 일들이 활터에서 벌어지는지 알아야 합니다.

01

활과 책

활터에서 생활하다 보면 별의별 얘기를 다 듣게 됩니다. 듣다 보면 이게 어른의 입에서 나온 건지 소꿉놀이하다가 나온 건지 분간이 안 되는 말들이 많습니다. 엊그제는 어느 분이 그런 말을 하더군요. 자정의 9단 명궁이라는 분 하시는 말씀이, 책을 보면 시수가 안 난다고 하더랍니다. 헐!

맞는 얘기입니다. 책에는 시수 나는 방법에 관한 내용이 극히 적습니다.『조선의 궁술』만 봐도 사법 부분은 몇 쪽 되지 않습니다. 그래도 근래에 나온 책 중에서 그나마 사법에 대해 어느 정도 많은 분량을 할애한 것은『한국의 활쏘기』입니다. 이 책의 사법 부분은 107쪽이나 되니『조선의 궁술』에 견주면 제법 많은 분량이지요. 그렇지만 520쪽인 전체의 분량에 견주면 사법 부분은 역시 많다고 할 수 없습니다.

활 책에는 왜 사법에 관한 부분이 많지 않은 걸까요? 활쏘기에서 사법은 핵심이 되는 부분이지만, 그것이 활쏘기 전체에서 차지하는 비중은 그리 크지 않다는 것이 아닐까요? 실제로 활터에서 우리가 해야 할 일은 과녁 맞추는 행동보다 어른들에 대한 예절이나 사대에서 지켜야 할 규칙 같은 것이 더 많습니다. 게다가 오랜 역사를 지닌 활터에서는 그 전에 사두를 지낸 분들에 대한 예우를 비롯하여, 선생안이나 선성록에 대한 제사, 그리고 1년 동안 벌어지는 행사가 많아서 단순히 활로 과녁을 맞히는 곳(체력단련장)이라고만 보기는 쉽지 않은 상황입니다. 사법 이외에 이런 부분을 뭐라고 부르면 좋을까요? 이런 것을 싸잡아서 활터에서는 '사풍'이라고 했습니다. 활터의 문화는 사풍과 사법 두 가지로 이루어집니다.

과녁 맞히는 기술에는 특별한 이론이 필요하지 않습니다. 바람을 이길 수 있는 강한 활을 쓰고 가벼운 화살을 걸어서 사격장에서 사격하듯이 쏘면 됩니다. 이런 상황에서 무슨 이론이 따로 필요하고, 그를 위한 대단한 사법 이론이 필요하겠어요? 과녁 맞추기에 대해 말하자면 그런 거 필요 없습니다. 이것이 책을 보면 시수가 안 난다는 결론을 내린 사람들의 정신을 지배하는 생각입니다. 굳이 글을 읽지 않아도 얼마든지 제 몸으로 만들어낼 수 있는 것이 사법이고 시수입니다.

오히려 책을 읽으면 자신이 지금 하는 '짓'과 다른 내용이 눈에 띕니다. 그러면 그걸 또 무시할 수 없다는 찜찜한 생각이 가시지를 않습니다. 책에 쓰인 것이 내 동작과 다르니, 한 번 해보고 싶은 생각이 들죠. 그래서 몇 번 흉내 내봅니다. 잘 될 리가 없죠. 그래서 원래 자리로 돌아가려고 합니다. 그런데 흉내 낸 동작 때문에 몸의 자세가 틀어져서 제 자리로 돌아가기도 힘듭니다. 그리고 돌아가는 데도 꽤 많은 시간이 걸립니다. 이런 경험을 한 '명궁'님들께서 내린 결론이 바로 '책을 보면 시수가 안 난다.'는 것입니다. 이 어리석은 결론을 자기만 알고 있으면 다행인데, 자꾸 입 밖으로 냅니다. 영문도 모르는 신사들은 훌륭하신 명궁님의 말씀이니 그것을 잘 받아들이려고 합니다.

이런 활터 분위기 변화를 보면서 저는 언제부턴가 사법보다 사풍이 더 중요하다고 생각하기에 이르렀습니다. 옛날에는 귀에 거슬리던 '먼저 인간이 되어라.'는 코미디극의 말이 활터에 가면 그리 절실하게 들릴 수 없습니다. 제가 벌써 늙은이가 된 걸까요? 설령 그렇다 해도 좌궁인 사람이 사두 되었다고 1번 자리에 서는 걸 보면 어찌 이런 생각을 안 할 수가 있을까요? 남의 활터에 가서 자신이 구사라고 1번 자리에 서려고 하는 것을 보면 어찌 이런 생각을 안 할까요? 심판 본답시고 뒤에 앉아서 '관중, 다음!'을 외치면서 습사무언의 천년 질서가 서린 고요한 사대에 잡소리를 넣어대는 광경을 보면 어찌 이런 생각을 안 하겠습니까?

사풍이 이렇게 망가졌으니, 사법인들 안 그럴까요? 문제는 이렇게 주먹구구 사법으로 활을 쏠 때 몸이 망가진다는 것입니다. 사격술은 몸을 고려하지 않습니다. 그렇지만 책에 쓰인 전통 사법은 몸을 고려합니다. 바로 이것이 뛰어넘을 수 없는, 두 사법의 다른 점입니다. 전통 사법에는 몸을 보호하는 장치가 마련되었고, 그렇기 때문에 그 방법을 몸에 익히는 데 시간이 걸립니다. 그리고 짧은 기간에 잘 안 됩니다. 평상시 안 쓰던 근육을 쓰고, 평상시 안 하던 동작을 하도록 요구합니다. 처음엔 불편하죠. 동작이 불편하니까 편한 동작으로 힘을 쓰다 보니 화살이 가는 대로 마구잡이 사법을 배우는 것입니다. 마구잡이 사법, 즉 사격술은 한 3개월이면 터득합니다. 6개월 내에 입단하지 못하고, 1년 내에 대회에서 우승하지 못하면 그 사람은 활에 재주가 없는 사람입니다. 그만두는 게 낫습니다. 그깟 사격술 배우는 데 무슨 한 세월이 걸립니까?

책에 쓰인 전통사법을 배우자면 시간이 한없이 늘어집니다. 제대로 된 지도자를 만나면 3년 정도에 궁체의 틀이 잡히고 5년쯤 되면 기초가 완성됩니다. 그리고 그것을 토대로 자신의 궁체를 다져나가는 데 5년이 더 걸립니다. 아무리 빨라도 활 공부는 10년 이상 걸립니다. 천재라도 이걸 줄일 수는 없습니다. 만약 이 시간을 줄였다면 그것은 가짜입니다. 헛것을 배운 거죠.

전통 사법으로 수련하다보면 말로 설명할 것이 별로 없습니다. 옛 사람들이 머리가 나빠서 사법을 시시콜콜 설명하지 않은 것이 아니라, 실제로 자세한 설명이 굳이 필요하지 않기 때문에 그런 것임을, 전통 사법을 수련하다 보면 절로 알게 됩니다. 오히려 말로 설명된 글 때문에 오독을 하여 공부가 샛길로 새는 경우도 많습니다. 책으로 활 공부가 될 것 같으면, 저만 해도 책을 몇 권 냈으니 그 책을 읽은 사람들은 벌써 전통 사법을 다 배웠을 것입니다. 그러나 인터넷에 떠도는 동영상이나 가끔 주변 활터에서 보는 사람들의 궁체를 보면 제가 설명한 것과는 전혀 다름을 알 수 있습니다. 제 책을 읽고 와서 쏘는 사람들의 궁체도 마찬가지입니다.

사법이론에 대한 자세한 설명은 학문화를 위해서 필요한 일입니다. 체계를 확립하고 그것을 누구나 알 수 있도록 논리화하기 위한 작업 때문에 필요한 것입니다. 그렇지만 그런 설명이 실제로 활 쏘는 사람에게 도움이 되지는 않습니다. 그래서 학문 기록이 아니라 실용서로 글을 쓸 때는 굳이 길게 쓸 필요가 없습니다. 『조선의 궁술』 속 사법 설명이 길지 않은 이유도 바로 이것입니다. 전통 사법을 제대로 배우면 그런 정도의 묘사만으로도 전통 사법을 배우고 익히는 데 부족함이 없습니다.

이런 것을 알아볼 안목이 없는 반거들충이들이 엉터리 자기 사법을 그럴 듯하게 설명하려고 하니까 사격술이나 엿보려고 기웃거리게 되고, 그것으로도 잘 안 되니까 혹시나 옛 기록이 없는가 눈을 돌리다가 <사

법비전공하>에 꽂혀서 그것이 정답인 양 『조선의 궁술』을 극복했노라고 자랑스레 말하고, 나중에는 하다하다 안 되니까 <사경>에, <기효신서>에, <무경사학정종>에, <사결>까지 온갖 기록을 닥치는 대로 끌어다가 자기 사법의 밑밥으로 깔아놓는 겁니다. 그런 책 속에 쓰인 사법의 실제 모습이 어떤 것인지 알지도 못하면서, 말은 그럴듯하죠.

　그렇지만 그런 책들은 그 글들이 묘사한 대상이 있습니다. 그것은 중국의 사법입니다. 중국의 사법은 이미 맥이 끊겼습니다. 지구상에서 사라졌습니다. 이미 사라진 동작을 묘사한 글을 읽고 그 동작을 연상할 수 있다는 것은, 정말 그럴 듯한 가정이지만, 한심하기 짝이 없는 상상에 불과합니다. 이래서 전통의 맥이 중요한 것입니다. 끊어진 그 어떤 것에 대해서도 복원할 수 없는 것이 전통입니다. 이미 끊어진 사법을 설명하는 '글'을 우리 사법에 적용시켜서 해석한들 그게 제대로 된 해석이 될 수 없습니다. 이런 점에서 보면 '책을 읽으면 시수가 안 난다.'는 말이 맞는 듯도 합니다. 대부분 이런 책을 읽는 사람들은 사법을 배우려고 읽는 것이 아니라 자신의 사법을 정당화하기 위한 근거를 대기 위해서, 말하자면 썰을 풀기 위해서 읽는 것입니다. 공부를 위해서 읽는 게 아니고 제 자랑하기 위해서 읽는 것이니, 이게 제대로 된 독서일 수 없고, 내용이 제대로 읽힐 리도 없습니다.

　책을 읽는다는 것은, 자신의 개똥철학을 정당화하는 논리를 개발하기 위함이 아닙니다. 책 읽기는 공부한다는 것이고, 공부의 기준을 찾는다는 것입니다. 활의 경우에는 이렇습니다. 내가 이런 동작으로 활을 배웠는데, 그게 우리의 전통 사법과 어떤 연관이 있는 것이며, 내 동작이 전통 사법의 맥락에서 볼 때 올바른 것인가? 만약에 틀리다면 어디가 어떻게 틀리고, 올바른 사법을 배우려면 내 동작의 어디를 고쳐야 하는가? 뭐, 이런 것을 확인하려고 책을 읽는 것이죠. 당연히 주먹구구로 배운 사법이 전통사법일 리 없고, 전통 사법을 흉내 내려고 하면 시수가 떨어질 수밖에 없습니다. 9단 명궁님의 말씀이 백번 옳습니다.

그렇지만 전통 사법으로 이룩한 1단과 주먹구구 사격술 사법으로 익힌 1단이 같은 걸까요? 이 질문에는 어떻게 답할까요? 즉석에서 '같다.'라고 대답하는 사람은, 인생을 너무 쉽게 사시는 겁니다. 이런 사람은 전통의 흐름이 만들어낸 활터의 내력과 사풍을 손쉽게 부인할 사람입니다. 활터의 뼈대는 성문화하지 않은 사풍에 있습니다. 오늘날까지 활터가 이러한 모습으로 면면히 이어져온 이유는 바로 활터의 풍속과 운영 체제, 즉 사풍에 있는 것입니다. 사법도 그러한 사풍 안에서 존재해온 것입니다. 이런 전통을 무시하고 자기가 만든 사격술 사법이 옳다고 믿는다면 그것이야말로 제 기준으로 활터를 바꾸겠다는 발상과 다르지 않습니다.

사법은, 사풍의 일부분입니다. 결코 사법이 사풍을 넘어설 수 없습니다. 과녁 잘 맞춘다고 잘난 체하면 자신의 망신으로 끝나는 것이 아니라, 활터의 분위기를 헝클어놓고 결국은 활터의 미래까지 망가뜨리게 됩니다. 과녁 맞히는 데 방해가 되는 모든 귀찮은 요소를 없애는 게 활터의 권력자들이 할 일입니다. 실제로 지난 50년간 활터가 몰라보게 달라졌습니다. 두루마기를 안 입으니까 화살도 거꾸로 차고, 팔찌 차기 귀찮으니까 소매를 줄여 옷도 러닝셔츠로 입고, 대회처럼 연습해야 하니까 좌우 교대 발시도 없애고 … .

책을 읽는 일은, 우리 활의 전통이 어떤 것인지를 알아보려는 것입니다. 책 속에는 전통의 고민이 있습니다. 그 고민 대신 자신의 주먹구구 사격술을 최고라고 여기는 사람에게 책은 혹부리 영감의 혹일 뿐입니다. 아무런 도움이 되지 않죠. 그렇지만 자신의 혹이 남들 눈에 자신의 모습을 비정상으로 보이게 한다는 것을 알아야 합니다.

요즘은 책에도 이런 기형들이 등장합니다. 최근에 나온 책들을 보면 전통이 아니라, 왜곡된 현실을 전통인 양 소개하는 경우도 적지 않습니다. 엉터리 글이 많아서 이제는 글도 믿기 어려운 세상이 되었으니, 이제 우리가 할 수 있는 일이 무엇인지 더욱 알기 힘든 시대가 들이닥쳤습니다.

활은 몸의 길입니다. 책을 안 읽으면 어둡고, 책만 읽으면 어긋납니다. 공부 하는 분들의 밝은 눈이 필요한 때입니다.

02

⟨사법비전공하⟩의
격의 궁술론

중국사법서인 ⟨사법비전공하⟩가 오늘날 한국의 활터에 큰 영향을 미쳤습니다. 그런 영향의 일부에 저의 책임도 있기에 여기 간단히 정리하여 활 공부의 출발점으로 삼고자 합니다.

인도불교는 달마를 통하여 중국으로 전래되어 6조 혜능에 이르러 완전히 정착합니다. 초기 불교의 내용을 잘 정리한 ⟨아함경⟩[1]과 6조 혜능의 어록인 ⟨육조단경⟩[2]을 읽어보면 느낌이 많이 다르다는 것을 알게 됩니다. 그 다른 느낌은 어디서 오느냐면 불교의 교리를 접하고 그것을 설명하려는 사람들의 태도가 다른 데서 오는 것입니다. 외래사상인 불교가 중국에 밀려들자, 중국 사람들은 자신들이 쓰는 언어를 통해 외래 사상을 이해하게 됩니다. 이렇게 하면 자연스럽게 용어를 통해 원래의 말에는 없던 새로운 뜻이 추가됩니다. 그 말을 쓰는 당사자들은 그런 줄을 모르고 새 뜻이 추가된 채로 받아들입니다. 원래의 불교 사상이 낯선 용어를 통해 중국의 옷을 입고 새로운 뜻으로 쓰이는 것입니

---

1   불전간행회, 『아함경』, 민족사, 1994

2   퇴옹 성철, 『돈황본 육조단경』, 장경각, 2015.

다. 이런 현상을 불교학에서는 <격의>라고 합니다.

1999년 이후 한국의 활터에는 이런 격의 현상이 하나 뚜렷하게 나타났습니다. 이른바 <사법비전공하>가 그것입니다. 이 사법비전공하를 단양의 젊은 한량들이 공동 번역하여 『평양 감영의 활쏘기 비법』이라는 책으로 엮어냈습니다. 그 뒤로 사법비전공하는 활터의 큰 화두가 되어 지금까지도 큰 영향을 미치고 있습니다.

이 사법비전공하가 세상에 처음 모습을 드러낸 것은 이용달 옹의 번역본이었습니다. 1994년에 조규정과 이용달이 공동 번역을 하여 낸 책이었는데[3], 이것은 번역한 당사자들이 보려고 만든 책이어서 시중에는 시판되지 않았습니다. 이 번역본에 사용된 판본은 국립중앙도서관에서 잠자던 것이었는데, 누군가 복사하여 돌림으로써 마치 무슨 무공비급이라도 되는 양 국궁계에 떠돌았습니다. 이 판본을 들고 제가 청주고인쇄박물관의 황정하 박사를 찾아가서 고증해달라고 한 결과 정조 22년에 평양의 기영에서 간행한 목판본이라는 사실을 알게 되었습니다. 제가 그러고 있자니 이용달 사범이 또 다른 판본을 건네줍니다. 중국인민해방군 편찬위원회에서 낸 중국병서집성의 일부로 들어가 있는 판본이었는데, 수입경로를 추적을 해보니 육사의 김기훈 교수가 중국에서 복사해온 것이었고 그것이 이 사범을 거쳐서 저에게 이른 것이었습니다. 두 판본의 비교 검토는 『평양 감영의 활쏘기 비법』 해설에 나와 있으니 참고하시기 바랍니다.

그 책을 번역할 당시 단양에서 활을 배운 혈기왕성한 한량들은 대부분 경력 4~5년의 신사들이었습니다. 그들이 배운 사법을 전제로 해

---

3   이용달 조규정, 『사법비전공하』, 도서출판 산샘, 1994.

활 쏘 기 의   지 름 길

서, 이 책이 우리 활의 원리를 설명한 것이라는 점을 믿어 의심치 않고 번역에 도전한 것입니다. 그러니까 그 번역본에는 중국의 사법이 적용된 것이 아니라 우리의 사법이 적용된 것이라는 점이 중요합니다. 즉 중국의 사법서를 우리의 궁체로 해석한 것입니다. 이 상황은 앞서 말한 불교 용어에서 정확히 <격의>에 해당합니다. 이후 이 '격의궁술'은 우리나라의 활터를 지배하는 중요한 이론의 하나로 자리 잡습니다.

그 첫 번째 주자는 광주의 조영석 접장입니다. 조 접장은 우리가 번역하기 전에 벌써 이용달 사범의 번역서를 보고, 거기서 중요한 내용을 간추려 사법 지도를 위한 팸플릿을 내기도 했습니다. 조 접장의 사법에 그 이론이 적용되었음은 말할 것도 없습니다. 조 접장 자신도 이 점을 공공연히 말해왔고, 그의 궁체를 보는 저 또한 그것이 사법비전공하의 영향을 많이 받은 것이라고 여겼습니다.

두 번째는 이명환 접장입니다. 그는 사격술 이론을 우리 활에 적극 활용하여 자신의 사법 이론을 정비해간 사람입니다. 실제로 사격 선수 출신으로 오랜 세월 사격코치를 했습니다. 그는 <사법비전공하>를 자신의 사법 이론에 가장 중요한 밑거름으로 여겼습니다. 『평양감영의 활쏘기 비법』을 종이가 새카매질 정도로 탐독했습니다. 사법 이론을 논리화하려는 사람들에게는 이 책이 큰 영향을 끼친다는 사실을 그래서 알게 되었습니다. 이 접장은 <속리산 국궁교실>이라는 인터넷 카페를 열어서 자신의 이론을 조리정연하게 설명했습니다. 덕분에 이 카페는 많은 신사들이 거쳐 가는 단골 사랑방이 되었습니다.

이후 국궁계에서 벌어지는 사법 논쟁을 들여다보면 사법비전공하의 영향이 알게 모르게 많이 나타납니다. 그리고 인터넷이 활성화되면서 중국 활에 대한 정보가 많아졌습니다. 그 영향은 중국 활과 우리 활을 비교하여 중국 사법을 통해 우리 활의 비밀을 풀어보려는 시도로 나타납니다. 지금 인터넷에서 벌어지는 사법 논쟁의 많은 부분은 중국 활 이론의 영향이 큽니다. 그 중의 가장 강력한 영향이 사법비전공하입니다. 이 책은 우리나라의 평양에서 간행되었다는 귀속성 때문에도 더욱 영향이 컸습니다. 사법비전공하가 군대의 교재로 사용되었을 가능성 때문입니다. 만약에 군대에서 썼다면 현재의 우리 전통 사법에도 영향을 줄 수 있는 사법이었다고 추론할 수 있습니다.

그렇지만 오늘날까지 벌어진 수많은 논쟁에서 이런 사실이 지적된 적은 단 한 번도 없습니다. 당연히 사법비전공하와 우리 활이 같은 조건과 맥락에서 논의되었을 거라는 전제 하에 논쟁을 진행해온 것입니다. 그러나 우리 사법과 중국의 사법은 같을 수가 없습니다. 이 차이는 중국의 활보다 우리 활이 훨씬 더 짧기 때문에 생기는 현상입니다. 만약에 중국의 사법과 우리의 사법이 같다면, 몽골의 사법과 우리의 사법이 같다고 해도 됩니다. 결국 몽골에 가서 우리 사법을 배워 와도 된다는 말입니다. 그렇지만 이렇게 말해놓고 나면 무언가 이상하다는 생각이 절로 따라붙습니다. 왜 그럴까요?

이것은 우리 활이 세계 최고라는 믿음에 금가는 판단이기 때문입니다. '중국의 창, 일본의 칼, 조선의 활'이라는 세상의 평가가 그런 자부심의 근거이기도 했습니다. 그런데 우리가 중국이나 몽골에 가서 사법을 배워온다면, 전혀 얼토당토않은 것은 아니겠지만, 어쩐지 우리로서는 손해 본다는 느낌이 자꾸 드는 것은 어쩔 수 없습니다. 실제로는 우리가 몽골의 사법이나 중국의 사법보다 한 수 위라는 막연한 전제를 무시하는 처사이기 때문에 그런 생각이 드는 것입니다. 몽골은 사법서가 없으므로 중국의 사법서가 문제입니다. 중국의 사법서를 보며 재구성하는 오늘날의 <격의궁술>은 과연 그 정당성을 어디서 찾아야 할까요? 이에 대한 대답을 얻은 다음에 <격의>를 해야 하는 것이 아닐까요? 그러자면 우리 활과 중국의 활이 사법 면에서 어떤 차이가 있을까 하는 것을 먼저 해결해야 합니다. 그런 전제 없이 진행되는 사법논의는 정말 혼돈일 수밖에 없습니다.

 사법비전공하를 공부하며 드는 의문들을 몇 가지 들어보면 다음과 같습니다. 사법비전공하를 중요한 원리로 이해하는 분들의 공부에 도움이 되었으면 합니다.

— 사법비전공하의 판본과 중국 내 전래과정은 어떤가?
— 중국의 사법은 어떤 식으로 변해왔으며 각 시대별 사법서는 어떤 것이 있는가?
— 중국의 사법서와 그것이 쓰인 시대의 사법은 일치하는가?
— 명나라 사법과 송나라 사법은 동일했는가?
— 기효신서의 사법과 그 후의 사법은 동일한 논리인가?
— 이들 사법서와 사법비전공하의 관계는 어떠한가?
— 사법비전공하는 실제로 중국의 사법으로부터 유추된 것인가?
— 우리나라의 기영에서 펴낸 사법비전공하는 중국의 어느 판본을 보고 베낀 것인가?
— 사법비전공하를 감영에서 실제로 병사들에게 가르쳤는가? 아니면 과거용으로 참고만 했는가?
— 사법비전공하에는 몇 가지 사법이 있는가?
— 그 사법들은 이론상 서로 충돌하지 않는가?
— 그 사법들 중에서 조선의 사법에 영향을 준 것은 어느 것인가?

- 『조선의 궁술』과 사법비전공하의 사법은 어떤 차이점이 있는가?
- 『조선의 궁술』 편찬자들이 사법비전공하를 참고했는가?
- 『조선의 궁술』에서 사법비전공하의 영향이 느껴지는 내용을 뽑아낼 수 있는가?
- 사법비전공하의 발 자세는 어떤 것인가?
- 발자세가 『조선의 궁술』과 어떻게 다른가?
- 그것이 두 사법에 미치는 영향은 어떠한 것인가?
- 사법비전공하는 활쏘기 하는 사람들의 글인가? 아니면 다른 무술을 한 사람들의 글인가?
- 사법비전공하에 들어있는 다른 무술의 원리는 어떤 것이 있는가?
- 활쏘기에서 얻을 수 없는 무술의 원리가 사법비전공하에는 어떤 것들이 있는가?
- 다른 무술을 통해서 활쏘기를 유추한 내용들은 어떤 것인가?
- 그런 무술의 이론들이 사법 정립에 어떤 영향을 미쳤는가?
- 사법비전공하로는 설명할 수 없는 『조선의 궁술』의 내용은 어떤 것인가?
- 『조선의 궁술』이 설명할 수 없는 사법비전공하의 내용은 어떤 것인가?

　　지금 언뜻 떠오르는 것들은 이런 것들입니다. 여기서 우리의 사법으로 들어오면 더 많은 질문을 할 수 있습니다. 먼저 『조선의 궁술』에 보이는 사법에서 '궁체의 종별'이 있습니다. 거기에 나오는 사법과, <사법비전공하>에 나오는 동작 묘사 부분을 추려서 정리해야 합니다. 즉 이런 도식이 되겠지요.

『조선의 궁술』	〈사법비전공하〉
몸	
발	
불거름	
가심통	
턱끝	
목덜미	
줌손	
깍지손	
죽머리	
중구미	
등힘	

이 도설에 따라 〈사법비전공하〉의 내용을 추리고 난 뒤에,『조선의 궁술』에 묘사된 동작과 어떻게 다른가를 분석하여, 그 차이점을 찾아내고, 사법의 원의에 비춰볼 때 어느 쪽이 더 발전된 사법인가를 확인하면 우리가 무엇을 따라야 할 것인가 하는 것도 저절로 드러날 듯합니다.

그리고 〈사법비전공하〉 말고도 우리나라에 들어와서 퍼진 중국의 활쏘기 이론은 여러 가지입니다. 향사례와 대사례의 사법이 있고, 또 조선후기 실학 시대로 접어들면 백과사전 편찬이 유행처럼 번져 그런 류의 여러 책에도 활쏘기가 소개됩니다. 〈산림경제〉 같은 책에 실린 활쏘기 이론이 그런 것이지요. 대부분 비슷한 논조이기는 하지만, 그것이 중국 본래의 사법인지 아니면 그것을 우리식으로 정리한 것인지 그것도 잘 알 수 없습니다. 그렇지만 제가 보니 서유구의 '유예지' 부분에 쓰인 〈사결〉을 읽어보면 중국의 사법서를 간추려 소개한 것임을 쉽게 알 수 있는데, 〈사법빕전공하〉를 번역한 적이 있는 제 머릿속의 한자 문구와 닮은 부분이 많고, 또 사법 부분에서 우리의 활과 어울리지 않는 구절들이 많은 것으로 보아 그렇게 짐작합니다.

이런 것들이 먼저 정리되지 않으면 사법의 혼란은 피할 수 없습니다. 이미 1999년 이후 20년이 지난 지금 시점(2018)에서는 20년간 사법 비전공하가 영향을 주어 <격의궁술>이 성행하는 중입니다. 중국 활이 우리 활에 영향을 주는 일을 나쁘다고 볼 수는 없겠지만, 활 자체만을 놓고 볼 때 세계에서 가장 우수한 우리 활의 사법이 우리 활만 못한 중국의 사법으로부터 영향을 받는다는 것은 자칫 전통 사법의 뒷걸음질로 이어질 수 있기에 오늘날 그것을 이용하는 우리가 이 문제를 검토해야 합니다.

『조선의 궁술』에 묘사된 사법이 어떤 것인지도 모를 상황을 맞은 오늘날, 과연 사법비전공하와 『조선의 궁술』을 비교하여 해석할 능력이 있는지 의심도 듭니다. 『조선의 궁술』을 잃은 뒤에는 오히려 사법의 혼란에 빠져, 오늘날 자신의 사법을 정당화하기 위한 수단으로 중국의 병법서와 사법서를 이용하는 것이 아닌가 하는 의구심으로부터 자신이 벗어나기 위해서도 오늘날 행해지는 격의궁술의 본모습을 잘 정리해야 할 것 같습니다.

03

사법비전공하의
옮김과 풀이

국회도서관에서 1989년에 낸『한국고서종합목록』이라는 책을 보면 사법비전공하에 관한 목록이 나옵니다. 정신문화연구원의 장서각에 원본이 있고, 국립중앙도서관에서 1979년에 영인본을 낸 적이 있습니다. 이용달 옹에게서 얻은 복사본을 서울 국립중앙도서관과 청주 고인쇄박물관을 찾아가 서지사항과 출판이력을 확인한 뒤 번역했습니다.

1 _ 번역과정의 문제

글의 전체 뜻이 파악되어야만 문장의 부분이 해석되는 한문의 속성상 서술된 부분의 내용을 파악하는 일이 중요합니다. 그렇지만 활쏘기는 특수한 분야여서 그런 선례가 없고, 그런 만큼 힘겨운 과정이 이어졌습니다. 몇 가지 예를 들면 다음과 같습니다.

"사법비전공하"에는 <勝>이라는 글자가 나옵니다. 그런데 옥편을 찾으면 이것은 방광을 뜻하는 글자로 나옵니다. 활에서는 방광이 위쪽을 뜻하는 말이 '불거름'인데, 한문에서는 '단전'이라고 합니다. 활쏘기는 당연히 이 불거름을 이용합니다. 그런데 이 글자를 불거름이라고 해석을 하면 뜻이 매끈하게 풀리지 않습니다. '심담시사요'에만 나오는 이 글자를 뽑아보면 다음과 같습니다.

不過使兩膀到得恁地位：箭要長

分襟落膀：手要平衡

膀不轉則非不直：前膀要轉

謂之死膀：前肩要藏

前肩與前膀湊：後肩要擠

<兩膀>의 뜻으로 보면 팔과 관계된 것도 같은데 그 나머지를 보면 우리가 흔히 알고 있는 방광이라는 뜻으로 해석해도 크게 무리가 없는 문장들입니다. 왜냐하면 활쏘기의 가장 큰 보람은 단전호흡이고, 활쏘기를 다루는 글에서 단전호흡을 가장 중요한 개념으로 설명할 것은 당연하기 때문입니다. 이런 것 때문에 이 글자를 자꾸 불거름으로 보게 됩니다.

그런데 큰 옥편을 찾아보면 이 글자가 어깨뼈를 가리키는 말로 나옵니다. 우리말에서 어깨뼈라고 하면 어깻죽지의 뼈를 가리키는 것으로 이해할 수밖에 없습니다. 그런데 이 말과 관련된 다른 수식어를 보면 '到, 落, 轉, 死, 湊' 같은 말들이어서 도대체 우리가 알고 있는 '어깨뼈'와는 어울리지 않는 것들입니다. 이 책에서는 이 글자가 워낙 중요한 개념으로 나와서 이것을 분명하게 정리하지 않고서는 번역작업이 단 한 발짝도 앞으로 나아갈 수 없는 것이었습니다. <膀>이 뜻하는 것은 불거름도 아니고, 어깨뼈도 아니다! 그럼 뭐냐?

　토의 과정에서 한 가지 특이한 사실을 발견했습니다. 활쏘기는 단전호흡의 원리를 생명으로 삼습니다. 단전에 모은 힘을 줌손까지 전달해서 그 힘을 화살에 실어 보내는 것이 가장 뛰어난 궁술인 것이고, 우리의 활쏘기 기술은 그런 쪽으로 발달되었습니다. 그런데 불거름에 모인 기를 줌손까지 전달하는 방법으로 우리 조상들이 고안해낸 것이 있으니, 다름 아닌 죽을 모로 세우는 것이었습니다. 중구미를 모로 세우고 붕어죽을 만들지 말라[4]고 한 것이 바로 이것입니다. 그런데 이 책의 진국이라고 할 수 있는 '심담십사요'에 이 개념이 들어있지를 않은 것입니다. 이상하지 않은가요?

　이런 생각을 하면서 '심담십사요'를 다시 꼼꼼하게 읽어보니 바로 이 <膀>이란 글자가 우리 활에서 말하는 중구미의 개념에 가장 가까운 것이었습니다. <膀>은, 정확히 말하면, 어깨뼈가 아니라 팔의 어깨마디와 팔꿈치마디 사이의 뼈를 가리키는 말입니다. 우리 활에서 말하는 대로 중구미를 모로 세우려면 이 뼈를 틀면 됩니다. 따라서 줌손의 모양을 제대로 펴는 방법을 중국에서는 이 뼈를 틀어서 돌리라고 했고, 우리 겨레는 팔꿈치를 돌려 세우라고 한 것입니다. '전견요장'에서 <轉則直也>라는 이상한 구절이 뜻하는 바로 이 상황을 말하는 것이었습니다. 그 뼈를 틀어야만 활은 곧게 펴집니다. 따라서 이 <膀>이란 글자에 해당하는 우리말은 없었던 것이고, 그래서 옥편에는 그냥 어깨뼈라고 번역한 것입니다. 아마도 옥편을 편집하는 사람도 이 사실을 몰랐던 것이 분명합니다.

4　　『조선의 궁술』 40~41쪽.

또 한 가지 경우를 예로 들면 과녁을 겨누는 방법에 관한 논의입니다. 이 책을 읽다 보면 풀리지 않는 의문 가운데 하나가 조준법입니다. 대체로 먼 곳을 쏠 때와 가까운 것을 쏠 때를 나누어서 조준을 달리한다고 설명합니다. 조준과 관계된 부분을 뽑아보면 다음과 같습니다.

先以目視的, 而後引弓, 將縠時, 以目稍, 自箭程至鏃, 直達於的 : 射彙解

箭在弓右, 視在弓左, 箭在右手, 視在右的 : 射法約言

若夫步騎之認的, 則逈然各別, 步射審于弓弣之右, 騎射審右手背之上 : 正謬篇

기사와 보사의 조준법이 다르다고 설명을 하고 있습니다. 중국 활은 보사에서도 뒷손을 낮추어서 촉으로 조준합니다. <以目稍, 自箭程至鏃, 直達於的>이란 이것을 말합니다. 따라서 시선은 화살에 붙어서 목표물로 이어집니다.

그런데 말을 타면 상황이 달라집니다. 말을 타면 먼 곳을 쏘지 못하고 50보 내의 가까운 거리만을 쏘기 때문이죠. 그런데 이때에도 촉으로 조준합니다. 가까운 거리를 촉으로 조준하려면 천상 줌손을 낮추는 수밖에 없습니다. 보사에서는 촉으로 조준을 해도 줌손은 이마나 눈높이와 비슷하게 올라갑니다. 그러나 말을 탄 상황에서 아주 가까운 거리의 목표물을 쏘려면 줌손은 보사 때보다 더 엎어집니다. 살대는 눈에서부터 많이 멀어져서 눈과 살대가 도저히 일치할 수 없습니다. 따라서 살대의 방향과 시선의 방향이 평행선이 될 수가 없습니다. 결국 살대의 영향과 시선의 방향은 어긋납니다. 그러면서도 두 방향의 종착점은 목표물이 됩니다. 이와 같이 시선과 살대가 멀어지면 허리에다 소총을 대고 사격하는 것과 똑같은 결과를 낳습니다. 활 쏘는 것도 이와 똑같은 상황이 됩니다. 이렇게 되면 목표물은 살대의 끝과 나란히 일치하는 것이 아니라 엎어진 줌손의 손등 위로 올라오게 됩니다. <騎射審右手背之上>는 이것을 말합니다. 따라서 보사의 <審于弓弝之右>와 짝을 이루는 말이 <弓弝之左>가 아니라, <手背之上>인 것은 다 이유가 있는 것이죠 가까운 거리의 목표물을 쏠 때는 목표물을 손등 위에 놓고서 쏘는 것입니다.

결국 중국 활에서 조준하는 방법이 두 가지이긴 하지만, 그것은 목표물의 거리에 따라 줌손이 낮아지고 높아지는 것에 따라서 자연스럽게 생긴 현상이지, 조준하는 원리가 처음부터 달라서 그런 것이 아니라는 중요한 결론을 얻습니다.

2 _ 사법비전공하의 내용과 체계

이 책은 한 편 한 편이 모여서 여러 편을 이루는 방식으로 짜였습니다. 각 편의 제목을 보면 다음과 같습니다.

站法
前手病
後手病
心談十四要
射法約言

射經

射彙解

破愚篇

正謬篇

射學問答

歷代兵制考

그런데 이 책은 한 사람이 처음부터 일관된 관점으로 쓴 것이 아니라, 각 편마다 글 쓴 사람이 다르다는 것이 특징입니다. 이것은 그 동안 활쏘기에 관해서 전해온 여러 이야기들을 종합해서 한 권으로 묶었음을 뜻합니다.

각 편의 저자가 다르다는 것은 논리가 서로 반대되는 것에서 찾아낼 수 있습니다. 예컨대 '정류편'을 보면 <撤絶>에 대한 논의가 나옵니다. 이 <撤絶>이 옳지 못하다는 것입니다. 그런데 이 <撤絶>에 관해서 처음 논한 책은 명나라 장수 척계광이 쓴『기효신서』입니다. 기효신서의 궁시제(弓矢製) 습법(習法)에

務取水平, 前手撤, 後手絶

이라고 나오고, 그 밑에 다음과 같이 할주를 붙였습니다.

二句, 射之玄機, 一撤一絶, 正相應之妙, 一齊着力, 使兩臂膊伸合, 則箭疾而加於尋常數等矣, 此手也.

활 쏘 기 의 지 름 길

여기에서는 줌손과 깍짓손을 쓰는 오묘한 기술로 이 <撇>과 <絶>을 내세운 것입니다. 그런데 '정류편'에서는 이 사실을 다음과 같이 단호하게 반박합니다.

余謂握弓而引滿, 手力已竭, 骨節已極, 何從撇絶?

그런데 다시 '사학문답'에 가면 기효신서에 나오는 <撇絶>론을 강조하는 대목이 나옵니다. 즉 '審風候'에서

一撇一絶, 則矢去實而不虛

라고 해서 '정류편'의 생각과는 반대되는 주장을 합니다. 따라서 최소한 '정류편'을 쓴 사람의 생각과 '사학문답'을 쓴 사람의 생각은 다르다는 것을 알 수 있습니다. 결국 서로 다른 사람의 견해를 한 자리에 모아놓은 것임을 알 수 있습니다.

한 가지 더 예를 들면, 깍짓손을 끌 때 살대의 위치에 관한 것입니다. '심담십사요'에서는

只在奶上頤下 : 手要平衡

이라고 해서 살대의 위치가 턱 밑과 젖꼭지 사이에 있어야 한다는 말을 합니다. 그런데 바로 뒤의 '사법약언'에서는

右手扯弦, 須傍耳邊扯來, 愼勿俟胸抹奶 : 發矢

라고 해서 반드시 귀를 스치도록 당기라고 합니다. 같은 사람이 한 얘기일 것 같으면 도저히 이럴 수가 없습니다.

그리고 이 책에서 가장 긴 내용이 사학문답입니다. 사학문답은 활쏘기를 익히면서 생기는 여러 가지 궁금증을 한 사람이 묻고 대답하는 형식으로 이루어졌습니다. 그런데 이 사학문답의 내용도 꼼꼼히 살펴보면 한 사람의 일관된 견해로 쓰인 것이 아니고 여러 사람의 생각을 문답이라는 형식으로 짜깁기 한 것임을 알 수 있습니다. 비슷한 생각과 내용이 되풀이되는 것에서 그러한 사실을 엿볼 수 있습니다.

대체로 이야기를 전개시킬 때 활쏘기에 관한 것이기 때문에 처음엔 기본자세를 설명하게 됩니다. 그리고 기본자세에 대한 설명이 끝나면 교묘한 재주를 부리는 것에 관하여 말하게 되고 뒤이어 그렇게 되기 위해서는 결국 마음가짐이 중요하다는 사실을 강조하게 됩니다. 활쏘기를 설명하는 데도 일정한 순서가 있다는 뜻입니다.

그런데 사학문답에서는 이와 같은 방식이 세 차례에 걸쳐 되풀이됩니다. 사학문답에서 다룬 제목을 모아보면 그런 사실을 쉽게 알 수 있습니다.

審, 固, 持, 滿, 身法, 足法, 眼法, 大小, 左右, 中把, 虛心, 學問, 生質, 求益, 巧力, 雙分, 養心調氣

兩目兩手, 入彀, 知鏃, 把弓, 調弓矢, 審風侯, 得失, 練膽, 學習, 去病, 點頭擺尾, 箭去撒搖, 握指虛實, 用力先後, 吸胸藏肩, 前卷後手, 怒氣息氣, 樂境, 威容

楊前, 臨射, 下頦對肩, 敏捷從容, 人馬相習, 馬上身勢, 騎射大略, 善學, 架式準頭, 慾速

藥砧, 演習, 立足, 立身, 用弓, 擇弓, 弓弝, 弓弦, 作輒, 自足, 識見, 含養, 知病, 風侯

비슷비슷한 내용이 되풀이 됩니다. 따라서 묻는 사람은 한 사람이라고 하더라도 답한 사람은 여럿이었을 것이고, 이것을 한 편으로 묶은 과정에서 짜깁기를 한 것으로 추정됩니다. 게다가 <藥砧>부터 <風侯>까지는 문답 형식으로 되지도 않아서 편집자가 더 집어넣은 것임을 알수 있습니다.

또 이 책의 <射經>은 예기의 사의 부분에서 뽑은 것이고, <歷代兵制考>는 활쏘기와는 직접 관련이 없는 부분이어서, 이 책이 무과 준비를 위한 교재로 간행한 것이 아닌가 하는 추측을 할 수 있습니다.

3 _ 사법비전공하의 판본과 이본

장서각에 소장된 판본과는 다른 판본이 또 있습니다. 원제목은 중간무경칠서휘해이고, 중국의 해방군출판사에서 1992년에 낸 책이었는데 육사의 김기훈 교수가 복사한 것이었습니다. 편찬자는 중국병서집성편위회이고, 겉 제목은 중국병서집성(中國兵書集成)이고, 사법비전공하는 제43책에 들어있습니다. 무과 공부에 필요한 7가지 병서를 설명하다가 그 마지막 권에 활쏘기와 관련된 내용을 집어넣은 것입니다. 그래서 속 제목에도 말권이라고 붙였습니다. 그 목록을 보면 다음과 같습니다.

重刊武經七書彙解末卷目錄

歷代兵制考

標策題義

射法

射學問答

射經

射義

이 책이 기영본과 눈에 띄게 다른 점은 그 내용의 배열 순서입니다. 그리고 '표책제의'가 기영본에는 없습니다. 이 표책제의만 빼면 나머지 내용은 똑같습니다. 이 표책제의는 앞에 나온 병법에 대해 묻고 대답하는 형식으로 되어있어서 앞의 무경칠서에서 다루고도 남은 미진한 문제들을 마저 정리한 것임을 알 수 있습니다. 분량을 보면 말권으로 묶인 이 책의 절반가량을 역대병제고가 차지하고, 나머지 절반의 또 절반을 표책제의가 차지하니, 우리가 번역한 활쏘기에 관한 부분은 이 말권의 1/4 정도 분량에 해당합니다.

'사법'에는 站法, 前手病, 後手病, 心談十四要, 射法約言이 포함되어있고, '사의'에는 射法引端, 破愚篇, 正謬篇이 포함되어있습니다. 사경과 사학문답은 똑같습니다. 따라서 이상의 체제를 보면, 중국의 책에서는 큰 제목 밑에 작은 것으로 정리되어있던 것을 평양에서는 우리 활에 맞게 순서를 재편집해서 간행한 것임을 알 수 있습니다. 특히 이 과정에서 사학문답을 뒤로 돌린 것은 아주 훌륭한 생각이라고 할 수 있습니다. 사학문답은 다른 내용을 다 안 뒤에 보아야 쉽게 이해할 수 있는 부분이기 때문입니다.

또 가장 많은 분량을 차지하는 역대병제고를 책의 끄트머리에 돌려 놓은 것도 조선의 사정을 잘 보여주는 부분입니다. 중국에서는 활쏘기가 모든 병법의 맨 끄트머리에 위치하는 것이지만, 조선에서는 활이 가장 중요한 무기였기 때문에 그에 대한 생각도 남달랐을 것이고, 그것이 책의 편집에도 영향을 준 것이라고 볼 수 있습니다. 따라서 활쏘기의 기술을 익힐 수 있는 부분이 앞서고, 무과의 이론시험에 해당하는 강서 과목에 도움이 되는 역대병제고가 뒤로 올 수밖에 없는 것입니다. 이것은 이 책을 펴낸 목적이 무과시험 준비보다는 궁술을 확실한 이론 위에서 정리하고 익히는 데 있음을 뜻하는 것입니다.

이렇게 해서 나온 책『평양 감영의 활쏘기 비법』은 사법에 대해 고민하던 한량들에게 많은 영향을 끼쳤습니다.

04

반도체와 활

오늘날 세계 반도체 시장을 이끄는 나라는 우리나라입니다. 특히 삼성은 1970년대 트랜지스터라디오를 생산하면서 반도체에도 뛰어들어 건설 부문에서 일어나던 한강의 기적을 첨단 산업으로 이끈 주역이기도 한데, 1990년대로 접어들면 세계 시장을 석권하며 반도체의 시대를 앞당긴 기적과도 같은 일들을 연거푸 해내면서 이 분야의 선두주자로 나섰습니다.

반도체의 발전과 더불어 전자제품 분야에서도 세계에서 가장 앞서가는 성과를 이루었습니다. 엘지와 삼성은 일본의 전자제품을 따라잡은 지 벌써 오래 되었고, 바짝 추격해오는 중국 화웨이를 따돌리며 여전히 세계 시장에서 선전 중입니다. 특히 몇 년 전 프랑스의 전자제품 박람회에 출품된 삼성 텔레비전이 공항에서 통째로 증발하는 바람에 새 기술이 도둑질 당했다는 기사가 뜬 것을 보면 산업스파이 전쟁이 바로 우리 눈앞에서 벌어지는 중임을 실감나게 합니다. 그 도둑질은 보나마나 삼성의 기술력을 바짝 추격해오던 이웃나라 업체들의 소행이겠지요. 이렇게라도 함으로써 삼성이나 엘지와 기술 격차를 좁혀서 세계 시장을 지배하려는 산업사회의 필연이라는 생각이 들면서도 한 편으로는 등골이 오싹해지기도 합니다.

이와 같이 첨단 기술은 1위를 지키기도 힘들 뿐더러 아차 실수 한 번에 몰락의 길로 접어들기도 합니다. 우리나라 조선업을 보면 그 몰락의 현장을 여실히 볼 수 있습니다. 포항이나 거제도 쪽으로 가보면 몇 년 전에 놀러갔을 때와는 완전히 달라진 도시의 모습에 큰 충격을 받습니다. 기술이든 인력이든 최고가 남에게 자리를 내줄 때 그것은 곧 국운을 바꾸는 계기가 된다는 것을 여실히 보여주는 사건들입니다.

그런데 이런 사건들을 보면서 저는 엉뚱하게도 우리의 활이 이런 상황과 똑같다는 생각을 하게 됩니다. 중국의 창 일본의 칼에 견주어 조선의 활이란 말은 조선 후기 실학자들이 펴낸 백과사전에 나오는 말입니다. 하필 조선이 활이었을까요? 이 말에는 중국이나 일본에서 따라오려고 해도 따라 올 수 없는 그 어떤 것이 우리 활에 있었다는 얘기입니다. 그리고 그 비결은 두 가지로 생각해볼 수 있습니다. 즉 장비와 사법이죠. 우선 활이라는 장비를 중국과 일본에서는 우리처럼 만들 수가 없었습니다. 중국에서는 기술상의 하자 때문에 일본에서는 기후 상의 여건 때문에 우리처럼 활을 짧게 만들 수 없었던 것입니다. 이런 조건은 앞서 말한 반도체의 기술혁신 때문에 전자제품의 기술이 세계 최고가 된 것처럼, 사법에 영향을 미쳐서 중국이나 일본의 사법에서는 도저히 따라올 수 없는 수준에 우리 사법이 도달했습니다.

근래에 인터넷과 출판이 활성화되면서 활에 관한 정보가 많아졌습니다. 그 정보 중에는 중국이나 일본의 활에 관한 것이 많습니다. 이런 영향이 우리 활에도 밀려들어 중국의 사법서를 보면서 우리 활을 조명하는 시도들이 많이 일어났습니다. <'사법비전공하'의 격의궁술론>이라는 앞글은 그래서 쓴 것입니다. 과연 격의 궁술이 우리 활쏘기의 대안이 될 수 있을까요? 이것이 질문과 의문의 핵심입니다. 사법비전공하를 얘기했지만, 그 책만을 말하는 것으로 그치지 않습니다. 사경을 비롯하여 기효신서 무경사학정종은 물론이고 서유구의 사결에 이르기까지 과연 그런 책들이 전하는 정보로 우리 활을 제대로 이해할 수 있을까요?

이 질문에 대한 대답을 유추해보려고 앞서 반도체 이야기를 꺼낸 것입니다. 예컨대 삼성을 추격하는 화웨이에서 삼성의 텔레비전 신상품을 사다가 다 분해한 다음에 그 기술을 귀납하여 똑같이 만들 것입니다. 그러면 화웨이가 그렇게 하는 동안 삼성은 또 다른 곳에서 기술혁신을 일으켜 새 제품을 출시합니다. 이런 식으로 기술 격차가 20년에서 10년으로, 10년에서 5년으로, 5년에서 다시 2~3년으로 좁혀드는 것이지요. 후발주자는 결국 저가 제품으로 회사를 유지하면서 호시탐탐 선두 자리를 노리는 형국입니다.

뒤집어 얘기하면 이미 중국을 추월한 우리 활을, 중국의 사법서로 이해한다면 어떻게 될까요? 오늘날 여러 곳에서 벌어지는 논쟁의 대부분은 이 점을 감안하지 않고 기존의 반깍지 사법을 토대로 자기화한 이론임을 말하려는 것입니다. 아무리 왕거의 사경이 좋은 책이라고 하더라도 그것이 우리의 사법을 다 설명할 수는 없다는 뜻입니다. 우리 사법은 이미 그런 부류의 차원과 수준을 넘어선 곳에 있습니다. 제가 한 25년 활을 쏴보니 중국의 사법서는 참고할 만한 내용이 별로 없다는 결론에 이릅니다. 참고할 만한 것은 사법 자체가 아니라 사법과 관련된 심리철학이나 형이상학 정도입니다. 그렇지만 그건 굳이 사법서에서 보지 않아도 되고 다른 부류의 무술 책에서도 얼마든지 볼 수 있는 것입니다.

제가 처음 격의 궁술 얘기를 꺼낼 때 거론한 책이 『사법비전공하』입니다.[5] 그 책은 평양의 감영에서 나왔다는 것이 큰 관심을 끈 것입니다. 그리고 실제로 그 책 속에는 청나라 사법도 들어있어서 우리가 어느 정도 참고할 만한 내용도 있습니다. 즉 명나라 시대의 사법과 청나라 시대의 사법이 뒤섞여서 서로 모순되는 부분도 나타납니다. 예컨대 별절에 관한 부분이 그렇습니다. 명나라 사법에서는 별절을 강조하지만 청나라 사법에서는 별절을 활병 취급합니다. 이런 것을 보면 중국 본토의 사법과 북방 여진족의 사법은 달랐고, 북방 여진족의 사법이 중원으로 흘러들어가면서 자리 잡은 증거임을 알 수 있습니다.

북방 여진족의 사법은 함흥 출신의 이성계 사법과 같은 맥락이라는 것을 제가 『평양 감영의 활쏘기 비법』에서 지적한 바 있습니다. 태조 이성계의 오른팔인 이지란이 여진족 출신의 퉁두란이었고, 이 씨 성을 하사 받아서 이 씨로 바꾼 것입니다. 태조가 한 눈에 퉁두란의 사법을 보고 아우로 삼습니다. 바로 이런 사실 때문에 우리가 사법비전공하를 눈여겨보고 단양의 한량들과 더불어 번역까지 한 것이었습니다.

그렇지만 조선 후기로 오면서 상황이 많이 달라집니다. 즉 조선후

---

5   사법비전연구회, 『평양감영의 활쏘기 비법』, 푸른나라, 1997.

기 청나라로 연행을 가는 사절단 속에는 젊은 자제군관들이 있는데, 그
들이 남긴 여행기를 보면 중국 활에 대한 기록도 간간이 나타납니다.[6]
그런 기록을 보면 중국 활이 과녁 거리가 가까워서 우리와는 상대가 되
지 않는 상황이었습니다. 이미 이때쯤이면 우리 활은 세계 최고의 수준
으로 자리 잡았고, 연행 가는 조선 군관들에게 중국 활은 더 이상 우리
가 보고 배워야 할 대상이 아닌 것이었습니다.

　그런데 오늘날 우리 후손들이 중국의 병법서에 나오는 사법 부문을
참고하여 우리 활을 설명하려고 한다면 이걸 어떻게 보아야 할까요? 그
것은 화웨이의 기술로 삼성의 제품을 설명하려는 것과 같은 수준입니
다. 한 마디로 말이 안 된다는 뜻이죠.

　이것은 사법비전공하라는 책의 편제를 보아도 알 수 있습니다. 사
법비전공하는 독립된 책이 아니라 무경칠서의 끝부분에 부록처럼 들어
간 것입니다. 무경칠서는 무과를 준비하는 거자(한량)들이 이론시험에서
보는 과목을 얘기하는 것입니다. 그 무경칠서란 7개의 무예서를 말합니
다. 육도(六韜)·손자(孫)·오자(吳子)·사마법(司馬法)·삼략(三略)·울료자
(慰繚子)·이위공문대(李衛公問對). 왜 7서냐? 문과를 준비하는 사람들이
공부하는 과목은 4서와 3경입니다. 합쳐서 7개이죠. 그래서 무과에서도
문과와 개수를 맞추느라고 억지로 7개 과목을 추려내서 정리한 것이 바
로 무경칠서입니다. 이른바 무과의 문과 콤플렉스가 낳은 억지조합이
죠. 우리나라에서는 문종 때 이에 대한 주석서가 처음 나옵니다.

　이 7개의 책이 무과 준비에 필요해서 요즘으로 치면 표준 교과서를

6　　홍대용, 『을병연행록』, 태학사, 1997.

활 쏘 기 의　지 름 길

평양 기영에서 간행한 것이고, 그 중의 끝에 부록으로 들어간 것이 <사법비전공하>입니다. 그나마 여러 가지 사법서 중에서 이 책이 선택된 것은, 실제로 우리 활을 배우는 데 참고할 만한 내용이 되기 때문이고, 그 이유는 앞서 말씀 드렸습니다. 명나라 사법이 아니라 청나라 사법을 공부하기 위해서 필요한 것이고, 그것은 우리 활의 연장선에 있기 때문에 참고할 가치가 있다고 본 것입니다.

그러니 우리가 읽은 중국의 병법서나 사법서란, 삼성이나 엘지가 보는 화웨이의 수준 같은 것입니다. 참고할 바가 없진 않겠지만, 큰 의미가 없는 것이죠. 그렇기 때문에 『조선의 궁술』에는 중국의 병법서나 사법서에서는 볼 수 없는 말들로 그득한 것입니다. 『조선의 궁술』속 사법 용어는 중국의 사법서와는 완전히 차원이 다른 세계입니다. 그래서 언어도 다릅니다. 우리말이 아니고서는 표현할 수 없는 내용들입니다. 만약에 중국으로부터 힌트를 얻은 세계일 것 같으면 얼마든지 한자로 표현했을 것입니다. 그렇지만 중국 활을 이해하는 데는 중국말을 쓰는 게 이해가 빠르지만, 우리 몸에서 나오고 우리 생각에서 나오는 것들은 우리말에 적절한 것이고 그렇게 쓴 것입니다. 최근에 『조선의 궁술』과 중국의 사법서를 비교한 글들도 나오고, 중국 사법의 번역서도 나오고, 조선 후기에 우리 조상들이 쓰는 한자 사법서를 번역한 글들도 나옵니다. 그런 작업들의 공통점은, 그런 글들을 통해서 우리의 사법을 이해하려고 하는 태도들입니다. 『조선의 궁술』을 알지 못하니, 궁여지책으로 그런 글 조각에 기대어 우리 활의 비밀을 열어보려는 노력들입니다. 그렇지만 그런 노력들은 앞서 말했듯이 삼성이나 엘지가 보는 화웨이의 그것과 다르지 않습니다.

『조선의 궁술』이 얼마나 쉬운 책이고, 동시에 얼마나 어려운 책인가 하는 것은, 그 말에 대한 이해수준에 달렸습니다. 우리말을 모르는 사람들에게는 알 수 없는 내용이 많고, 우리말을 잘 아는 사람들에게는 아주 쉬운 내용입니다. 그런데 먹물 깨나 들고 가방끈 깨나 길다는 분들이 학위 논문에서 인용하는『조선의 궁술』을 보면 우리의 우려가 현실로 다가왔음을 실감합니다.『조선의 궁술』속 우리말을 이해하지 못하는 자신의 능력은 생각지 않고, 그 말을 쓰는 사람들이 사라짐으로써 마치『조선의 궁술』이 우리와 단절되었고, 세계관이 사라졌다는 식의 어이없는 결론을 내는 사람도 있습니다. 한자로 가득한 머릿속에서는 이해할 수 없는 것이『조선의 궁술』입니다. 왜냐하면 지금까지 한자로 묘사해온 것과는 차원이 다른 내용이 한글로 쓰인 그 책 속에 들었기 때문입니다. 그걸 두고 언어 해독능력이 떨어지는 자신의 수준은 생각지 않고, 세계관이 끊겼다고 결론짓는 것은 자신에 대한 모독이기도 하지만『조선의 궁술』을 쓴 사람들과 그 속의 말들을 지금도 제대로 이해하고 쓰는 사람들에 대한 모욕입니다.

더욱 황당한 것은, 인터넷에서 알 만한 사람들이 조선의 사법을, 원나라 군대를 내쫓기 위해 조선에 온 명나라 군사들이 가르쳐주고 간 것이라는 주장을 하는 경우도 있다는 것입니다.[7] 작년에 중국의 대학에서 주최한 활 관련 예사 학술대회에서도 그런 주장이 나와서 논란이 되었고, 인터넷에서는 몇 년 전부터 그런 주장이 떠돌았습니다.

이런 사정을 모르고 우리 사법을 중국의 병법서에서 어떻게 동냥해

---

7   『활쏘기 왜 하는가』 221쪽

보려는 것은, 뒤집어 보면 우리 사법이 그만큼 후퇴했다는 것을 뜻하기도 합니다. 그러니까 중국의 병법서에서 말한 내용과 딱 맞는 것이죠. 그런 정황은 충분히 납득이 갑니다. 개량궁이 나온 1970년대 이후 우리 사법은 계속해서 개량궁에 맞게 '개량'(?)되었고, 수준은 그만큼 낮아졌기 때문입니다. 그래서 우리보다 한 단계 낮은 중국의 병법서에 나오는 사법 이론이 우리 활에 더 잘 맞고 이해가 더 잘 되는 것입니다. 간단히 말해 오늘날 중국 사법서에 대한 관심은,『조선의 궁술』을 잃으면서 생긴 자연스런 타개책인 것입니다.

그러나『조선의 궁술』을 기억하는 사람에게는 이런 상황들이 정말 견디기 어려운 일입니다. 말해도 알아듣지 못하고, 자신의 낮은 단계에서 높은 단계를 비아냥거리는 상황은 오늘날 인터넷에서 벌어지는 여러 주장들에서 얼마든지 발견됩니다. 그래서 입을 다물게 됩니다. 습사무언을 넘어서 사법 무언의 경지에 이르러야 비로소 마음의 평화를 얻을 수 있습니다. 말이 없다고 법이 없는 것은 아닙니다. 법은 말로 할 수 없습니다. 그 삼엄한 현실이 오늘날 국궁계를 덮었습니다.

2018년 현재, 온깍지활쏘기학교를 열어서『조선의 궁술』을 가르치기 시작한 지 벌써 6년이 되었습니다. 온깍지학교에서는 당연히『조선의 궁술』속 사법을 경전으로 여기고 가르칩니다. 그렇지만『조선의 궁술』속 사법에 대해서 시시콜콜 이게 뭐다 설명해준 적은 없습니다. 교재『전통 활쏘기』를 함께 읽고 의견을 나누는 정도입니다. 처음『조선의 궁술』을 접한 사람들은 그 의미의 모호성이나 알듯 말듯 한 내용 때문에 애를 먹습니다. 의미 파악이 안 되는 것은 아닌데, 그렇다고 '이거다!' 하고 느껴지지는 않는 것입니다. 그런 사람들에게 설명을 해봐야 알아듣지 못합니다. 그래서 교육과정 내내『조선의 궁술』강의는 하지 않습니다.

그렇지만 3~4년 우리한테 활을 배우고 같이 어울려 쏘다 보면『조선의 궁술』속 내용이 이해되기 시작합니다. 그리고 마지막에 끝내 이해되지 않는 내용이 남습니다. 그 내용은 잘못 기록된 것입니다. 즉 틀린 것이죠.『조선의 궁술』에도 오류가 있고 오타가 있습니다. 그렇지만 그에 대해서 저는 끝내 말하지 않을 것입니다. 하하하.『조선의 궁술』에 오류가 있다고 말했습니다. 저에게 배운 사람들끼리 같은 문파임을 확인할 수 있는 비밀번호나 신분증처럼 그 오류를 활용하려고 합니다. 여러분은 끝내 그 오류를 알지 못할 것이고, 그것은 여러분이 선택한 몫입니다.

중국의 사법서로 바라보는『조선의 궁술』에는 좀처럼 드러나지 않는 비밀의 방이 있습니다. 그 방을 열지 않으면 끝내 중국 병법서에 만족한 활쏘기를 하고 인생 끝납니다. 그런 담론이 뒤덮은 인터넷 논쟁과 무책임한 사법 소개 글들을 보면서, 더더욱 비밀의 방을 열면 안 되겠다는 생각을 굳힙니다. 사실은, 말을 거꾸로 한 것입니다. 비밀의 방을 열지 않으려고 하는 것이 아니라, 열어 주어도 사람들이 그곳으로 들어올 생각을 하지 않는다는 것이 더 정확한 표현일 것입니다. 뼈를 깎는 자세로 진짜 무언가를 배우려는 독한 마음을 품지 않는다면, 도저히 알 수 없는 세계가 활에 있다는 생각조차 하지 못하는 사람들에게,『조선의 궁술』은 어쩌면 과분한 은총일지도 모릅니다. 불과 한 세기 전에 누구나 다 알던 책이, 한 세기가 지나자 아무도 모를 무공 비급이 되었습니다. 그런 책을 만들어준 선배와, 그런 책을 그렇게 값진 것으로 만들어준 우리 시대 한량들께 감사합니다.

화웨이는 삼성과 엘지를 따라잡을 수 있을까요? 설령 그렇게 된다고 해도, 중국 병법서로는 『조선의 궁술』을 따라잡을 수 없습니다. 영원히!

정사론을 제대로 파악하기 위해서는 두 가지가 필요합니다.
정사론에서 다룬 사법이 어떤 사법인 것이며,
그것이 오늘날 우리가 아는 유엽전 사법과
어떤 맥락을 공유하는가 하는 것입니다.

PART 6

정사론을 보는 눈

ㄱ희복끔활

 01

정사론 이해의 조건

2008년 국궁계에는 중요한 일이 한 가지 일어났습니다. 『정사론』의 출현이 그것입니다. 육군사관학교 교수 김기훈이 발굴했고, 그것을 김세현이 초벌 번역하여, 육군박물관에서 발행하는 학술지인 『학예지』 제15집에 실었습니다.[1] 이듬해 『국궁논문집』에 김세현의 정사론 연구 논문을 실었습니다.[2] 이로써 오래도록 학계와 국궁계 밖에서 잠자던 소중한 활 자료가 우리 앞에 환히 드러났습니다. 예상대로 정사론은 국궁계의 비상한 관심을 모았습니다. 인터넷을 중심으로 수많은 해설과 추측이 정사론의 문구를 두고 들끓었습니다.

그렇지만 학계에서는 이렇다 할 후속작업이 없었습니다. 우선 내용이 활쏘기의 사법 부분과 관련이 있어서 사법을 제대로 알지 못하는 사람으로서는 다루기 버거운 내용이기 때문입니다. 실제 행동을 묘사한 부분을 실제 행동을 해보지 않은 사람이 이해하기란 매우 어려운 일입니다. 실제 행동을 하는 사람조차도 그 자신의 한계로 인해 오독하기

---

1   육군박물관, '정사론', 『학예지』, 제15집, 육군사관학교, 2008.
2   김세현, '정사론 소고', 『국궁논문집』 제7집, 온깍지궁사회, 2009.

쉬운 것이 바로 사법 부분에 대한 글입니다.

정사론은 활 쏘는 방법에 대한 기록입니다. 이것을 제대로 번역하거나 이해하려고 하면 연구자의 사법에 대한 이해가 우선되어야 하는데, 그게 그리 만만찮은 일입니다. 더욱이 오늘날의 사법은 전통에서 많이 벗어난 반깍지 사법입니다. 정사론을 이해하려면 편법이 아니라 정법을 알아야 합니다. 그런 점에서 정사론을 이해하려면 두 가지 과제를 해결해야 합니다. 사법론의 내용을 풀어낼 한문 해독능력이 있어야 하고, 사법론에서 다룬 내용을 지은이만큼의 수준에서 이해해야 합니다.

그렇지만 정사론을 이해하는 일은 첩첩산중입니다. 이 책이 정량궁 사법을 다루고 있기 때문입니다. 정량궁은 맥이 끊겨서 유물조차도 찾아보기 힘든 지경입니다. 물론 그에 대한 글은 어디에도 남아있지 않은 상태입니다. 오늘날 우리에게 남은 문헌상의 사법은 유엽전 사법이고, 그것은 『조선의 궁술』에 정리되었습니다. 그렇다면 유엽전의 사법으로 정사론의 정량궁 사법을 풀어야 한다는 얘기가 됩니다. 이게 과연 가능할까요? 이에 대한 답이 분명치 않은 상태에서 나오는 정사론 얘기는 모두 장님 코끼리 만지는 식의 논의에 불과하다는 것을 먼저 자인해야 합니다.

이 글에서는 정사론을 어떻게 보아야 하는가 하는 질문을 던지고, 그 방법으로 정량궁 사법에 대한 논의가 가능한가를 검토한 뒤에, 그것이 가능하다면 정사론에 대한 논의로 이야기를 펼쳐가기로 하겠습니다.

02

사법 논의 방법론

옛 사람의 사법론이 나타나면 그것을 보는 사람은 두 가지 문제에 맞닥뜨립니다. 원전을 해독하는 능력과, 그 글이 전하는 내용을 해석하는 안목이 그것입니다. 정사론의 경우에도 분명히 이런 문제가 해당됩니다.

그런 점에서 발굴자 김기훈 이외에도 우리가 꼭 기억해야 할 인물이 둘 있습니다. 김세현과 권성구입니다. 김세현은 2008년에 정사론을 번역하여 『학예지』 제15집에 실었습니다. 실로 정사론을 처음으로 대중이 읽을 수 있게 번역한 공이 뚜렷합니다. 이 점은 앞으로 정사론 논의가 이루어지는 한 으뜸으로 쳐야 할 공로입니다. 그렇지만 첫 삽을 뜬 자의 허물도 있는 법입니다. 글 전체의 의미가 분명히 드러나야 부분의 뜻이 분명해지는 한문의 특성상, 사법론은 특히 사법을 이해한 상태에서 접근해야 하는데, 번역된 글을 보면 이 점이 상당히 아쉽습니다. 바로 이런 점을 좀 더 명쾌하게 정리한 사람이 권성구입니다.

권성구는 충남 아산의 활량입니다. 문장만으로 읽은 앞의 옮긴이보다는 훨씬 더 유리한 위치에 있고, 미심쩍은 부분을 정확하게 해독하여 독자에게 훨씬 더 깊은 내용을 밝히는데 성공하였다고 평가할 수 있습니다. 그 동안 인터넷에서 정사론에 대해 꽤 많은 논의가 있었지만 권성구처럼 수미일관하고 심도 있는 논의를 한 사람은 없습니다. 그런 점에서 정사론 논의의 수준을 한 단계 끌어올렸습니다.

그러나 남의 말을 우리말로 옮기는 데는 누구나 한계를 지니기 마련입니다. 글 자체의 문제가 아니라 그 글을 보는 사람의 수준과 실력이 글의 내용을 결정하기 때문입니다. 이런 점은 정사론을 입에 담는 모든 사람들이 마주하는 운명이고, 이 글을 쓰는 저도 예외일 수는 없습니다. 결국은 이런 논의를 꾸준히 하며 앞선 사람의 한계를 넘고 또 넘다 보면 지은이가 말한 내용을 향해 조금씩 다가가서, 마침내 우리가 원하는 내용을 파악하게 된다는 믿음으로 연구하는 것이 가장 좋은 방법입니다. 그 목적지에 이르는데 중요한 디딤돌을 놓은 사람이 지금까지 김기훈, 김세현, 권성구 3명임을 강조하려는 것입니다.

글이 주는 한계 이외에도, 정사론을 제대로 파악하기 위해서는 두 가지가 더 필요합니다. 정사론에서 다룬 사법이 어떤 사법인 것이며, 그것이 오늘날 우리가 아는 유엽전 사법과 어떤 맥락을 공유하는가 하는 것입니다. 첫 번째 질문에는 쉽게 대답할 수 있습니다. 정사론의 사법은 정량궁의 사법이라는 것입니다. 그것은 정사론 곳곳에서 나타나는 말이므로 의심의 여지가 없습니다.

그렇다면 두 번째 질문에 우리의 의문이 다다릅니다. 오늘날 우리에게 남은 유엽전 사법과 정량궁 사법은 어떤 관계인가? 하는 매우 중요한 물음입니다. 그렇다면 우리는 유엽전 사법이 무엇인가를 먼저 물어야 합니다. 오늘날 활터에서 쏘는 사법은 유엽전 사법인가? 이에 대한 답이 먼저 나온 뒤에 정사론의 사법과 비교할 수 있습니다.

유엽전 사법은『조선의 궁술』(1929)에 정리되었습니다. 그러므로 이 책에 정리된 사법을 먼저 정확히 분석한 다음에 정사론의 사법으로 넘어가는 것이 올바른 논의 순서가 됩니다.

03
유엽전 사법

    문제는 오늘날 활터의 사법이 『조선의 궁술』 속 사법과 많이 다르다는 것입니다. 이 점이 정사론 이해의 첫 번째 걸림돌입니다. 가장 중요한 이 점을 논의하지 않은 상태의 정사론 이해는 위험한 일입니다. 제일 먼저 생각해볼 수 있는 것이, 정량궁 사법은 무과에서 필요로 하는 사법이지만, 유엽전 사법은 건강을 위한 사법이라는 점입니다. 현재 우리에게 남은 사법은 맞추기 용이 아니라 건강을 위한 수단으로 바뀐 상태의 사법입니다. 이 차이는 정사론 해석에 무시 못 할 만큼 중요합니다. 건강을 위한 사법과 맞추기 위한 사법에 차이점이 있는가 하는 것을 먼저 확인해야 합니다. 그리고 그 과정은 정사론에 잘 나타납니다. 정사론 발문에 글쓴이가 스승을 만나기 전에 시수를 제법 냈지만, 몸을 다쳐서 처음부터 다시 배웠다는 말이 나옵니다. 이것으로 보면 시수를 내는 것과 다치지 않는 것에는 일정한 차이가 있음을 알 수 있습니다. 당연히 몸을 다치지 않는 것이 먼저이고, 잘 맞추는 것은 그 다음입니다. 먼저 다치지 않는 비법을 스승에게 배운 뒤에 잘 맞추는 단계로 가는 것임을 지은이 장언식 공은 분명히 체험으로 전합니다.

궁후로써 뼈마디를 다스린다는 것은 바름으로써 바르지 않은 것을 바로잡는 것이다. 무인이 활쏘기로 과거를 보려는 자는 이를 셈하여 궁후 1년의 활쏘기를 해야 한다. (그렇게 하여) 약한 사람은 후포로 돌리고 강한 사람은 육량으로 한다는 것이 이것이다.(제9)

'너는 다시 궁후로 돌아가 보름 정도 시험하는 것이 마땅하겠다. 만약 나무활로 시험한다면 기한이 한 달 정도인데 둘 중 어떤 것으로 하겠느냐' 하시길래, 그중 하나는 정히 기다릴 수 있고, 다른 하나는 한 달을 기다려야 하니, (궁후로 시험하는) 보름짜리를 청합니다, 하였다. 스승님께서 술자리를 베풀어 주시니 나아가 절하고 명을 받았으나, 물러나서는 따르지 않았고, 여쭈어야 할 것도 충분하게 하지 못했다.(발)

내 나이 예순하고 둘에 홀연히 깨달음이 나와 이에 나무활로 여덟 달을 시험하고 오호로 바꾸어 시험하니 열매가 익은 듯이 전보다 훨씬 나아져, 고목에 꽃이 핀듯하고, 늙고 병든 몸이 회춘을 맞은 듯 했다.(발)

이상의 말을 살펴보면 무과로 나아가기 위해 꼭 해야 하는 것이 정량궁인데, 그 정량궁으로 나아가기 위해서는 궁후와 오호를 거쳐야 합니다. 궁후와 오호는 궁체를 바로잡는 일이고, 정량궁이야말로 무사가 도달해야 할 목표입니다. 그것이 무과로 가는 지름길이기 때문입니다. 궁후와 오호로 1년쯤 연습하면 정량궁으로 갈지 어떨지 판단이 섭니다. 거기서 자신의 종목에 맞는 활쏘기를 선택해야 한다는 것입니다. 이 과정에서 절차를 무시하면 몸을 다치게 된다는 것이 이 글의 중요한 뜻입니다. 그래서 육량으로 가려면 반드시 제대로 된 스승을 만나야 하고, 그 스승은 궁후와 오호를 통해 사람의 그릇 크기를 알아보게 되는 것입니다.

그렇다면 육량과 유엽의 차이는 무엇일까요? 궁후 1년 뒤에 후포와 육량으로 돌린다는 말을 보면 이에 대한 암시를 얻을 수 있습니다. 활쏘기의 기능은 두 가지입니다. 정확성과 멀리 쏘기가 그것입니다. 후포라는 것은 정확한 활쏘기를 말하는 것이고, 육량이라는 것은 멀리 쏘기 능력을 말하는 것입니다. 이 두 가지 사법은 공통점에 기반을 두지만 사람의 능력에 따라서 달라질 수 있는 것입니다. 멀리 쏘기는 힘이 있어야 합니다. 물론 정확성도 이 힘을 바탕으로 하지만, 둘이 서로 다른 점도 있습니다. 즉 후포는 힘이 좀 달려도 할 수 있는 활쏘기이지만, 육량은 힘이 없으면 못하는 활쏘기라는 점입니다. 결국 후포와 육량은 그럴 만한 힘이 있느냐 없느냐 하는 것으로 결정됩니다. 그래서 무과에 나아가고자 하는 한량들은 누구나 육량을 쏘려고 하는 것입니다.

그렇다면 후포의 사법과 육량의 사법은 어떤 차이가 있을까요? 그것은 사법 자체의 차이가 아니라 힘의 차이입니다. 그렇기 때문에 똑같은 사법에 기반하되 육량궁의 사법이 기본이 되어 거기서 후포의 사법으로 갈라집니다. 결국 큰 힘을 쓰는 육량과 큰 힘을 쓰지 않아도 되는 후포의 차이는 그 힘을 운용하는 사법으로부터 온다는 결론이죠. 따라서 육량의 사법으로 후포를 쏠 수는 있어도 후포의 사법으로 육량을 쏠 수는 없다는 것입니다. 즉 후포의 사법은 육량의 사법에서 힘을 조금 덜 써도 되는, 다소 편한 사법입니다. 그러므로 후포의 사법도 육량의 사법 원칙에 가까울수록 좋은 사법이라고 볼 수 있습니다. 문제는 육량

활 쏘 기 의 지 름 길

을 버린 한량들이 후포의 사법에 만족하면서 육량에서 중시하는 몇 가지 원칙을 버리고 맞추기 사법으로 바뀌어갈 때 몸에 병이 온다는 것입니다. 그것이 위의 인용문에서 분명히 드러납니다.

결국 후포의 사법과 육량의 사법은 같은 바탕이지만, 후포의 사법이 육량의 사법 중에서 일부를 변형하여 편법으로 쓸 때 몸에 탈이 나타난다는 결론을 얻을 수 있습니다. 그러므로 스승은 육량의 사법을 아는 사람이고, 그 지도를 받지 않고 편법으로 맞추기에 빠져들면 몸은 병이 난다는 것입니다. 후포의 사법은 육량의 사법에서 꼭 필요한 어떤 것을 빠뜨려도 맞추는 능력을 발휘할 수 있다는 것이나, 그것이 오래 이어질 경우에는 결국 몸에 큰 탈을 일으킨다는 것입니다. 정사론은 이 점을 분명히 하고 무사는 올바른 스승을 만나 육량의 사법을 배워야 한다고 말합니다.

여기서 말하는 후포의 사법이 바로 우리가 접할 수 있는 유엽의 사법입니다. 그 유엽의 사법을 정리한 것이 『조선의 궁술』입니다. 그리고 이 책의 사법은 유엽전이라고 분명히 밝혔지만, 그 안에도 육량의 사법이 숨어있습니다.

눈으로 관혁을 준덕하되 활 아래 냥냥고자와, 수평선이 되게, 볼 것이오,(『조선의 궁술』중「신샤의 배우는 츄례」)

이 구절은 오늘날의 한량들이 도저히 이해하지 못한 대목입니다. 그러나 이 글의 뒤에서 밝혀지겠지만, 이것이 정량궁 사법의 한 형태라는 것을 알 수 있습니다. 결국 『조선의 궁술』은 육량의 사법을 기본으로 하여 유엽전을 올바르게 쏘는 법을 정리한 것이라고 할 수 있습니다.『조선의 궁술』의 사법을 제대로 익히면 육량도 쏠 수 있다는 얘기입니다.

유엽전 사법에 필요한 장비가 각궁입니다. 육량의 사법에 필요한 장비는 육량궁 또는 정량궁입니다. 정량궁은 각궁보다 훨씬 더 강한 활입니다. 이 강한 활이 잘못된 사법으로 쏘면 몸을 망가뜨리기 때문에 이를 예방하기 위해서 몸으로 충격이 덜 오는 훈련용 활을 만든 것이고, 그것이 바로 각궁입니다.

연습용 활은 두 가지입니다. 목궁과 각궁. 목궁은 활을 처음 접할 때 쓰는 활이고, 궁체가 익으면 각궁으로 바꿉니다. 이 정사론에 나오는 궁후와 오호에 자연스럽게 대비됩니다. 궁후는 활을 처음 배울 당시 1년 정도 쓰는 나무 활(弧)이며, 오호는 궁후를 배운 뒤에 육량으로 가기 전에 쏘는 활입니다. 육량으로 가지 않는 한량이라면 오호를 쓰게 되는 것입니다. 오호는 탄력이 좋은 활을 뜻합니다. 몸에 해를 입히지 않으면서 탄력이 좋은 각궁을 말합니다.

성낙인 옹의 증언에 따르면, 나무 활은 각궁에서 무소뿔이 없는 형태라고 합니다. 무소뿔 대신 뽕나무를 대거나 무소뿔 대용으로 다른 뿔을 댄 연습용 활을 말합니다. 예컨대 무소뿔 대신 쓸 수 있는 뿔로는 황소 뿔(생각궁)이나 염소 뿔 같은 것을 들 수 있습니다.[3] 옛 기록을 보면 사슴뿔(녹각궁)을 댄 것도 많이 나옵니다. 이런 뿔이 불편하다면 뽕나무를 얇게 쪼개어 다듬어서 붙여도 뿔의 효과를 낼 수 있습니다. 그런 식으로 만든 활을 말합니다.

---

3   기록에 향각궁, 교자궁, 간각궁으로 나오는 것은 모두 생각(生角)을 댄 휘궁을 말한다.

활 쏘 기 의   지 름 길

04

정량궁 사법

정량궁 사법은『조선의 궁술』에 묘사된 사법을 연구하기 위해서도
중요합니다. 그리고 마침내 그 사법을 설명한 책이 우리 앞에 나타났습
니다. 지금 다루는 정사론이 바로 그것입니다. 정사론은 정량궁 사법을
설명한 책입니다. 그런데 정작 그 속을 잘 들여다보면 사법의 내면 원
리나 겉 동작이 제대로 나타나지 않습니다. 사법의 겉보다는 그것을 이
루는 원리를 설명하려고 한 까닭에 머릿속에 이미지로는 잘 그려지지
않습니다. 그렇다면 우리가 쉽게 떠올릴 수 있는 육량궁 사법은 정사론
이외에 없는 것일까요? 생각보다 많습니다.

김홍도의 활쏘기 그림(풍속도)

김준근의 활쏘기 그림(기산풍속도첩)

육량궁도(국가기록원 사진)

육량궁 시(점필재집)

조선의 궁시(일본 명궁술가열전)

이 밖에도 보통 활보다는 큰 긴 활을 들고 다니는 풍속화('계변가화')
도 발견됩니다. 각궁이라고 보기에는 큰 활들이어서 무인들이 쓴 정량궁
일 것으로 추측됩니다. 그렇지만 그림에는 그런 설명이 없으니 일단 확
실한 그림부터 분석해보면 육량의 사법을 복원하는 데 도움이 될 수 있
습니다. 우선『조선의 궁술』에서 설명한 육량궁에 대한 것부터 봅니다.

정량궁은 보통 큰 활이라고 칭한다.
길이는 5척5촌인데 줌의 정중으로부터 도고지까지 길이가 2척2
푼이고 아귀의 넓이가 1촌4푼이고 오금의 넓이는 1촌5푼이다. 창밑
의 넓이는 1촌3푼이다. 도고지로부터 양냥고자까지의 길이는 6촌3
푼이고, 고자의 넓이는 1촌7분이고 양냥고자의 길이는 1촌이다.
그 제도가 각궁과 동일하나 활채(體幹)가 두껍고 크며 힘이 강하
여 활을 당길 때 앞으로 뛰어나가며 그 반동의 힘을 빌려서 쏘는 것
이 보통이고, 서서 쏘는 사람은 매우 드물다. 전쟁용이며 초시(初試)
와 복시(覆試)에 이 활을 사용하므로 무인으로 등단한 사람 가운데
이 활을 사용하지 않는 사람이 없다.

사법과 관련하여 가장 먼저 보아야 할 것은 점필재집의 시입니다.
다음과 같습니다.

육량전(六兩箭)
金鋪日照赭袍明 금포에 해 비추어 붉은 도포 빛나는데
椎柸前頭雷鼓聲 울짱의 앞머리에 뇌고 소리 울리매
兩兩決拾彎六鈞 둘둘씩 깍지 팔찌 차고 육균궁을 당기어라.

활 쏘 기 의   지 름 길

弓堅鏃重强支撐	활은 단단하고 촉은 무거워 억지로 버티누나.
健者雀躍弱者仆	힘센 자는 팔짝팔짝 뛰고 약한 자는 넘어지며
倒冠落佩風埃生	관과 패옥 떨어지고 먼지바람 일어나는데
括羽傾斜半空墜	괄우전이 반공중에서 비스듬히 떨어지면은
紫巾之卒頻扣錚	자건 쓴 군졸이 자주 징을 두드리누나.

이 시의 내용을 보면 『조선의 궁술』에 설명된 것과 다를 바가 없습니다. 육량궁은 워낙 세어서 그 충격도 큰 까닭에 몸의 반동을 이용하여 쏜다는 것입니다. 반동을 이용한다는 것은 무엇일까요? 센 활은 만작을 할 때 깍짓손이 절반쯤 들어오면 힘이 부치기 시작합니다. 바로이때 뛰어나가는 반동으로 힘을 더 쓴다는 얘기입니다. 어떻게 더 쓸까요? 이에 대한 설명은 없습니다. 그렇지만 김홍도의 그림과 김준근의그림을 두 장 나란히 놓고 보면 마치 슬로비디오의 연속동작을 보는 것처럼 완벽하게 자세가 복원됩니다.

김홍도의 그림

김준근의 그림

김홍도의 그림은 군관이 한량을 지도하는 장면입니다. 김준근의 그림은 한량이 정량궁을 쏘기 위해 뛰쳐나가는 장면입니다. 그러니까 김홍도의 그림처럼 앞뒷발을 엇갈렸다가 뛰어나가면서 쏘는 것입니다. 이때 육량궁의 힘을 감당할 수 없는 약한 사람들은 넘어진다는 것이 점필재집의 시에 나타난 표현입니다.

그렇다면 이런 동작을 만들기 위해 한량이 취해야 할 내면의 원리는 어떠해야 할까요? 그에 대한 대답이 바로 정사론입니다. 정사론에서 말하는 사법 중에서 우리가 아는『조선의 궁술』에서 말한 유엽전의 사법과 가장 다른 부분이 어떤 점일까요? 그것은 한 마디로 압축됩니다. 즉 전거정원입니다. 그리고 그것을 설명하기 위해 규와 구를 끌어들입니다. 간단히 요약하면 다음과 같습니다.

방향	손	모양	비유	기능	역학
앞	줌손	둥굶(圓)	규: 곱자	거듭	하늘(乾)
뒤	깍짓손	모남(方)	구: 꺾자	뒤꿈	땅(坤)

자(尺)는 우리가 흔히 보는 그 자로, 곧게 뻗어서 직선을 긋는 도구를 말합니다. 곱자(規)는 끝 쪽으로 가면서 둥글게 구부러진 자를 말합니다. 곡선을 그릴 때 쓰는 자입니다. 꺾자(矩)는 기역자로 꺾인 자를 말합니다. 직각을 그릴 때 주로 씁니다.

언뜻 보면 유엽전의 사법과 다를 게 없어 보입니다. 앞죽이 둥글다는 것은『조선의 궁술』에서 강조하는 것이고 뒷손을 맹렬히 버리라는 것도 마찬가지입니다. 모양이나 그 기능에 대해서는 두 책이 크게 다를 바가 없습니다.

그러나 정사론에서 유별하게 특별히 더 강조하는 것이 하나 있습니다. 손의 기능이 그것입니다. 즉 앞손이 하는 일은 <擧>이고, 뒷손이 하는 일은 <執>이라는 것입니다. 擧하기에 좋은 모양이 둥굶(圓)이고, 執하기에 좋은 모양이 모남(方)입니다. 이 두 가지 동작과 모양은 정사론의 핵심이라고 할 만큼 강조된 사항입니다.

　유엽전에서는 그렇지 않단 말인가요? 당연히 유엽전에서도 마찬가지입니다. 그렇지만 유엽전은 육량궁의 이런 사법만큼 철저하지 않아도 시수를 내는데 큰 문제를 일으키지 않습니다. 그래서 『조선의 궁술』에서는 이 점을 정사론만큼 강조하지 않은 것입니다. 그렇지만 원칙을 잃을 때는 병이 온다고 했습니다. 정사론의 저자가 그토록 경계하고 걱정스러워 하던 활쏘기 모습이 어떤 것일까 확인하는 일은 아주 쉽습니다. 오늘날 활터에서 한 번만 쓱 둘러보면 됩니다. 1970년대 이후 국궁계를 점령한 반깍지 사법이 바로 그것입니다. 앞죽을 뻗어놓고 뒷손으로 끌어당겨 가슴에 붙여 쏘는 반깍지 사법이 바로 정사론의 저자가 몸에 병이 든다고 걱정하고 개탄한 바로 그 궁체입니다.

　<擧>는 들어 올린다는 말입니다. 천거한다고 할 때 그 천거란 낮은 신분의 사람을 높은 사람에게 올리는 것입니다. 그러므로 앞죽이 높아야 합니다. 앞죽을 높이기 위해 하는 동작이 바로 둥글게 하는 것입니다. 내뻗는 것이 아니라 둥글게 풀어두는 것입니다. '풀어둔다'고 말했습니다. 이 말을 제대로 이해하면 활쏘기의 수준이 한 단계 훌쩍 뛰어넘을 일입니다.

　<執>은 꽉 붙잡는다는 말입니다. 그러면 고정시킨다는 말로 착각하기 쉽습니다. 실제로 못을 박아서 고정시키는 것과 다를 바 없습니다. 그러나 활쏘기에서 이 말을 쓰는 순간, 이 말의 뜻은 그런 뜻과 완전히 달라집니다. 왜냐하면 활쏘기에서는 활의 힘 때문에 깍짓손이 늘 딸

려 들어가기 때문입니다. 가만히 고정되면 힘을 빼앗긴다는 말입니다. 그러므로 깍짓손이 <執>하려면 가만히 고정되는 것이 아니라 끊임없이 뒤로 물러서야 합니다. 뒤로 물러서는 것이 고정된 것입니다. 얼마나 물러서야 고정될까요? 그것은 각궁을 쓰는 사람이면 저절로 알게 될 일입니다. 굳이 입에 담아서 설명해야 알아듣는 것이 아니니, 행동을 말로 표현한다는 것은 이토록 어렵고 허무한 일입니다.

그런데 앞죽을 뻗은 상태에서 <擧>하고 <執>하면, <擧>도 안 되고 <執>도 안 된다는 것이 문제입니다. 이 문제를 해결하기 위한 방법이 양 손을 높이 드는 것입니다. 높이 들어와야 앞죽이 둥글어지고 뒷손이 정확히 끌립니다. 정사론에서는 이 점을 곳곳에서 강조합니다. 그러나 그것이 어느 정도까지 해야 하는지는, 반깍지 사법으로 쏘는 사람들로서는 이해할 수 없는 얘기입니다. 오직 『조선의 궁술』대로 쏘는 사람만이 알 수 있습니다. 정사론은 전통 사법에 대한 이야기이기 때문에 전통 사법을 구사하는 사람만이 이해할 수 있습니다. 반깍지로 쏘면서 정사론을 말한다는 것은 양궁 하는 사람이 읽은 『조선의 궁술』과 다를 바가 없습니다.

그렇다면 얼마나 들어야 할까요? 이 질문에 대한 답이 국가기록원에 등재된 사진으로, 디지털 국궁신문에 <육량궁도>로 소개된 사진입니다.

언뜻 보면 보통 활이라고 볼 수도 있는데, 다행히 이 그림 속에는 글이 있습니다. 그래서 이 그림 속의 한량들이 쏘는 활은 육량궁임을 알 수 있습니다. 이 사진 속에 쓰인 한자는 다음과 같습니다.[4]

---

4   디지털 국궁신문, 윤백일(군산 진남정) 번역, 2012. 「풍속화 2점, 육량궁도와 관무재도」

胸虛腹實深得射法方來可御六兩退五十步否前鬪白虎亭弓師
善敎閑良

흉허복실의 묘를 깊이 얻은 사법은 가히 육량전을 부리는 데서
오고 오십 보를 물러나 (궁수는 전투대형의 뒤에서 쏘므로 굳이) 앞이
아니어도 싸우는 백호정의 활 스승은 참으로 한량을 잘 가르친다.

이 기록으로 보면 이 그림 속의 한량들은 육량전을 쏘는 것이고, 백
호정은 서울의 활터이므로 서울 지역의 한량들임을 알 수 있습니다. 백

육량궁도

호정은 일제강점기 신문 기록에 황학정의 전신이라고 나옵니다. 서울지역을 대표한 활터입니다.

그림을 보면 한량의 줌팔이 하늘 높이 올라갔고, 깍짓손이 어깨 위에 있습니다. 이 동작이 바로 <擧>와 <執>입니다. 그렇다면『조선의 궁술』에서 이해가지 않는 한 구절도 자연스럽게 의문이 풀립니다.

눈으로 관혁을 준덕하되 활 아래 냥냥고자와, 수평선이 되게, 볼것이오,(『조선의 궁술』「신샤의 배우는 추례」)

이것은 정량궁을 연습할 때의 자세였던 것입니다.『조선의 궁술』이 전하는 유엽전 사법 또한 정량궁 사법의 연장임을 유추할 수 있는 중요한 구절이기도 합니다.

제가 집궁한 1994년에 구사들로부터 들은 이야기가 있습니다. 인천에서 어느 정의 사원이 시수가 잘 나지 않고 속사병에 걸리자, 구사가 가르치기를, 줌팔을 하늘로 치켜들게 한 다음에 깍짓손을 당겨서 어깨에 댄 뒤에야 비로소 줌팔을 내리도록 했다는 것입니다. 이 또한 분명히 옛날 무사들의 사법이 활터에 남은 흔적입니다. 정량궁 사법의 연장이라고 볼 일입니다.

정사론의 사법에서 가장 중요한 것은, 사법을 전개시키는 과정에서도 흐름이 있고 움직임이 가락을 탄다는 것입니다. 그 흐름과 가락은 가장 적은 힘을 써서 가장 큰 힘을 낼 수 있는 원리이기도 합니다. 활쏘기가 예악과 관련이 있다고 한 부분과 음악이 가락을 타고 이어지듯이 몸의 안팎에 작용하는 어떤 가락과 흐름을 타야만 제대로 쏠 수 있다는 말이 정사론 사법의 핵심입니다. 이것은 기운을 쓰는 내면의 원리이기

활 쏘 기 의   지 름 길

때문에 더 이상 길게 설명할 수 없습니다. 그래서 정사론의 저자도 뱃사공과 소리꾼이 힘을 내는 방법을 설명하는 것으로 대신했습니다. 내면 원리까지 말로 설명할 방법이 없었던 것입니다. 소리꾼이 한 옥타브 더 올려내는 방법과 활쏘기에서 속의 힘을 끌어내는 방법이 같다는 것을 강조한 것입니다. 그렇다면 결국 불거름으로부터 힘을 끌어올려 채워서 손끝으로 터뜨린다는 원칙인데, 이것은 기운의 세계를 모르면 또 알 수 없는 새로운 차원의 영역입니다. 그곳은 말로 할 수는 있겠지만, 말을 하면 할수록 그 말이 빚는 오해도 커져서 도인들이 입을 닫는 지점이기도 합니다. 말을 해서 이해시키기보다는 배우는 사람이 이해할 때까지 기다리는 것으로 대신하는 것입니다. 그렇기에 배울 마음이 없는 자는 영원히 배울 수 없는 영역입니다. 오늘날 맞추는 재미에 홀려서 과녁 맞추는 잔재주를 남에게 가르쳐주고 싶은 병이 골수까지 들어찬 세태에는 감히 꺼낼 필요도 없는 이야기입니다. 그러니 이쯤에서 설명을 그치는 것이 오늘날의 활량들을 진정으로 도와주는 일임은 역설 아닌 역설입니다.

05

활 배움에 걸리는 시간

처음 활터에 올라와서 과녁 맞히는 기술을 배우는 데 걸리는 시간은 한 6개월이면 끝납니다. 더 이상 배울 게 없습니다. 그렇다면 이상하지 아니한가요? 지난 5천년을 지나오며 나라를 지키는 가장 중요한 무술의 핵심을 배우는데 불과 6개월밖에 걸리지 않는다니! 과녁 맞히는 기술이 한국의 활쏘기라면 이 말은 맞는 얘기입니다. 그러나『조선의 궁술』에서 전하는 것이 과연 그것 하나뿐일까요? 그렇지 않습니다.『조선의 궁술』에서 전하고자 하는 것도 과녁 잘 맞추는 것이 최종 목표임은 틀림없습니다. 그러나 조건이 있습니다. 그렇게 하되 몸이 다치지 않도록 한다는 것입니다. 오늘날 활터에서 유행하는 반깍지 사법은 과녁 맞히기 위해 생긴 편법임은 틀림없습니다. 문제는 그것이 편법이기 때문에 몸을 망가뜨린다는 것입니다. 반깍지로 오래 쏘면 몸이 병듭니다. 그러면 몸에 병들지 않고도 잘 맞는 사법은 없는 것일까요? 그에 대한 대답이 바로『조선의 궁술』입니다.『조선의 궁술』에 묘사된 사법이 바로 그런 무공해 사법입니다. 그리고 그 사법은 책이 아니라 제대로 된 스승에게 배워야 겨우 도달할 수 있습니다.

온깍지궁사회 활동과 온깍지활쏘기학교 교육과정을 통해서 확인해보면 사람이 『조선의 궁술』 속 사법을 제대로 배우는 데는 아무리 못 걸려도 15년은 걸립니다. 대체로 궁체의 전체 모양을 몸에 갖추는데 5년 정도 걸리고 그것을 내면화하여 어떤 상황에든 적용하도록 몸이 기억하는데 걸리는 시간이 5년입니다. 그리고 그것의 내면 원리를 자각하여 남에게 설명할 수 있는 시간이 또 5년입니다. 대체로 선입견 없이 제대로 배우면 기초과정은 3~5년 걸립니다. 거기서 얼마나 습사를 해서 자기화 하느냐 하는 데 걸리는 시간은 사실상 무한정입니다. 빠른 사람은 5~10년이면 되지만 게으른 사람은 30년을 해도 이룰 수 없습니다. 게다가 전통사법도 아니고 활터에서 주먹구구로 배운 사법 가지고는 300년을 배워도 체득할 수 없습니다. 그럴 만큼 대단한 사법이 바로 몇 쪽 안 되는 분량으로 정리된 『조선의 궁술』 사법입니다.

그런데 묘하게 정사론의 저자도 이와 비슷한 얘기를 합니다. 정사론에서 활쏘기에 입문하는 과정은 이렇습니다. 먼저 궁후로 1년을 배웁니다.(정사론 제9) 궁후는 나무활을 말하는 것이고, 그것으로 1년간 자세를 바로잡는 훈련을 합니다. 지금은 집궁할 때부터 그 사람에 맞는 활을 사야 한다면 아주 센 활을 권하지만, 제가 집궁하던 1990년대만 해도 연궁을 쏴야 한다고 구사들은 입이 닳도록 강조했습니다. 이렇게 연궁으로 바로잡기 훈련을 하는 것은, 활쏘기에서 쓰는 근육과 힘이 평상시의 그것과 다르기 때문입니다. 활쏘기는 평상시에 잘 쓰지 않는 부분을 많이 활용하고, 또 중심으로부터 주변으로 퍼져가는 전체의 힘을 운용하기 때문에 부분에서 아무리 큰 힘을 써도 정작 활에 전달되는 힘은 그런 힘과 상관이 없는 경우가 많습니다. 바로 이 원리를 몸이 받아들이도록 훈련하는데 1년이 걸린다는 것입니다. 그리고 통상 이런 힘을 제대로 운용하도록 숙달시키는 데는 3년 정도 걸립니다. 그리고 그것을 자각하여 자신을 들여다보는 일은 몇 년이 걸린다고 말할 수 없습니다. 평생이 걸릴 수도 있고, 한 생이 끝나도 못 이룰 수 있습니다.

제가 집궁할 무렵에는 연궁으로 시작한다는 것이 활터 사람들의 공통된 견해였습니다. 그래서 대뜸 개량궁 42호로 집궁합니다. 이것으로 1~2년 정도 쓰면 몸에 익는데, 그러면 사람에 따라서 45호 정도로 올립니다. 그리고 2~3년 쓰면 활이 좀 약하다고 느껴지는데, 그때 가서 48호나 50호 정도로 올립니다. 그런 뒤에 각궁을 잡습니다. 각궁은 개량궁과 비교하기 어려운데, 보통 개량궁 48~50호 정도를 쓰면 각궁을 쓰기에 부담이 없습니다. 각궁은 개량궁과 달리 깍짓손을 끄는 처음부터 빡빡하기 때문에 훨씬 더 세게 느껴집니다. 45호 정도의 각궁이라도 개량궁을 쏘던 사람에게는 50호가 훌쩍 넘게 느껴집니다. 그러나 만작 시에는 오히려 세다는 느낌이 없어집니다. 그래서 개량궁보다 각궁이 더 세게 느껴지는데, 사실 그것은 느낌일 뿐입니다. 개량궁 45호 정도를 당겨 쓸 정도의 궁력이면 웬만한 각궁도 다 당깁니다. 이것이 전통사법을 배울 때 느끼는 또 한 가지 불가사의입니다. 이렇게 해서 2~3년 간격으로 활을 3차례 정도 바꾸고 화살의 무게를 조금 더 올리면 궁체가 몸에 무르익습니다. 그렇게 해서 대략 궁체 갖추는 기간을 추산해보면 10년 정도입니다. 정사론에서도 다음과 같이 얘기합니다.

또 활쏘기를 여러 해 해서 활과 화살 바꾸기를 여러 번 되풀이한 사람은, 활의 힘이 사람의 힘을 이길 수 없고, 사람의 힘이 활의 힘을 이겨서, 화살이 무거워도 활과 조화시키니, 쏘는 힘이 화살에 딱 맞는다. 그렇게 하여 고치는 일이 갈마들기를 도합 3년에 4차례 정도 하기를 기다리면 (궁체가) 네모반듯해져서 몸을 바르게 하려하지 않아도 저절로 바르게 되고, 마음을 바르게 함을 구하지 않아도 먼저 바르게 된다.(제10)

3년에 4차례라고 말했는데, 이것은 무과를 준비하는 사람들 얘기입니다. 오늘날의 사람들이 이 기준을 따를 수는 없습니다. 그래서 앞에서 얘기한 차례대로 기간을 산정한 것입니다. 정사론의 궁체잡기 3년이 오늘날은 10년 정도 걸린다는 말입니다. 정사론에서 3년 정도 궁후와 오호로 배워서 다시 정량을 잡는데, 정량을 잡아서 훈련한 다음에 후포와 정량 중에서 어디로 갈 지를 선택하게 됩니다. 그렇게 되면 단순히 3년 4차례에만 멈추지 않습니다. 결국 한 세월인 10년 정도가 걸린다는 얘기입니다.

물론 제대로 된 사법을 제대로 된 스승을 통해서 배울 때의 얘기입니다. 다시 한 번 말하지만, 제대로 된 스승을 만나지 못하면 3생을 윤회해도 배울 수 없습니다. 정사론에서 스승을 만난 뒤에 새로 배우는 얘기가 나오는데, 그렇게 새로 배워서 깨달은 때가 발문을 쓴 사람은 62세였습니다. 자신의 경우를 들어 허송세월한 한탄을 후배들이 하지 않도록 하려고 쓴 글이 바로 정사론입니다.

정사론의 얘기에서 보듯이 평생 무인으로 산 사람이 62세에 이르러 홀연히 깨달을 정도로 우리의 활쏘기는 깊고 넓고 우뚝한 세계입니다. 그런 세계를, 집궁 6개월만에 다 배웠다고 생각하는 오늘날의 풍토에서 이해한다는 것은, 정말로 구운밤에서 싹이 나기를 기대하는 것과 다를 바 없습니다. 앞서 말한 15년 걸려야 활을 제대로 배운다는 것도 이에 견주면 정말 짧은 기간입니다. 활쏘기는 평생공부입니다. 그래도 이룰까 말까 한 세계입니다. 집궁 6개월 만에 사법을 완성하는 오늘날의 세태에서 보면 가늠조차 할 수 없는 엄청난 세계입니다. 정사론은 그런 세계를 분명히 언급했다는 점에서 오늘날의 활을 다시 보게 만드는 귀중한 글이라고 할 수 있습니다.

06

몸 용어 검토

정사론 <제2>에는 몸을 가리키는 용어가 나옵니다. 오늘날 활터에서는 보기 쉽지 않은 내용입니다. 그런데 분명히 그런 용어를 무사들이 썼다는 점이 중요하고, 그것을 오늘날의 활터에서 찾아 써야 한다는 점이 중요합니다. 그러자면 그 용어와 오늘날 활터 용어의 맥락을 파악해야 합니다. 활터 용어를 처음으로 정리한 책은『조선의 궁술』입니다. 그 책의 용어와 정사론의 용어를 비교하면 용어의 실상을 정확히 알 수 있습니다. 먼저 정사론의 몸 용어를 정리하면 다음과 같습니다.

     견박(肩膊) - 대죽(大竹)

     잔부(殘膚) - 잔살(殘殺)

     팔뚝(肱) - 구미(求味)

     비두내박(臂頭內膊) - 오두(烏頭)

정사론의 이 부분에는 무사들이 쓰는 말(武語)이라고 표현했습니다. 『조선의 궁술』은 바로 그 무사들이 지은 책입니다. 그 글을 쓰는 데 참여한 주요 계층이 무과 급제자이고,[5] 사법 부분을 쓴 사람이 바로 무과 급제자인 성문영 공이기 때문입니다.[6] '궁체의 종별'에 보면 용어가 나옵니다. 우리말이 나오고 괄호에 한자를 써넣었습니다.

견박을 대죽이라고 하는 부분은 쉽게 찾을 수 있습니다. 『조선의 궁술』에서는 '죽머리(肩髆)'라고 썼습니다. 죽머리가 곧 대죽이고, 해부학 상으로는 견박에 해당합니다. 현재 활터에서 '대죽'이란 용어는 찾아볼 수 없는데, 죽머리가 쓰이기 때문에 같은 곳을 달리 부를 필요가 없어서 그런 듯합니다. 그리고 '머리'가 우리말에서 크다는 뜻을 지니기 때문에 머리를 大로 표기한 것일 수도 있습니다. 어찌 되었거나 대죽은 죽머리를 가리키는 말이 분명합니다. 대죽이란 말은 무사들이 쓴 말이 분명하므로 다시 활용해도 좋은 용어로 보입니다.

잔부는 한자표기이고, 잔살이 우리말입니다. 그런데 『조선의 궁술』 표기가 묘합니다. '중구미(肘)(臂箭)'이라고 적었습니다. 箭의 훈이 '살'이므로 殺은 소리임을 알 수 있습니다. 팔꿈치를 굽히면 접히는 그 부분의 살에는 주름이 생깁니다. 그것이 잔살입니다. 잔금이 난 살이라는 뜻입니다. 정확히 말하면 대장경의 곡지 혈 자리입니다.

그런데 肘 옆에 따로 臂箭이라고 표기한 것을 볼 수 있습니다. 그렇다면 '臂箭'이 우리말 '잔살'을 표기한 것임을 알 수 있습니다. 문제는 같이 중구미라고 한 肘입니다. 팔꿈치를 가리키는 말입니다. 중구미에 팔꿈치와 잔살이 동시에 기록된 것입니다. 이에 대한 답은 정사론의 설명에 있습니다. 팔의 위쪽(陽)이 잔살이고 아래쪽(陰)이 중구미라는 것입니다. 같은 위치를 위와 아래로 나눠 부른 것입니다. 햇볕이 닿는 부

---

5   『활쏘기의 나침반』 241~251쪽.

6   임창번, 「조사」(성문영 공 입산), 1947.

분이 양이고, 햇볕이 잘 안 닿는 부분이 음입니다. 현재는 중구미 하나만 남았지만 정사론 시절에는 잔살도 같이 썼음을 알 수 있고, 그 흔적이 『조선의 궁술』에 남은 것입니다. 그러므로 잔살도 활터에서 적극 써야 할 말입니다.

오두라는 말이 보입니다. 현재 활터에서는 보이지 않는 말인데, 침뜸에 이 용어가 있습니다. 침뜸에서는 오구돌기라고 합니다. 까마귀 부리처럼 튀어나왔다고 해서 붙인 말입니다. 정사론의 설명대로 어깻죽지 앞쪽 튀어나온 부분을 말합니다. 죽머리의 일부를 가리킨 말입니다. 이용어도 무사들이 쓰던 말이니 활터에서 적극 살려 써야 할 일입니다.

아귀(牙龜)는 우리말 '아귀'를 한자음으로 적은 것이 지나지 않습니다. 정사론의 저자는 거북이에 신령한 의미를 부여하였지만, 그것은 역학을 공부한 조선시대 선비들의 견해로, 견강부회에 지나지 않습니다.

오호

오호는 이 정사론에 아주 많이 나오는 말입니다. 여러 문맥으로 보면 좋은 활을 가리키는 말인데, 현재 활터에서는 전하지 않는 용어입니다. 옛날 무인들은 아주 흔히 쓴 말인데, 요즘 활터에는 전하지 않는 말이라면, 그 쓰임을 쉽게 추론할 수 있습니다. 즉 무기용 활을 가리키는 것이라는 점입니다. 그렇다면 오늘날 우리가 접하는 각궁과는 다른 활임을 알 수 있습니다.

'오호'라는 용어 이외에 활을 가리키는 말은 두 가지가 더 있습니다. 목호와 궁후입니다. 목호는 나무 활을 가리키는 것이니 그것을 파악하는 데는 힘들일 필요가 없습니다. 문제는 궁후입니다. 궁후로 활쏘기 연습을 많이 한다는 것으로 보아 연습용 활임을 짐작할 수 있습니다. 그런 후에 오호를 쓰고, 한 발 더 나아가 정량궁을 쓰게 되는 것이 옛 무사들의 공부 과정입니다. 그렇다면 오호는 각궁과 정량궁 사이에 있는 무인들의 전용 활입니다. 병사들이 쓴 실전용 각궁이라고 추정할 수 있습니다.

그런데 오호라는 용어는 아주 오래 전부터 쓰였습니다. 사마천의

『사기』부터 나옵니다. 내용을 보면 다음과 같습니다.

> 황제는 수산에서 구리를 캐 형산 아래서 솥(보정)을 주조했다. 보정이 완성되자 하늘에서 긴 턱수염을 드리운 용이 내려와 황제를 맞이했다. 황제가 용의 등에 올라타자 군신과 후궁 등 70여 명도 함께 올라탔다. 용은 이내 하늘로 올라갔다. 등에 올라탈 수 없던 나머지 지위가 낮은 신하들은 모두 용의 수염을 잡았다. 그러나 수염이 뽑히는 바람에 그들은 땅으로 떨어졌고, 이때 황제의 활도 함께 떨어졌다. 백성 모두 황제가 하늘로 올라가는 광경을 바라보면서, 그의 활과 용의 수염을 끌어안고 대성통곡했다. 후대에 그곳을 정호(鼎湖), 그 활을 오호(烏號)라 불렀다고 했다.[7]

오호는 탄력이 좋아서 붙은 이름입니다. 까마귀가 뽕나무가지에 앉았다가 날려고 하면 뽕나무가 탄력으로 휘면서 까마귀를 밀어주지 않기 때문에 까마귀가 날지 못하고 울기만 한다는 뜻에서 온 말입니다. 사기의 글에서도 오호는 좋은 활을 뜻하는 말로 쓰였습니다. 그리고 이 용어는 조선후기의 책인 『재물보』에도 나와서 당시 무인들이 흔히 쓴 용어임을 알 수 있습니다.

결국 현재의 활터 상황과 정사론을 비교할 때 오호는 전쟁용으로 쓰인 아주 좋은 활이라고 할 수 있습니다.

---

7   사마천, 『사기 서』(신동준 옮김), 위즈덤하우스, 2015.

08

정사론이 남긴 숙제

정체가 아직 밝혀지지 않은 어떤 글을 읽을 때는 그것을 읽는 사람의 태도와 세계관이 그 내용을 결정합니다. 정사론을 읽으면서 당연한 이 사실을 거듭 확인하였습니다. 정사론은 조선 후기의 무인이 쓴 글이고, 다룬 내용은 무과용 사법인 정량궁 사법입니다. 전통사법이 끊길 위기에 처한 상황에서 전통사법의 올바른 모습도 제대로 파악하지 못한 상태로 정량궁 사법론을 읽는다는 것은 정말 무모한 일이 아닐 수 없습니다.

따라서 정사론을 제대로 읽으려면 전통사법을 알아야 하는데, 그에 대한 정보가 『조선의 궁술』에 있습니다. 이 책은 유엽전 사법입니다. 그리고 정정량궁 사법과는 일맥상통하는 바가 있음을 정사론에서 말해줍니다. 정량궁 사법을 기본으로 하여 솔포를 쏘는 다른 사법을 운용한다는 것이 그것입니다. 올바른 유엽전 사법은 정량궁의 사법과 일치한다는 말입니다. 그때 올바른 유엽전 사법이란 바로 『조선의 궁술』속 사법을 말합니다. 따라서 이 글은 전통사법을 기준으로 하여 육량궁의 사법을 추리하는 방법을 썼습니다. 그러니 그 한계와 장점도 분명할 것입니다.

정사론이 준 숙제도 만만찮습니다. 가장 중요한 것은 정사론을 읽고 해석할 수 있는 기반이 되는 전통사법이 오늘날 존재하는가 하는 것입니다. 활터에서는 당연히 그렇고 하겠지만, 내막을 알고 보면 그렇지도 않습니다. 1970년대에 개량궁이 출현한 이후 개량궁 사법이 등장함으로써 각궁의 모양까지도 바꾼 지금(2015년 현재)에 보면, 유엽전 사법이라고 볼 수 없는 정체불명의 사법이 전통사법으로 둔갑하여 행세하는 상황입니다. 이런 사법으로 정량궁 사법을 추측한다는 것은 정량궁을 위해서나 전통사법을 위해서나 불행입니다. 그렇다면 지금 우리가 고민해야 할 것은 정량궁 사법이 어떤 것이냐 하는 것이 아니라, 전통사법의 참 모습이 무엇인가 하는 것입니다. 그리고 그 대답은 『조선의 궁술』에 있습니다. 그렇다면 질문은 다시 돌아옵니다. 『조선의 궁술』 사법이란 무엇인가? 이것이 정량궁으로 다가가기 위한 첫 물음입니다.(2015.05.28.)

 붙임

육량전 120년만의 복원

육량전은 조선시대 무과의 핵심 과목이었는데, 무과가 폐지된 지 불과 30여년 만에 조선에서 자취를 감추었다. 그리고 120년이 흐른 2017년 12월, 육량전이 침묵의 세월을 뚫고 부산의 하늘에서 날아올랐다.

육량전 복원의 문제점은, 그에 대한 실물이 없다는 점이다. 실물이 없다면 어떤 그럴듯한 복원도 상상물에 지나지 않는다. 육량전에 대한 기록은 의외로 많다. 승정원일기를 비롯하여 왕조실록, 각사등록 같은 옛 자료를 들추면 얼마든지 그 모양이나 무게, 길이에 대한 기록이 많다.

그러나 그것을 시장이 복원하려고 하면 수많은 상상력을 동원해야 한다. 예컨대 화살의 필수 요소인 깃 같은 게 있을까? 또 외촉과 내촉의 비율은 어떠해야 할까? 살대의 두께는 얼마나 될까? 무게 중심은 어디쯤에 오는 것이 적당할까? 이런 사소한 의문들에 대해 정확한 판단을 내려야 한다. 그러나 옛 기록 어디에도 이런 묘사가 없다. 육량전이라면 조선시대 모든 사람이 다 알고 있던 것이기에 그 보편성이 기록의 희소성으로 나타난 것이다.

활 쏘 기 의   지 름 길

이러던 가운데 일본 쪽에서 의외의 자료가 나왔다. 일제강점기에 일본인 무사들이 한국의 활터를 방문하여 활터의 여러 장비와 무기에 대해 자세히 기록한 것이다. 1937년에 일본인이 낸 책 『명궁술가열전』이라는 책이 그것이다. 거기에는 육량전이 그림으로 그려졌고, 그 그림에 따라 자세한 제원까지 나온다.

그것을 본 이건호(국궁신문 운영자) 접장이 파주 영집궁시박물관 유세현 시장의 도움을 얻어 제시된 제원대로 육량전 2시를 만들었다. 이 육량전이 2017년 12월 25일 부산 사직정의 하늘을 힘차게 날아오른 것이다.[8] 이날 많은 사원들이 참석한 가운데 자신이 쓰는 활로 육량전을 쏘았다. 그리고 그 기록을 정리하여, 앞선 자료들과 함께 이건호 접장이 논문으로 엮었다. 『국궁논문집 10』에 실린 '육량전 소고'라는 논문이 그것이다.[9]

그리고 이 육량전은 2018년 1월 28일에 청주의 장수바위터에서 다시 한 번 날아올랐다.[10] 정진명의 주선으로 청주에서도 활터 사원들이 모여서 누구나 쏘아보도록 한 것이고, 그 어마어마한 무게와 60미터밖에 보내지 못하는 현실 앞에서 다들 감탄을 금치 못했다. 그리고 뒤이어 2018년 2월 3일, 평택 느새터에서는 온깍지활쏘기학교 동문들이 다시 한 번 육량전 쏘기 체험을 하였다.[11] 이렇게 몇 차례 120년만의 하늘을 날아오른 육량전은 2월 4일 파주 영집궁시박물관으로 돌아갔다. 박

---

8   '육량전, 120년 만에 외출하다', 디지털 국궁신문 2017.12.25. 기사.

9   이건호, '육량전 소고', 『국궁논문집 10』, 고두미, 2018. 9~33쪽.

10   '육량전, 청주 하늘로 날아오르다.' 디지털 국궁신문 2018.01.20. 기사.

11   '육량전의 영원회귀', 디지털 국궁신문 2018.02.04. 기사.

물관에서 이 육량전을 영원히 보존 전시하기로 한 것이다.[12]

그리고 때마침 출범한 국궁포럼(대표 김상일)에서 2018년 3월 31일 '육량전 복원의 의의와 전망'이라는 심포지엄을 열었다.[13] 이 자리에 참가한 사람들이 그 동안 육량전 복원과 관련된 내용을 정리하고 앞으로 이에 대한 대책까지 논의하였다. 이로써 육량전은 우리의 활터 전통 문화로 다시 살아나게 되었다. 맥이 끊겼다 살아난 활터 문화로는 애기살에 이어 두 번째다.

그리고 육량전 복원 프로젝트의 일환으로 육량전에 관한 자료를 모을 필요가 있다고 판단하여 온깍지궁사회 사계 카페에 <정량궁육량전> 전문 메뉴를 신설했다. 육량전 복원과정을 있는 그대로 공개하고 관련 자료를 누구나 볼 수 있게 공개하기로 하였다. 때맞춰 육량전에 관한 중요한 자료가 온깍지활쏘기학교[14]를 통해 공개되었다. 즉 조선시대 영조 때의 고위관리인 김수정 장군의 교지를, 후손인 김성인(가평 보납정) 접장이 공개했는데, 특이하게도 그 교지에는 작은 글씨로 그 교지를 받게 된 이유를 적었는데, 그것이 육량전에 대한 기록이었다.

김수정은 영조 때의 무신이었는데, 시사와 관무재 같은 행사를 통해 육량전을 쏘았고, 그 기록이 탁월하여 승급을 거듭한 끝에 정1품 숭록대부까지 오른다. 그 과정에서 받은 교지에는 모두 육량전 기록이 적혔다. 아주 특이한 교지이면서 육량전 연구에 한 획을 그을 중요한 자료이다. 이때 김수정 장군이 쏜 육량전은 거의가 160보 내외까지 날아갔다. 우리가 오늘날 쏘는 유엽전 활이 120보 거리인 것을 감안하면 이

---

12   디지털 국궁신문 2018.02.04. 기사.

13   '육량전 복원 의의와 전망 심포지움 마쳐', 디지털 국궁신문 2018.04.02. 기사.

14   온깍지활쏘기학교 카페, 강원권 람선당 메뉴.

것은 정말 놀라운 기록이다. 부산과 청주 평택에서 쏜 한량들의 기록들이 대부분 60미터 내외였던 것을 감안하면 160보 기록은 상상하기도 힘든 대기록이다.[15]

지금까지 육량전은 상상 속에만 존재하던 것이었다. 그렇지만 이번 복원 작업을 거쳐 우리의 현실로 돌아왔다. 아직 육량전의 실체가 드러나기까지는 까마득한 여정이지만, 많은 사람들의 관심 속에서 첫 걸음을 뗀 것은, 그간 우리가 소홀했던 우리 전통 문화에 대한 아쉬움을 달래는 데는 나름대로 의미가 있는 일이다.

그리고 육량전 복원은, 육량전의 짝인 정량궁 복원에도 불을 당기는 일이 될 것이다. 활이 만들어지면 그 사법이 있어야 하는데, 그 사법은 벌써 우리에게 소개되었다. 이미 정사론이 육사의 학예지에 발표되었고, 그를 바탕으로 정사론을 번역하는 일도 여러 사람이 시도했다.

화살 육량전과 활 정량궁에 대한 정보가 갖춰짐으로써 우리의 활쏘기는 새로운 차원으로 발전할 디딤돌을 만든 셈이다.

---

15   김수정 장군의 교지는 디지털 국궁신문에 7차례 소개되었다.

솔포를 쏘아서 그림(이 그려진 복판)으로
(화살을) 가지런히 (몰리게) 함에는
모름지기 온(十) 마음을 다하고
온 정성을 다하는 것이 있어야 합니다.

PART 7

정사론(正射論) 풀이

서문(序文)

    내가 어려서 육예(六藝)[1]의 글을 읽었으나 모두 그 깊은 맛을 즐기지는 못했는데, 활쏘기에서는 오묘한 이치를 더욱 깨닫지 못했다. 어떤 사람은 (그 이룩한 활의 경지가) 다만 (활을) 달과 같이 당겨 (화살을) 유성처럼 흘려보낼 줄 알아서, 활쏘기 (연습이) 드물어도 도리어 (화살은) 멀리 나갔다. (또) 마땅히 그래야 할 것이면 맞고, 마땅히 그러지 말아야 할 것이면 맞지 않았으니, 또한 (맞춤과 안 맞춤) 그 사이에 있는 깊고 오묘한 이치를 어찌 알겠는가.

    이번에 첨절제사 언식이 활쏘기를 논한 글 1편을 보았는데, (사법의 원칙인) 규구(規矩)와 (궁체의 모양인) 방원(方圓)의 조화가 무궁하여 옛사람들의 글에도 일찍이 없는 내용이었다. 아! 이 글 22편은 비단 활쏘기에 관한 재주뿐만 아니라, 사이사이 무인이 갖추어야 할 기개와 (나라 위한) 충의의 뜻이 있어 평범한 사람이 넘볼 바가 아니다. 눈을 크게 뜨고 똑바로 보아 공경하는 마음으로 서문을 짓는다.

---

1   춘추전국시대에 새롭게 떠오른 계층인 선비(士) 계급의 필수 교육과목 6가지. 예(禮), 악(樂), 사(射), 어(御), 서(書), 수(數).

임신년 유월 초순 금평후인 서호 윤흥섭 삼가 쓰다.[2]

2   余幼讀六藝之文, 而皆不能覰其深味, 於射尤未覺妙理矣. 何者只知如月而彎, 如星
     而流, 射疏反遠. 當其所則中, 不當其所則不中, 又何知其間有深妙之理哉. 今觀張僉
     節制彦植令論射一篇, 規矩方圓造化無窮, 於古人書曾未所有. 噫, 此書二十二篇, 非
     但有工於射體, 間間有敵愾忠義之志, 非凡常人所可爲度. 瞠然直視敬而序之.
     壬申流月上澣鈴平後人西湖尹興燮謹序

🏔 활쏘기 이야기(射論)

하늘땅이 처음에 바로 (서고), 삼황이 비로소 임금의 (세상 다스리는) 이치를 내었는데, 각기 갈래가 있어 글 하는 사람과 무예 하는 사람을 나누어썼다. 그런 즉 (글하는 쪽에는) 예부터 이름난 학자와 어진 선비들의 글귀가 있고, 나중에는 그림(河圖)과 글씨(洛書)를 전하는 책들이 많다. (그러나) 무사들의 활쏘기에서는 뒷사람들을 궁색하게 만든(窮后) 명궁 예(羿)의 신묘함이 있었으나, 그 뒤로는 (이름난 무사들의) 발자취를 전해주는 비유(譬)조차도 없다. 그러므로 이런 생각에 내가 심히 미혹되어 망령되이 보잘 것 없는 22편을 다음과 같이 지으니, 나중에 활꾼들이 이어받아 거의 만에 하나라도 보탬이 있기를 바랄 뿐이다.

무릇 활쏘기란 나라를 지키는 방패와 성벽이다. 서(書)에 이르기를, 천하를 다스리는 이치는 과녁 (맞추는 활쏘기)로써 밝히고, 받들고, 쓰는 것이라 했다. 역에 이르기를, 천하에 위엄을 떨치는 이치는 (탄력 좋은) 나무에 시위를 걸어 활을 만들고, (곧은) 나무를 깎아서 화살을 만드는 것이라 했다. 그러므로 공자는 확상의 들판에서 활을 쏘

앉는데 지켜보는 자들이 담장을 두른 듯이 많았다. (그러자) 제자로 하여금 (의식에 쓰이는) 술잔을 들고 나아가서 (활 쏠 자격 없는) 사람들을 쫓아낸 것이 3차례인 것은 곧, (과녁을 맞히려고 한 것이 아니라), 활을 쏘아서 (세상 다스리는) 그 (3황 시대의 아름다운) 질서를 보고자 한 것이었다.

(3황 시대에 하던 활쏘기의) 질서란 자신을 바르게 하는 것이다. 자기를 바르게 한다는 것은 마음을 바르게 하는 것이다. (공자가 확상에서 활쏘기 할 때) 마음이 진실로 바르지 못하면 내쳤고(黜), 부모를 모심에 불효하면 내쳤고, 싸움에 나아가 무예의 지혜를 쓰지 못(해 패전한 장수이)면 내쳤다.[3] 일찍이 문하의 제자들에게 가르치기기를, '활쏘기는 군자와 같구나. 정곡을 맞추지 못하면 스스로를 돌아본다.'라고 했다.

요즘에도 (옛날과 같이) 활쏘기를 논하는 이들이 있는데, 모두 다 제대로 된 활 얘기인 것이 아니다. 활쏘기에는 '도(道)'가 있고, '규(規)'가 있고, '구(矩)'가 있고, '법(法)'이 있고, '도(度)'가 있다. 하늘에 해와 달의 도가 있고, 땅에는 사람과 사물의 도가 있고, 활쏘기에는 군자의 도가 있다. 이에 따라 차례로 (활쏘기에서는) 정심정기가 '도(道)'이고, 전거정원이 '규(規)'이며, 후거집방이 '구(矩)'이고, 전거후집이 '법(法)'이며, 주례의 향음주례가 '도(度)'이다. 또한 사풍에서 유래하여 누구나 따라야 할 '본보기(例)'라는 것이 있으니, 차례로 비정비팔, 흉허복실, 선찰산형, 후관풍세가 바로 그 본보기이다.[4]

---

3   『예기』, 「사의(射儀)」편에 나오는 공자의 이야기이다.

4   天地初正, 三皇始出帝王之道, 各有分境, 施用文武. 則自古以來名儒賢士之章句,

활 쏘 기 의   지 름 길

제 1

정심정기의 도는 몸을 바름으로 삼고 그 바름을 마음으로 삼아서 관덕을 체득하여 겉으로 드러낸 것을 말한다.[5] 또 전거정원의 규는 팔을 둥글게 하고 그 둥긂을 '건'으로 삼아서 인의를 나타낸 것이다. 또 후거집방의 구는 팔을 모나게 하고 그 모남을 '곤'으로 삼아서 예지를 드러내 보인 것이다. 또 전거후집의 법은 집으로 거하고 그 거로 집을 삼아서 앞뒤로 씨줄과 날줄(처럼 짜인 궁체)를 이룩한 것이다.

다음으로, 향음주례의 도(度)는 예절로써 음악을 삼고, 음악으로써 활쏘기를 삼는 것인데, 어떻게 쏘느냐 하는 것은 예절에 빗댈 수 있고, 어떻게 듣느냐 하는 것은 음악에 빗댈 수 있다. 향음례와 향사례의 풍속은 3황 같은 분들이 살던 거룩한 시대의 법도이고, 위엄이고, 어울림인 것이다. 춘추전에 이르기를, 어찌 쏘고 어찌 듣느냐 하는 것은 예절을 말하고 음악을 말하는 것이니, 곧 예악의 활쏘기라는 것은 6례의 3가지(禮 - 樂 - 射)를 (아울러) 일컫는 것이다.

後有圖書之傳集. 武士之射藝, 有窮后羿之神妙, 後無形跡之傳譬. 故余甚惑焉敢茲, 忘拙論二十二篇於左, 後射承, 庸庶幾有補於萬一云耳. 夫射者國之干城也. 書言, 治天下之道曰, 侯而明之, 承之, 庸之. 易言, 威天下之道曰, 弦木爲弧, 剡木爲矢. 故孔子射於矍相之圃, 觀者如堵, 使弟子揚觶而序黜者三, 則射而觀其德也. 德者正己也. 正己者, 正心也. 其心苟不正則黜, 事親不孝則黜, 臨陣無用武之智則黜. 嘗誡門弟曰, 射有似乎君子, 失諸正鵠, 反求諸其身. 今有論射者非徒射也. 射而有道規矩法度, 天有日月之道, 地有人物之道, 射有君子之道. 第正心正己曰道, 前擧正圓執規, 後擧執方矩, 前擧後執曰法, 飮射周禮曰度. 又由來射風凡例者, 第非丁非八曰例, 胸虛腹實曰例, 先察山形曰例, 後觀風勢曰例也.

5   道는 원리나 이치를 말하고 德은 그런 이치가 자연과 사회에 적용되어 나타난 현상이나 질서를 말한다. 지구가 태양의 둘레를 도는 법칙이 道이고, 동쪽에서 해가 뜨는 것이 德이다. 어른 공경하는 마음이 道이고, 자리 양보하는 것이 德이다.

다음으로, (사풍에서 유래한) 본보기인 비정비팔은 발이 서는 모양이다. 흉허복실은 몸을 바르게 함을 말한 것이다. 선찰산형은 능히 표를 올리거나 내리는 것이다. 후관풍세는 속에서 (쓰는 힘을 바람에 따라) 더하거나 더는 것이다.

[규구방원(規矩方圓)이란, 규구가 본래 곱자(規)는 둥긂이고 꺾자(矩)는 모남을 말한 것이다. 또 사법에 이르기를, 앞은 둥글고 뒤가 모났다는 것은 곧 둥긂은 곱자를 말하고, 모남은 꺾자를 말하는데, (음양론에 따라 둥근) 앞은 (양인) 하늘(乾)이고, (모난) 뒤는 (음인) 땅(坤)이다. (사람의 앞과 뒤에 하늘과 땅이 있으므로 활꾼에게 갖춰진) 천·지·인 3도(三圖)를 조화롭게 들어 올려서 활쏘기의 질서에서 (3황 시대의) 질서를 본다는 것은, (자연)의 이치를 두루 펼치는 것에도 네 철의 왕성한 기운을 얻음이 있어야 하며, (3황 같은 성인의) 질서가 네 철에 두루 펼쳐진다는 것이다.[6] 그런 즉 (자연의 질서인) 네 철의 두루 펼침은 (사람 사회에서는) 오직 인의예지일 따름이니, 활쏘기의 뼈대도 이와 같을 뿐이다.][7]

6　4시를 인의예지에 배당한 것은 춘추전국시대의 유가와 오행가들 소행이다. 인간 사회의 덕목이 자연의 이치를 닮았음을 주장한 것으로 나중에 유학을 떠받치는 이론이 된다.

7　正心正己之道, 以己爲正, 以正爲心, 觀德試容者也. 第前擧正圓之規, 以肱爲圓, 以圓爲乾, 仁義擧休者也. 第後擧執方之矩, 以肱爲方, 以方爲坤, 擧柔禮智者也. 前擧後執之法, 以執爲擧, 以擧爲執, 前經後緯者也. 第飮射周禮之度, 以禮爲樂, 以樂爲射. 何以射者, 比於禮, 何以聽者, 比於樂. 鄕飮鄕射之風, 聖代之法, 之威, 之節奏者也. 春秋傳曰, 何以射何以聽者, 謂之禮, 謂之樂, 則禮樂之射者, 謂之六藝之三也. 第凡例非丁非八者, 足容所立者也. 胸虛腹實者, 論以正己者也. 先察山形者, 能表昇降者也. 後觀風勢者, 能裏加減者也.[할주: 規矩方圓者, 規矩本日, 規圓矩方. 又射法日, 前圓後方, 則圓爲規, 方爲矩, 前爲乾, 後爲坤. 應擧天地人三圖, 觀德於射德者, 行道有得四時旺氣, 德行於四時, 則四時之行, 惟仁義禮智, 射體如斯耳.]

제2

　좌우의 팔에는 3개씩 마디가 있는데, 차례로 손과 팔뚝 사이의 힘줄인 손목을 마디라 하고, 팔꿈치 위, 팔 가운데 팔꿈치 뼈, 양쪽 잔주름 사이 힘줄이 구부러진 곳을 마디라고 하고, 팔 윗쪽, 어깨 죽지뼈와 어깨 앞쪽 큰 뼈와 오두 사이의 힘줄이 구부러진 곳을 마디라고 한다. 이 힘줄 3마디(節)는 활시위와 짝을 이루어 조화를 부리는 이치가 된다.

　견박(어깻죽지)는 어깨의 대죽(죽머리)이라고 한다. 잔부는 팔의 잔살이라고 한다. 팔꿈치는 팔의 구미라고 한다. 무사들이 쓰는 말로 죽머리 잔살 구미 셋을 이른다. 팔꿈치와 잔살은 아래팔의 위와 위팔의 아래 양쪽 구부러진 곳이다. 잔살은 그 사이의 위이자 안(陰)쪽이다. 구미는 그 사이 아래이자 바깥(陽)쪽이다. 서로 붙어서 오두로 이어진 곳을 어깻죽지라고 하고 마디 있는 팔의 안쪽 살 부분은 오두라고 한다.[8]

8　左右之臂, 各有三節者, 次手腕兩間肯綮手項曰節, 次肘上臂中肱骸殘膚之兩間肯綮屈曲曰節, 次臂上肩髆大軜髃烏頭之兩間肯綮屈曲曰節也. 此肯綮三節者, 以其配偶之於弓弦, 造化之理也. [肩髆云肩之大竹也. 殘膚云臂之殘殺也. 肱云臂之求味也. 武語云, 大竹殘殺求味三者也. 肱與殘膚肘上臂下兩間屈曲處. 殘膚有間上陰也. 求味有間下陽也. 相接緣屬處烏頭云肩髆, 節處臂頭內膊曰烏頭.]
　이곳의 '오두'는 전혀 생뚱맞은 용어이다. 그런데 실제로 이 말이 쓰였다는 사실을 확인하는 게 중요하다. 이 글은 무사가 직접 쓴 말이다. 침뜸에서는 오구돌기라는 말을 쓴다. 오두와 오구돌기라는 말이 가리키는 위치는 정확히 일치한다. 침뜸의 오구돌기란 까마귀 주둥이처럼 볼록 솟았다는 뜻이다. 그러니 오두는 '죽머리'를 나타내는 한자말임을 알 수 있다.

제 3

솔포를 쏘아서 그림(이 그려진 복판)으로 (화살을) 가지런히 (몰리게) 함에는 모름지기 온(十) 마음을 다하고 온 정성을 다하는 것이 있어야 한다. 몸과 마음을 다스리고 그것을 굳게 지켜내는 마음을 정성스러움(精)이라 한다. 작은 것을 큰 것처럼 보고 몸에 베 짜기(機) 하듯 짜이기를 기다리며 마음 바르게 하는 것을 정성스러움이라 한다. 화살 당기는 길이(酌)로 멀고 가까운 정도를 가늠하고 (산의) 모양을 살피며 마음을 넓히는 것을 정성스러움이라 한다. 앞(죽)을 들어 줌손의 엄지와 검지, 중지로써 줌통을 헤아리는 마음을 정성스러움이라 한다. 다음으로, 양팔을 들어 올릴 때 앞뒤 마디와 팔뚝 잔살이 함께 하늘을 가로지르도록 들어 올려 (앞뒤로) 모나고 둥근 모양을 그리도록 살피는 마음을 정성스러움이라 한다. 다음으로, 어깻죽지와 오두(烏頭)를 중심(主)으로 힘을 싣는 마음을 정성스러움이라 한다. 다음으로, 뒤로 잡아끌어 깍지가 버티는 것이 점차로 (죽머리에) 붙고 잘 다루도록 거듭하는 마음을 정성스러움이라 한다. 다음으로, 깍짓손이 가득 당겨져 발시 순간에 이르러서도 뜻을 더하는 마음을 정성스러움이라 한다.

이 10심(心) 10정(精)의 이치는 곧 활쏘기에 이어지고, 몸이 곧 활쏘기에서도 저절로 10가지 정성스러움에서 비롯되면, 온 마음(十心)이 정성스러움(精)과 만나서, 몸이 바르게 되고, 그 바름은 마음이 되니, 그 길은 (마치 구슬을 하나로) 꿴 듯이 (몸과 마음으로) 이어지는 활쏘기의 이치이다. 무릇 (활 잘 쏜다는 뜻의) 선사는 이런 이치에 따라(縱送) (활쏘기의) 법칙을 갖추고 (안으로) 이치를 깨닫는 것이다. 이것으로써 (활쏘기의) 이치를 깨닫는 것은 스스로 생각하여 오묘하게 깨닫는 것이고, 이로써 오묘하게 깨닫는 것은 (10심 10정에 대해) 각기 스스로 깨달은 바가 있는 것이며, 이것은 자기 마음속에서 그것을 구하려 꾀해야 한다는 것이다.[9]

제4

활쏘기를 배우는 법이 궁후(弓後)부터 익히도록 한 것은 [궁후는 비록 활을 일컫는 이름이었으나 예전의 쓰임을 잃어버렸으니, 그 뒤에는 마땅히 (활 연습을 뜻하는) 궁후(弓後)라고 할 따름이다.[10]] 옛 법도에서 유래한 것이다. 사람마다 자기의 바르지 못한 것을 바로 잡는데 힘쓰도록 한 것이야말로 우리나라가 무예의 위엄을 (온 누리에) 떨치게 (한 까닭이었던) 것이고, 이것을 몸에 익혀 자신을 바르게 하는 것이 무사 집안의 변함없는 법도였다.

옛 분들이 빗대어 하시는 말씀에 '궁후 3년 뒤에 시험하여 정궁(定弓)을 쓰도록 한다.'고 했다. 정궁이란 큰활이다. 큰활이란 철전이다. 철전이란 육량(전)이다. 무과에서 활쏘기로 (무과에) 든다는 것은 원래 큰활을 든다는 것을 말한다. 그런 후에 그 다음으로 유엽전을

---

9   射侯畵布整齊, 須有十心十精者. 統體心性者, 守支堅心曰精, 示小如大, 望機正心曰精, 酌量遠近, 察形寬心曰精, 以前擧, 弝之拇二指三指, 試弣占心曰精, 次擧之兩臂之際, 前後節肱殘膚者, 同擧橫天方圓卜心曰精, 次肩髆烏頭者, 定主載心曰精, 次後執決持者, 比來密夾巧肆仍心曰精, 次決指者, 旣臻射決滿志盒心曰精也. 此十心十精之道, 係於直射, 而已直射之道, 由自十精, 則十心接精, 以己爲正, 以正爲心, 其道一貫, 而射之理也. 夫善射縱送具法得道者也. 以之得道者, 自思妙得者, 以之妙得者, 各自所得者也. 此自己之心志中, 所求其謀者也.

10   '궁후'나 '오호'는 현재 활터에서 쓰이지 않는 말인데, 훈몽자회, 재물보 같은 조선 후기의 문헌을 보면 무기와 관련된 용어로 나온다.

시험하면 육량의 원리를 먼저 익힌 것이어서 등힘이 건장한 사람을 뽑을 수 있는 것이다. 그래서 (무과에서는 굳이) 육량전을 취한다. 그 나머지 유엽전과 편전 (같은 기술은 팔뚝 힘 기르는 것이 아니라) 활(의 세기)에 따르는 것이다. 격서의 활쏘기는 정궁의 재주에서 이어져서, (정궁으로 쏘는) 철전의 위력을 그대로 쓰는 것이고, (무과) 과거(의 결과)를 분명히 하는 것으로 유엽전을 시키는 것도 모두 (정량궁을) 익힌 팔뚝 힘으로 할 수 있는 것이다. 그러므로 무사의 위엄을 사해에 두루 떨치면 곧 나라를 지키는 방패와 성벽의 요체가 되고, 나라를 태평하게 다스리는 이치를 갖추게 된다. 그러므로 옛말에 이르기를 문무를 아울러 쓰는 것이 나라를 오래 가게 하는 방법이라고 했다.[11]

제 5

육량의 도는 (전거정원의) '거(擧)'로 법을 삼고, (후거집방의) '집(執)'으로 도를 삼는다. 스승 된 자는 뼈마디가 제 길을 가도록 가르쳐야 한다. 죽머리는 밟아 (낮추고), 어깻죽지 뼈는 (신발을) 신 (듯이 제 방향으로 밀어 넣어 등힘을 쓰도록 하)고,[12] 어깨 앞쪽 뼈는 (죽머리

---

11   學射之法, 使以習於弓後[弓後雖曰弓名, 去遣其前用, 當其後曰, 謂弓後耳], 由來古規也. 務使人人正其不正也, 我東威武者, 習於斯正於己, 武家之恒規也. 古人之諷言, 試其弓養三年之後, 施之定弓也. 定弓者, 巨弓也. 巨弓者, 鐵箭也. 鐵箭者, 六兩也. 武以射藝而擧之者, 元擧巨弓然後, 次試柳葉, 則先法六兩之原者, 以取膂力矍鑠者. 故取其六兩也. 其餘柳片趨弓, 檄書之射, 係於定弓之材, 拱其鐵箭之威, 使其明試之柳者, 皆可以謂膂力. 故爲號威武者, 施彌四海, 則爲國家干城之要也. 備國家治平之道也. 故古語云, 文武竝用長久之術也.

12   뒤에 內立骨節 外收肩胛이라고 한 동작이 이것이다. 검술에서는 舍胸拔背라고 한다. 앞가슴을 오목하게 만들면 등짝은 저절로 펴지면서 둥글게 말린다. 활쏘기의 흉허복실도 이것을 말한다.

가 과녁 쪽으로 밀리지 않도록) 자리 잡게(居) 하고, 오두는 (깍짓손 당기는 힘에 밀리지 않도록) 떠받치면서(支), (이 모든 부분 중에 제 자리에서) 어긋나는 것(墮)은 살펴서(料) (바로잡는)다. (어긋나는 곳을) 잘 살펴서 (바로잡음은 육량의 이치로부터) 비롯하는 것이고, (이렇게) 비롯하는 것은 (전거와 후집이) 호응하는 것이며, (이렇게) 호응하는 것은 (앞과 뒤가 각기 자리 잡아서 만작에) 머묾이고, (이렇게) 머묾은 (만작의 고요함에 이르러 모든 움직임이) 그치는 것이니, 모두 이를 헤아릴 수 있게 된 후에야 이치로 다스릴 수 있음이 분명해진다.

무릇 활쏘기에서 갖추어야 할 거궁하는 법은 오로지 양 팔뚝에서 힘을 구하지 않고 높이 드는 것이다.[13] (그래야만 힘이 양팔로 가지 않고 몸통의 중심으로 쏠려서) 뼈는 가야 할 곳으로 가고 마디는 올바르게 자리 잡는다. 만약에 힘이 앞서서 (둥글어야 할) 팔꿈치를 (곧게) 세우면 벌써 힘줄이 서고, 힘줄이 서면 뼈마디가 힘을 잃고, 뼈마디가 힘을 잃으면 활 당기기가 어렵고, 활을 당기기 어려우면 반드시 끝심 쓰기가 어렵다. 그러므로 맹자가 말하기를, '(군자의 만작 상태는) 그 우뚝함이 (활의) 이치에 딱 알맞아서 (오래 부지런한 연습을 통해 그렇게) 설 수 있는 사람들은 이를 따른다.' 라고 했다.[14]

[위의 (어깨 앞쪽 뼈가) 자리 잡는 것, (오두를) 버티는 것, (어긋남을)

---

13 정량궁 사법이 다른 사법과 다른 점이 팔을 높이 거드는 것이다. 이것은 힘을 쓰느라 앞죽이 과녁 쪽으로 밀려나가는 병폐를 예방하는 방법이다. 팔 힘으로 활을 쏘면 어깨가 먼저 밀려나간다. 요즘 대세인 반깍지 궁체에서 이런 현상을 또렷이 볼 수 있다.

14 맹자가 말한 "君子引而不發"은 제10편에 나오는 "未發之道"와 연결된다. 인용문의 원문은 '君子引而不發躍如也中道而立能者從之'(맹자 진심장구)이다. 요즘 사람들은 말할 것도 없고, 옛 사람들의 해석을 보아도 이 구절을 제대로 이해한 사람이 없다. 군자의 만작 상태는 오랜 수련을 거치고 무르익은 궁체이기 때문에 그렇게 하려고 해도 안 되는 사람이 있으므로 굳이 그렇게 하라고 강요할 것 없이 군자 스스로 그런 모습을 꾸준히 보여주기만 하면 사람들이 연습을 통해 점차 그렇게 따라온다는 뜻이다.

살피는 것, 그러는 이유(를 아는 것), 그러기 위해 두 힘이 호응하는 것, (만작의 동작에) 머무는 것, (만작의 고요함에 움직임이) 그치는 것, 7 가지는 (등힘 쓰기 위해 어깻죽지가 신발을) 신(듯이 움직이는) 동정을 살피는 것이고, 뼈마디의 강함과 부드러움에 걸맞게 갖추는 것이니, 빨리 하려고 욕심내면 안 된다.][15]

제 6

만작 상태로 버티다가 방사하는 법은, 앞팔 뒷팔을 높고 멀리 쳐들어서 (머리에) 이고, 머리 위에 둥글게 만들어진 허공에 기대어, 그럼으로써 온힘을 다하고 (활) 소리가 다하게 하는 것이다. 그리고 깍짓손을 어깨께의 모서리 부분에 바짝 붙여서 잡도리하면 앞을 밀고 뒤를 눌러서 앞듦와 뒷끎을 확실하게 하게 된다. 이로 인하여 (앞서 맹자가 말한 군자의 만작 상태는 그 우뚝함이) 이치에 맞게 서고, 그런 흐름 (節奏)을 타서 (올바른) 궁체를 이룰 수 있다. 그렇게 하여 뒤는 머물(러버티)고 앞은 나아갈 수 있음이, 마치 배가 돛 가득히 바람을 받은 것 같고 몸은 가락을 타고 노니는 듯하여, 나아가면 갈수록 충실하고 걸음마다 사법에 딱딱 들어맞는다.

잘 할 수 있는 것 중에 가장 잘하는 것은 일어나는 것에 (덩달아)

---

15 六兩之道, 以擧爲法, 以執爲道也. 師者治之, 骨節所道, 肩之所踏, 髀之所履, 髑骨之所居, 烏頭之所支, 所墮之所料也. 所料之所由, 所由之所應也. 所應之所停, 所停之所止也. 皆可量此然後, 明可理治也. 凡具射擧弓之法, 專無求力於兩臂, 而擧高者, 骨之所期, 節之所求也. 若力也先立肘, 則旣立筋, 立筋則骨節失勢, 失勢則難於彎弓, 難於彎弓則必難終末之勢. 故孟子曰, 躍如也中道, 而立能者從之. [右所居, 所支, 所料, 所由, 所應, 所停, 所止, 七字, 察其所履之動靜, 度具骨節之强柔, 不爲欲速耳.]

더욱 일어나는 것이고, 따르는 것 중에서 가장 잘 따르는 것은 더 하는 것에서 (덩달아) 더욱 더하는 것이다. (이와 같이 하여 눈은) 멀리 넓고 거친 우주를 보고, 머리는 마치 우는 닭이 목을 뽑아 올리듯 하는데 (이것은) 소리꾼의 재주가 다리를 힘주어 추켜올리면 한 목청이 더 올라가는 것과 같은 이치이다. (이 상태로) 활시위를 놓으면 벼락 치는 소리가 나고, 육량살은 낮게 떠가다가 다시 떠올라 마치 깃털이 되어 하늘을 가르는 듯하다. 만약 이런 기운으로 날아간다면 그 살걸음이 얼마인들 못 가겠는가? 만작 상태로 버티다가 방사하는 법은 이와 같도다![16]

제 7

스승 노릇 하면서, 뼈마디의 (타고난) 품성을 알 수 없으면, 뼈마디의 어그러짐을 다스리지 못하고, (타고난) 품성대로 (뼈가 신발) 신 (듯이 자리 잡아가)지 못한다. (만약 뼈마디가) 어그러진 채로 (신발) 신 (듯이 그대로 자리 잡)음을 알지 못하면 활 쏘는 이는 큰 탈을 얻게 된다. 스승 또한 활쏘기의 (이 같은) 탈이 어디서 말미암는지 알지 못하면 차라리 스승이 없다고 할 수 있다. 만약에 몸이 달라지고 궁체가 바뀌어도 (뼈마디가) 어그러짐을 알지 못하고 (뼈가 그대로) 자리 잡(아

---

16   持彎放射之法, 前肱後肱者擧之, 高高遠遠以戴, 憑虛於頭上之所圓. 因以盡務盡聲, 而以附御穀於肩膘之所方, 則前推後壓, 主擧專執, 因此中道立, 以節奏求身, 其能後 留前進, 如船遊風帆, 身遊音律. 進進忠忠步步則實, 能乎能者起於起, 從乎從者益於 益, 遠望宇宙洪荒, 而腦如鳴鷄之聳頸躍, 如唱夫之技股升一聲. 拓弓弦作霹靂聲, 六 兩所去, 浮卑而復以浮高, 如羽化而亙天. 若斯勢去下處, 幾步是何如, 而持彎放射之 法 如斯哉.

어긋난 궁체를 이루)면 비록 장사라도 스스로 제 몸을 꽁꽁 묶는다고 한 것이 바로 이것이다. 그러므로 육량의 활쏘기는 스승이 없이는 할 수 없으니, 이를 잊어서는 안 된다.

무릇 활쏘기에서 (뼈마디의) 어그러짐과 (뼈가 신발) 신(듯이 제대로) 자리 잡음은 순리로써 순서를 따르느냐 안 따르느냐에 딸린 것이다. 뼈마디가 (신발) 신(듯이 자리 잡)는 데는 각기 따름(順)과 거스름(逆)이 있다. 따름이란 순리대로 자주 (뼈마디가 신발을) 신 (듯이 자리 잡아가게 하)는 것이다. 거스름이란 '(뼈마디가) 얽힌 순서'(屬)를 거슬러 자리 잡아가는 것이다.[17] 만약 그 순리를 따름이 잦아서 뼈마디의 움직임(原)을 (복잡하지 않게) 줄이면(즘) 순리를 따르는 것이어서 (활 공부가) 쉬워진다. 만약 그 거스름을 따름이 잦아서 (어그러진) 뼈마디의 흐름(理)을 따르면 (순리를) 거스르는 것이어서 (활 공부가) 어려워진다. 이러므로 거스름은 이를 자주 하여 (뼈들이 신발) 신 (듯이 자리 잡아)가되 어긋난 것(方)을 (신발) 신(듯이 바로 잡아)나가고, 순리를 따르는 이는 달마다 꼭 해야 할 것만 (신발) 신(듯이 해)도 (제대로) 자리 잡아가게 된다. 만약 여러 번 해서 거스른 것을 바로잡았는데도 순리대로 풀리지 않으면 (끝내) 다스리지 못한다.

만약 여러 번 해서 (뼈가 신발) 신(듯이 자리 잡)아 순리에 이르는데, 그 순서를 따라 안으로 뼈마디를 세우고 밖으로 견갑골을 (흉허복실이나 함흉발배처럼) 거두어 뼈마디의 펼침이 완전해지면 재주가 있는 사람이냐 아니냐를 (따지지 않는다. 즉, 누구든 이룰 수 있다.) 활쏘

---

17   죽의 뼈마디는 회목, 중구미, 죽머리 3군데인데, 이들을 어떤 순서로 자리 잡게 하는
      냐에 따라 순과 역이 된다. 힘을 쓰는 순서는 〈회목→중구미→죽머리〉가 있고, 그 반
      대인 〈죽머리→중구미→회목〉이 있다.

기는 그 사람(의 궁체가) 바른지 그른지에 있고, (그것을) 보는 것은 그 스승에게 있다. 만약 (뼈마디가) 순서를 따르지 않고 (뼈가 신발) 신(듯이 자리 잡)을 곳을 쉽게 지나치고, (뼈마디가) 어그러진 곳에서 (어그러진 그) 순서(를 따름)이 더 심하면, 순서는 도리어 화를 불러 (뼈마디가) 자리 잡는 속에 고질병을 지니게 된다.[18]

위의 고질병은 스승의 도움 없이 습사할 경우 병이 뼈마디에 생긴다는 것이니, 과연 스승이 없어도 족하겠는가.[19]

제8

활쏘기를 시작하여 한 걸음씩 나아간다는 것은 마치 배를 띄우는 것과 같다. 훌륭한 뱃사공은 큰 바다를 보고서도 마치 평평한 땅을 다니듯 한다. 배를 몰고 가면서 (물이) 깊은지 얕은지 (뱃길이) 험한지 쉬운지 보이지 않는 (바다 속)을 안다. 그런 모양을 바탕으로 바람을 알아보고서 (배를) 움직이거나 멈추는 근거로 삼고, 그 물결이 이는지 안 이는지 보고 그날의 날씨가 좋을지 안 좋을지 알아, 그 조

---

18 이 부분은 요즘 사법으로 접근할 게 아니라 앞서 말한 육량전의 원리를 이해해야 한다.

19 爲師之道, 若不能知其骨節之稟質, 則骨節所道無理所墮, 稟質所理非道所履, 而不知所墮而履, 則射者成瘤. 師亦不知射由瘤疾, 足可無師. 若體變形易, 不知所墮而履, 則雖曰力士自結縛身者此也. 故六兩之射, 不可無師, 不可妄爲之. 夫射之所履所墮者, 以其順順不順之類. 骨節所履 各有順逆者, 順者惟順數而所履也. 逆者惟逆屬而所履也. 若隨其順數而吝其骨節之原 則順之者易也. 若隨其逆數而順其骨節之理 則逆之者難也. 是以逆者, 數而所履, 而日履所方, 順者月履所當, 略而所履也. 若數而履逆而不順, 則不治也. 若數而所履而致其順, 隨其順而內立骨節外收肩胛, 全其節奏, 則才與不才. 射在其人正與不正, 觀在其師, 若不隨順而易過於履, 順甚於墮, 則順反被禍履中藏瘤.[右瘤疾, 無師所履之瘤骨節也. 足可無師]

짐을 보고서 (날씨가) 좋은 때를 골라서 따르니, 결코 길을 잃는 법이 없고, 배를 띄워 돛을 올리면 끝없는 물결도 아무렇지 않게 여긴다.

육량을 가르치는 스승은 훌륭한 사공과 같아서, 쏘임새(射體)를 보는데 마치 (사공이 물이) 깊은지 얕은지 (뱃길이) 험한지 쉬운지 보듯 하고, (기운이) 허한지 실한지 (배움이) 더딘지 빠른지 하는 이치를 알아 맞추어(射), (사법에서) 추구해야 할(崇) 바의 방법(何)과 까닭(由)을 알아서 (올바른 궁체를) 이루어간다(作). 그 뼈마디가 부드러운지 뻣뻣한지 보고, 그 활 쏘는 기세의 앞듦과 뒤끎이 잘 되는지 알고, 조짐을 보아 순리에 따라 베풀어 (궁체를) 만드니(作) 실수하는 법이 없다. (이렇게) 밀어 쏘며 몸을 틀면[20] (화살은) 천보라도 다함이 없다. 무릇 멀리 쏘기를 배우는데, 일찍이 그 이치를 깨달은 사람은 오로지 더욱 더 뒤끎과 앞듦에 힘써서 살걸음을 빠르게 보내는 것이 옛 풍속이었다. 이것이 바로 멀리 쏘기의 근본이다. 무릇 오로지 뒤끎에 힘쓴다는 것은 다만 멀리 쏘기만이 아니어서 백보 밖의 버들잎을 꿰뚫는 경지 이상도 모두 여기에서 나온다.[21]

---

20 정량궁은 워낙 세어 앞으로 뛰어나가면서 쏜다. 그렇지 않으면 충격에 넘어진다.

21 作射步度之行, 如水之行舟, 舟之良工, 觀其大海, 如平陸之行, 行之而知深淺險易之無形, 因形之而知風, 所據之動靜, 觀其水波之興與不興, 知其一日之順與不順, 見機而駕隨順而縱, 不敢失路, 而泛舟橫槳, 則淩無窮之萬頃. 六兩之師, 如舟之良工, 觀其射體, 見其如水之深淺險易, 射之而知虛實遲速之理, 作之而知由何之所崇. 觀其骨節之順與不仁, 知其放勢之擧與不執, 見機而施隨順而作, 不敢失手, 而推射轉身, 則能無窮之千步矣. 凡取射其遠者, 嘗成其道者, 專務益加於後執而前擧, 速跳之古風, 則是遠射之本也. 夫專務後執, 而非徒遠射, 穿柳之葉餘, 皆放此.

활 쏘 기 의   지 름 길

제 9

스승이란 무사로서 굳이 말하자면 모두가 스승이 될 수 있다. 스승다운 스승이란 먼저 활 배우는 사람의 심성이 강한지 여린지, 굳센지 연약한지 하는 것, 팔다리의 뼈마디가 어떤지 하는 것, 쓰지 않을 것을 써서 호랑이 그림을 완성하지 못하는 것을 살펴 알아야 한다. 그런 뒤에야 (제자가) 배움을 받아들일 수 있다면, 옛 사람들의 활쏘기로 요즘 사람들의 활쏘기를 이야기해야 한다. 육량을 꺼리고 유엽을 아는 사람들이 (진정한 활쏘기가 아니라) 모두 녹봉을 위한 과거에만 매달리면 (제대로 배울 생각을 않고) 매번 과거의 법규에만 따른다. (그러나) 그 단순한 유엽만을 알고 정궁(定弓)을 알지 못한 채로 과거를 본다면 어찌 급제자를 발표하는 방(科榜)에 이름을 올릴 수 있겠는가,

어찌 해야 활쏘기가 흥성해지는지 알지 못하나, 나라를 위한다면 비록 옛날의 법도와 같이 다 할 수는 없더라도 이를 중요하게 여겨야 한다. 궁후로써 뼈마디를 다스린다는 것은 바름으로써 바르지 않은 것을 바로잡는 것이다. 무인이 활쏘기로 과거를 보려는 자는 이를 셈하여 궁후 1년의 활쏘기를 해야 한다. (그렇게 하여) 약한 사람은 후포로 돌리고 강한 사람은 육량으로 한다는 것이 이것이다. 약한 사람이 만약 유엽전을 원한다면 그 사람의 뼈마디가 제대로 펴지는지 어떤지 살펴서 (잘 안 되는 것을) 다듬어야 할 것으로 여기고, 만약 순리대로 쉽게 되는 사람이면 궁후로써 그 순리에 따라 (나쁜 버릇을) 고쳐서 자세를 바르게 할 따름이다. 궁후로써 1년을 셈한다는 것은 자세를 바로잡는 첫걸음으로 여기려는 것이고, 또한 활쏘

기가 (초보자들의) 나무활(弧)을 본받은 것임을 잊지 않기에 이르도록
하려는 것이다.

　무릇 궁후를 시작한다는 것은 비유하자면 처네에 싸인 젖먹이
를 기르는 것과 같다. 젖 먹여 기른 지 삼년에 아기가 음식을 먹고자
하면 그 어미는 밥을 씹어 부드럽게 하여 먹이고, 날짜에 따라 그 아
기에 맞는 양의 대소경중을 헤아려 먹이를 덜고 더한다. 젖은 자주
먹이고 밥은 드물게 먹여 이렇게 기르고 또 늘려나가며 키우는 것이
자연의 이치이다. 만약 젖먹이가 삼년이 안 되면 말을 제대로 못하
니 옹알거리며 손가락이나 물건을 먹으려 입에 가져가면, 그 어미는
기뻐하며 옹알이에 맞춰 숟가락으로 먹여준다. 어린 아이를 두둔하
여 당장 쓰기 편한 힘줄들만 사용한다면 결국 병을 얻게 된다. 활쏘
기도 역시 그러한 것이다, 궁후는 젖을 먹여 기르는 것과 같고, 오호
는 음식을 먹여 키우는 것과 같다. 활을 배우는 사람은 마음에 새겨
야 할 일이다.[22]

22　師者武以使日, 皆可師也. 可師也師者, 先察知其學射之心性强柔剛弱者,　用
之不用畵虎不成者, 然後可須受學之義, 則以古人之射, 論今人之射, 諱之六兩, 知其柳者,
徒爲決科干祿之計, 則每科當規, 知其單柳, 不知其定弓, 則何以科者, 掛命於科榜乎. 未知
何如而射之盛, 而爲國家則, 雖不能盡如古道, 要之. 以弓後治之骨節者, 以其正正不正之
類, 武以射藝而擧之者, 計之弓後一年之射, 而弱者以反侯布, 剛者以射六兩, 是也. 弱者若
願於柳, 觀其人之骨節險易爲其所履, 而若有乎順易者, 則以弓後隨其順, 而矯揉而正己而
已. 以弓後計料一年者, 以其正己之始原也. 亦爲射之法弧至其不忘哉. 夫原始弓後者, 比
如養乳襁褓兒, 養乳三歲, 其兒欲食其物, 則其母以飼嚼飯之調柔, 而時日損益度其兒量之
大小輕重. 頻乳稀飼, 養於斯長, 於斯養之, 自然之理也. 若乳不過三歲, 其兒言語未成, 暗
啞欲飮指物点口, 則其母欣, 而應啞而匙之. 愛而對暗, 而筋之連流爽口, 則終作其疾. 射亦
宜然, 弓後養之如乳, 烏號長之如飮. 射者銘心哉.

제 10

예로부터 전해지는 버들잎을 맞추는 기이함과 이(蝨)를 맞추어 꿰는 오묘함은 오직 밤낮과 비바람을 가리지 않는 사시사철 공들여 얻은 재주이다. 활쏘기에서 일컫는 한 순의 법칙은 화살 5개를 1순의 숫자로 여기는 것이다. 그런 즉, 책에 이르기를, 습사를 하되 화살 1개로 다섯을 연습하여 순을 이룬다 했는데, 활을 당겨서 (속으로) 넷까지 헤아리도록(作) 발시하지 않을 것을 생각하고, 당긴 채로 다섯에 이르러 1번 (발시)하게 하는 것은, 활쏘기가 충실해지도록 하려는 것이고, 또한 뒤끎의 이치를 (제대로) 깨우치게 하려는 것이다.

이와 관련하여 나의 습사를 말하자면 늙도록 일찍이 감히 그와 같이 하지 못했으나, 시험은 자주 해보았다. 비바람 부는 날 습사할 때 실내 밝은 곳을 향하여 화살을 먹여 활을 당기되 그와 비슷하게 발시하지 않는 법을 연습하였다. 비록 깍짓손을 떼지는 않았으나 발시한 것 못지않아서, 백보 밖의 버들잎을 꿰는 재주는 이와 같이 활쏘기 하되 발시는 하지 않는 이치와 비슷하였다. 이(蝨)를 베틀의 바큇살처럼 크게 보도록 훈련하여 작은 것을 크게 보는 정성은 이와 같이 하는 것이어서, 천관유슬(의 경지)는 모두 정성스러움에서 나오는 것이다. 비바람이 불 때 10순은 (맑은 날) 그늘에서 하는 100순보다 낮고, 5번 거궁(擧)에 1번 발시(決)하는 것이 1순을 매번 모두 발시하는 것보다 더 나으니, 이것을 시험한 뒤에야 깊은 이치는 저절로 얻을 수 있다.

또한 활을 배우는데 길이 있다는 것은 나무활로 이삼년을 시험하면 활로서 일가를 이루는 것이 그 가운데 있어, 활쏘기의 바른 자세가 저절로 무궁한 경지에 이르게 하는 데 있다는 것이다. 신사가 나무활을 가지고 시험하는 것은 자세를 바르게 하는 것뿐만 아니라, 과녁 맞추는 것을 좋아하는 마음이 생기지 않도록 하기 위한 것인즉, (궁체가 잡힐 때까지는) 관중하지 못함을 근심하지 않아야 하는 까닭에 (배우는) 차례를 이야기한 것이다. 옛 사람들의 사풍이 이와 같았다.[23]

제 11

우리나라 유엽전은 법에서 정한 거리(보)가 120보를 정식으로 삼는다. 그런데 오늘날 활을 배우는 사람 중에 어쩌다 처음부터 (초보자용인 궁후가 아니라) 오호를 쏘는 사람이 있다. 오호를 하는 것 또한 궁후와 같아서 연하디 연한 활로 무거운 화살을 갖춰 쏘는데, (맞추려는 욕심을 막으려) 그림이 그려진 솔포를 피하고 공터에서 벌터질하는 것 또한 옛 사람들의 활 풍속이었다. 이미 옛사람들이 이 같이 하여 멀리 내다보고 걱정한 것은 과녁이 가까워서 피하기 어려움이 마치 견물생심과 같기 때문이다.

　요즘 활 쏘는 사람들은 그렇게 하고자 할 생각을 잊고 감히 궁

23　古來穿柳之奇, 貫蝨之妙, 惟晝宵風雨四時之工也. 射號一巡之法, 以矢五爲一巡之數, 則籍曰, 習於射而以一矢之介, 習五作巡, 而彎弓作四惟以不發, 彎作而第至五, 可許一者, 射之實而亦爲後執之道. 以此論之, 余射及老曾未敢如彼, 而試然仍射有試哉. 風雨之射室, 向明處俱矢彎弓, 似射未發之道, 雖未決而不如發然, 百步穿楊之藝似射未發之道, 蝨如車輪之望示小如大之誠, 若此爲之, 穿貫柳蝨皆出於誠也. 風雨十巡愈暴百巡, 五擧一決勝巡每決射者, 試之然後, 所深之理自可得矣. 第又有學射所道者, 以木弧試之二三載, 則弓之成家在於其中, 射之正己自在至於無窮. 以木弧試之新者非徒正己, 亦不能生心於弄鵠, 則非關無慮故論次, 古人之風如此焉.

시반재주(라는 말의 겉뜻)을 빌리면 좋은 활(精弓)[24]로는 능히 그 미치지 못하는 곳까지 이룰 수 있고 가벼운 화살로는 과녁 복판을 맞출 수 있다고 욕심을 부린다. 그러므로 새로 (배우는) 사람의 관심이 매양 과녁 복판 맞추는 것에 관심을 두면 궁체(容體)는 예법(禮)에 빗댈 수가 없고, 뼈마디의 움직임은 (가락을 타는) 음악(樂)에 빗댈 수가 없다.[25] (쏘아서 맞지 않으면 그 원인을) 자신에게서 찾는다는 반구저기 신은, 예로부터 흘러온 풍속이니, 신사는 이를 행하되 과녁을 맞히려 하지 말고, (활이 보낼 수 있는) 한계 (이상)을 얻으려고 해서도 안되며, 연하고 부드러운 활과 무거운 화살로 쏜다. 활 다루는 재주가 없으면, 비록 과녁을 맞히고자 해도 활채의 힘이 (그렇게) 할 수 없고, 한계 너머의 먼 곳까지 이를 수도 없어서, 감히 (그런 무모한 시도를 하는) 사람이 쏠 수는 있으나 (화살은) 과녁 언저리에도 닿을 수 없고, 마음은 먹을 수 있으나 (화살은) 무겁 언저리조차도 감당할 수 없다. 그러므로 신사가 활쏘기의 법도를 시행함이 이와 같이 된 뒤에야, 스승 된 이는 법도로써 가르치고, 배우는 이는 이를 이어받아서 시행하면, 가르침의 행위는 그 올바름을 얻는다. 그리고 과녁 맞추려는 욕심을 잊고 스스로 그 과녁을 멀리하면 중요한 것들이 마땅한 자리를 얻어서 먼 것이 도리어 가까운 것이 된다. 서두르고자 하면 (목표에) 이르지 못한다.

견물생심은 활쏘기에서 과녁과 같다. 과녁에서 마음이 일어나는

---

24 정궁: 섬세한 활을 가리키는 듯. 정량궁의 반대. 弓矢之半才란 '궁시 반재주'라는 활터의 격언. 자신의 허술한 실력을 궁시가 메워줄 것이라는 말.

25 예와 악은 나눌 수가 없어서 예악이라는 단어로 쓰인다. 예절에는 반드시 음악이 따른다. 의장대 사열 같은 행사를 떠올리면 이해하기 쉬울 것이다. 활 쏘는 몸의 움직임이 그와 같이 가락을 탄다는 뜻이다.

것은 사물이 눈앞에 있으면 저절로 보이는 것과 같다. 활 쏘는 사람이 과녁을 보면 저절로 그 (맞추려는) 이치를 찾아서 그 원래의 목적 (인 맞추기)에 이른다. 이와 같이 여러 해를 하면 활을 감당할 수 있고 과녁 없이 쏘아도 그 거리를 헤아릴 수 있다. 또 활쏘기를 여러 해 해서 활과 화살 바꾸기를 여러 번 되풀이한 사람은, 활의 힘이 사람의 힘을 이길 수 없고, 사람의 힘이 활의 힘을 이겨서, 화살이 무거워도 활과 조화시키니, 쏘는 힘이 화살에 딱 맞는다. 그렇게 하여 고치는 일이 갈마들기를 도합 3년에 4차례 정도 하기를 기다리면 (궁체가) 네모반듯해져서 몸을 바르게 하려 하지 않아도 저절로 바르게 되고, 마음을 바르게 함을 구하지 않아도 먼저 바르게 된다. 정곡을 맞추는 것은 그가 얼마나 많이 쏘느냐 하는 것에 달려있고, 정곡을 미세하게 맞추는 것은 그가 얼마나 정밀하게 쏘느냐 하는 것에 달려있다. (그렇게 하는 것은) 대개 마음을 바르게 하는 공부가 된 뒤에 얘기할 수 있다.[26]

---

26 我東柳規典尺爲步者, 爲一百二十步之定式也. 今爲學射者, 如或初射烏號, 爲其烏號者, 亦如弓後, 以軟軟之弧, 重具兩箭, 避之畵布, 射之空垈, 亦此古人之風也. 旣爲古人之如此, 遠慮者, 革近難避, 如其見物生心也. 今之射者, 忘欲其敢借弓矢之半才, 則精弓能成其限, 輕箭能取其鵠. 故新者關心而每欲中鵠, 則容體不能比於禮, 節奏不能比於樂, 反求諸其身, 故由來之風, 新者爲之, 不求其布, 莫得其限, 以軟柔之弧, 重兩之鞿射之, 無才弓鞿, 則雖有欲得其鵠, 弓鞿之力旣不能, 而不逮於限之遠, 敢者可射而不可犯於革臺, 可心而不可當於侯域. 故新射者, 射規之行, 如此然後, 師者, 敎以道之, 學者, 行以承之, 則敎道之行得其正, 而忘其鵠, 自遠其布, 則要當, 遠反爲近. 欲速不達. 見物生心, 射之如侯, 侯之生心, 物之如覿, 射者見侯, 則自尋其理, 以致其原耳. 如是數年, 以可堪之弧, 勿侯射之, 而量步其尺, 且射數年, 復更弓矢者, 弓力不能勝於人力, 人力勝於弓力, 箭重和於弓, 射力平於箭, 都期其迭而三載四更則方, 其射侯之制己, 不期正而自正, 心不求正而先正. 鵠之鵠者, 在於彼之多射者也. 鵠之微鵠者, 在於彼之微射者也. 槪正心工夫然後可論.

제12

자세가 바른 활쏘기는 이래야 한다. 선 모습은 떳떳하고, 머리는 곧게 세우고, 낯빛은 씩씩하고, 눈은 단정하다. (이렇듯이 하여) 앞듦은 오직 힘만 주려고 하지 말고, 뒤끎은 다만 높이 들려고 하여, 앞은 가볍고 뒤는 느슨함이, 이미 언덕처럼 되어서, 더 이상 어느 곳에도 차고 기욺이 없다.

뒤의 견갑골과 (몸통) 뒤쪽의 허리 허벅지는 오직 곧게 펴서 버티어야 하고, 목의 힘줄은 반듯하고 충실하게 하면 뒤는 앞에 대해 이길 수 있다. 뒤의 견갑골과 허리 허벅지가 들려 풀리는 흠이 스스로 하여금 생기지 않도록 하면 저절로 몸을 바르게 하는 데 이른다. 만약 뒤끄는 어깨라는 것이 앞에 대해 (이기지 못하고) 져서 그 뒤끎의 기세를 잃으면 저절로 몸을 바르게 하는 데까지 이르지 못한다. 몸을 바르게 하는 활쏘기로서 이김과 짐을 말하는 것은 매번 뒷어깨의 사이가 쉽게 이지러져서 뒷어깨를 잡아끌지 못하면 그 몸의 이지러짐을 저절로 알지 못한다는 것이다. 그러므로 뒤를 말한다면 반드시 그것(뒷어깨)을 승자로 여긴다고 할 수 있다.

이러므로 잘 쏘느냐 못 쏘느냐 하는 것은 모두 나(의 몸)에서 나오고, 나(의 몸)에서 나오는 것은 (몸이) 바르냐 안 바르냐 하는 것에 달려있다. 맞지 않음을 걱정하지 않고 바르지 않음을 걱정하는 것은, (걱정하던) 그것이 혹시 바른 것이면 (맞는 것보다 몸이 바른 것이 더 중요하므로) 이것이 성공의 길인 것이다. 바르지 않음을 걱정하지 않고 맞지 않음을 걱정하는 것은, (걱정하던) 그것이 혹시 맞은 것이면 (몸이 바르지 않았는데도 맞을 수 있으므로) 이것이 실패의 길인 것이다. 매번 활쏘기를 잘하려고 하여 반드시 먼저 내 (몸)을 바르게 하면, 활쏘기 속에 이치가 감춰져있어, 그 이치 속에서 결실을 이룬다.[27]

제 13

줌손회목과 중구미, 그리고 어깻죽지는 벌써 앞에서 언급한 3마디이며, 또한 옛 분들로부터 유래한 말씀에 이미 삼동이라 하였다. 삼동을 왜 삼동이라 하는가? 당연히 삼동이다. 내가 앞서 얘기한 3마디가 당연히 삼동인 것이다. 반드시 삼절과 삼동은 함께 이르는 같은 말이다. 그러나 삼동이라는 것이 그런지 아닌지는 아직 알 수 없으니, 아는 이를 기다린다.[28]

앞에서 스스로가 언덕과 같이 (흔들림이 없도록) 하라 했는데, 일찍이 민 선생이 나무가 뿌리내린 형세는 곧 언덕(邱) 같은 것이라 비유하여 가르치셨으니, 나무가 강하다고 하나 대개 바람을 만나면 움직이고 그 줄기도 움직이지만, 언덕은 어찌 움직임이 있겠는가. 이

---

27 正己之射, 立容德, 頭容直, 色容莊, 目容端, 前擧專無求力, 後擧徒由擧高, 輕前緩後, 已欲如邱, 曾無何所之盈昃. 後之肩胛與後面腰股者, 專主持於直伸, 亢健爲其方實, 則後可勝於其前. 後之肩胛與腰股, 自使不能擧揲之缺, 則自至其正己. 若後執肩者, 負於其前, 失其後勢, 則不自至其正己. 以正己之射, 言勝負者, 每仍其後肩之際易缺, 其執引之後肩, 則不自知其缺己. 故言後, 可必以謂其爲勝者也. 是以善射不善, 皆出於己, 出於己者, 在於正不正也. 不患不中, 而患不正者, 爲其惑正, 則乃成之道也. 不患不正, 而患不中者, 爲其惑中, 則乃敗之道也. 每欲善其射, 必先正其己, 則射中藏理, 理中成實.

28 활터에서 말하는 삼동이란 몸을 말하는 것이 아니라 활의 목소 2군데와 아귀를 말하는 것이다. 그런데 판소리 적벽가의 활쏘는 대목에서도 삼동을 몸으로 얘기하는 것으로 보아, 당시에는 삼동을 몸으로 이해한 사람도 있었던 것 같다. 그러나 올바른 쓰임은 아니다.

러므로 나무뿌리의 실함이 언덕만 못한 것인즉, 외람되지만 언덕이
라고 할 수 있다.[29]

제14

어떤 모양의 허실에서 그 실이란, 앞뒤를 거들어 (궁체를) 만듦
이 둥근 곱자(의 모양)을 갖추는 것이다. (곱자 모양이 나오도록) 그 틀
을 만든다는 것은, 움직임이 고요함에서 꼴을 드러내는 까닭이고,
(궁체를) 만듦이 움직임에서 이루어지는 까닭이다. 굽은 곳(중구미)
이 곧음을 지키고 인대가 뼈마디를 온전히 하니, 깍지 낀 손가락이
그림 그린 듯이 일직하게 당겨져, 앞이 뒤를 이길 수 없고 뒤가 앞
에 질 수 없어서, 앞뒤가 똑같은 힘을 유지한 그 사이에는 터럭 한
올 만큼의 틈도 허용되지 않는다. 이와 같은 (앞뒷손의) 맞겨룸에 서
로 어느 쪽으로 기욺도 없음이 마치 보름달을 그린 듯하고 (그 결과)
궁체가 오직 (어느 쪽으로도 기울지 않는) 떳떳한 성품을 이어서 몸이
마치 언덕과 같(이 굳건하)면 곧 이것이 실이다.

허라는 것은, (활을 쏘려고) 앞(죽)을 거드는데 먼저 힘부터 쓰려고
하는 것이다. (그렇게 되면) 앞죽은 둥근 곱자 같고(規) 뒷죽은 꺾자(矩)
같도록 하라는 재주(術)를 갖출 수 없고, 뼈마디가 어우러져서 나란히
하는 모양을 지을 수 없다. 앞죽으로 하여금 둥근 모양이 제대로 갖
추어지게 할 수 없고 또한 뒷죽도 제 모양대로 꺾이지 못한다. (그러

29　手腕臂肱肩髆者, 旣爲前擧三節, 又古人由來之言已爲三同. 三同者, 何以謂之. 當然
　　於三同哉. 余日前擧三節者, 當然於三同也. 必有三節三同竝謂同言, 然三同者, 未知
　　是否, 以俟知者焉. 右己欲如邱, 曾閔師敎論以根木之形則邱, 木强大遇風而動, 而動
　　其體, 邱何動焉. 是以根木之實不如邱, 則敢可以邱者焉.

므로) 움직이며 힘쓰기에 앞서 베 짜기를 생각해야 한다. 팔다리의 힘쓰기를 (제대로) 이룰 수 있음은 오직 베 짜기(幾)뿐이다. 활을 거드는 (앞죽의) 힘부터 먼저 쓰기에 이르면 뒤를 다스리기 어려워진다. 마땅히 허한 것을 잡아당겨 기운을 채우려 하나, 도리어 몸이 자신의 활쏘기 풍채(射風)을 흔들게 되면 이때의 움직임이란 위에서 말한 바람에 나부끼는 나무와 같다.

힘쓰는 가운데 허가 있으면 저절로 그 사이에 실이 있게 된다. 실하고자 하는 가운데 허가 있고, (일부러 그렇게 하려) 꾀하지 않은 사이에 실이 있다. 허와 실에서 앞이 약하여 뒤가 이기면 앞을 실하게 하려고 힘을 쓰고, 뒤가 약하여 앞이 이기면 뒤를 실하게 하려고 몸을 움직인다. (그러니) 어떻게 하여 앞과 뒤를 한꺼번에 실하게 할 수 있겠는가?

무릇 활쏘기의 허실이라는 것은 (줌손의) 곱자와 (깍짓손의) 꺾자에 이어지는데(係) 뼈마디가 서로 어우러져 몸을 바르게 하면 앞듦을 곱자로 삼고 뒤끎을 꺾자로 삼는다. 앞듦에 딴 생각이 없고 뒤끎에 다함이 없으면 저절로 실하게 되어, 동쪽은 거들고 서쪽은 붙잡아서 (앞듦과 뒤끎이) 함께 아울러 서로 빈틈없이 짜이고, (짜임에 의한 양손의) 맞물림(合)과 나뉨(決)이 저절로 이루어진다. (이를) 빗대자면 썩은 새끼줄의 (결이 드러난) 끝 모양과 같(이 짜여 있)다.

활을 많이 쏜다는 것은 날마다 백 순씩 공부하여 여러 해를 기다린다는 말인데 (그러면) 돌을 쇠로 만드는 재주를 이룰 수 있다는 것이다. 만일 잡티 하나 없는 순수한 마음에 어긋남이 없고, 정성스럽고 성실함에 속임이 없으면, 하나에 골똘한 마음을 반드시 얻을 수 있다.[30] 공부가 오래면 신령스럽고, 신령스러우면 기이하고, 기이하면 바르게 되고, 바르게 되면 오묘함이 있어 저절로 나오는 것이다.

[함께 아울러 서로 짠다는(同竝相織) 것은 비단 베짜기만을 말하는 것이 아니라, 모든 배움에서도 모든 활쏘기에서도 똑같이 하는 말이다. 빨래의 꼴이 (꽉 짠인 것이 아니라, 뻣뻣한) 조릿대 (묶음) 같아서 (제대로) 짜이지 않으면 (물에) 헹궈도 (빨래가) 깨끗하지 못하듯이, 활도 만작 상태에서 짜임이 없으면 발시해도 맞지 않으니, 활쏘기 또한 이렇다는 뜻이다.][31]

제 15

마음을 바르게 하는 활쏘기는 비단 과녁을 쏠 때의 바른 마음만을 말하는 것이 아니다. 마음이란 불을 간직한 형태의 군화이고 신명의 주인이다. 만약 사람이 수시로 일어나는 마음을 입 다문 채 꺼

---

30 이 말은 성리학자들이 마음 공부할 때 쓰는 상용문구이다. 주로 대학이나 중용 같은 글에서 나왔다.

31 有形之虛實, 其實也者, 舉之前後之制, 具其以規. 制其度之者, 動其所以形於靜, 制其所以化於動. 屈曲守其貞, 肯縈全其節, 決拘彀來直寫一畵, 前不能勝與之後 後不能負與之前, 前同後勢間不容髮寸陰. 是競無以相傾, 如圖旣望之月, 惟形承庸之德而己如邱, 則是爲之實也. 虛也者, 前舉爲其先謀求力, 能無術規矩之所具, 能不制節奏之所比. 使不能前舉之正圓, 亦不能後執之正方, 先動力而惟幾也. 故能成四體之務惟幾也. 致之先發於舉弓之力, 則難治後, 料當虛氣之欲實, 而反爲身撓自己之射風, 則於斯動之者 右如風木之勢也. 動力之中有虛, 自然之間有實. 欲實之中有虛, 無慮之間有實. 有虛有實, 而前弱後勝, 則前欲實而動力, 後弱前勝, 則後欲實而動體, 何以爲之爲其同舉前後者哉. 夫射之虛實者, 係於規矩. 節奏之正己, 則以舉爲規, 以執爲矩. 前舉無慮, 後執無勢, 則自然之實, 而東舉西執, 同竝相織, 自成合決, 而比如朽索之末也. 言多射者, 日工百巡之約, 而期於數年, 可道金石之工. 若純一無違, 誠實無妄, 可得一精之心必也. 工久則神也, 神也則奇也, 奇也則正也, 正也則妙有在, 而出於自然者也.[同竝相織非絲, 諸學諸射日, 漂織之形, 若篠而不織, 凍而未潔, 若彎而無織, 發而不中, 射亦此意]

내놓지 않고 만사를 부리면 부귀공명을 차지할 수 있다는 것이다. (거꾸로) 재물을 탐내는 욕심을 거리낌 없이 드러내고, 공과 사, 참과 거짓을 오락가락하는 사람은 일을 아침에 바꾸고 저녁에 고쳐서 마음이 백 가지 행동마다 괴롭고 어지러워 자리를 잡지 못하는 상황으로 돌아가고 만다.

만약에 마음 가는 곳에 공이 적고 사사로움이 많으며, 참을 버리고 거짓을 힘쓰면, 저절로 간사하고 사악해져서, 겉으로는 어그러지게 되는 마음을 알 수 없어도 신명의 주인은 모르지 않아, 신명 또한 그 뜻에 따라 속이는 것을 막을 수 없게 된다. 만약 사람의 마음이 활 잘 쏘는 한량들(의 명단)에 제 이름 올리기를 바랄 수 있고, (그렇게 해서) 비록 활 잘 쏘는 길에 들어선다고 해도, 그가 (과연) 나라를 지킬 방패와 성벽이 될 사람일지 어떨지는 아직 알지 못한다. 그러므로 (공자는) 확상의 활쏘기에서 그 마음을 보고 (구경꾼들을) 세 차례 내쳤다.[32]

(전해오는) 말에 활쏘기로 마음을 바르게 한 이는 사람이 (도리에) 밝아 능히 벼슬아치가 될 수 있다고 하였다. 그런 즉, 상고시대로부터 천하의 정치하는 사람은 세상을 활쏘기로 다스리고, 활쏘기로 (다스림의) 위엄을 세웠다. 그런 즉 활쏘기 하는 사람은 마음을 바르게 한 뒤에야 나라의 방패와 성벽이 되기에 이르는 것이다. 그러므로 활쏘기의 이치를 배우는 것은 다만 마음을 바르게 하는 것뿐이다. 이러므로 활쏘기는 바름에 빗대어 말했고, 과녁 쏘기는 마음에 빗대어 말했다.

---

32   그 셋에 해당하면 내쳤다(其三也而黜也)는 것은 시수(矢數)보다 더 중요한 것이 있다는 말이다. 첫째, 마음이 진실로 바르지 못하면 내쳤고(心苟不正則黜), 둘째로 부모를 모심에 불효하면 내쳤고(事親不孝則黜), 셋째로 전쟁에 나아가 무예와 지혜가 쓸모없으면 내쳤다(臨陣無用武之智則黜).

그런 즉 수신 제가 치국 평천하가 마음 바르게 함에 매인 것이다. 어찌 두려워하는가.[33]

제 16

그 과녁을 보는 데는 양 눈으로 보면서 쏘는데, 우궁에 대해서 말하자면 (이렇다.) 오른 눈으로만 본다면 그 과녁은 오로지 그 줌통의 앞을 보고, 왼 눈으로만 본다면 다만 그 줌통의 뒤를 보게 되므로, 양쪽 눈으로 그것을 같이 보게 되면 줌통이 그 과녁을 가리게 된다. 이와 같이 보이고 안 보이는 사이에 줌통을 마주하는 것은 그 코가 된다.

코는 양 눈이 만나는 곳이고 얼굴의 복판이다. 얼굴이 바른 뒤에 코가 바르게 되고 코가 바른 뒤에 눈이 바르게 된다. 줌을 보는 것은 코와 일치시키는데, 줌은 손 안의 조화여서, 과녁을 보는 것은 줌과 일치시킨다.

만약 과녁을 보는데 줌의 위나 아래로 보면 자기의 마땅함을 따라서 일치시키는 것이 옳다. 만약에 과녁을 보는데 줌앞이나 줌뒤로

---

33 正心之射, 非徒射帿之正心. 心者, 火藏形之君, 神明之主. 若人也, 閉口不宣與時生心, 而使於萬事, 則占得功名之富貴. 卜肆財利之物慾, 公私眞僞, 往斯覆彼者, 朝改夕變, 心歸百行惱撓不定. 若心之所在微公多私, 舍眞務僞, 則自營奸邪, 外不能知其作迕之心, 神明之主非不知, 而神明亦隨其意, 不能禁詐. 若人心所到, 可須薦名於射類, 而雖有得路於弓藝, 未知何也之干城者哉. 故譬相之射, 觀其心, 而其三也而黜也. 言射之正心者, 知人哲而能宦人也. 則自上古之世, 天下之政者, 治之以射, 威之以射, 則射者正心然後, 至其爲干城者. 故爲射之道, 直正心焉而已. 是以論射曰, 比於正, 射帿曰, 比於心, 然則修齊治平, 繫於正心者也. 恐是何如哉.

보면 줌뒤를 버리고 줌앞으로 보는 것을 추천한다. 그 뒤(깍짓손)의 기세를 충실하게 하면 이와 같이 하는 것이 옳다. 만약 과녁을 보는 데 줌을 가리면 그 줌통과 일치시키는 것이 옳다.

그러나 4가지 중에서 유리한 것은, 그 줌의 조금 앞을 보고, 뒤로 잡아당기는 두 손가락이 마음껏 펴지게 하여, 뒤로 일직하게 뽑을 수 있게 하는 것이다. 그런 즉 중요한 것은 뒷팔(矩)을 올리고 (과녁을) 보는 것이 어떻게 (그에 호응)하느냐 하는 것이다.[34]

제 17

활 잘 쏘는 것을 일러 '하나'라고 하는 것은 비단 활 잘 쏘는 것 하나만을 가리키는 것이 아니다. 그 '하나'의 6가지 가닥을 살펴보면 차례로 (다음과 같다). 앞죽을 둥글게 거드는 것도 '하나'요, 깍짓손을 야물게 끄는 것도 '하나'요, 왼쪽 보기도 '하나'요, 오른쪽 보기도 '하나'요, 깍짓손 떼기도 '하나'요, 살을 보내는 것도 '하나'이니, 동작 태도에 그 '하나'라는 글자가 되지 않는 것이 없다.[35] 그런 뒤에 비로소 '하나'라는 이름 붙일 수 있으니, 이 한 마디는 신사가 아니라 구사에

---

34 示其革, 而以兩目示而射之, 論之右弓, 獨示右目, 則示其革, 而示其專弝之前, 獨示左目, 則示其徒弝之後, 以兩目示其竝, 則蔽其革於弝者. 如是示不示之間弝之對者, 爲其鼻也. 鼻者, 爲之兩眼之艮, 面相之中也. 面正然後, 鼻正, 鼻正然後, 眼正也. 示其弝者, 鼻之爲一判, 弝者, 手中之造化, 示其革者, 弝之爲一判. 若示其革, 而示其弝上弝下, 則從所自己之宜, 爲其一判, 是也. 若示其革, 而示其弝前弝後, 則遺其後者, 推其前者, 實其後勢, 則似之是也. 若示其革, 而掩其弝, 則示其弝之爲一判, 是也. 然示其四者中利之者, 示其弝前之微, 而後執二指者, 爲肆其能直放一字, 則要之爲上矩觀者何如.

35 '제14'에서 말한 純一, 또는 一精之心의 一과 같은 뜻이다.

게 하는 말이다.[36]

　신사는 활을 쏜 지 3년을 지나야 신사를 벗어날 수 있고, 겨울을 5번 나야 활쏘기의 이치를 깨달은 정도를 헤아려 구사라고 할 수 있다. 활쏘기는 10년을 지나야 (그가 어떨지) 판가름 난다. 만약 활쏘기 10년에도 이름을 빛내지 못하면 비록 활을 쏘기는 해도 활터의 추녀(射軒)에 이름을 새겨 걸 단계(顯名)에 오를 수는 없다.[37]

제18

　센 활을 잘 쏘는 사람은 반드시 활쏘기를 많이 해서 이치를 터득한 것이다. 그러므로 활을 쏘면 살찌가 낮고 살걸음이 빠르다. 이것은 사람의 기운이 세어 센 활을 당길 수 있는 것이고, 또한 깍짓손도 야무지게 떼어 뒤로 뻗는데, (이때) 활에서 나는 소리는 붕횡이라고 한다. 붕이라고 하는 것은 (만작된) 활이 (원래 자리로) 되돌아오는 위력을 나타낸 말이고, 횡이라고 하는 것은 시위가 살을 채주는 기세를 나타낸 말이다. 보는 사람들은 위와 같이 하고 싶어 하나 붕횡 소리가 나는 경지에 감히 이르지 못한다.[38] 만약에 이와 같이 붕이

36　'하나'는 부분을 넘어서서 전체를 생각하라는 말이다. 옛 경전에 많이 나오는 말이다.

37　善射謂之一者, 非徒善射一者. 觀其一者之六度. 第擧其前一, 執其後一, 示其左一, 示其右一, 黜其決一, 行其矢一, 動作態度無非爲一字, 然後可須一者之名, 此一節不言新言舊射也. 新者射過三載乃纔免新射. 過五冬乃道入量舊者, 射經十曆使乃造判也. 若射十年不能名譽, 雖射不可以等於射軒之顯名也.
　증경록이나 편액같이 공적을 적어서 거는 것을 말한다. 영광스러움을 말한다.

38　우리 활에서는 각궁을 야물딱지게 쏘면 "뽁!" 하는 특유의 경쾌한 소리가 난다.

되는 것은 사람과 활이 다함께 힘세어야 하고, 발시(決)에 앞듦과 뒷
끎이 제대로 된 뒤에 얻어야 그렇게 될 수 있다. 만약에 (활과 사람과
야문 깍지 떼임) 셋이 하나로 어울릴 수 없으면 범을 그리려다 개를
그리고 만다.[39]

제 19

살걸음이 빠르지 못한 것은 이미 허한 것들이어서, 몸이 기대
한 바(인 재주)를 얻지 못하고 마음이 구하는 바(인 명예)도 얻지 못한
다. 앞은 씨줄(에 해당하는 곱자 모양)을 잃고, 뒤는 날줄(에 해당하는 꺾
자 모양)을 잊어서, (앞듦과 뒤끎의) 짜임이 이루어지지 않는다. 씨줄과
날줄(의 짜임)을 잃으면 살걸음이 빠르지 않고 살찌가 높이 떠서 떨
며 날아간다. 이러한 꼴이 되는 이유는, 앞은 겨드랑이를 높이고 뒤
는 허리를 짧게 하여 (궁체가) 저절로 일그러지게 된 까닭이다.

바르지 않으면 또한 체집이 어그러지고, 체집이 어그러지면 몸
이 바르지 않고, 몸이 바르지 않으면 얼굴이 바르지 않고, 얼굴이 바
르지 않으면 코가 바르지 않고, 코가 바르지 않으면 눈이 바르지 않
고, 눈이 바르지 않으면 또한 보이는 것도 바르지 않으니, 어찌 과녁
을 제대로 맞히겠는가? 코가 바르면 과녁이 바르고, 몸이 바르면 코

---

39 善射剛弓者, 必有多射成道. 故放射矢去者, 卑而疾之. 此人氣可强弓者亦剛, 翻決後
退, 弓聲弸環. 弱者, 發射弓反之威, 環者, 應弦矢去之勢, 觀者 如右欲有, 而不敢致
其尙之弸弱也. 若如是爲弸, 人弓俱强, 決有前擧後執, 然後使乃得矣. 若不能三之一
合, 反爲畵虎而成狗矣.

가 저절로 바르다.[40]

제 20

활쏘기를 배우려고 활쏘기에 대해 이야기하고 이치를 묻고 이치를 가르치는 것은 정말 훌륭한 스승에 달려있고, 배움을 받아들이고 배움을 익히고 성실하여 열매를 맺는 것은 정말로 지극히 정성스러운 제자에 달렸다. 활은 자신이 믿는 활보다 더한 활이 없고, 탈은 한결같이 못함보다 더한 탈이 없다.

오늘날 활쏘기를 배우는 사람은 타오를 듯이 치열하여 팔에 활 들고 허리에 화살 찬 것은 용맹스러운데, 그런 무리 중에 많은 사람들이 처음부터 오호를 쓰면서 곧 과녁 복판을 맞출 것이라고 생각한다. 그런 즉 반드시 (몸 전체의 중심에서 이루어지는 게 아니라 주변인) 팔다리에서 (꼴)을 만들고 (굳건히 멈춘 게 아니라) 동정에서 (자세를) 펼치는 (불안한) 활쏘기를 한다. 활이 도리어 뺨을 치고 시위가 나가며 귀를 스치면 그 사람이 꾀하는 활쏘기라는 것은 뺨만을 집착하고 귀만을 걱정하게 된다. 뺨을 꺼리고 귀를 피하면 몸과 활과 활쏘기에 관한 걱정이 날로 익으니, 이것은 병이 다른 것이 아니라 스스로 한 활쏘기이지 스승한테 배운 것이 아닌 까닭이다.

---

40 箭去不疾者, 旣虛之類, 己不得於期, 心不得於求. 前失其經, 後忘其緯, 織遂不成也. 失其經緯, 則箭可不疾而浮高戰慄. 此所以爲其形者, 前高其腋, 後短其腰, 自衰. 不正亦敗弓室, 弓室敗, 則己不正, 己不正, 則面不正, 面不正, 則鼻不正, 鼻不正, 則眼不正, 眼不正, 則示而不正, 安能正鵠乎. 鼻正, 則正其鵠, 體正, 則鼻自正.

그러므로 이로운 것과 바로잡아야 할 것을 감히 알지 못하고, 해로운 것과 받들어야 할 것을 알 수 없게 되면, 먼저 바른 사법(規)을 버리고, 다음엔 그 반대로 무지하게 된다. 혹은 오늘 잘 쏘았다고 생각하고 요행으로 내일의 활쏘기도 그럴 거라고 생각하지만, 오늘 활쏘기가 어제와 같고 어제 활쏘기가 오늘 같아서, 비록 평생 바람을 가지면서 노력해도 공은 없어지고 바람은 버려져서 (결국) 스스로 (활을) 그만둔다.[41]

제21

목이 길고 어깨가 낮은 사람은 활쏘기가 순조롭다. 목이 짧고 어깨가 높은 사람은 활쏘기가 어렵다. (목이) 긴 사람은 양팔을 높게 거들어서 당기고, (목이) 짧은 사람은 뒤 팔을 높이 들되, 앞 팔은 높게 하지 않고 당기면 옳은 사법이다. (목이) 긴 사람이 만약 양팔을 높이지 않으면 견갑과 오두가 밖으로 숨어 (줌팔이) 서지 못하고 자신도 모르는 사이에 약해진다. 요행히 (오두를) 감출 수 없어도 팔이 더욱 곧은 나무 모양과 같아지는데, 만약 곧은 나무와 같으면 가히 나중을 기약하기 어렵다.[42]

41　取射論射問道訓道, 在至於至善之師爺, 受學習學致實成實, 在至於至誠之弟子. 弧莫弧於自恃, 病莫病于無常. 今爲學射者煩熾, 而臂弓腰箭趄趄, 爲群者, 多有初射烏號, 卽思中鵠, 則必也, 形乎四體, 布乎動靜, 施於射也. 弓反責腮弦去起耳, 則其人謀射者, 戀腮念耳. 忌之腮避之耳, 則身弧射患, 日以熟病, 非他是於自昌之射, 不爲之師.故不敢知之利格, 不能知其害嵩, 則先遺其規, 後懵其反, 或思今日之善, 倖望翌日之射, 而今射如昨, 昨射如今, 雖有平生之願勞, 而無功舍願, 自止.

42　줌팔이 선다(立)는 것은 전거정원을 제대로 이룬다는 말이다. 곧다(直)는 立의 반대이다.

만약 목이 짧은데 어깨가 높은 사람은 오로지 양팔을 한 번에 높게 들어 높이고자 하나 높아지지 않아서, 앞죽을 높이 들고자 하나 순조롭지 않다. 만약 목이 길고 어깨가 낮은 사람같이 앞죽을 높이는 것을 알지만 (앞을 높임으로 하여) 가슴이 튀어나오는 것을 모르면 가슴이 튀어나오는 병보다 더 어려운 병이 없고, 가슴 병이 고질이 되면 구차히(必) 더 얘기할 것이 없다. 무릇 스승은 제자의 활 쏘는 모습을 동정 간에서 보아 만약 뼈마디가 (제 힘 쓰기) 어렵거나, 거스르거나, 구불구불하거나, 비스듬한 경우에는 활쏘기에 필요한 모든 원칙을 다 시키지 않고, (상황에) 맞게 활쏘기에 따라 바꾸고 응용한다.

위에서 뒤끎을 앞듦으로 여기고, 앞듦을 뒤끎으로 여긴다는 것은 앞은 씨줄이고 뒤는 날줄이라고 말하는 것이다. 어찌 앞을 일러 씨줄이라 하고, 어찌 뒤를 일러 날줄이라 하는가? 먼저, 씨줄과 날줄이란, 세로로 짜는 것을 씨줄이라 하고, 가로로 짜는 것을 날줄이라 하는데, 씨줄이 바르지 않으면 날줄이 바르지 않고, 날줄이 바르지 않으면 씨줄 또한 바르지 않다. 다음으로, 어찌 거드는 것을 앞듦이라 이르고, 어찌 잡는 것을 뒤끎이라 이르는가? 앞듦과 뒤끎이란, 앞이 굳건한 것을 앞듦이라 하고, 뒤가 충실한 것을 뒤끎이라 한다. (앞을) 거들어서 굳세지 못하면 뒤끎도 충실하지 못하고, 뒤끎이 충실하지 못하면 앞듦 또한 굳건하지 못하다.

그러므로 곱자(같은 앞죽의 모양)과 꺾자(같은 뒷죽의 모양)이 어긋나면 (작은 과녁인) 정곡 (맞추는 일)이 드물어지고, 씨줄과 날줄(에 해당하는 앞과 뒤)가 어긋나면 (큰 과녁인) 솔포를 맞추는 것도 어그러진다. 활 쏘는 사람이 앞뒷손의 모양을 잃지 않고, 둥긂과 모남의 모양 갖추기를 끝까지 다 하여, 비바람을 물론하고 활쏘기하면, 앞은 거들려고 하지 않아도 저절로 거들리고, 뒤는 끌려고 하지 않아도 먼저 끌린다. 위의 규구방원(規矩方圓)은 사법의 큰 뼈대를 말한 것이다. 발시의 오묘한 이치는 손끝에 있다, 손끝의 나머지 세 손가락을 아귀와 함께 써야 하는데, 이것이 활쏘기 속에 숨어있는 묘한 이치이다. [거꾸로 세어 세 번째까지를 일러 삼지라 하고, 바로 세어 위쪽 두 손가락 사이의 넓은 곳을 일러 아귀라 한다.]

활쏘기로 일가를 이루는 것은 (앞죽과 뒷죽의) 곱자와 꺾자의 둥글고 모난 모양에 있고, 활쏘기로 꾀한 바를 얻는다는 것은 삼지와 아귀에 있으며, 발시의 성공은 뒤를 잡은 두 손가락의 손끝에 달려 있다.

(줌손) 하삼지와 아귀에 비록 묘리가 있어도, 만약 뒤쪽(인 깍짓손)이 그에 걸맞게 잡지 못하면, 하삼지와 아귀 또한 도리어 졸렬한 기세가 된다. 만약 뒤쪽 (팔꿈치를) 접어 잡는 것(執)이 (앞쪽의) 들어미는 것(擧)에 걸맞게 할 수 있고, 그 기세로 다만 줌통을 꺾고 현을 끊을 것처럼 하면, 자연스러운 가운데 그 묘함을 부릴 수 있게 된다. 앞 삼지와 아귀가 살고, 뒤 두 손가락 끝이 살면 저절로 나뉘어 발시가 이루어는 것들이 이와 같은 것이다. 이를 일러 앞듦이라 하고, 이를 뒤끎이라 한다.[43]

---

43 項長肩卑者, 射之順也. 項短肩高者, 射之難也. 長者, 施之擧高兩臂, 短者, 施之擧高後臂, 而不高前臂, 則射之是也. 長者若非高兩臂, 則肩胛與烏頭者, 隱外不立而闇

[아구는 당연히 이미 사용한 귀(龜)자인데, 본래 하늘을 이고 있는 신령스런 거북을 일컫는다. 활 쏘는 재능이 있고 없고는 아귀에서 나오는 것이므로 귀(龜)라고 쓴다.]⁴⁴

제 22

얼굴과 몸은 활쏘기의 '나'이다, 팔과 뼈마디는 활쏘기의 남이다. 남이 먼저 나를 따르면 활쏘기의 법(規)이 되고, 내가 먼저 남을 따르면 활쏘기의 법이 아닌 것(不規)이다. 내가 바르면 남도 바르게 되어 저절로 가까워지고, 내가 바르지 않으면 남도 바르지 않게 되어 역시 멀어진다. 남이 먼저 나를 따르고, 나 또한 응대하여 의지하고 따라서 서로 합하게 된다. 그것에 틈이 생겨 양쪽이 만약 바르지 않

削也. 倖不能匿而有盆臂如直木之形, 若如直木則難可後期. 若項短肩高者, 專擧一
高兩臂, 欲嵩而不高, 欲規而不順. 若如項長肩卑者, 知其規高不知其出胸, 則難莫難
於胸病. 胸病爲癌, 則必無可論也. 凡師者, 觀其射人者之形於動靜, 若有骨節險逆逶
迤者, 勿爲皆可規矩, 而隨射應變也. 上篇, 以執爲擧, 以擧爲執, 言前經後緯者. 何
以前者謂之經, 何以後者謂之緯乎. 第經緯者, 織縱曰經, 織橫曰緯, 經不正則緯不
正, 緯不正則經亦不正. 第何以擧者爲之擧, 何以執者爲之執哉. 第擧執者, 前堅曰
擧, 後實曰執. 擧而不堅, 執而不實, 執而不實, 擧亦不堅. 故規矩之差, 正鵠之疏, 經
緯之差, 作布之敗. 射者不失規矩, 極爲方圓, 風雨勿論射, 前不期擧而自擧, 後不求
執而先執也. 右規矩方圓, 言射之大體也. 決射妙理, 在於手端也. 手端之餘有三指之
同牙龜, 此射中藏妙之理也.[逆數而止三日, 爲之三指, 順數而上二指之間廣處曰, 爲
之牙龜也.] 射之成家, 在於規矩之方圓, 射之謀得, 在於三指之牙龜, 決之成工, 在於
後執二指之手端也. 指龜雖有妙理, 若後不能致其較執, 指龜亦爲反拙之勢. 若後有
比擧較執之勢, 因其勢但似折弝絶弦, 則自然之間能肆其妙. 前三指之龜生 後二指之
端生, 自成分決之類, 如此者. 謂之前擧, 謂之後執也.

44 牙口當然旣龜字本曰, 天載神龜. 射才與不才 奇出於牙龜. 故書之龜 이것은 억지해석
이다. 아귀는 순우리말이다.

으면 이치가 무너진 것(敗道)이다. 남과 내가 만약 함께 바르면 활의 쏘임새에 틈이 없고, 쏘임새에 틈이 없으면 하나로 합쳐져 이루어진다. 활을 배우는 자는 살펴야 할 것이다.

🏔 맺음말(結語)

　위의 22편이 논하는 근본원리는 마음을 바르게 하는 공부를 '한 이치'(道)로 삼고, 전거후집을 한 이치로 삼고, 맞추지 못함을 걱정하지 말고 바르지 않음을 걱정하는 것을 한 이치로 삼는다. 다음으로, (머릿속에) 원칙을 그려서 활 잡고 살을 먹여 가득 벌리되, 넷을 셀 때까지 발시하지 않도록 하고, 다섯에 이르러 한번 발시하는 것을 한 이치로 삼는다. 다음으로, 밤에 습사하고자 하면 활과 화살을 갖추어 살을 먹여 쏘는 것과 같이 다 하되, 발시하지 않는 연습을 한 이치로 삼는다. 다음으로, 깍짓손 손가락을 굽혀 끌어당기는 팔뚝을 귀보다 높이 붙여 끄는 것을 한 이치로 삼는다.

　다음으로, 뒤를 잡는 두 손가락이란 다만 (꺾자처럼) 꺾인(方) (깍짓손을) 타고(乘), 끊임없이 기운을 새롭게 한다고 생각해야 하니, 그 기운[화살에 기운을 불어넣는 것이다. 입이 아니라 손가락을 이름이다]을 '한 이치'로 삼는다. 다음으로, 앞뚝이 팔뚝을 쓴다는 것은 그

(모양)이 둥글도록 하되, 늘 (솟아오르기 쉬운) 오두의 낮춤(微)을 생각하여, 남(팔과 관절)이 나(얼굴과 몸)를 먼저 따르도록 하는 것을 한 이치로 삼는다. 다음으로, 거궁할 때, 좌우의 팔을 동시에 들어 하늘을 가르는 것을 한 이치로 삼는다. 다음으로, 양팔을 가볍게 들되 힘을 앞세우지 않는 것을 한 이치로 삼는다. 이 10가지 이치 중에 비록 한 가지 이치라도 힘써 하지 않음이 있으면 호랑이 그리기는 이루지 못한다.[45]

위의 글귀들은 성인에게서 유래된 옛 사풍을 말한 것이다. 요즘 사람들의 사풍으로 굽자와 꺾자, 몸을 바르게 하는 이치를 논하고, 온전한 마음(十心)으로 정성을 다하는 것과 골절의 강함과 부드러움, 굳셈과 약함, 이로움과 해로움, 허함과 실함을 밝혔다. 애타는 마음을 억누르고, 조리 없고 어수선함을 무릅쓰면서도 즐거이 글을 썼으며, 머리가 산발 비슷하게 헝클어진 것도 모른 채, 힘겹게 불과 몇 장 안 되는 이 편을 완성하였다. 만약 눈 밝은 스승을 모실 수 없으면, 배우는 사람은 이 책을 읽고 또한 자주 읽어, 매일 사대에서 같이 보고 서로 물어 서로 스승이 되고 함께 공부하면, 비록 스승이 없어도 그릇된 짓을 하지 않을 것인 즉, 또한 국가성대의 권무(勸武)를 위함이며, 우리 고장에서만 활쏘기를 논한 특별한 것이 아니다.

---

45 호랑이 그리기는, 무과로 등과하여 출신하는 것을 비유한 것이 아니가 추측된다.

임신년 오월 하순, 정미년에 무과 급제한 가의동첨절제사 청교 장언식 씀.[46]

---

46   第右二十二篇論本原者, 第正心工夫者爲一道, 第前擧後執者爲一道, 第不患不中, 而患不正者爲一道, 第畵則持弓關矢彎作, 而惟不許先四, 第至五一決者爲一道, 第欲射夜, 兩具矢仍關, 似射而盡是未決習者爲一道, 第決拇拘引後執肱者, 憑高耳上者爲一道, 第後執二指者, 但乘其方, 恒念更氣. 氣[吸矢內入也. 非□也. 謂指也]者爲一道, 第前擧爲肱者, 克爲其圓, 常思烏頭之微, 而彼先從於我者爲一道, 第擧弓之際, 左右肱者, 同擧橫天者爲一道, 第輕擧兩臂無力者爲一道, 玆以十道雖有一道之務不爲, 畵虎不成者矣. 上篇言聖人由來古風之射, 以今人之射, 論之於規矩正己之道, 以徵十心十精之類, 骨節之强柔剛弱利害虛實之射. 焦心抑作不辭蕪辭而幷書者, 未知其髮髴然, 苦以成篇數語. 若不能處之明哲之師, 學者讀此一篇講且又讀, 每相面射臺同示相問相師同工, 雖無師不可妄爲之儀, 則亦爲國家聖代之勸武, 非特吾鄕之論射也.
      壬申五月下澣丁未, 武科, 嘉義同僉節制, 靑郊張彦植書.

발문(跋文)

　식(글쓴이 장언식)은 바야흐로 나이 17살이던 갑신년에 보사를 시작하였고, 정해년 여름에 이르러 금군 일에 추천되어 부(副)를 모시고 삼년 넘게 철전 공부를 하느라 맴돈 사람이다.

　유엽전을 돌이켜보면 맞추기 과녁을 수년간 따라다니며 마음먹은 대로(籌劃) 활쏘기를 반 너머 맞추자, 지켜보던 이들이 (활쏘기의) 이치를 깨달았다고 망령되이 칭찬하면서, 만약 쏘는 재주를 팔자고 금을 매기자면 천금에 맞먹는다고 요란하였다. 더욱이 다른 사람과 더불어 활쏘기의 (우열을) 가릴 때는, 활 쏘는 궁력이 다른 사람들에게 뒤지지 않았고, 활쏘기 다툼에서는 과녁 복판을 맞춤이 뭇 사람들 중에 밑에 있지 않았다, 이와 같은 일이 예를 행하듯 반복되면서 사풍의 방자함이 이를 데 없었으며, 마음속으로 스스로를 최고라 여겼는데 이것이 쇠함의 실마리였다.

　아~ 이때 손에 익은 활로 당기면 맞혔지만, 다치는 원인이 날로 얻어졌으며, 활이라면 주변에서 최고 강궁으로 처음 시험하여 쏜즉, 한 냥쭝 화살이 날아가 떨어지는 곳을 모를 정도로 멀리 보냈지만, 앞이 낮아지고 뒤는 짧아지다보니 앞듦도 어렵고 뒤끎도 어려워졌고, 쏘임 새가 바뀌고 달려져 남들은 알았지만 나는 몰랐는데, 이것은 말할 것도 없이 자만(自慢) 때문이었다. 결국 오래지 않아 활병이 나타나기 시작했는데, 화살깃 사이로 하얀 가루가 나와서 그려지고[백분출획은 활 쏘는 사람이면 알 것이다], 깍짓손과 줌손의 가장자리에 붉은 피가 방울져 흘렀다. [붉은 피가 방울져 흐르는 것은 상처가 생겨 나타난 것이다.] 이로 인해 오두가 솟아올라(扳) 턱과 뺨에서 멀어졌고, 깍지를 잡아당겨 온 것을 도리어 뺏겨 활을 당기나 다 당기지 못하고, 발시는 했으나 과감하지 못했다.

칭찬하던 사람들이 오히려 헐뜯어 말하기를 '전에 천금에 맞먹던 품평 값이 떨어져 벽돌이나 흙이 되었다'고 하였다. 이와 같은 활병으로 여러 해를 보내던 중에 변방을 다스리는(邊制) 벼슬을 제수 받은(蒙除) 즉, 청춘에 종군하여 백발에 이르러 관직을 얻었으나 반드시 그 수명이 있는 것이어서, 20개월 만에 어버이 상을 당하는(當故) 그믐밤과 같이 캄캄한 불행을 당하였다. 진실로 오호라, 끝없이 밤길을 다녔으나 망극하게도 세월은 밤낮을 쉬지 않고 힘써 흘러가니 삼년 서리 맞는 일을 마치고 탈상(?)을 하여 옷을 갈아입게 되었다.

집은 비록 가난했지만 추위에 굶주리지는 않았으며, 비록 늙었지만 정신이 흐려지는 데까지 이르지는 않았다. 본성을 버릴 수 없으니 어찌 시간을 보내며 노년을 보내겠는가. 숨은 듯 지내며 이치를 품고 전에 평소 활쏘던 것을 안으로 스스로 돌아보고 곰곰이 생각해 본 즉, (그 마음이) 독이었다. 약은 입에 쓰나 병에 이롭고, 진심 어린 말은 귀에 거슬리나 행함에 이롭다는 것을 몰랐으니 어찌할까

하는 부끄러움에 탄식하였다. 일찍이 경인년에 활과 화살을 가지고 스승님 계신 곳을 찾아뵈었을 때, 스승님이 그 연유를 물으시기에 활 문제 때문이라 아뢰었다. 마침내 활을 쏘아 보여드리니, 사부님이 놀라 탄식하시며 '볼만 한 것이 없으니 이를 어찌 해야 풀릴까?' 하셨다.

나에게 그것에 대해 말해보라 하시더니, (내가 말한 것에 대해) 옳지 않은 것을 바로잡아 주시고는 나무활로 단호히(爲篤) '너는 다시 궁후로 돌아가 보름 정도 시험하는 것이 마땅하겠다. 만약 나무활로 시험한다면 기한이 한 달 정도인데 둘 중 어떤 것으로 하겠느냐' 하시기에, 그 중 하나는 바로 기다릴 수 있고, 다른 하나는 한 달을 기다려야 하니, (궁후로 시험하는) 보름짜리를 청합니다, 하였다. 스승님께서 술자리를 베풀어 주시니 나아가 절하고 명을 받았으나, 물러나서는 따르지 않았고, 여쭈어야 할 것도 충분하게 하지 못했다. 그러나 내 쏘임 새는 좋지 않았고, 진실로 만족스럽지 않았다. 아끼는 마음으로 해주신 약속을 따르지 않았으니, 어찌 받아들이는 모양이 이와 같을 수 있는가. 처음엔 어떤 마음으로 무엇을 여쭈었으며, 다음엔 어떤 마음으로 어떤 것을 등졌는가. 처음엔 어떤 마음이었고, 다음엔 어떤 마음이었는가. 마치 병을 묻고 쓴 약을 처방 받은 것과 같이 여쭈어야 할 것을 여쭈어 놓고 듣지 않으니, 나무활이 귀에 거슬렸던 것이다. 우리 고장의 제현(諸賢)들은 이 뉘우침을 마음에 새길 일이다.

내 나이 예순하고 둘에 홀연히 깨달음이 나와 이에 나무활로 8달을 시험하고 오호로 바꾸어 시험하니 열매가 익은 듯이 전보다 훨씬 나아져, 고목에 꽃이 핀듯하고, 늙고 병든 몸이 회춘을 맞은 듯

활 쏘 기 의   지 름 길

했다. 그러나 지금 벌써 육십하고 다섯이니, 무엇을 구할 것인가. 단지 소일거리로 삼는 방법이 있을 뿐이니, 이런 것은 없는 것이나 마찬가지인 것이 마땅하다. 그러나 만약 지금이 십년 전이라면 벽돌은 분명 황금이 되었을 것이고, 또한 삼십년 전이라면 황금이 흙으로 되진 않았을 것인데, 한탄스럽지만 어찌하겠는가! 이번에 지난날 활 쏘기의 후회스러운 잘못을 밝히며, 나를 생각하여 후학들이 나의 잘못(非度)를 범하지 않음으로써(以已), 활 쏘는 다른 사람들과 모든 군자들은 모름지기 허망하게 후회하는 일이 없도록 하기를 또한 바란다.[47]

---

47 植, 方年十七甲申, 始之步射, 至丁亥夏, 發薦于禁旅之業, 事副越三矢之鐵箭周旋工夫者. 反柳則畵布數年巡之, 籌劃而射中半餘, 觀者, 譽道妄稱, 而若買弓品論, 當千金之捜云. 曾於射與他論之時, 射弓力不負之於他人, 爭射中鵠致衆無下. 如是行禮射風任恣無彈, 心最自譽, 衰之端也. 噫, 伊時熟手之弧將作而適, 傷因日得, 弧者弓强於一境初試射之, 則一兩重矢者, 不知其所去之限, 以前低後短, 難擧難執, 形焉變易, 人知而我不知, 此非論自恃之故也. 如是未久, 射病始發, 白粉出劃於羽矢之間[白粉出劃射者,可知], 紅血点漏於決把之邊.[紅血点漏, 出於傷處.] 是以烏頭叛, 而頤腮遠, 執引縠來, 還以授之, 彎弓而未彎, 決射而未決. 譬反爲訾日 曾買千金之論價, 下犚土. 如是爲痼屢年, 蒙除邊制, 則靑春從軍, 白首得官, 必其壽者, 月歷二十晦不幸當故. 是烏呼, 戴星之行, 衰衰罔極歲月流, 邁晉宵不居關之, 變製三歷霜矣. 家雖貧, 不至寒餒, 年雖老, 未及昏髦, 性無消遣, 何以送老. 潛居抱道, 以前素射者, 內顧自量其心, 則毒. 藥苦口利於病, 忠言逆耳利於行, 未知何也之愧歎哉. 曾於庚寅, 持其弓箭, 見於師爺之筵, 師爺問其故對日, 由所射故矣. 遂示以射之, 師爺驚而歎日, 無所可觀, 何以爲之解矣. 使我論之, 以曲爲直, 以弧爲篤君當覆試弓後至限一望. 若試木弧限至一月也. 於兩何所試對日, 其一定望其一期月請爲一望也. 師爺置酒, 即拜受命背, 而不遵不足可問. 然吾射不善固無足, 惜約而不遵寧容若是乎. 初何心而何所問, 再何心而何所脊, 初何心, 再何心如. 問病之苦藥問所問而不聽, 木弧之逆耳故也. 以吾鄕之諸賢懲斯銘心哉. 時在六旬有二恍然覺出, 玆以木弧試之八晦, 覆試烏號, 則果如有成而倍勝於前, 古木生花老病回春. 然今旣六十有五矣. 何所求焉. 只在消遣之法似無如斯之當. 然若今十年之前, 甓必爲金, 若今三十年之前, 金不爲土可歎, 奈何. 今曉昨愆以前射後悔之事, 顧余後學, 而以已吾之非度, 他人之射與諸君子亦, 爲欲須勿妄以後悔者也.

활쏘기의 지름길
– 전통 사법의 원리와 비밀

1판 1쇄 인쇄 | 2018년 11월 1일
1판 1쇄 발행 | 2018년 11월 5일

지은이 | 정진명
펴낸이 | 양기원
펴낸곳 | 학민사

등록번호 | 제10-142호
등록일자 | 1978년 3월 22일

주소 | 서울시 마포구 토정로 222 한국출판콘텐츠센터 314호(☎ 04091)
전화 | 02-3143-3326~7
팩스 | 02-3143-3328

홈페이지 | http://www.hakminsa.co.kr
이메일 | hakminsa@hakminsa.co.kr

ISBN 978-89-7193-252-0 (03690), Printed in Korea

ⓒ 정진명 2018

이 도서의 국립중앙도서관 출판사도서목록(CIP)은 e-CIP홈페이지(http://www.no.go.kr/ecip)와
국가자료공동목록시스템(http://nl.go.kr/kolisnet)에서 이용하실 수 있습니다.
(CIP제어번호 : CIP2018032215)